출애굽기, No Turning Back

신현광

차례

제3부 성막과 도구들(25:1-34:35)

성막에 관한 규례

이스라엘의 배반과 언약 갱신

제4부 성막제작과 완성(35:1-40:38)

성막 제작

성막의 완성

머리말

출애굽기는 하나님께서 아브라함에게 약속하신 대로 그 후손 이스라엘을 하나님의 백성으로 삼아 그들의 하나님이 되시고 그들과 함께 거하시게 되는 과정을 기록한 책입니다. 이는 이스라엘뿐만 아니라 모든 민족을 위한 것으로 하나님께서 아담과 하와에게 장차 여인의 후손을 보내셔서 구원을 이루시겠다고 하신 약속에서 시작된 것입니다. 우리는 출애굽기를 통하여 하나님께서 성취해 가시는 구원 역사를 생생하게 보게 됩니다.

출애굽기는 창세기의 연속으로 וְאֵלֶּה שְׁמוֹת(웨엘레 쉐모트, 그리고 이것들은 이름들)라는 1장 1절의 첫 두 단어가 출애굽기의 본래 이름이지만, 우리는 칠십인역을 따라 출애굽기(ΕΞΟΔΟΣ : Exodus)라고 부릅니다. 출애굽기는 애굽으로 이주한 야곱 자손들을 언급함으로써 이스라엘 백성의 출애굽을 선조들의 역사와 연결시키고 있습니다. 창세기의 "애굽으로 내려간 이스라엘 가족의 이름은 이러하니라"(창 46:8)는 말씀과 출애굽기의 "애굽에 이른 이스라엘 아들들의 이름은 이러하니"(출 1:1)라는 말씀이 이를 증거합니다. 이는 선조들에게 주셨던 구속의 언약이 그 후손인 출애굽 시대의 이스라엘 백성들에게 이어지고 있음을 보여줍니다. 출애굽기에는 하나님께서 조상들에게 주신 언약대로 430년이 지나 그들을 구원해 내신 역사적 사실과 그들에게 약속된 내용의 성취가 강조되고 있습니다. 이처럼 하나님의 약속은 때가 되면 반드시 이루어집니다.

출애굽기는 유월절, 만나, 생수, 성막 등 구약에서 그리스도에 관한 예표적 사건들이 가장 많이 계시된 책으로 예수님의 구속 사역을 이해하는데 중요합니다. 유월절 어린 양은 십자가에서 피 흘리신 그리스도의 모형이며, 만나는 영원한 생명의 떡이 되시는 그리스도의 몸을, 반석의 생수는 그리스도의 보혈을 상징합니다. 모세가 받은 율법은 우리를 그리스도에게로 인도하며, 성막과 제사는 그리스도의 대속적 죽음과 구원의 성격을 알게 합니다. 또한 출애굽기에는 하나님의 택함 받은 백성의 표식이자 신앙생활의 중심이 될 성막을 만들어가는 과정이 기록되어 있습니다. 성막은 하나님께서 백성 중에 임재하여 계신 곳을 상징하는 처소이며, 이스라엘이 하나님의 백성이 되고 하나님께서는 그들과 함께 하신다는 언약의 증표입니다. 성막은 하나님과 죄인의 관계를 회복시킬 그리스도의 대속사역과 관련된 상징적 예표들을 보여줍니다.

본서는 출애굽기의 흐름을 이해하는데 도움을 주기 위한 책으로, 『창세기, 살아 숨쉬다』의 발행 이후 독자들의 격려에 힘입어 나오게 되었습니다. 필자는 출애굽기의 내용을 성경의 다른 구절들로 조명하면서 출애굽기에 나타난 예표적인 복음의 진리들을 부각시키고자 노력하였습니다. 이 책의 제목을 **『출애굽기, No Turning Back』**이라고 명명(命名)한 것은 이스라엘 백성이 애굽으로 되돌아가서는 안 되고 가나안을 향해 전진해야 하듯이, 우리도 과거의 죄된 옛 습관으로 되돌아가지 말고 천성을 향해 나아가야 하기 때문입니다. 홍해를 가르시고 만나와 메추라기로 먹이시며 반석에서 물을 내신 그 능력의 하나님께서 지금 이 순간에도 동일하게 역사하고 계십니다. 척박한 광야에서 구름 기둥과 불기둥을 통하여 이스라엘을 이끄신 하나님께서 오늘날도 신구약 성경 말씀으로 우리를 인도하십니다.

이스라엘 백성들에게 "나는 너를 애굽 땅, 종 되었던 집에서 인도하여 낸 네 하나님 여호와니라"(출20:1) 라고 말씀하신 하나님께 모든 영광을 돌리며, 기도해 주신 여러분들께 감사를 드립니다. 이 책은 목회자들과 신학생들, 그리고 평신도들이 쉽게 성경을 이해하며, 필자의 이전 책 『창세기, 살아 숨쉬다』와 더불어 성경의 중요한 두 모티브인 창조와 구원(출애굽)에 대한 이해가 깊어지기를 바라는 마음에서 집필되었습니다. 이 책을 펴내는 일에 시종을 함께 한 아내와 기쁨을 같이 하고 싶습니다. 출판을 맡아주신 민영사 김정식 사장님과 편집과 교정에 수고해 주신 김정숙 선생님께 감사드리며, 이 글을 읽는 모든 분들과 함께 하나님의 은혜를 나누고 싶습니다.

2013년 12월

수리산 연구실에서 신현광

제1부

이스라엘의 구원

구속의 열망

제1장
고난 받는 이스라엘

이스라엘의 번성

야곱과 그 가족들이 애굽에 거주한 지 390년이 지났습니다. 야곱과 함께 각각 자기 가족을 데리고 애굽에 이른 이스라엘 아들들의 이름은 이러하니(출 1:1). 이같이 출애굽기의 서두에 야곱 가족이 언급된 것은 출애굽의 역사가 하나님과 이스라엘 사이에 맺은 언약의 성취이며, 하나님의 구원 사역은 어떠한 상황 속에서도 진행된다는 것을 나타냅니다. 머리말에서도 언급하였지만 히브리 원문의 출애굽기 첫 글자는 '그리고' (ו)라는 접속사입니다. 이것은 출애굽기가 창세기의 연속이므로 하나님께서 아브라함과 이삭과 야곱에게 주신 약속이 어떻게 성취되는지 살펴보아야 함을 의미합니다. 본 절에서 야곱이 그의 언약 이름인 "이스라엘"로 지칭된 것은 그의 애굽 이주가 하나님의 뜻을 이루기 위한 것이며, 애굽에서도 하나님의 사랑과 관심이 지속되고 있음을 나타내기 위함입니다. "네 자손이 이방에서 객이 되어 그들을 섬기겠고 그들은 사백 년 동안 네 자손을 괴롭히리니 ~ 네 자손은 사대 만에 이 땅으로 돌아오리니"(창 15:13, 16).

이제 요셉과 그 세대 사람들은 다 죽고 이스라엘 자손들은 번창하였습니다. 요셉과 그의 모든 형제와 그 시대의 사람은 다 죽었고(출 1:6). 출애굽 사건을 주전 1446년경으로 본다면, 본문은 모세 출생[1] 이전이므로 주전 1530년경으로 추정됩니다. 솔로몬 제4년은 주전 966년인데, 출애굽이 이보다 480년 전이므로 출애굽은 주전 1446년이며, 야곱이 애굽에 들어간 때는 주전 1876년이 됩니다. "이스라엘 자손이 애굽에 거주한지 ~ 사백삼십 년이 끝나는 그 날에 여호와의 군대가 다 애굽 땅에서 나왔은즉"(출 12:40-41). "이스라엘 자손이 애굽 땅에서 나온 지 사백팔십 년이요 솔로몬이 이스라엘 왕이 된 지 사 년 ~ 솔로몬이 여호와를 위하여 성전 건축하기를 시작하였더라"(왕상 6:1).

당시 이스라엘 백성이 고센 땅에 넘치게 되었습니다. 이스라엘 자손은 생육하고 불어나 번성하고 매우 강하여 온 땅에 가득하게 되었더라(출 1:7). 본 절에 '생육하고, 불어나, 번성하고, 강하여' 라는 동사가 네 번이나 연이어 쓰인 것은 이스라엘의 번창이 하나님의 약속에 근거한 축복의 결과인 것을 분명히 증거합니다. 이는 이스라엘의 수적 증가를 강조한 것으로 하나님의 약속이 실현되었음을 의미합니다. "내가 네게 큰 복을 주고 네 씨가 크게 번성하여 하늘의 별과 같고 바닷가의 모래와 같게 하리니"(창 22:17). 이와 같이 이스라엘은 하나님께서 정하신 때가 되었을 때 번

---

1) 모세가 80세에 출애굽을 인도했음을 볼 때, 모세는 주전 1526년경에 태어나 주전 1406년경에 사망한 것으로 여겨집니다. 요셉이 주전 1885년경에 애굽의 총리가 되었고 주전 1805년경에 사망한 것으로 추정되므로, 요셉의 죽음으로부터 모세의 출생까지는 대략 279년이 됩니다.

성케 되었습니다. "하나님이 아브라함에게 약속하신 때가 가까우매 이스라엘 백성이 애굽에서 번성하여 많아졌더니"(행 7:17).

야곱 일가가 애굽에 거한 지 400여 년 만에 그들이 노예임에도 불구하고 성인 남자만 60만 명이 넘는 대민족으로 성장한 것은 오직 하나님의 은총과 특별한 섭리에 의한 것입니다. "이스라엘 자손이 ~ 유아 외에 보행하는 장정이 육십만 가량이요"(출 12:37). **이는 애굽에 큰 위협이 되었으며 이스라엘에 대한 탄압으로 이어졌습니다.**

이스라엘의 고난

애굽의 왕조가 바뀌고 요셉을 알지 못하는 새로운 왕이 등장하였습니다.[2] 그는 셈족을 증오하였으며, 이스라엘의 번성에 불안을 느끼

2) 필자는, 요셉이 총리로 일할 당시 힉소스 왕조(Hyksos, 제15-17왕조)를 히브리인과 같은 셈족 계통, 곧 함족 계통의 왕조를 무너뜨리고 세운 왕조로 추정합니다. Hellenistic 시대의 이집트 역사가 마네토(Manetho)는 제15-17왕조를 힉소스라고 불리는 외국 통치자들이 지배한 것으로 보며, 그들을 '왕인 목자들'(king-shepherds)로 규정하고 있습니다. Anson F. Rainey and R. Steven Notley, *The Sacred Bridge: Carta's Atlas of the Biblical World* (Jerusalem: Carta, 2006), 59. / 그러나 모세 출생 당시로 추정되는 아멘호텝 1세(Amenhotep I, 주전 1546-1526년)는 수리아와 아시아에서 넘어와 힉소스 왕조를 몰아내고 세운 함족 계통의 18왕조(주전 1570-1320년)의 두 번째 왕이었습니다. Thomas V. Brisco, *Holman Bible Atlas : A Complete Guide to Expansive Geography of Biblical History* (Nashville, Tennessee: Broadman & Holman Publishers, 1998), 56.

고 그들이 전쟁 시 대적과 연합하여 대항할 것을 두려워하였습니다. 자, 우리가 그들에게 대하여 지혜롭게 하자 두렵건대 그들이 더 많게 되면 전쟁이 일어날 때에 우리 대적과 합하여 우리와 싸우고 이 땅에서 나갈까 하노라 하고(출 1:10). 애굽의 위정자들은 이스라엘이 변방 지대에 위치해 있기 때문에 탈출할 가능성이 있다고 생각하여 그들을 더욱 핍박하였습니다.

바로는 이스라엘 백성들 위에 감독들을 세워 그들의 노역을 더욱 무겁게 하였으며 국고성을 건축하게 하였습니다.[3] 감독들을 그들 위에 세우고 그들에게 무거운 짐을 지워 괴롭게 하여 그들에게 바로를 위하여 국고성 비돔과 라암셋을 건축하게 하니라(출 1:11). 여기에서 감독들은 노예 관리자들을 말합니다. 이스라엘은 핍박을 받을수록 더욱 번성합니다. 그러나 학대를 받을수록 더욱 번성하여 퍼져나가니 애굽 사람이 이스라엘 자손으로 말미암아 근심하여 이스라엘 자손에게 일을 엄하게 시켜(출 1:12-13). 본문의 "근심하여"란 몹시 싫어하는 것을 나타내는 말로 애굽인들이 이스라엘 백성들에게 공포를 지녔다는 뜻이며, "엄하게"란 감독들이 마음대로 노동 시간을 연장하고 매질한 것을 의미합니다.

이에 바로가 이스라엘을 더욱 혹독하게 다루게 됩니다. 어려운 노동으로 그들의 생활을 괴롭게 하니 곧 흙 이기기와 벽돌 굽기와 농사의 여러 가지 일이라 그 시키는 일이 모두 엄하였더라(출 1:14). 여기 "괴롭게 하니"

3) 국고성(store cities)은 전쟁이나 기근 등 유사시를 대비해 변방이나 요충지에 군량이나 병기를 보관해 두던 창고를 말합니다. / 애굽의 바로들은 전쟁 포로 노예들의 경우 일반적으로 농사에 투입하지 않고 광산의 시설과 여러 구조물들을 건축하게 하였습니다. Stanley Chodorow, Macgregor Knox, Conrad Schirokauer, Joseph R. Strayer, and Hans W. Gatzke, *The Mainstream of Civilization* (London: Thomson Learning Inc., 1994), 23.

란 호되게 고통 받는 상태를 말하며, "엄하였더라"는 가루가 될 정도로 짓이기는 상태를 뜻하는 말로 저들이 이스라엘을 무자비하게 핍박하고 있음을 나타냅니다. 이는 하나님께서 아브라함에게 주셨던 말씀의 성취입니다. "여호와께서 아브람에게 이르시되 너는 정녕히 알라 네 자손이 이방에서 객이 되어 그들을 섬기겠고 그들은 사백 년 동안 네 자손을 괴롭게 하리니"(창 15:13).

바로가 히브리 산파 십브라와 부아에게 명합니다. 이르되 너희는 히브리 여인을 위하여 해산을 도울 때에 그 자리를 살펴서 아들이거든 그를 죽이고 딸이거든 살려두라(출 1:16). 그런데 산파들이 하나님을 섬기므로 바로의 명령에 따르지 않았습니다. 그러나 산파들이 하나님을 두려워하여 애굽 왕의 명을 어기고 남자를 살린지라(출 1:17). "두려워하여"란 하나님께 대한 경외심을 의미하는 것으로 권력에 굴하지 않고 하나님을 두려워하였던 산파들의 위대한 신앙을 말해 줍니다. '십브라'는 '아름다움', 그리고 '부아'는 '영화'라는 뜻입니다.

바로가 산파들을 문책합니다. 애굽 왕이 산파를 불러 그들에게 이르되 너희가 어찌하여 이같이 남자 아기들을 살렸느냐(출 1:18). 여기서 "불러"라는 말은 큰 소리로 외치는 것을 의미하는 것으로, 산파들이 왕의 명령을 거역한 것에 대하여 바로가 심히 노했음을 나타냅니다. 산파의 답변입니다. 산파가 바로에게 대답하되 히브리 여인은 애굽 여인과 같지 아니하고 건장하여 산파가 그들에게 이르기 전에 해산하였더이다 하매(출 1:19). 이처럼 지혜롭게 대답한 산파들에게 하나님은 은혜를 베푸셨습니다. 하나님이 그 산파들에게 은혜를 베푸시니 그 백성은 번성하고 매우 강해지니라 그 산파들은 하나님을 경외하였으므로 하나님이 그들의 집안을 흥

왕하게 하신지라(출 1:20-21). "흥왕하게"란 하나님의 축복으로 자녀들과 기업이 크게 번영케 됨을 의미합니다. 이같이 하나님은 자신을 경외하며 자기 백성에게 베푼 친절을 자신에게 한 것으로 간주하시고 은혜를 베풀어 주십니다.

이에 바로가 다음과 같이 명령합니다. 그러므로 바로가 그의 모든 백성에게 명령하여 이르되 아들이 태어나거든 너희는 그를 나일 강에 던지고 딸이거든 살려두라 하였더라(출 1:22). 바로가 이러한 조치를 취한 것은 남자 아이는 훗날 군사적 위협이 될 수 있기 때문입니다. 이같이 이스라엘의 비참함이 한도에 달하게 되었는데, 이는 하나님께서 약속하신 때가 되었음을 예고하는 것입니다. 이처럼 극한 상황으로 치닫고 있을 때 하나님의 구원의 손길 또한 다가오고 있음을 간과하지 말아야 합니다. 아무리 힘든 역경일지라도 하나님의 손길을 바라볼 수 있어야 합니다.

만약 애굽이 계속 이스라엘을 후대하였다면 그들은 서로 혼인함으로 이스라엘의 여호와 유일신앙이 퇴색되며 민족성을 잃어버리게 되었을 것입니다. 그러므로 역사를 주관하시는 하나님께서 애굽에 새 왕조를 일으키신 것입니다. "여호와께서 자기의 백성을 크게 번성하게 하사 그의 대적들보다 강하게 하셨으며 또 그 대적들의 마음이 변하게 하여 그의 백성을 미워하게 하시며 그의 종들에게 교활하게 행하게 하셨도다"(시 105:24-25).

모세의 탄생

레위 족속 아므람이 요게벳과 결혼하여 아들을 낳았습니다. 레위 가족 중 한 사람이 가서 레위 여자에게 장가들어(출 2:1). 그들은 아들의 준수함을 보고 석 달을 몰래 키웠습니다. 성경은 모세의 부모가 왕명을 거역하고 그를 살린 것은 하나님을 믿는 믿음에서 나온 것이라고 합니다. "믿음으로 모세가 났을 때에 그 부모가 아름다운 아이임을 보고 석 달 동안 숨겨 왕의 명령을 무서워하지 아니하였으며"(히 11:23). 창세기 이후 400년간의 침묵을 지나 구속사의 주역이 되는 모세가 태어나면서 출애굽 시대가 열리게 됩니다. 하나님의 택하심과 역사는 우연이 아니라 창세 전에 미리 작정된 섭리 하에 진행되고 있음을 분명히 알 수 있습니다.

그들이 아기를 더 이상 기를 수 없게 되자 모세를 상자에 담아 갈대숲에 두었습니다. 더 숨길 수 없게 되매 그를 위하여 갈대 상자를 가져다가 역청과 나무진을 칠하고 아기를 거기 담아 나일 강 가 갈대 사이에 두고(출 2:3). "상자"(תֵּבָה, 테바)란 노아의 '방주'와 같은 단어로 물 위에 동력 없이 떠 있게 만든 것입니다. 아기의 누나인 미리암이 멀리 서서 상황을 살핍니다. 그때 마침 바로의 딸[4]이 그 상자를 발견하게 됩니다.

---

4) 필자는 바로의 딸을 하셉수트(Hatshepsut, 주전 1503–1482?년)로 추정합니다. 제18왕조 초대 왕은 아모세(Ahmose, 주전 1570–1546년)이고, 2대 왕은 그의 아들 아멘호텝 1세(주전 1546–1526년)이며, 3대 왕은 아멘호텝 1세의 딸과 결혼한 투트모세 1세(주전 1525–1512년)입니다. 하셉수트는 투트모세 1세와 왕비의 외동딸로 이복 형제였던 투트모세 2세(주전 1512–1504년)와 결혼하였는데, 그가 죽자 후궁 소생인 10살의 투트모세 3세(주전 1504–1450년)에게 왕위가 이어졌습니다. 그가 어렸으므로 하셉수트는 7년간 섭정을 하였으며, 후에 투트모세 3세가 장성하자 공동 파라오로 즉위하여 그와 함께 14년을 더 다스렸습니다. 하

바로의 딸이 목욕하러 나일 강으로 내려오고 시녀들은 나일 강 가를 거닐 때에 그가 갈대 사이의 상자를 보고 시녀를 보내어 가져다가(출 2:5). 당시 애굽인들은 나일 강[5]을 신성시하여 이 강에서 목욕하면 다산과 장수의 복을 받는다고 믿었습니다. 공주가 상자를 열어 우는 아이를 보았는데 측은한 생각이 들었습니다. 아기를 갈대 사이에 둔 것과 때마침 공주가 그곳으로 와서 상자를 보게 된 이 모든 일련의 사건들은 우연처럼 보이지만 하나님의 섭리에 의한 것입니다.

공주는 아기가 히브리인의 아기인 것을 알았습니다. 아마도 할례 때문이었을 것입니다. 바로 그때 아기의 누나가 공주에게 말합니다. 그의 누이가 바로의 딸에게 이르되 내가 가서 당신을 위하여 히브리 여인 중에서 유모를 불러다가 이 아기에게 젖을 먹이게 하리이까(출 2:7). "유모"란 단순히 아이에 대한 수유만이 아니라 성장과 교육 전반을 돌보는 사람을 말합니다. 공주가 허락하자 누이가 아기의 친어머니를 데려옵니다. 공주가 아기의 어머니에게 말합니다. 바로의 딸이 그에게 이르되 이 아기를 데려다가 나를 위하여 젖을 먹이라 내가 그 삯을 주리라 여인이

셉수트의 미라는 "왕들의 계곡"(The Valley of the Kings) KV20에서 발견되었습니다. Lorna Oakes and Lucia Gahlin, *Ancient Egypt : An Illustrated Reference to the Myths, Religions, Pyramids and Temples of the Land of Pharaohs* (New York: Hermes House, 2002), 190, 344, 107. / 여기 애굽 왕들의 연대는 Holman Bible Atlas에 따른 것입니다. Thomas V. Brisco, *Holman Bible Atlas : A Complete Guide to Expansive Geography of Biblical History*, 56.

5) '이집트는 나일 강의 선물이다' 라고 한 Herodotus(주전 484-425년)의 말처럼 이집트는 곧 나일 강이며, 고대 이집트 문명은 곧 나일 문명입니다. 이 강은 6,741km로 세계에서 가장 긴 강이며, 국토의 95%가 불모의 사막이고 나머지 5%만이 나일 강 유역의 농경 지대인데, 이곳에 인구의 99%가 거주합니다. 이태원, 『이집트』(서울: 도서출판 기파랑, 2010), 23.

아기를 데려다가 젖을 먹이더니(출 2:9). 이는 실로 하나님의 오묘한 섭리임을 깨닫게 합니다. 바로는 히브리인의 사내아이가 태어나자마자 죽이도록 명을 내렸는데, 그의 딸은 히브리인의 아들을 자신의 아들로 키우게 됩니다. "버려진 후에 바로의 딸이 그를 데려다가 자기 아들로 기르매"(행 7:21). 그녀는 아기의 친어머니에게 삯을 주며 키우게 합니다. 그리하여 아기는 자신의 어머니의 젖을 먹으며 자라나게 되고, 아기의 어머니는 삯을 받으며 자신의 아들을 키웁니다. 이는 가장 무서운 시기에 가장 안전한 방법으로 모세가 육체적, 영적으로 성장하도록 간섭하신 하나님의 역사입니다. 이처럼 하나님은 인간의 생각을 초월하여 기묘하게 그 뜻을 이루어 가십니다.

이와 같이 모세는 자신의 생모인 요게벳에게서 양육되므로 자신이 히브리인임을 알게 되며 여호와 신앙을 갖게 됩니다. 이러한 신앙 교육으로 인하여, 모세는 애굽 궁중에서의 교육에도 불구하고 이방 종교와 문화에 물들지 않고 히브리인으로서의 정체성을 가지게 됩니다. 모세는 약 3년 동안의 수유 기간이 지난 후 공주에게 돌아와 그녀의 아들이 되었습니다. 공주는 그 아이를 물에서 건져내었다고 하여 모세라고 불렀습니다.[6] 그 아기가 자라매 바로의 딸에게로 데려가니 그가 그의

6) 모세라는 이름에 애굽적 기원이 있습니다. '모세'라는 이름의 어간인 동사 מסי는 '태어나다'(to be born), 명사 מס는 '아이, 아들'이라는 뜻으로, 그 이름에 신적인 의미를 더하여 주는 요소입니다. 이는 Ah-mose, Ra-mose, Ptah-mose, Thut-mose(Thot-mose) 등의 이름에서 찾아볼 수 있는데, 이러한 이름들은 각 지역의 신화에 따라 해당 신의 생일에 태어난 아이에게 붙여졌습니다. 출애굽기는 이러한 기원을 가진 모세의 이름을 '꺼내다(건지다)'(to pull out)라는 의미인 히브리어 동사 마샤(משה)로 재해석함으로써, 바로의 딸이 구한 아이가 이스라엘을 바로의 억압으로부터 구해낼 것임을 암시하고 있습니다. Nahum M. Sarna, *Exploring Exodus* (New York: Schocken Books, 1986), 32.

아들이 되니라 그가 그의 이름을 모세라 하여 이르되 이는 내가 그를 물에서 건져내었음이라 하였더라(출 2:10). 본문에는 하나님께서 모세를 구원하셨다는 직접적인 말씀은 없습니다. 그러나 눈에 보이지는 않지만 하나님의 구원의 손길을 분명히 느낄 수 있습니다. 하나님의 섭리에 의해 이스라엘을 구원할 모세가 가장 안전한 곳에서 공주의 보호를 받으며 자라나고 있는 것입니다.

이스라엘 민족의 고통이 극에 달했을 때, 하나님은 그들을 해방시키고 이끌어 나갈 지도자를 예비하심으로 구원의 때를 준비하고 계십니다. 하나님은 태어나자마자 죽을 수밖에 없었던 모세를 오히려 압제자의 손에 의하여 왕자로 양육되게 하심으로, 구속사를 이끌고 계시는 오묘한 섭리를 깨닫게 하십니다.

장성한 모세

모세는 당시 문명의 정점이었던 애굽에서 공주의 아들로 자라면서 그 모든 학술과 문화와 정치를 두루 섭렵하였습니다. "모세가 애굽 사람의 모든 지혜를 배워 그의 말과 하는 일들이 능하더라"(행 7:22). 애굽의 왕자였던 모세 역시 다른 고위층 귀족의 소년들처럼 4세부터 시작하여 12년 동안 이른 아침부터 오후까지 학교에서 교육을 받았을 것입니다.[7] 하나님은 그 뜻을 이루시기 위해 모세로 하여금 최고의 학문을

7) 학교의 규율은 매우 엄격한 것으로 알려져 있습니다. 그들의 교육 원리는 다음

배우게 하시며 하나님의 일꾼으로 양육하셨습니다. 이제 모세가 40세가 되자 자기 민족을 생각하게 되었습니다. 모세가 장성한 후에 한번은 자기 형제들에게 나가서 그들이 고되게 노동하는 것을 보더니 어떤 애굽 사람이 한 히브리 사람 곧 자기 형제를 치는 것을 본지라(출 2:11). "장성한" 이란 경험과 학식이 축적된 상태를 말하며, "보더니"란 깊은 관심을 가지고 유심히 살펴본 것을 의미합니다. 이는 모세가 자신의 출신을 인식하고 히브리인들에게 진한 동포애를 느끼고 있음을 알게 합니다.

모세가 애굽 사람을 쳐서 죽입니다. 좌우를 살펴 사람이 없음을 보고 그 애굽 사람을 쳐죽여 모래 속에 감추니라(출 2:12). 본문의 "좌우를 살펴"란 모세가 무모하게 행동한 것이 아니라 침착하게 행동한 것을 의미합니다. 또한 원어성경에서 11절의 '치는' 이라는 단어와 12절의 "쳐죽여"라는 단어(נָכָה, 나카)가 동일하게 사용된 것은 애굽 사람이 히브리인을 죽일 정도로 심하게 치고 있었다는 것을 나타냅니다. "나이가 사십이 되매 그 형제 이스라엘 자손을 돌볼 생각이 나더니 한 사람이 원통한 일 당함을 보고 보호하여 압제 받는 자를 위하여 원수를 갚아 애굽 사람을 쳐 죽이니라"(행 7:23-24). 히브리서 말씀입니다. "믿음으로 모세는 장성하여 바로의 공주의 아들이라 칭함 받기를 거절하고 도리어 하나님의 백성과 함께 고난 받기를 잠시 죄악의 낙을 누리는 것보다 더 좋아하고 그리스도를 위하여 받는 수모를 애굽의 모든 보화보다 더 큰 재물로 여겼으니 이는 상 주심을 바라봄이라"(히 11:24-26).

과 같은 격언에서 살펴볼 수 있습니다. '소년들의 귀는 등에 있기 때문에 맞을 때에야 듣는다.' 즉 신체적인 체벌이 주요 훈육수단이었음을 알 수 있습니다. 학교의 교과과정은 독해, 작문, 수학에 초점이 맞추어져 있었으며, 반복과 암기가 주된 학습방법이었습니다. Nahum M. Sarna, *Exploring Exodus*, 33.

다음날 모세가 히브리인들의 싸움을 말리려 합니다. 이튿날 다시 나가니 두 히브리 사람이 서로 싸우는지라 그 잘못한 사람에게 이르되 네가 어찌하여 동포를 치느냐 하매(출 2:13). "네가 어찌하여 동포를 치느냐"라고 한 것은 모세의 애국심과 민족적 동질성을 암시하는 말입니다. 그런데 잘못한 사람이 이렇게 말합니다. 그가 이르되 누가 너를 우리를 다스리는 자와 재판관으로 삼았느냐 네가 애굽 사람을 죽인 것처럼 나도 죽이려느냐 모세가 두려워하여 이르되 일이 탄로되었도다(출 2:14). 여기서 "두려워하여"란 '간담이 떨어질 정도로 깜짝 놀라다'라는 뜻으로, 큰 충격을 받아 공포에 휩싸인 상태를 말합니다. 모세는 이스라엘 백성들이 자신의 진심을 알아줄 것으로 기대했지만, 실상은 전혀 그렇지 않았습니다. "그는 그의 형제들이 하나님께서 자기의 손을 통하여 구원해 주시는 것을 깨달으리라고 생각하였으나 그들이 깨닫지 못하였더라"(행 7:25). 이는 하나님의 일은 자신의 생각이 아니라 하나님의 뜻에 순종하며 하나님의 때를 기다려야 한다는 것을 알게 합니다.

인간적인 방법으로 동족을 구하려 한 모세는 결국 실패하게 됩니다. 이후에 모세는 수많은 연단의 과정을 거치면서 이스라엘의 구원이 인간의 방법이 아니라 하나님의 주권적이고 공의로우신 방법에 의해 가능하다는 것을 깨닫게 됩니다.

모세의 미디안 생활

바로가 모세를 죽이려 하였으므로[8], 모세는 미디안으로 도피했습니다. 바로가 이 일을 듣고 모세를 죽이고자 하여 찾는지라 모세가 바로의 낯을 피하여 미디안 땅에 머물며 하루는 우물곁에 앉았더라(출 2:15). 미디안 족속은 아브라함과 그두라 사이에 난 자손들로 유목민이었습니다. 본문의 "찾는지라"는 '간절히 원하다' 라는 뜻으로 바로가 모세를 찾기에 얼마나 혈안이 되었는지 알 수 있습니다. 어느 날 모세가 우물곁에 앉아 있는데 미디안 제사장의 일곱 딸이 와서 양떼에게 물을 먹이려 하였습니다. 그러나 목자들이 그녀들을 쫓으므로 모세가 그녀들을 도와 양들에게 물을 먹였습니다. 딸들이 돌아오자 아버지가 묻습니다. 그들이 그들의 아버지 르우엘에게 이를 때에 아버지가 이르되 너희가 오늘은 어찌하여 이같이 속히 돌아오느냐(출 2:18). 이 말에서 그녀들이 얼마나 힘겹게 양 무리를 돌보고 있는지 짐작할 수 있습니다. 딸들의 대답입니다. 그들이 이르되 한 애굽 사람이 우리를 목자들의 손에서 건져내고 우리를 위하여 물을 길어 양 떼에게 먹였나이다(출 2:19). 여기에서 우리는 모세가 급하게 도피했기 때문에 당시 애굽인의 복장을 하고 있었음을 알 수 있습니다.

르우엘[9]이 모세를 청하여 음식을 대접합니다. 모세가 르우엘과

8) 필자는 모세가 미디안으로 도주할 때의 바로를 투트모세 3세(주전 1504-1450년)로 보며, 그가 하셉수트의 양자로 상당한 권력을 지닌 모세를 이 기회에 제거하려 한 것으로 추정합니다.

9) 모세의 장인과 관련해서 '르우엘' (출 2:18), '이드로' (출 3:1), '호밥' (삿 4:11)이 나오는데, 르우엘이 본명이며 이드로는 그의 제사장직에 따른 명칭입니다. 르우엘과 이드로는 동일인이지만, 호밥은 르우엘의 아들로서 모세의 처남입니다(민

함께 거하기를 기뻐하므로 그가 자신의 딸 십보라를 아내로 주었습니다. '십보라'는 '새'라는 뜻입니다. 십보라가 아들을 낳았습니다. 그가 아들을 낳으매 모세가 그의 이름을 게르솜이라 하여 이르되 내가 타국에서 나그네가 되었음이라 하였더라(출 2:22). "게르솜"이란 '내가 그곳에서 객이 되었다'라는 뜻으로, 타국 생활에 대한 모세의 고독과 히브리 민족에 대한 연민을 느끼게 합니다. 모세 자신은 하나님의 인도하심을 의식하지 못하고 있지만 하나님은 그를 인도하시며 도피 생활을 통하여 겸손과 인내를 배우게 하십니다. 하나님의 섭리는 참으로 치밀하여 모세는 미디안 생활 동안 장차 이스라엘을 이끌고 가야 할 사막에 익숙해지게 됩니다. 인간의 눈으로는 미디안에서의 40년이 양떼를 치면서 세월을 허비한 것 같지만, 하나님의 계획 속에서는 모세가 광야생활 40년 동안 이스라엘을 이끌 수 있도록 훈련시키신 소중한 시간이었습니다.

세월이 흘러 애굽 왕이 죽고, 이스라엘은 고역으로 하나님께 부르짖습니다. 여러 해 후에 애굽 왕은 죽었고 이스라엘 자손은 고된 노동으로 말미암아 탄식하며 부르짖으니 그 고된 노동으로 말미암아 부르짖는 소리가 하나님께 상달된지라(출 2:23). "여러 해 후"란 모세의 나이 80세, 곧 미디안으로 도피한 지 40년이 지나 출애굽의 역사가 시작되는 시점입니다. "상달된지라"는 마치 향이 피어오르듯 백성들의 부르짖음이 기도가 되어 올라가 하나님께 닿았다는 의미입니다. 이처럼 하나님의 계획이 인간 편에서는 인간의 부르짖는 기도로 시작됩니다.

10:29). 사사기 4장 11절의 '장인'(חֹתֵן, 호텐)은 '처남'으로 볼 수도 있기 때문에 민수기 10장 29절과 병행하여 참고해 볼 때 호밥은 모세의 처남으로 생각됩니다.

하나님께서 이스라엘의 고통을 보시고 그들의 조상들에게 하셨던 약속을 기억하십니다. 하나님이 그들의 고통 소리를 들으시고 하나님이 아브라함과 이삭과 야곱에게 세운 그의 언약을 기억하사 하나님이 이스라엘 자손을 돌보셨고 하나님이 그들을 기억하셨더라(출 2:24-25). 본문의 "들으시고"란 하나님께서 고된 노동과 압제로 핍박받고 있는 이스라엘의 간구에 귀를 기울이셨다는 의미이며, "기억하셨더라"는 하나님께서 지금까지 침묵하고 계셨으나 그들의 탄식과 눈물을 자세히 살피시고 그들을 구원하실 때가 가까이 왔다는 것을 나타냅니다. 이제 하나님께서 움직이기 시작하십니다. 인간의 끝이 하나님의 시작입니다.

이스라엘의 출애굽은 언약을 통한 하나님의 구원 사역의 실현입니다. 하나님은 당신의 백성들의 부르짖음에 응답하시지만, 우리는 하나님의 때를 알 수 없으므로 절망하지 말고 인내하며 기도해야 합니다. "너는 내게 부르짖으라 내가 네게 응답하겠고 네가 알지 못하는 크고 은밀한 일을 네게 보이리라"(렘 33:3).

제2장

모세의 소명

하나님의 현현

모세가 미디안 광야에 거한 지 40년이 지났습니다. 하루는 그가 양 무리를 치다가 우연히 하나님의 산 호렙[10]에 이르게 되었습니다. 모세에게는 이 일이 우연이지만, 이는 실로 하나님의 섭리에 의한 사건입니다. 여호와의 사자가 모세에게 임하셨습니다. 여호와의 사자가 떨기나무 가운데로부터 나오는 불꽃 안에서 그에게 나타나시니라 그가 보니 떨기나무에 불이 붙었으나 그 떨기나무가 사라지지 아니하는지라(출 3:2). "여호와의 사자"란 성육신하시기 이전 성자 하나님을 말씀하는 것으로 친히 떨기나무 불꽃 가운데 나타나셨습니다. 이 불꽃은 끝이 날카로운 창날 같은 형태의 화염입니다.[11] "사십 년이 차매 천사가 시내 산 광야

---

10) 호렙 산은 시내 산이라고도 불리며 시나이 반도 남서쪽 끝에 위치하는데, 오늘날 '게벨 무사'(Gebel Musa: 모세의 산, 약 2,285m)로 추정됩니다. 하나님께서 이곳에서 모세를 부르시고 이스라엘과 언약을 맺으시며 율법을 수여하셨기 때문에 '하나님의 산'이라 불립니다. Abbas Chalaby, *All of Egypt : From Cairo to Abu Simbel and Sinai*, 124.

11) Francis Brown ed., *The New Brown, Driver, and Briggs Hebrew and*

가시나무 떨기 불꽃 가운데서 그에게 보이거늘"(행 7:30). 불은 구약에서 가장 두드러지게 나타나는 하나님의 임재의 상징입니다. "해가 져서 어둘 때에 연기 나는 화로가 보이며 타는 횃불이 쪼갠 고기 사이로 지나더라"(창 15:17), "여호와께서 불길 중에서 너희에게 말씀하시되 음성뿐이므로 너희가 그 말소리만 듣고 형상은 보지 못하였느니라"(신 4:12).

모세가 보니 떨기나무에 불이 붙었는데 사라지지 않았습니다. 떨기나무는 시내 광야에 두루 퍼져있는 가시덤불로 이 나무에 불이 붙었으나 하나님의 역사하심으로 인해 나무가 타지 않았던 것입니다. 모세는 눈앞에 펼쳐지고 있는 이 광경을 이상히 여겨 확인하려 합니다. 이에 모세가 이르되 내가 돌이켜 가서 이 큰 광경을 보리라 떨기나무가 어찌하여 타지 아니하는고 하니(출 3:3). 본문은 이 사건이 환상이 아니라 역사적 사실임을 깨닫게 합니다. "어찌하여 타지 아니하는고"라는 말이 초자연적인 사건임을 분명히 알게 합니다. 하나님께서 타는 불 가운데 현존하신 것입니다.

하나님은 야곱이 애굽으로 가기 전날 밤 나타나셨습니다. "그 밤에 하나님이 이상 중에 이스라엘에게 나타나 이르시되 ~ 내가 너와 함께 애굽으로 내려가겠고 반드시 너를 인도하여 다시 올라올 것이며"(창 46:2, 4). **그리고 4세기가 지난 지금 하나님께서 나타나신 것입니다. 하나님은 모세가 유력할 때 부르시지 않고 낮은 자리에 있는 그를 부르셨습니다.**

English Lexicon of the Old Testament (Lafayette, Indiana: Associated Publishers and Authors Inc., 1981), 529. (이하 *BDB*로 약칭)

모세를 부르심

하나님께서 모세를 부르십니다. 여호와께서 그가 보려고 돌이켜 오는 것을 보신지라 하나님이 떨기나무 가운데서 그를 불러 이르시되 모세야 모세야 하시매 그가 이르되 내가 여기 있나이다(출 3:4). 하나님은 이스라엘의 구원을 위해 모세를 택하시고 부르십니다. 그런데 이같이 두 번이나 부르신 것은 사명의 중요성과 상황의 긴박성을 나타냅니다. "여호와의 사자가 하늘에서부터 그를 불러 이르시되 아브라함아 아브라함아 하시는지라"(창 22:11). 이에 모세가 "내가 여기 있나이다"라고 대답합니다. 이제부터 모세는 죽는 날까지 40년간 하나님과 대화하며 하나님의 뜻을 수행해 나갑니다. 하나님은 불꽃에 대한 호기심으로 접근하는 모세에게 "이리로 가까이 오지 말라"고 말씀하십니다. 하나님이 이르시되 이리로 가까이 오지 말라 네가 선 곳은 거룩한 땅이니 네 발에서 신을 벗으라(출 3:5). "신"이란 온갖 장소를 밟고 다니므로 죄악을 상징합니다. 그러므로 이것을 신고 하나님께서 임재해 계신 거룩한 땅을 밟을 수 없다는 것을 가르쳐 주십니다. "거룩한 땅"이란 거룩하신 하나님이 지금 임재해 계시기 때문에 거룩해진 땅이라는 의미입니다. 고대 근동 사회에서 신을 벗는 것은 존경의 표시이자 겸손함을 나타내는 행위였습니다.[12]

12) 따라서 제사장들은 성소에서 맨발로 직무를 수행했으며, 오늘날에도 그들은 회당에서 축도하기 전에 신을 벗는다고 합니다. Nahum M. Sarna, *The JPS Torah Commentary Exodus* (New York: The Jewish Publication Society, 1991), 15. / 제사장의 복장과 관련하여 신에 관한 규례는 언급되지 않았다는 사실에서 미루어 보면, 이스라엘의 제사장들은 성전에서 맨발로 성직을 수행했을 것으로 여겨집니다. John I. Durham, *Exodus: Word Biblical Commentary Vol. 3*

하나님은 이스라엘 선조들과 언약을 맺으셨으며, 이제부터 진행될 출애굽의 역사도 그 언약에 근거하여 이루어지는 것임을 분명히 하십니다. 또 이르시되 나는 네 조상의 하나님이니 아브라함의 하나님, 이삭의 하나님, 야곱의 하나님이니라 모세가 하나님 뵈옵기를 두려워하여 얼굴을 가리매(출 3:6). 하나님은 자신의 언약이 어떠한 상황에서도 변치 않는다는 것을 말씀하십니다. "네 조상의 하나님(I am the God of thy father)"이란 말씀은 부활에 대한 증거로 하나님은 죽은 자의 하나님이 아니라 산 자의 하나님이라고 하신 주님의 말씀을 생각나게 합니다. "나는 아브라함의 하나님이요 이삭의 하나님이요 야곱의 하나님이로라 하신 것을 읽어 보지 못하였느냐 하나님은 죽은 자의 하나님이 아니요 살아 있는 자의 하나님이시니라 하시니"(마 22:32). 본문의 "두려워하여"란 단순한 공포가 아니라 범죄한 인간이 거룩하신 하나님 앞에 섰을 때 본능적으로 느끼는 경외심을 말합니다. "그 때에 내가 말하되 화로다 나여 망하게 되었도다 ~ 나는 입술이 부정한 백성 중에 거주하면서 만군의 여호와이신 왕을 뵈었음이로다 하였더라"(사 6:5).

하나님께서 말씀하십니다. 여호와께서 이르시되 내가 애굽에 있는 내 백성의 고통을 분명히 보고 그들이 그들의 감독자로 말미암아 부르짖음을 듣고 그 근심을 알고(출 3:7). 하나님께서 이스라엘을 "내 백성"이라고 부르신 것은 이곳이 처음입니다. 여기서 "보고"란 하나님께서 생생하게 지켜보고 계신 것을 나타내며, "듣고"란 그들의 울부짖음에 귀 기울이신 것을 의미합니다. 이는 하나님께서 신음하는 이스라엘을 위해 놀라운 구원 사역을 이루실 것을 암시하는 말씀입니다. 하나님께서 이스

(Waco, Texas: Word Books Publisher, 1987), 31.

라엘을 이처럼 극심한 고통 가운데 두신 것은 장차 출애굽 시 애굽에 대한 동경을 제거하고 하나님의 뜻에 순종하게 하기 위함입니다.

하나님께서 백성들의 신음소리에 응답하십니다. 내가 내려가서 그들을 애굽인의 손에서 건져내고 그들을 그 땅에서 인도하여 아름답고 광대한 땅, 젖과 꿀이 흐르는 땅 곧 가나안 족속, 헷 족속, 아모리 족속, 브리스 족속, 히위 족속, 여부스 족속의 지방에 데려가려 하노라(출 3:8). "내려가서"(יָרַד, 야라드)란 하나님이 바벨탑을 세운 사람들을 심판하러 내려오셨을 때에 사용된 단어로, 하나님께서 인류의 역사에 결정적으로 개입하신다는 의미입니다. "자, 우리가 내려가서 거기서 그들의 언어를 혼잡하게 하여 그들이 서로 알아듣지 못하게 하자 하시고"(창 11:7). 또한 "젖과 꿀이 흐르는 땅"이란 하나님께서 이스라엘에게 주시기로 약속하신 가나안 땅으로 비옥한 토지와 은혜의 풍성함이 내포된 말입니다. 본문에는 가나안의 6족속이 나타나 있지만, 일반적으로는 기르가스 족속을 포함하여 가나안 7족속을 언급합니다. "네 하나님 여호와께서 너를 인도하사 네가 가서 차지할 땅으로 들이시고 네 앞에서 여러 민족 헷 족속과 기르가스 족속과 아모리 족속과 가나안 족속과 브리스 족속과 히위 족속과 여부스 족속 곧 너보다 많고 힘이 센 일곱 족속을 쫓아내실 때에"(신 7:1).

모세의 의문입니다. 모세가 하나님께 아뢰되 내가 누구이기에 바로에게 가며 이스라엘 자손을 애굽에서 인도하여 내리이까(출 3:11). 40년 전 모세는 자기 힘으로 이스라엘 백성들을 구하려 했으나 실패했습니다. 그러므로 모세가 하나님께 "내가 누구이기에"라고 여쭙니다. 모세는 자신이 어떻게 바로에게 나아갈 수 있으며, 아무 훈련도 받지 않고 무기도 없는 이스라엘을 어떻게 출애굽 시킬 수 있을 지 이해할 수 없었습니다. 하나님께서 말씀하십니다. 하나님이 이르시되 내가 반드시 너와 함께 있으리라 네가 그 백성을 애굽에서 인도하여 낸 후에 너희가 이 산에서 하나님을 섬기리니 이것이 내가 너를 보낸 증거니라(출 3:12). "내가 반드시 너와 함께 있으리라"는 말씀은 하나님께서 모세와 함께 하시며, 불가능한 일들을 하나님께서 이루실 것이라는 의미입니다. 이는 출애굽이 단순한 인간의 역사가 아니라 하나님의 구속 사건임을 알게 합니다.

하나님은 모세로 하여금 40년간 궁중에서 지도자의 자질을 갖추게 하셨고, 또한 40년간 광야에서 순종과 겸손을 배우게 하심으로 하나님의 종으로서 인격을 지니게 하셨습니다. 이같이 하나님은 누구도 깨닫지 못할 때 곧 당사자인 모세도 알지 못할 때, 약속하신 언약의 성취를 위하여 구속의 역사를 준비하고 계셨던 것입니다.

하나님의 성호

모세가 하나님께 여쭙니다. 모세가 하나님께 아뢰되 내가 이스라엘 자손에게 가서 이르기를 너희의 조상의 하나님이 나를 너희에게 보내셨다 하면 그들이 내게 묻기를 그의 이름이 무엇이냐 하리니 내가 무엇이라고 그들에게 말하리이까(출 3:13). 고대 세계에서 이름은 본성이나 신분을 나타냅니다. 예수님의 제자들은 이적을 행할 때에 자신의 능력이 아니라 예수 그리스도의 이름으로 역사함을 분명히 하였습니다. "너희와 모든 이스라엘 백성들은 알라 너희가 십자가에 못 박고 하나님이 죽은 자 가운데서 살리신 나사렛 예수 그리스도의 이름으로 이 사람이 건강하게 되어 너희 앞에 섰느니라"(행 4:10). 하나님께서 말씀하십니다. 하나님이 모세에게 이르시되 나는 스스로 있는 자니라 또 이르시되 너는 이스라엘 자손에게 이같이 이르기를 스스로 있는 자가 나를 너희에게 보내셨다 하라(출 3:14). "나는 스스로 있는 자"라는 말씀은 '나는 항상 존재하는 자이다'라는 뜻으로 하나님께서는 시작과 끝이 없으시다는 의미입니다. 곧 하나님은 피조된 존재가 아니라 세상 모든 존재의 근거가 되시는 자존자(自存者)이심을 말씀하십니다. "산이 생기기 전, 땅과 세계도 주께서 조성하시기 전 곧 영원부터 영원까지 주는 하나님이시니이다"(시 90:2), "나는 알파와 오메가요 처음과 마지막이요 시작과 마침이라"(계 22:13).

하나님은 모세에게 조상들을 부르시고 언약을 맺으시며 돌보신 하나님이심을 알려주십니다. 하나님이 또 모세에게 이르시되 너는 이스라엘 자손에게 이같이 이르기를 너희 조상의 하나님 여호와 곧 아브라함의 하나님, 이삭의 하나님, 야곱의 하나님께서 나를 너희에게 보내셨다 하라 이는 나의 영원한 이름이요 대대로 기억할 나의 칭호니라(출 3:15). "여호와"(יהוה, YHWH)[13]는 구약에만 나타나는 하나님의 성호로, 스스로 계시는 하나님의 자존성과 영원성, 곧 과거 · 현재 · 미래에 영원히 존재하

13) '여호와'는 'יהוה'(YHWH)라는 히브리 자음에 '주'(主)라는 뜻의 '아도나이' 모음을 붙여 사용합니다. 이는 '존재하다'(to be)란 뜻의 'הוה'에서 온 것으로 이스라엘과 관련하여 변치 않는 언약의 하나님을 나타낼 때 사용됩니다. 모두 5,909번 나타나는데, 출애굽기에만 353번 사용되었습니다. / YHWH는 '신성사문자'(神聖四文字, tetragrammaton)라고 합니다. William Sanford La Sor, David Allan Hubbard, and Frederic William Bush, *Old Testament Survey : The Message, Form, and Background of the Old Testament* (Grand Rapids, Michigan: William B. Eerdmans Publishing Company, 1982), 136.

는 분이심을 강조하는 이름입니다. 그런데 '여호와'에 대한 발음이 정확하지 않은 것은 유대인들이 하나님의 이름을 망령되이 부르는 죄를 짓지 않기 위하여 단어 그대로 발음하지 않고 대신 '나의 주'라는 의미를 가진 '아도나이'(אֲדֹנָי)라고 부르거나, '그 이름'이라는 뜻의 하셈(הַשֵּׁם)이라고 불렀기 때문입니다. 그리하여 결국 세월이 지나면서 그 발음을 잃어버리게 된 것입니다.

이와 같이 '하나님'은 이스라엘 선조들과 언약을 맺을 때 사용하신 성호이며, '여호와'는 하나님께서 살아 계신다는 것을 강조하고 언약을 이루시는 분임을 나타내실 때 사용하신 성호입니다. "내가 아브라함과 이삭과 야곱에게 전능의 하나님으로 나타났으나 나의 이름을 여호와로는 그들에게 알리지 아니하였고"[14](출 6:3). 하나님께서 이스라엘 조상들과 맺은 언약, 곧 그들을 가나안 땅으로 인도하겠다는 약속을 반드시 성취할 것임을 말씀하신 것입니다. "여호와는 만군의 하나님이시라 여호와는 그를 기억하게 하는 이름이니라"(호 12:5).

하나님께서 모세에게 자신을 계시하시며 소명을 주십니다. 하나님께서 이스라엘을 약속의 땅으로 인도하시려는 것은 550여 년 전에 아브라함에게 말씀하셨던 것인데, 이제 그 언약을 이루시려 합니다. 하나님께서 정하신 때가 된 것입니다. "네 자손은 사대 만에 이 땅으로 돌아오리니"(창 15:16).

14) 출애굽기에 나타난 하나님 칭호 : 여호와 – 스스로 있는 자(3:14), 여호와 라파 – 치료하는 여호와(15:26), 여호와 닛시 – 여호와는 나의 기(나를 위한 승리자)(17:15), 여호와 메카디쉬켐 – 거룩하게 하는 여호와(31:13).

모세 소명의 개요

하나님께서 모세에게 말씀하십니다. 너는 가서 이스라엘의 장로들을 모으고 그들에게 이르기를 여호와 너희 조상의 하나님 곧 아브라함과 이삭과 야곱의 하나님이 내게 나타나 이르시되 내가 너희를 돌보아 너희가 애굽에서 당한 일을 확실히 보았노라 내가 말하였거니와 내가 너희를 애굽의 고난 중에서 인도하여 내어 젖과 꿀이 흐르는 땅 곧 가나안 족속, 헷 족속, 아모리 족속, 브리스 족속, 히위 족속, 여부스 족속의 땅으로 올라가게 하리라 하셨다 하면(출 3:16-17). "장로"는 '노인'을 뜻하며 한 가문의 어른이자 덕망이 높은 각 집단의 대표로, 당시 백성들의 구심점 역할을 하고 있었습니다. "돌보아"란 요셉의 말대로 하나님께서 찾아오시므로 그들의 구원이 임박했다는 의미입니다. "요셉이 그의 형제들에게 이르되 나는 죽을 것이나 하나님이 당신들을 돌보시고 당신들을 이 땅에서 인도하여 내사 아브라함과 이삭과 야곱에게 맹세하신 땅에 이르게 하시리라 하고"(창 50:24).

하나님은 모세가 바로에게 전할 말을 일러 주십니다. 그들이 네 말을 들으리니 너는 그들의 장로들과 함께 애굽 왕에게 이르기를 히브리 사람의 하나님 여호와께서 우리에게 임하셨은즉 우리가 우리 하나님 여호와께 제사를 드리려 하오니 사흘 길쯤 광야로 가도록 허락하소서 하라(출 3:18). "들으리니"란 백성들이 모세의 말에 순종할 것이라는 뜻이며, "여호와께 제사를 드리려 하오니"란 출애굽의 목적으로 하나님께 대한 신앙의 회복을 의미합니다. "사흘 길"이란 이스라엘이 거주하는 고센 지역에서 제사를 드릴 시내 산까지의 거리를 말합니다. 하나님은 그 길이 순탄치 않을 것이라고 말씀하십니다. 내가 아노니 강한 손으로 치기 전에는 애굽 왕이 너희가 가도록 허락하지 아니하다가 내가 내 손을 들어 애굽 중에 여러 가지 이적으로 그 나라를 친 후에야 그가 너희를 보내리라(출 3:19-20). "강한 손"이란 하나님의 능력을 가리키는 것으로 하나님께서 적극적으로 간섭하실 것임을 말씀하십니다. 또한 "여러 가지 이적"이란 열 가지 재앙을 의미하는데, 이를 통해 히브리 민족을 박해한 애굽인을 심판하고, 그들에게 하나님만이 유일한 참 신이심을 보여주시려는 것입니다. 이는 믿는 자에게 영생을 주시고, 불신자는 심판하실 것을 예표하는 것이기도 합니다. 그리고 "보내리라"는 말씀은 마지못해 떠나보내게 된다는 의미입니다.

하나님께서 말씀하십니다. 내가 애굽 사람으로 이 백성에게 은혜를 입히게 할지라 너희가 나갈 때에 빈손으로 가지 아니하리니(출 3:21). "은혜를 입히게 할지라"는 말씀은 하나님께서 애굽인의 마음을 움직여 주시므로 그들이 이스라엘 백성에게 후하게 줄 것이라는 의미입니다. "여호와께서 애굽 사람들에게 이스라엘 백성에게 은혜를 입히게 하사 그들이 구하는 대로 주게 하시므로 그들이 애굽 사람의 물품을 취하였더라"(출 12:36).

하나님은 모든 것을 그 뜻대로 사용하십니다. 여인들은 모두 그 이웃 사람과 및 자기 집에 거류하는 여인에게 은 패물과 금 패물과 의복을 구하여 너희의 자녀를 꾸미라 너희는 애굽 사람들의 물품을 취하리라(출 3:22). 본문의 "구하여"란 이스라엘이 구걸하는 것이 아니라 정당한 대가를 요구하는 것을 말합니다. 이는 이스라엘 민족이 그동안 저들에게 당한 고통과 노동에 대한 대가이며, 또한 하나님께 드릴 희생 제물과 성막을 예비하게 하신 것입니다. 이는 다른 사람들의 호의가 우연이 아니라 배후에서 역사하신 하나님의 은혜로 인한 것임을 알 수 있습니다. 하나님께서 애굽인의 마음을 감동하사 이스라엘 여자들의 요구를 거절하지 않고 은금패물과 의복을 아낌없이 주게 하실 것입니다. 위의 "너희의 자녀를 꾸미라"는 말씀은 여인들만이 아니라 자녀들도 짊어질 정도로 많은 물품을 취하라는 의미입니다. 또한 "취하리라"는 '되찾아 오다'라는 뜻으로, 하나님은 이스라엘이 패물을 취하는 것이 그들의 노동에 대하여 충분한 보상이므로 정당하다고 하십니다. 이는 하나님께서 430년 전에 아브라함에게 하신 말씀의 성취입니다. "네 자손이 이방에서 객이 되어 그들을 섬기겠고 그들은 사백 년 동안 네 자손을 괴롭히리니 그들이 섬기는 나라를 내가 징벌할지며 그 후에 네 자손이 큰 재물을 이끌고 나오리라"(창 15:13-14).

하나님은 약속하신 바를 반드시 이루십니다. "하나님은 사람이 아니시니 거짓말을 하지 않으시고 인생이 아니시니 후회가 없으시도다 어찌 그 말씀하신 바를 행하지 않으시며 하신 말씀을 실행하지 않으시랴"(민 23:19). **하나님은 태초부터 종말까지 구원 역사를 진행시키시는데 하나님의 신실하심 때문에 우리의 구원 역시 영원한 것입니다.**

모세 소명의 징표

모세가 하나님께 아룁니다. 모세가 대답하여 이르되 그러나 그들이 나를 믿지 아니하며 내 말을 듣지 아니하고 이르기를 여호와께서 네게 나타나지 아니하셨다 하리이다(출 4:1). 모세는 40년 전 애굽에서의 사건을 기억하며 어떻게 백성들의 신뢰를 얻을 수 있을지 의심합니다. 하나님께서 모세에게 말씀하십니다. 여호와께서 그에게 이르시되 네 손에 있는 것이 무엇이냐 그가 이르되 지팡이니이다(출 4:2). 이는 모세에게 하나님의 능력을 체험하게 하시며 소명에 대한 확신을 주기 위한 질문입니다. 또한 이스라엘 백성들에게도 조상의 하나님, 곧 아브라함과 이삭과 야곱의 하나님께서 직접 모세에게 나타나신 것을 믿게 하려 함입니다. 애굽 이주 후 400여 년 동안 하나님은 누구에게도 나타나지 않으셨습니다. 그러나 이제 하나님은 모세가 양을 칠 때 사용하던 지팡이를 통해 자신의 능력을 나타내고자 하십니다.

하나님은 모세에게 능력을 보이시며 온전히 의지하도록 하십니다. 여호와께서 이르시되 그것을 땅에 던지라 하시매 곧 땅에 던지니 그것이 뱀이 된지라 모세가 뱀 앞에서 피하매(출 4:3). 하나님은 모세로 하여금 지팡이로 뱀을 만드는 이적으로 당신의 능력을 나타내도록 하십니다. 여호와께서 모세에게 이르시되 네 손을 내밀어 그 꼬리를 잡으라 그가 손을 내밀어 그것을 잡으니 그의 손에서 지팡이가 된지라(출 4:4). 일반적으로 뱀을 잡을 때에는 물리지 않도록 뱀의 목을 잡는데, 여기서 꼬리를 잡으라고 하신 것은 모세로 하여금 하나님의 말씀에 절대 순종하게 하려는 것입니다. 본문의 "손을 내밀어"란 주저하지 않고 손을 뻗치는 것을 나타내는 말로 방금 전 두려워했던 것과는 대조되는 표현입니다. 이는 모세가 하나님의 말씀에 즉각 순종하는 믿음을 보여준 것입니다. 모세가 뱀을 강하게 잡으니 그 뱀이 그의 손에서 지팡이로 변했습니다. 이것은 백성들이 모세를 믿게 하기 위함입니다. 이는 그들에게 그들의 조상의 하나님 곧 아브라함의 하나님, 이삭의 하나님, 야곱의 하나님 여호와가 네게 나타난 줄을 믿게 하려 함이라 하시고(출 4:5). 하나님께서 이적을 베푸신 것은 먼저 이스라엘 백성들에게 확신을 주어 그들로 모세의 소명을 받아들이도록 하기 위함입니다.

하나님께서 말씀하십니다. 여호와께서 또 그에게 이르시되 네 손을 품에 넣으라 하시매 그가 손을 품에 넣었다가 내어보니 그의 손에 나병이 생겨 눈 같이 된지라 이르시되 네 손을 다시 품에 넣으라 하시매 그가 다시 손을 품에 넣었다가 내어보니 그의 손이 본래의 살로 되돌아왔더라(출 4:6-7). 하나님께서 이같이 모세의 손을 회복시키신 것은 비참한 상태에 있는 이스라엘을 구원해 주실 것에 대한 상징입니다. 하나님은 백성들이 처음 이적은 믿지 않아도 두 번째 이적은 믿을 것이라고 말씀하십니다. 하나님은 모세에게 이적들을 통해 하나님을 신뢰케 하십니다. 계속되는 하나님의 말씀입니다. 그들이 이 두 이적을 믿지 아니하며 네 말을 듣지 아니하거든 너는 나일 강 물을 조금 떠다가 땅에 부으라 네가 떠온 나일 강 물이 땅에서 피가 되리라(출 4:9). 당시 애굽인들은 나일 강의 위력 때문에 그 강과 연관된 신들을 숭배하였는데, '크눔'(Khnum)은 창조의 신으로, 다산의 신 '하피'(Hapy, 혹은 Hapi)는 나일강의 범람을 주관한다고 믿어 섬겼습니다.[15] 그런데 하나님께서 그들의 신을 심판하시겠다고 하십니다.

15) 당시 애굽인들은 하피(Hapy)는 창조신 크눔(Khnum)이 일으키는 대홍수의 동

하나님은 이 두 이적을 통하여 애굽의 어떤 신도 모세를 해치지 못할 것임을 보여주셨습니다. 모세의 손에는 하나님의 능력과 권위의 상징인 지팡이가 있습니다. 이는 모세가 혼자가 아니라 하나님께서 함께 하시며 능력으로 역사하실 것을 확신케 하는 거룩한 지팡이입니다.

모세의 변명

모세가 핑계를 댑니다. 모세가 여호와께 아뢰되 오 주여 나는 본래 말을 잘 하지 못하는 자니이다 주께서 주의 종에게 명령하신 후에도 역시 그러하니 나는 입이 뻣뻣하고 혀가 둔한 자니이다(출 4:10). 하지만 사실 모세는 40년의 왕궁 생활을 통하여 애굽 문화에 능통하였던 자입니다. "모세가 애굽 사람의 모든 지혜를 배워 그의 말과 하는 일들이 능하더라"(행 7:22). 하나님께서 말씀하십니다. 여호와께서 그에게 이르시되 누가 사람의 입을 지었느냐 누가 말 못 하는 자나 못 듣는 자나 눈 밝은 자나 맹인이 되게 하였느냐 나 여호와가 아니냐(출 4:11). 이는 사람이 처한 모든 상황이 하나님의 통제 하에 있음을 보여 주는 말씀입니다. "귀를 지으신 이가 듣지 아니하시랴 눈을 만드신 이가 보지 아니하시랴"(시 94:9). 하나님은 모세의 변명에도 그를 독려하시며 모든 필요를 채워주시겠다고 하십니다. 사람으로서는 할 수 없는 일을 하나님은 하십니다.

굴 안에 산다고 여겼습니다. Lorna Oakes and Lucia Gahlin, *Ancient Egypt*, 269, 305.

하나님께서 거듭 말씀하십니다. 이제 가라 내가 네 입과 함께 있어서 할 말을 가르치리라(출 4:12). 그러나 이번에도 모세는 주저합니다. 모세가 이르되 오 주여 보낼 만한 자를 보내소서(출 4:13). 모세는 자신이 감당해야 할 일의 중대함과 자신에 대한 애굽 왕궁의 적대감에 대하여 잘 알고 있었기 때문에 지팡이와 자신의 손을 통해 하나님의 능력을 체험하고서도 불안해합니다. 지금까지 모세가 4번(3:11,13; 4:1,10) 회피하려 했는데, 하나님은 그때마다 문제를 해결해 주셨습니다. 그런데 이번에도 망설이자 하나님께서 책망하십니다. 여호와께서 모세를 향하여 노하여 이르시되 레위 사람 네 형 아론이 있지 아니하냐 그가 말 잘 하는 것을 내가 아노라 그가 너를 만나러 나오나니 그가 너를 볼 때에 그의 마음에 기쁨이 있을 것이라(출 4:14). 하나님은 모세의 원하는 바를 들어주시며 그의 형 아론을 보내 주십니다. 하나님께서 아론을 보내신 것은 형제가 함께 사역하며 힘든 여정을 함께 하도록 하신 것입니다. "아론"[16]은 '고상하다' 란 뜻입니다. 하나님께서 아론을 "레위 사람"이라고 하신 것은 하나님께서 장차 레위 지파를 부르실 것임을 암시하신 것입니다. 그리고 "그가 너를 볼 때에 그의 마음에 기쁨이 있을 것이라"고 하시므로 하나님께서 인간의 마음을 주관하신다는 사실도 알게 하십니다.

하나님은 모세를 위하여 이미 아론을 준비시켜 놓으셨습니다. 너는 그에게 말하고 그의 입에 할 말을 주라 내가 네 입과 그의 입에 함께 있어서 너희들이 행할 일을 가르치리라 그가 너를 대신하여 백성에게 말할 것이니 그는

16) 아론(주전 1529-1406년)은 레위 지파 고핫의 손자이고, 아므람과 요게벳의 장남입니다. 그는 미리암의 동생이고 모세의 형이며, 나답과 아비후와 엘르아살과 이다말을 낳았습니다. 아론은 83세에 모세의 대언자가 되었고, 85세에 제1대 대제사장이 되었으며, 123세에 생을 마칩니다.

네 입을 대신할 것이요 너는 그에게 하나님 같이 되리라(출 4:15-16). 이같이 하나님은 모세의 염려를 해결해 주시며 그의 마음을 편하게 해주십니다. 선지자가 하나님의 말씀만을 전했던 것처럼 아론 역시 모세의 전달 사항만을 말하게 될 것입니다. 즉 모세는 하나님의 대언자요, 아론은 모세의 대변자입니다. 본문의 "하나님 같이 되리라"는 말씀은 명령하는 권한을 갖는다는 의미로, 모세가 아론에게 고할 말을 지시하고 아론은 그 지시에 복종하게 되리라는 표현입니다. 이는 아론이 모세의 형이지만 하나님의 보내심을 입은 자는 모세이며 아론은 그를 돕는 조력자인 것을 명확하게 하십니다. "여호와께서 ~ 아론과 미리암을 부르시는지라 ~ 너희가 어찌하여 내 종 모세 비방하기를 두려워하지 아니하느냐"(민 12:5, 8).

하나님께서 모세에게 명하십니다. 너는 이 지팡이를 손에 잡고 이것으로 이적을 행할지니라(출 4:17). 여기서 "지팡이"란 모세가 양을 칠 때 사용했던 지팡이로, 이제 더 이상 양떼를 인도하는 것이 아니라 하나님의 능력을 행사하는 도구로 사용될 것입니다. 이처럼 지팡이라도 하나님께서 쓰시면 하나님의 것이 되어 하나님의 능력을 나타내게 됩니다. 이상과 같이 성경에서 하나님과 인간의 가장 긴 대화가 끝이 납니다. 이처럼 하나님은 모세에게 강제로 사명을 주시는 것이 아니라 다섯 번이나 주저하는 모세를 설득하시며 그 뜻에 순종하게 하십니다.

하나님의 부르심에 의하여 이스라엘의 지도자가 된 모세는 하나님의 능력의 상징인 지팡이를 손에 들고 애굽으로 향합니다. 하나님은 사람을 통하여 일하시는데 모세의 광야생활 40년은 앞으로의 광야생활을 위한 예비단계였습니다.

제3장
모세의 귀환

애굽으로 향하는 모세

모세가 장인에게 청합니다. 모세가 그의 장인 이드로에게로 돌아가서 그에게 이르되 내가 애굽에 있는 내 형제들에게로 돌아가서 그들이 아직 살아 있는지 알아보려 하오니 나로 가게 하소서 이드로가 모세에게 평안히 가라 하니라(출 4:18). 하나님께서 두려워하는 모세에게 말씀하십니다. 여호와께서 미디안에서 모세에 이르시되 애굽으로 돌아가라 목숨을 노리던 자가 다 죽었느니라(출 4:19). 하나님은 모세를 죽이려 했던 바로와 그의 추종 세력들이 죽고 없음을 알려 주시며, 그가 사역을 잘 감당할 수 있도록 여건을 조성해 주십니다. 모세가 가족과 함께 애굽으로 향합니다. 모세가 그의 아내와 아들들을 나귀에 태우고 애굽으로 돌아가는데 모세가 하나님의 지팡이를 손에 잡았더라(출 4:20). 모세는 하나님의 말씀을 대언할 자로서 애굽으로 돌아갑니다. 그는 광야에서 40년간 훈련되었지만 자신의 힘이 아니라 하나님을 의지하고 떠납니다. 그리하여 양들을 치던 모세의 지팡이는 이제 이적을 보여주는 하나님의 지팡이가 되었습니다. 모세는 하나님 권위의 상징인 지팡이를 가지고 갑니다.

하나님께서 모세에게 명하십니다. 여호와께서 모세에게 이르시되 네가 애굽으로 돌아가거든 내가 네 손에 준 이적을 바로 앞에서 다 행하라 그러나 내가 그의 마음을 완악하게 한즉 그가 백성을 보내 주지 아니하리니(출 4:21). 본문의 "완악"이란 '달라붙다, 집착하다'는 뜻으로, 오만하게 자신의 의지를 남용하는 것을 말합니다. 그러므로 "그의 마음을 완악하게" 하셨다는 것은 바로가 이스라엘을 보내지 않기 위해 사력을 다하는 것을 하나님께서 묵인하셨다는 의미입니다. 이는 하나님만이 유일하신 신이심을 만방에 드러내고 영광을 받으려 하심입니다. 바로가 강퍅할수록 하나님의 강도 높은 재앙이 임하게 되며 하나님의 능력이 나타나기 때문입니다. "성경이 바로에게 이르시되 내가 이 일을 위하여 너를 세웠으니 곧 너로 말미암아 내 능력을 보이고 내 이름이 온 땅에 전파되게 하려 함이라 하셨으니"(롬 9:17). 열 재앙이 진행되는 동안 처음 다섯 재앙은 바로 스스로 마음을 강퍅하게 하지만, 그 다음부터는 하나님께서 그 마음을 강퍅하게 하시는 것을 알 수 있습니다.

하나님의 말씀입니다. 너는 바로에게 이르기를 여호와의 말씀에 이스라엘은 내 아들 내 장자라 내가 네게 이르기를 내 아들을 보내 주어 나를 섬기게 하라 하여도 네가 보내 주기를 거절하니 내가 네 아들 네 장자를 죽이리라 하셨다 하라 하시니라(출 4:22-23). 이스라엘은 하나님께서 당신의 백성으로 삼으셨기 때문에 하나님의 아들 하나님의 장자가 된 것입니다. "너는 네 하나님 여호와의 성민이라 여호와께서 지상 만민 중에서 너를 택하여 자기 기업의 백성으로 삼으셨느니라"(신 14:2). 그런데 본문에서 이스라엘을 장자라고 하시므로 차자가 있을 것임을 예견하게 합니다. 곧 이스라엘만이 아니라 세상의 다른 이방인들까지 구원하실 것이라는 사실을 내포하고 있는 것입니다. "또 이 우리에 들지 아니한 다른 양들이 내게 있어 내가 인도하여야 할 터이니 그들도 내 음성을 듣고 한 무리가 되어 한 목자에게 있으리라"(요 10:16).

그런데 애굽으로 가던 도중 돌발사태가 발생합니다. 모세가 길을 가다가 숙소에 있을 때에 여호와께서 그를 만나사 그를 죽이려 하신지라(출 4:24). 하룻밤 거하는 장소에서 하나님은 모세를 죽이려 하십니다. 여기서 "만나사"란 거칠게 접촉하는 것을 의미하는데, 이는 그가 아들에게 할례를 행하지 않았기 때문입니다. 하나님은 언약의 표인 할례를 행하지 않은 모세의 생명을 위협하십니다. 이 때 모세의 아내가 지혜롭게 행동합니다. 십보라가 돌칼을 가져다가 그의 아들의 포피를 베어 그의 발에 갖다 대며 이르되 당신은 참으로 내게 피 남편이로다 하니 여호와께서 그를 놓아 주시니라 그 때에 십보라가 피 남편이라 함은 할례 때문이었더라(출 4:25-26). "그의 발에 갖다 대며"란 십보라가 아들의 포피를 잘라 모세의 생식기에 갖다 대었다는 표현입니다.[17] 또한 "피 남편"이란 모세가 아들의 피로 인하여 죽음에서 벗어날 수 있었기 때문에 피를 흘림으로 구해낸 남편이라는 뜻입니다. 그리고 "놓아 주시니라"는 하

17) 십보라는 게르솜의 포피를 제거하여 모세의 발에 갖다 대었습니다. 여기서 '발'은 생식기를 표현하는 여러 히브리 완곡어법들 중 하나입니다. Douglas K. Stuart, *Exodus: The New American Commentary Vol. 2* (Nashville, Tennessee: Broadman & Holman Publishers, 2006), 154-155. [참고: 창24:2, 9 환도뼈 밑(아래); 창35:11, 출1:5 허리; 사6:2, 7:20 발; 창9:22, 겔16:25 하체; 신28:57 다리 사이].

나님께서 모세를 살려주신 것을 의미합니다.[18] 할례는 하나님의 백성이 되는 외형적 징표입니다. 하나님은 아브라함의 자손들 모두 언약의 표인 할례를 받아야 한다고 하셨습니다. "할례를 받지 아니한 남자 곧 그 포피를 베지 아니한 자는 백성 중에서 끊어지리니 그가 내 언약을 배반하였음이니라"(창 17:14). 그러므로 하나님은 모세가 아들에게 할례를 행하지 않은 상태로 애굽에 들어가는 것을 막으신 것입니다.

출애굽은 하나님께서 아브라함과 맺으신 언약의 실현이며 할례는 언약의 징표인데, 모세가 자신의 아들에게 할례를 행하지 않은 것은 잘못입니다. 하나님께서는 지도자가 되려면 먼저 가정에서부터 하나님의 언약에 충실해야 한다는 것을 깨닫게 하십니다.

모세와 아론의 만남

하나님께서 애굽에 있는 아론에게 명하십니다. 여호와께서 아론에게 이르시되 광야에 가서 모세를 맞으라 하시매 그가 가서 하나님의 산에서 모세를 만나 그에게 입맞추니(출 4:27). 하나님은 아론에게 모세를 맞이하러 시내 산으로 가라고 하십니다. 이는 모세를 격려하며, 아론에게 모

18) 이 사건을 통하여 모세는 바로의 분노가 아닌, 하나님의 분노로부터 보호가 필요하다는 것과 하나님은 당신의 은혜로운 언약을 따라 자신을 보호하신다는 것을 마음에 깊이 새기게 되었습니다. D. Guthrie, J. A. Motyer, A. M. Stibbs, and D. J. Wiseman eds., *The New Bible Commentary: Revised* (Grand Rapids, Michigan: William B. Eerdmans Publishing Company, 1981), 124.

세가 하나님같이 되게 하려 함입니다. 하나님께서 이 모든 상황을 주관하고 계심을 알 수 있습니다. 모세가 아론을 만나 하나님께서 자기에게 명하신 모든 말씀과 이적을 말합니다. 이에 아론이 이스라엘 장로들에게 하나님의 말씀을 전합니다. 모세와 아론이 가서 이스라엘 자손의 모든 장로를 모으고 아론이 여호와께서 모세에게 이르신 모든 말씀을 전하고 그 백성 앞에서 이적을 행하니(출 4:29-30). 당시 이스라엘은 비록 노예상태라 할지라도 공동체로서의 조직과 질서를 유지하고 있었습니다. 각 가문의 어른들이 모세의 면담을 순순히 받아들인 것은 배후에서 역사하시는 하나님의 간섭하심입니다.

백성들이 하나님께 감사를 드립니다. 백성이 믿으며 여호와께서 이스라엘 자손을 찾으시고 그들의 고난을 살피셨다 함을 듣고 머리 숙여 경배하였더라(출 4:31). "찾으시고"란 목자가 양을 위해 모든 환경을 돌아보는 것을 뜻하며, "살피셨다"란 하나님께서 특별히 관심을 갖고 바라보시는 것을 의미합니다. 이처럼 하나님은 이스라엘의 목자로서 이스라엘을 돌보시고 보살피셨습니다. "경배하였더라"는 하나님께서 친히 방문하셨다는 말씀을 듣고 자신들을 돌보신 하나님을 신뢰하며 엎드려 감사를 표하는 행동입니다. 이렇듯 백성들은 하나님의 구원을 간절히 사모하고 있었습니다.

하나님은 모세의 대변자로 그의 형 아론을 예비하셨으며, 백성들로 하여금 그들을 맞이하도록 하셨습니다. 이제 그들에게는 하나님만 의지하며 그의 뜻에 순복하는 믿음이 요구됩니다. "너희는 내 목소리를 순종하고 나의 모든 명령을 따라 행하라 그리하면 너희는 내 백성이 되겠고 나는 너희의 하나님이 되리라"(렘 11:4).

이스라엘의 구속

제4장
모세와 바로의 대면

모세의 출애굽 요구

모세와 아론이 바로에게 말합니다. 그 후에 모세와 아론이 바로에게 가서 이르되 이스라엘의 하나님 여호와께서 이렇게 말씀하시기를 내 백성을 보내라 그러면 그들이 광야에서 내 앞에 절기를 지킬 것이니라 하셨나이다 (출 5:1). "내 백성"이란 전적으로 하나님 소유의 백성이라는 의미입니다. 이스라엘이 "광야에서" 절기를 지켜야 하는 이유는 애굽 사람들이 이스라엘의 희생 제물로 드리는 짐승들을 숭배하기 때문입니다. 나일강 삼각주 유역에서는 황소, 숫양, 염소 등을 신들로 섬기는데, 이러한 동물들을 잡아 제사를 드리게 되면 애굽인들의 분노를 사게 되므로 이스라엘 백성들이 희생 제사를 드리기 위해서 광야로 나가야 했습니다.

바로[19]의 대답입니다. 바로가 이르되 여호와가 누구이기에 내가 그의

19) 필자는 위의 바로를 투트모세 3세(주전 1504-1450년)의 아들인 아멘호텝 2세(Amenhotep II, 주전 1450-1425년)로 추정합니다. *The Timechart of Biblical History* (Edison, New Jersey: Chartwell Books Inc., 2006), VI. / 그는 출애굽

목소리를 듣고 이스라엘을 보내겠느냐 나는 여호와를 알지 못하니 이스라엘을 보내지 아니하리라(출 5:2). 바로는 여호와가 누구인지 모르기 때문에 그 존재나 권위를 인정할 수 없고 그의 말도 듣지 않겠다고 합니다. 바로의 이 말에는 여호와가 히브리 노예의 신이므로 하찮은 존재라는 모욕적인 의미가 내포되어 있습니다. 욥기에 기록된 악인의 말입니다. "전능자가 누구이기에 우리가 섬기며 우리가 그에게 기도한들 무슨 소용이 있으랴"(욥 21:15). 모세와 아론이 다시 바로에게 말합니다. 그들이 이르되 히브리인의 하나님이 우리에게 나타나셨은즉 우리가 광야로 사흘길쯤 가서 우리 하나님 여호와께 제사를 드리려 하오니 가도록 허락하소서 여호와께서 전염병이나 칼로 우리를 치실까 두려워하나이다(출 5:3). "히브리인의 하나님"은 요셉을 통하여 애굽을 구원하셨던 하나님을 상기시키며 하나님과 이스라엘 사이의 언약관계를 말하는 것입니다. "나타나셨은즉"이란 하나님께서 목적을 가지고 찾아오셔서 그 뜻을 계시하셨기 때문에 반드시 성취될 것이라는 의미이며, "치실까"란 보복의 성격이 강하게 드러나는 표현입니다.

바로가 심히 불쾌해 합니다. 애굽 왕이 그들에게 이르되 모세와 아론아 너희가 어찌하여 백성의 노역을 쉬게 하려느냐 가서 너희의 노역이나 하라 바로가 또 이르되 이제 이 땅의 백성이 많아졌거늘 너희가 그들로 노역을 쉬게 하는도다 하고(출 5:4-5). 본문의 "쉬게"란 '고삐를 풀다'라는 뜻

당시의 왕으로 암소의 여신인 하토르(Hathor)의 젖을 먹고 자라났다고 합니다. Lorna Oakes and Lucia Gahlin, *Ancient Egypt*, 168, 284, 343. / 왕의 신적인 속성에 대한 믿음은 고대 애굽 왕권사상의 중심이며, 실제로 애굽 왕은 애굽의 여러 신들 가운데 하나로 숭배를 받았습니다. Anson F. Rainy and R. Steven Notley, *Carta's Atlas of the Biblical World*, 86.

으로, 이스라엘이 애굽에서 고삐 꿰인 짐승과 같은 취급을 당하고 있음을 알게 합니다. 바로는 이스라엘 백성들에게 엄청난 노역을 시킴으로 그들의 신앙과 민족성을 말살하려 하였습니다.

이스라엘의 자유를 요구하는 모세의 말에 바로는 오히려 혹독하게 대합니다. 이는 모세와 백성들을 이간시키려는 의도로, 백성들은 더욱 비참해지고 출애굽은 물거품이 될 상황으로 전개되고 있습니다. 그러나 이스라엘을 구원하시려는 하나님의 능력의 손길 또한 다가오고 있음을 인지해야 합니다.

바로의 핍박

모세가 바로를 대면한 그 날 바로가 이렇게 명령합니다. 바로가 그 날에 백성의 감독들과 기록원들에게 명령하여 이르되 너희는 백성에게 다시는 벽돌에 쓸 짚을 전과 같이 주지 말고 그들이 가서 스스로 짚을 줍게 하라(출 5:6-7). 이제 이스라엘 백성들로 직접 짚을 구해서 같은 양의 벽돌을 만들어 내게 합니다. 또 그들이 전에 만든 벽돌 수효대로 그들에게 만들게 하고 감하지 말라 그들이 게으르므로 소리 질러 이르기를 우리가 가서 우리 하나님께 제사를 드리자 하나니(출 5:8). 애굽의 벽돌은 나일 강가의 찰흙에 짚이나 겨를 섞어 찍어낸 후 햇볕에 말렸습니다. 그런데 이러한 바로의 명령은 백성들로 하여금 모세와 아론의 말을 듣지 못하도록 일부러 고역을 가중시킨 것입니다. 그 사람들의 노동을 무겁게 함으로 수

고롭게 하여 그들로 거짓말을 듣지 않게 하라(출 5:9). 여기서 "무겁게"란 감당할 수 없도록 일을 더 많이 지워 한계를 넘어선 상태를 의미합니다.

감독자들이 바로의 명을 전합니다. 백성의 감독들과 기록원들이 나가서 백성에게 말하여 이르되 바로가 이렇게 말하기를 내가 너희에게 짚을 주지 아니하리니 너희는 짚을 찾을 곳으로 가서 주우라 그러나 너희 일은 조금도 감하지 아니하리라 하셨느니라(출 5:10-11). 백성들이 이를 감당해 내지 못합니다. 백성이 애굽 온 땅에 흩어져 곡초 그루터기를 거두어다가 짚을 대신하니 감독들이 그들을 독촉하여 이르되 너희는 짚이 있을 때와 같이 그 날의 일을 그 날에 마치라 하며(출 5:12-13). 본문의 "흩어져"란 짚을 구하기 위해 여기저기 분주하게 다니는 모습을 나타냅니다. 백성들이 애굽 전역을 다니며 풀과 곡식을 주워 짚을 대신하지만 그 수효를 맞춰낼 수가 없습니다. 이에 감독자들이 백성들을 혹독하게 다룹니다. 바로의 감독들이 자기들이 세운 바 이스라엘 자손의 기록원들을 때리며 이르되 너희가 어찌하여 어제와 오늘에 만드는 벽돌의 수효를 전과 같이 채우지 아니하였느냐 하니라(출 5:14). "때리며"란 끝에 뾰쪽한 쇠를 박은 막대기 채찍으로 치는 것을 의미합니다. 이러한 살인적인 채찍은 모세와 아론에 대한 바로의 악감입니다. 그러나 이러한 바로의 극악무도한 방해에도 불구하고 하나님의 구속 사역은 진행되며 구원의 때는 가까이 오고 있습니다.

기록원들이 바로에게 억울함을 토로합니다. 이스라엘 자손의 기록원들이 가서 바로에게 호소하여 이르되 왕은 어찌하여 당신의 종들에게 이같이 하시나이까 당신의 종들에게 짚을 주지 아니 하고 그들이 우리에게 벽돌을 만들라 하나이다 당신의 종들이 매를 맞사오니 이는 당신의 백성의 죄니

이다(출 5:15–16). “호소하여”란 단순한 탄원이 아니라 울부짖음을 말합니다. 바로의 말입니다. 바로가 이르되 너희가 게으르다 게으르다 그러므로 너희가 이르기를 우리가 가서 여호와께 제사를 드리자 하는도다 이제 가서 일하라 짚은 너희에게 주지 않을지라도 벽돌은 너희가 수량대로 바칠지니라(출 5:17–18). 여기에서 바로가 “게으르다 게으르다”라고 반복한 데서 그의 증오를 짐작할 수 있습니다. 그는 히브리인들이 자신을 신으로 섬기지 않고 여호와께 희생을 드리려 하는 것에 대해 분노합니다. 이러한 바로에게서 기록원들은 사태의 심각성을 인식하게 되었습니다. 기록하는 일을 맡은 이스라엘 자손들이 너희가 매일 만드는 벽돌을 조금도 감하지 못하리라 함을 듣고 화가 몸에 미친 줄 알고 그들이 바로를 떠나 나올 때에 모세와 아론이 길에 서 있는 것을 보고(출 5:19–20). “길에 서 있는”이란 모세와 아론이 이 사건의 결과를 마음 졸이며 기다리고 있었다는 것을 의미합니다. 바로에게 탄원하러 갔다가 도리어 상황이 악화되자 기록원들이 절망합니다.

그들이 모세와 아론에게 말합니다. 그들에게 이르되 너희가 우리를 바로의 눈과 그의 신하의 눈에 미운 것이 되게 하고 그들의 손에 칼을 주어 우리를 죽이게 하는도다 여호와는 너희를 살피시고 판단하시기를 원하노라(출 5:21). “미운 것이 되게 하고”란 ‘고약한 냄새를 풍기다’는 뜻으로, 바로에게 매우 나쁜 인상을 주어 증오의 대상이 되게 하였다는 의미입니다. 또한 “칼을 주어 우리를 죽이게 하는도다”라는 말은 그들이 당하는 고통이 마치 애굽인들이 칼을 들고 자신들을 죽이려 하는 것처럼 극심하다는 말입니다. 지금 기록원들이 모세와 아론을 죽이려 달려들 상황인데 하나님께서 간섭하심으로 이 정도로 그치게 하십니다.

이에 모세가 하나님께 고합니다. 모세가 여호와께 돌아와서 아뢰되 주여 어찌하여 이 백성이 학대를 당하게 하셨나이까 어찌하여 나를 보내셨나이까 내가 바로에게 들어가서 주의 이름으로 말한 후로부터 그가 이 백성을 더 학대하며 주께서도 주의 백성을 구원하지 아니하시나이다(출 5:22-23). "돌아와서"란 모세가 출애굽에 대한 기대가 무너지자 낙심했지만 하나님의 능력을 회상하며 다시금 하나님 앞에 꿇어 엎드린 것을 의미합니다. "어찌하여"란 감당할 수 없을 정도의 암담한 상황에서 자신의 한계를 탓하는 호소이며, "학대를 당하게"란 '산산조각나게 깨뜨리다'는 뜻으로 지금 당하고 있는 혹독한 괴로움을 의미합니다. 하나님의 섭리는 신묘막측하여 인간이 가히 짐작할 수 없습니다. 모세의 상황이 그러합니다. 모세가 하나님의 말씀대로 행한 다음 바로가 백성들을 더욱 핍박합니다. 하지만 현실이 악화되고 상황이 하나님의 약속과 다르게 전개되는 것처럼 보일지라도 좌절하지 말고 기도해야 합니다. 동이 트기 전 새벽 미명이 가장 어두운 것처럼, 이제 하나님께서 일하실 것이기 때문입니다.

하나님께서 말씀해 주셨듯이 바로의 반대는 예고된 상황이었으므로, 흔들리지 말고 하나님의 약속을 붙잡고 나아가야 합니다. 하나님은 자신이 정하신 때에 적절한 방법으로 역사하시기 때문입니다. "비록 더딜지라도 기다리라 지체되지 않고 반드시 응하리라"(합 2:3).

승리의 확인

하나님께서 모세를 위로하십니다. 여호와께서 모세에게 이르시되 내가 바로에게 하는 일을 네가 보리라 강한 손으로 말미암아 바로가 그들을 보내리라 강한 손으로 말미암아 바로가 그들을 그의 땅에서 쫓아내리라(출 6:1). '강한 손'이란 하나님의 권능을 상징하는 말로 하나님의 절대적인 능력을 크게 나타내시겠다는 뜻입니다. 본문에서 하나님의 강한 손이 두 번이나 언급되고 있는 것은 이 일이 인간의 능력이 아니라 오직 하나님의 능력에 의한 것임을 강조합니다. 또한 "보내리라"는 강한 수동적 의미를 가진 말로 바로가 자포자기 상태에서 이스라엘을 가게 내버려 두는 것을 말하며, "쫓아내리라"란 절박한 상황에서 황급히 내보낸다는 의미입니다.

하나님께서 언약을 다시 확인시키십니다. 하나님이 모세에게 말씀하여 이르시되 나는 여호와이니라 내가 아브라함과 이삭과 야곱에게 전능의 하나님으로 나타났으나 나의 이름을 여호와로는 그들에게 알리지 아니하였고(출 6:2-3). 조상들에게 "전능의 하나님"(אֵל שַׁדַּי, 엘 솨다이)으로만 나타내셨던 하나님에 대한 계시가 점진적으로 드러나고 있습니다. 하나님은 조상들에게 말씀하지 않으신 성호를 모세에게 말씀하십니다. 하나님께서 그들에게 여호와라는 이름은 계시하셨지만 그 이름의 속성을 정확히 나타내지 않으셨는데, 이제 비로소 여호와가 그 약속한 바를 이행하시는 언약의 주이심을 나타내십니다. "여호와"라는 성호의 의미는 영원 전부터 영원까지 스스로 계시는 '절대자'이며, 이스라엘과 언약을 맺으시고 그 언약을 반드시 성취시키시는 '구속주'라는 뜻입니다. 하나님께서 모세에게 이같이 성호를 계시하신 것은 출애굽 사건이 언약의 성취이기 때문에 반드시 이루어질 수밖에 없다는 것을 가르치시기 위함입니다. 하나님은 모세에게 지금 이스라엘 백성들이 과거 족장보다 더 나은 특권을 누리고 있다는 것을 주지시키시며, 그들과의 언약을 상기시키십니다.

계속되는 언약의 말씀입니다. 가나안 땅 곧 그들이 거류하는 땅을 그들에게 주기로 그들과 언약하였더니 이제 애굽 사람이 종으로 삼은 이스라엘 자손의 신음 소리를 내가 듣고 나의 언약을 기억하노라(출 6:4-5). "가나안 땅"이란 좁은 의미로는 시돈에서 가사까지이지만, 넓은 의미로는 애굽 강에서 유브라데까지를 가리킵니다. "가나안의 경계는 시돈에서부터 그랄을 지나 가사까지와"(창 10:19), "그 날에 여호와께서 아브람과 더불어 언약을 세워 이르시되 내가 이 땅을 애굽 강에서부터 그 큰 강 유브라데까지 네 자손에게 주노니"(창 15:18). 가나안은 야곱이 애굽으로 이주하기 전에 거하던 땅으로 하나님께서 이스라엘에게 주시기로 약속한 땅입니다. "내가 너와 네 후손에게 네가 거류하는 이 땅 곧 가나안 온 땅을 주어 영원한 기업이 되게 하고 나는 그들의 하나님이 되리라"(창 17:8). 하나님은 이스라엘의 신음을 들으시고 잊지 않고 돌보시며 구해내실 것이라는 사실을 확인시켜 주십니다.

하나님께서 모세에게 말씀하십니다. 그러므로 이스라엘 자손에게 말하기를 나는 여호와라 내가 애굽 사람의 무거운 짐 밑에서 너희를 빼내며 그들의 노역에서 너희를 건지며 편 팔과 여러 큰 심판들로써 너희를 속량하여(출 6:6). 본문의 "빼내며"란 '사다, 빼앗다'라는 뜻으로, 대가를 지불하고 애굽으로부터 이스라엘을 구원해낸다는 의미입니다. 이는 우리를 죄의 권세에서 빼내어 영생을 얻게 하신 하나님의 능력을 나타냅니다. "그는 허물과 죄로 죽었던 너희를 살리셨도다"(엡 2:1). 또한 "편 팔"이란 하나님의 적극적이고 강력한 도움을 의미하며, "속량하여"란 다른 사람에게 팔려갈 사람이나 가문의 재산을 무를 수 있는 친족의 권리, 즉 고엘제도[20]를 말합니다. 고엘은 도움을 줄 수 있는 가까운 친척을 의미합니다. 이는 그리스도의 대속 사역을 통하여 온전히 실현됩니다.

하나님께서 언약을 확인시켜 주십니다. 너희를 내 백성으로 삼고 나는 너희의 하나님이 되리니 나는 애굽 사람의 무거운 짐 밑에서 너희를 빼낸 너희의 하나님 여호와인 줄 너희가 알지라(출 6:7). 여기서 "삼고"란 이스라엘이 하나님의 백성이 된 것은 그들이 탁월해서가 아니라 오직 하나님의 은총에 근거한 주권적 선택이었음을 의미합니다. 이는 하나님께서 약속하신 대로 선조들과 맺은 구속 언약이 이제 이스라엘과 맺은 구속 언약으로 발전되었다는 것을 나타냅니다. 마찬가지로 우리도 하나님의 기쁘신 뜻에 따라 하나님의 백성 곧 하나님의 자녀가 되었습니다. "너희가 전에는 백성이 아니더니 이제는 하나님의 백성이요"(벧전 2:10), "보라 아버지께서 어떠한 사랑을 우리에게 베푸사 하나님의 자녀라 일컬음을 받게 하셨는가"(요일 3:1).

20) '고엘'은 '구속자', '친척으로서 행동하는 자'라는 뜻이며, 고엘제도란 친족 사이에 지켜야 할 권리와 의무에 관한 제도입니다. 곧 형제가 종으로 팔리게 될 경우 가까운 친척이 그 빚을 갚음으로 그를 종의 신분에서 해방시켜 주어야 하며(레 25:47-55), 형제가 토지를 팔았을 경우 가까운 친척이 일정 기간 후 그 값을 치름으로 그 토지를 돌려받게 할 수 있었습니다(레 25:23-28). 또한 형제가 죄를 지었을 경우 친족은 그 형제의 죄 값을 무를 의무를 지게 되고(민 5:8), 친족이 살해되었을 경우 그를 위해 피의 보수자가 될 수 있었으며(민 35:19), 형제가 자식 없이 죽었을 경우 가까운 형제 순으로 남겨진 미망인과 동침하여 그 가문이 존속되게 하여야 했습니다.

하나님은 '여호와' 라는 성호로 언약을 주십니다. 내가 아브라함과 이삭과 야곱에게 주기로 맹세한 땅으로 너희를 인도하고 그 땅을 너희에게 주어 기업을 삼게 하리라 나는 여호와라 하셨다 하라(출 6:8). 이는 하나님께서 이스라엘을 애굽에서 구해내시고 당신 백성으로 삼으시며 약속의 땅으로 인도하시겠다는 것입니다. "맹세한"이란 '하늘을 향해 손을 들어 올리다' 라는 뜻으로, 상대방과의 약속을 신실히 이행할 것을 나타내는 행위입니다. 또한 "기업을 삼게 하리라"는 말씀은 장차 가나안 땅이 이스라엘 백성에 의해서가 아니라 하나님의 능력에 의해 분배될 것을 예고하신 것입니다. "네가 가서 그 땅을 차지함은 네 공의로 말미암음도 아니며 ~ 네 하나님 여호와께서 그들을 네 앞에서 쫓아내심이라"(신 9:5). 후에 이스라엘은 우상에 물든 가나안 원주민들을 정복한 후 제비뽑기와 인구수에 따라 기업을 분배받게 됩니다. "여호와께서 모세에게 말씀하여 이르시되 이 명수대로 땅을 나눠 주어 기업을 삼게 하라 수가 많은 자에게는 기업을 많이 줄 것이요 수가 적은 자에게는 기업을 적게 줄 것이니 ~ 오직 그 땅을 제비 뽑아 나누어 그들의 조상 지파의 이름을 따라 얻게 할지니라"(민 26:52-55). 위 본문 6-8절에서 "나"가 강조되고 있는 것은 하나님께서 출애굽의 시종을 전적으로 주관하신다는 것을 알려주시기 위함입니다.

모세가 이 말씀을 전합니다. 모세가 이와 같이 이스라엘 자손에게 전하나 그들이 마음의 상함과 가혹한 노역으로 말미암아 모세의 말을 듣지 아니하였더라(출 6:9). 여기서 "상함"은 '참을 수 없는 마음의 고통' 을 의미하는 말로, 출애굽에 관한 소식을 처음 들었을 때 기뻐하던 모습과 대조됩니다. 하나님께서 모세를 바로에게 보내십니다. 여호와께서 모세에게 말씀하여 이르시되 들어가서 애굽 왕 바로에게 말하여 이스라엘 자손을 그 땅에서 내보내게 하라(출 6:10–11). 본문에서 바로는 이스라엘의 하나님과 대조되어 "애굽 왕"으로 나타납니다. "들어가서"란 전투에 임하듯 담대하게 바로와 더불어 담판하라는 의미이며, "내보내게"란 사흘만 애굽을 떠났다 돌아오겠다던 처음의 요구보다 더 나아가 탈출을 선포하라는 뜻이 담긴 말씀입니다.

이에 모세가 하나님께 고합니다. 모세가 여호와 앞에 아뢰어 이르되 이스라엘 자손도 내 말을 듣지 아니하였거든 바로가 어찌 들으리이까 나는 입이 둔한 자니이다(출 6:12). "어찌 들으리이까"라는 말은 동족도 설득시키지 못했는데 분노에 찬 바로가 그러한 요구를 들어줄리 없다는 모세의 항변입니다. 그리고 "입이 둔한"이란 '할례 받지 못한 입술'[21] 이라는 뜻으로, 맡은 직임을 올바로 수행하지 못한 무능한 입술이라는 의미입니다. 모세는 이 사역을 감당할 능력이 부족함을 실감하고 있습니다. 그러나 이스라엘을 구원하시려는 하나님의 뜻은 견고합니다. 여호와께서 모세와 아론에게 말씀하사 그들로 이스라엘 자손과 애굽 왕 바로에게 명령을 전하고 이스라엘 자손을 애굽 땅에서 인도하여 내게 하시니라(출 6:13).

21) 이와 비슷한 표현으로 '할례 받지 못한 귀', '할례 받지 못한 마음' 등이 있습니다. "그 귀가 할례를 받지 못하였으므로 듣지 못하는도다"(렘 6:10), "이스라엘은 마음에 할례를 받지 못하였느니라 하셨느니라"(렘 9:26).

하나님은 언약하신 바를 신실하게 성취해 가십니다. 그러므로 다시금 모세에게 용기와 능력을 주시며 출애굽의 놀라운 역사를 수행하게 하십니다. 이제 하나님은 바로에게 이스라엘 백성들을 애굽에서 내보내라고 하시며, 그들로 애굽 땅을 떠나 바로의 손을 벗어나게 하십니다.

모세와 아론의 계보

레위 자손들의 계보입니다. 레위의 아들들의 이름은 그들의 족보대로 이러하니 게르손과 고핫과 므라리요 레위의 나이는 백삼십칠 세였으며 게르손의 아들들은 그들의 가족대로 립니와 시므이요 고핫의 아들들은 아므람[22]과 이스할과 헤브론과 웃시엘이요 고핫의 나이는 백삼십삼 세였으며 므라리의 아들들은 마흘리와 무시니 이들은 그들의 족보대로 레위의 족장이요(출 6:16-19). 이같이 레위의 4대손까지 자세하게 언급된 것은 출애굽 사역을 감당할 모세의 가문을 알려 주기 위한 것입니다. 레위는 야곱의 셋째 아들로 애굽 이주 시 게르손, 고핫, 므라리를 데리고 왔습니다. 이 족보에서 레위와 고핫과 아므람만이 그 년수가 기록되어 있는데, 이는 4대만에 가나안 땅으로 돌아갈 것이라는 예언의 성취를 보여주기 위함입니다. "네 자손은 사대 만에 이 땅으로 돌아오리니"(창 15:16). 게르손은 레위의 장자로 훗날 그의 자손들은 성막과 부속물을 관리하는 직책을

22) 모세와 아론은 레위의 4대손입니다. 레위(137) → 고핫(133) → 아므람(137) → 아론(123)과 모세(120)

맡게 됩니다. 고핫은 레위의 둘째 아들로 모세와 아론의 할아버지입니다. 그의 손자 아론이 대제사장이 되므로 그의 후손들은 성막의 가장 신성한 기구들을 보관하며 운반하는 귀한 직분을 맡게 됩니다. "고핫 자손의 종족들은 ~ 증거궤와 상과 등잔대와 제단들과 성소에서 봉사하는 데 쓰는 기구들과 휘장과 그것에 쓰는 모든 것이며"(민 3:29-31). 그리고 레위의 셋째 아들인 므라리의 후손들은 성막의 널판과 그 부속품을 관리하며, 주로 목재로 된 부분을 운반하는 역할을 맡게 됩니다. "므라리 자손도 ~ 회막에서 할 모든 일 곧 그 멜 것은 이러하니 곧 장막의 널판들과 그 띠들과 그 기둥들과 그 받침들과 뜰 둘레의 기둥들과 그 받침들과 그 말뚝들과 그 줄들과"(민 4:29-32).

모세의 아버지는 고모인 요게벳을 아내로 맞이하여 아론과 모세를 낳고 137세에 죽습니다. 아므람은 그들의 아버지의 누이 요게벳을 아내로 맞이하였고 그는 아론과 모세를 낳았으며 아므람의 나이는 백삼십칠 세였으며(출 6:20). 모세의 아버지 "아므람"은 '지체가 높은 사람' 이라는 뜻이며, 어머니 "요게벳"은 '하나님께서 영광받으심' 이라는 뜻입니다. 요게벳은 모세와 아론과 최초의 여선지자인 미리암의 어머니로, 믿음으로 바로의 명령을 따르지 않고 아기를 살렸으며 유모가 되어 모세를 양육했습니다.

아므람의 아들 아론은 네 아들을 낳았으며, 아론의 아들 엘르아살은 비느하스를 낳았습니다. 아론은 암미나답의 딸 나손[23]의 누이 엘리세바를 아내로 맞이하였고 그는 나답과 아비후와 엘르아살과 이다말을 낳았으며

23) 암미나답은 유다의 아들이며, 나손은 유다의 손자입니다. "유다 지파에서는 암미나답의 아들 나손이요"(민1:7).

고라의 아들들은 앗실과 엘가나와 아비아삽이니 이들은 고라 사람의 족장이요 아론의 아들 엘르아살은 부디엘의 딸 중에서 아내를 맞이하였고 그는 비느하스[24]를 낳았으니 이들은 레위 사람의 조상을 따라 가족의 어른들이라(출 6:23-25). 여기서 특별히 아론과 엘르아살의 아내를 언급한 것은 제사장 가족들의 성결한 혈통을 보여주기 위한 것입니다. 본문은 하나님의 언약대로 이스라엘을 인도해 낼 모세와 아론에 대하여, 또한 장차 신정국가 이스라엘의 대제사장이 될 가문인 아론의 자손에 대하여 기록하고 있습니다. 모세는 율법의 중보자로 신적 권위를 지닌 지도자이며, 아론은 히브리 제사의 책임자가 될 사람입니다. 본문은 하나님께서 어떻게 모세와 아론을 예비하셨는지 알게 하며, 또한 이스라엘이 단일혈통의 신앙공동체임을 보여줍니다.

하나님의 보내심을 받은 모세와 아론입니다. 이스라엘 자손을 그들의 군대대로 애굽 땅에서 인도하라 하신 여호와의 명령을 받은 자는 이 아론과 모세요 애굽 왕 바로에게 이스라엘 자손을 애굽에서 내보내라 말한 사람도 이 모세와 아론이었더라(출 6:26-27). 본문의 "군대대로"란 군대처럼 조직과 체계를 갖추고 질서 있게 나아가는 전투를 상징하는 말입니다. 이는 이스라엘이 하나님의 언약에 근거하여 가나안 땅을 정복하러 나아가는 여호와의 군대임을 나타내는 말로, 노예민족이 아니라 가나안 정복전쟁을 수행할 힘이 있는 민족이라는 의미입니다.

24) 비느하스는 의로운 행동으로 하나님께로부터 영원한 제사장직 세습을 약속받게 됩니다. "아론의 손자 엘르아살의 아들 비느하스가 내 질투심으로 질투하여 이스라엘 자손 중에서 내 노를 돌이켜서 내 질투심으로 그들을 소멸하지 않게 하였도다 ~ 내가 그에게 내 평화의 언약을 주리니 그와 그의 후손에게 영원한 제사장 직분의 언약이라" (민 25:11-13).

성경은 이스라엘의 정체성을 알게 하는 계보를 중요시 하는데, 여기 모세와 아론의 계보가 야곱에게까지 연결된 것은 그들이 이끌어 가는 출애굽 사건이 야곱과 그의 가문에 연관된 것임을 보여줍니다. 곧 모든 세대에게 그들의 혈통을 드러내어 아브라함에게 주어진 약속이 성취되었다는 사실을 입증하기 위함입니다.

모세 소명의 재확인

하나님께서 모세에게 말씀하십니다. 여호와께서 모세에게 이르시되 볼지어다 내가 너를 바로에게 신 같이 되게 하였은즉 네 형 아론은 네 대언자가 되리니 내가 네게 명령한 바를 너는 네 형 아론에게 말하고 그는 바로에게 말하여 그에게 이스라엘 자손을 그 땅에서 내보내게 할지니라(출 7:1-2). "너를 바로에게 신 같이 되게 하였은즉"이란 모세가 하나님의 말씀을 전하는 자로서 바로를 지배할 수 있는 신적 권세와 능력을 부여받았음을 의미합니다. 곧 바로에 대한 모세의 우월함을 나타낸 말로 바로가 땅의 권세를 가졌지만, 하늘의 권세를 소유한 모세가 바로를 압도할 것이라는 말씀입니다. 이는 구원 사역이 신속하고 단호하게 이루어질 것임을 예고하신 것입니다. 성경은 하나님의 말씀을 받은 사람을 신이라 칭합니다. "성경은 폐하지 못하나니 하나님의 말씀을 받은 사람들을 신이라 하셨거든"(요 10:35). 하나님의 사람이 불신자에게 신과 같은 존재가 될 수 있다는 말씀이기도 합니다. 모세는 아론에게 하나님의 뜻을 전달하는 자로서 신이 되었고, 바로에게는 하나님의 뜻을 행하는 자로서 신이 되었습니다.

하나님께서 말씀하십니다. 내가 바로의 마음을 완악하게 하고 내 표징과 내 이적을 애굽 땅에서 많이 행할 것이나(출 7:3). 여기서 "완악하게"란 깐깐하고 고집이 세다는 의미로, 다른 사람의 충고에 귀 기울이지 않는 교만한 마음을 말합니다. 하나님께서 "바로의 마음을 완악하게" 하셨다는 것은 하나님의 놀라운 이적을 체험하고도 계속 강퍅한 마음을 갖는 그를 하나님께서 내버려 두셨다는 의미입니다. "또한 그들이 마음에 하나님 두기를 싫어하매 하나님께서 그들을 그 상실한 마음대로 내버려 두사 합당하지 못한 일을 하게 하셨으니"(롬 1:28). 성경은 하나님께서 강퍅한 자들을 결코 용서하지 않으실 것이라고 경고합니다. "광야에서 시험하던 날에 거역하던 것 같이 너희 마음을 완고하게 하지 말라 ~ 내가 노하여 맹세한 바와 같이 그들은 내 안식에 들어오지 못하리라"(히 3:8, 11). 본문의 "많이 행할 것이나"란 하나님께서 바로가 이스라엘을 내어 보내지 않고는 견딜 수 없도록 여러 가지 이적을 행하시리라는 의미입니다.

하나님께서 애굽의 심판에 대하여 말씀하십니다. 바로가 너희의 말을 듣지 아니할 터인즉 내가 내 손을 애굽에 뻗쳐 여러 큰 심판을 내리고 내 군대, 내 백성 이스라엘 자손을 그 땅에서 인도하여 낼지라 내가 내 손을 애굽 위에 펴서 이스라엘 자손을 그 땅에서 인도하여 낼 때에야 애굽 사람이 나를 여호와인 줄 알리라 하시매(출 7:4-5). "내 군대"란 장래의 이스라엘을 나타낸 말로, 이렇게 말씀하신 이유는 하나님의 뜻을 이루기 위하여 그들이 애굽의 바로와 싸울 뿐만 아니라 이방 민족들과도 싸워야하기 때문입니다. 이는 영적으로 성도들이 사탄의 세력에 대항하여 싸우는 주의 군사임을 묘사한 표현입니다. "우리의 씨름은 혈과 육을 상대하는 것이 아니요 통치자들과 권세들과 이 어둠의 세상 주관자들과 하늘에 있는 악의 영들을 상대함이라"(엡 6:12). "너는 그리스도 예수의 좋은 병사로 나와 함께 고난을 받으라"(딤후 2:3). 본문에서 "펴서"란 천막을 두르듯 하늘을 펼치신 하나님의 광대하심을 드러내는 표현입니다. "그가 하늘을 차일 같이 펴셨으며 거주할 천막 같이 치셨고"(사 40:22). 또한 "알리라"는 애굽 사람들이 이적을 보고 하나님의 존재를 절실히 깨닫게 된다는 의미입니다. 그러나 하나님은 이 일이 결코 쉽게 진행되지 않을 것임을 알려 주십니다. 지금 모세는 80세이고 아론은 83세입니다. 그들이 바로에게 말할 때에 모세는 팔십 세였고 아론은 팔십삼 세였더라(출 7:7). 성경은 그들의 나이를 밝힘으로 역사 안에서 하나님의 섭리가 어떻게 성취되어 가는지 알게 합니다.

하나님의 종은 하나님께 대한 전인격적인 신뢰와 순종이 요구됩니다. 모세 역시 하나님 명령에 순복하여 명하신 대로 행하며, 하나님의 도구로서 하나님의 뜻을 이루어갑니다.

지팡이가 뱀이 된 이적

하나님께서 말씀하십니다. 여호와께서 모세와 아론에게 말씀하여 이르시되 바로가 너희에게 이르기를 너희는 이적을 보이라 하거든 너는 아론에게 말하기를 너의 지팡이를 들어서 바로 앞에 던지라 하라 그것이 뱀이 되리라(출 7:8-9). "이적을 보이라"는 말은 너희 자신을 입증하기 위하여 이적을 행해 보라는 의미이며, "말하기를"이란 모세가 하나님의 대언자로서 권위를 가지고 자신의 대변자인 아론에게 명해야 한다는 뜻입니다. 모세와 아론이 바로에게 갑니다. 모세와 아론이 바로에게 가서 여호와께서 명령하신 대로 행하여 아론이 바로와 그의 신하 앞에 지팡이를 던지니 뱀이 된지라(출 7:10). 여기에서 지팡이를 던진 자는 모세가 아니라 아론입니다.[25)]

바로가 요술사들을 부릅니다. 바로도 현인들과 마술사들을 부르매 그 애굽 요술사들도 그들의 요술로 그와 같이 행하되 각 사람이 지팡이를 던지매 뱀이 되었으나 아론의 지팡이가 그들의 지팡이를 삼키니라(출 7:11-12). "현인"은 왕의 모사 역할을 하는 지식과 지혜가 많은 자들이며, "마술사"는 요술사를 말합니다. 그런데 아론의 지팡이가 요술사들의 지팡이를 삼켰다는 것은 하나님께서 애굽의 신들[26)]을 지배하신다는 사실을 입증한 것입니다. 후에 바울은 저들을 '얀네와 얌브레'라고 말합니다. "얀네와 얌브레가 모세를 대적한 것 같이"(딤후 3:8). 애굽에서 뱀은 왕권의 상징으로 왕들은 왕관에 코브라의 형상을 새기거나 부착하였습니다. 고대 애굽의 왕들이 쓰던 왕관에 코브라 모형의 표상이 있었는데,[27)] 모세의 지팡이가 애굽 마술사들의 지팡이를 삼킨 것은 하나님

25) Calvin은 하나님께서 당신의 큰 종의 손을 빌리지 않고 오히려 작은 종을 들어 자신의 능력을 드러내심으로 교만한 바로를 꺾으시려 한 것이라 합니다. John Calvin, *Calvin's Old Testament Commentaries: Harmony of Exod., Lev., Deut., Numb Vol. I*, 145.

26) 애굽의 종교는 다신교로서 동식물이나 자연을 신성시했으며 인간을 신격화했습니다. 부토(Buto)는 뱀의 여신으로 코브라가 신성시되었고 나일강의 신으로 숭배되었습니다. Wendy Doniger ed., *Britannica Encyclopedia of World Religions* (Chicago: Encyclopedia Britannica Inc., 2006), 319.

27) Peter Enns, *Exodus: The NIV Application Commentary* (Grand Rapids,

의 권세 앞에 바로가 감히 대적할 수 없음을 나타낸 것입니다. 또한 이는 마귀의 권세가 하나님의 통제 아래 있음을 알게 합니다. "또 그들을 미혹하는 마귀가 불과 유황 못에 던져지니 ~ 세세토록 밤낮 괴로움을 받으리라"(계 20:10). 이 지팡이가 바로에게는 하나님의 심판을, 모세에게는 하나님의 동행하심을 상징합니다. 그러나 바로는 여전히 강퍅하여 이스라엘을 보내지 않습니다. 그러나 바로의 마음이 완악하여 그들의 말을 듣지 아니하니 여호와의 말씀과 같더라(출 7:13). 하나님께서 붙들어 주시지 않으면 인간은 이같이 하나님의 권능을 보고도 완고해 질 뿐입니다.

위의 지팡이 이적은 하나님의 능력으로써 애굽 종교의 파멸을 예고한 것이며, 앞으로 전개될 열 재앙의 예표입니다. 모세의 지팡이에 능력이 있는 것이 아니라 하나님께 능력이 있음을 알아야 합니다. 이적이란 인간의 필요에 의해서가 아니라 하나님의 영광을 위해 나타나는 것임을 기억해야 합니다.

Michigan: Zondervan Publishing House, 2000), 109. / 애굽에서 뱀은 왕권의 상징으로, 바로들은 뱀 모양의 규를 사용하였습니다. 또한 하(下) 애굽(Lower Egypt)의 수호 여신인 코브라의 모형을 왕관의 표상으로 삼았는데, 이는 애굽의 통치권을 의미하는 동시에 왕국의 적들에 대한 죽음의 저주를 상징하였습니다. Nahum M. Sarna, *Exploring Exodus*, 60.

제5장
아홉 가지 재앙

첫 번째 재앙 : 피

하나님께서 모세에게 말씀하십니다. 여호와께서 모세에게 이르시되 바로의 마음이 완강하여 백성 보내기를 거절하는도다 아침에 너는 바로에게로 가라 보라 그가 물 있는 곳으로 나오리니 너는 나일 강 가에 서서 그를 맞으며 그 뱀 되었던 지팡이를 손에 잡고(출 7:14-15). "완강"(כָּבֵד, 카베드)이란 '무겁고 우둔한'이라는 뜻으로 바로의 마음이 교만으로 납덩이처럼 굳어졌음을 의미합니다. "아침에"란 새벽을 말합니다. 그런데 "아침에 ~ 그가 물 있는 곳으로 나오리니"라는 말씀이 다른 곳에도 기록된 것을 보면, 이는 이른 아침에 행하는 바로의 습관인 것을 알 수 있습니다. "아침에 일찍이 일어나 바로 앞에 서라 그가 물 있는 곳으로 나오리니"(출 8:20). 당시 나일 강은 홍수로 범람하여 공포를 주기도 하지만, 또한 그 홍수로 비옥한 토지를 제공하여 신성하게 여겨졌습니다.[28] 바

28) James B. Pritchard ed., *Ancient Near Eastern Texts : Relating to the*

로도 나일 강의 신에게 제사하기 위해 아침 일찍 강으로 나간 것으로 추측되는데, 왕이 이러한 종교의식으로 하루를 시작할 정도로 나일 강은 숭배의 대상이었습니다. '크눔'은 나일 강의 수호신이고, '하피'는 나일 강의 영이며, '오시리스'(Osiris)는 나일의 동맥으로 간주되었습니다.[29]

하나님은 모세에게 이스라엘이 하나님의 부르심을 받은 거룩한 선민임을 선포하게 하십니다. 그에게 이르기를 히브리 사람의 하나님 여호와께서 나를 왕에게 보내어 이르시되 내 백성을 보내라 그러면 그들이 광야에서 나를 섬길 것이니라 하였으나 이제까지 네가 듣지 아니하도다 여호와가 이같이 이르노니 네가 이로 말미암아 나를 여호와인 줄 알리라 볼지어다 내가 내 손의 지팡이로 나일 강을 치면 그것이 피로 변하고 나일 강의 고기가 죽고 그 물에서는 악취가 나리니 애굽 사람들이 그 강 물 마시기를 싫어하리라 하라(출 7:16-18). "히브리 사람"이란 이스라엘인, 유대인이라는 말과 더불어 민족 전체를 가리키는 말입니다. "여호와인 줄 알리라"는 말씀은 바로가 하나님은 나일 강을 변화시키고 자연을 지배하는 전능하신 신이심을 알게 될 것이라는 뜻이며, "볼지어다"란 하나님의 말씀이 조만간 실현될 것임을 확신하는 표현입니다. 그리고 "악취가 나리니"란 사람이 근접할 수 없을 정도로 극심한 냄새가 풍길 것을 말하며, "싫어하리라"란 애굽인들이 여러 방법을 강구해 보지만 끝내

Old Testament, Third Edition with Supplement (Princeton, New Jersey: Princeton University Press, 1992), 372.

29) John H. Walton, *Chronological and Background Charts of the Old Testament*, Revised and Expanded Edition (Grand Rapids, Michigan: Zondervan Publishing House, 1994), 85.

좌절하고 말 것이라는 의미입니다. 이같이 하나님께서 심판에 대하여 미리 경고하시고 알려 주십니다.

계속되는 하나님의 말씀입니다. 여호와께서 또 모세에게 이르시되 아론에게 명령하기를 네 지팡이를 잡고 네 팔을 애굽의 물들과 강들과 운하와 못과 모든 호수 위에 내밀라 하라 그것들이 피가 되리니 애굽 온 땅과 나무 그릇과 돌 그릇 안에 모두 피가 있으리라(출 7:19). "애굽 온 땅"이란 하나님의 심판이 애굽 전역에 미치지 않을 곳이 없게 될 것을 나타냅니다. 모세와 아론이 하나님의 명대로 행합니다. 모세와 아론이 여호와께서 명령하신 대로 행하여 바로와 그의 신하의 목전에서 지팡이를 들어 나일 강을 치니 그 물이 다 피로 변하고 나일 강의 고기가 죽고 그 물에서는 악취가 나니 애굽 사람들이 나일 강 물을 마시지 못하며 애굽 온 땅에는 피가 있으나(출 7:20-21). 실로 애굽 전역에 피 재앙이 임하게 되어 모든 물들을 사용할 수 없게 되었습니다. "그 때에 하나님이 애굽에서 그의 표적들을, 소안 들에서 그의 징조들을 나타내사 그들의 강과 시내를 피로 변하여 그들로 마실 수 없게 하시며"(시 78:43-44).

그러나 바로는 교만하여 이러한 이적을 마음에 두지 않았습니다. 애굽 요술사들도 자기들의 요술로 그와 같이 행하므로 바로의 마음이 완악하여 그들의 말을 듣지 아니하니 여호와의 말씀과 같더라 바로가 돌이켜 궁으로 들어가고 그 일에 관심을 가지지도 아니하였고(출 7:22-23). 애굽인들의 생활 터전이었던 나일 강은 이제 죽음의 강으로 변해 버렸습니다. 애굽 사람들은 나일 강 물을 마실 수 없으므로 나일 강 가를 두루 파서 마실 물을 구하였더라 여호와께서 나일 강을 치신 후 이레가 지나니라(출 7:24-25). 여기서 "두루 파서"란 식수를 구하기 위해 각처로 다니는 상황을 나타냅니다. 그들은 하수 물을 마실 수 없게 되자 하수가를 파서 마실 물을 구하였습니다. 이번 재앙은 7일 동안 계속되었습니다. 그러나 바로는 모세에게 이번 재앙을 물리쳐 달라는 중보기도를 요청하지 않았으며, 첫 재앙의 7일 동안 애굽인들은 극심한 고난을 감수해야 했습니다.

하나님 명령에 불순종한 바로에게 첫 번째 재앙으로 나일 강을 피로 물들게 하신 것은 그것에 대한 숭배가 얼마나 어리석은 것인지를 보여 주십니다. 또한 하나님께서 자연만물을 주관하시는 분이심을 알게 하십니다. 그리고 이것은 바로가 히브리 남자 아이들을 나일 강에 던진 죄 값으로 볼 수도 있습니다.

두 번째 재앙 : 개구리

첫 번째 재앙 후 7일이 지나자 하나님께서 모세에게 말씀하십니다. 여호와께서 모세에게 이르시되 너는 바로에게 가서 그에게 이르기를 여호와의 말씀에 내 백성을 보내라 그들이 나를 섬길 것이니라(출 8:1). 이같이 하나님께서 신박하게 움직이시며 바로가 계속 고집을 부리는 것이 얼마나 심각한 결과를 가져다 줄 것인지 경고하게 하십니다. 네가 만일 보내기를 거절하면 내가 개구리로 너의 온 땅을 치리라 개구리가 나일 강에서 무수히 생기고 올라와서 네 궁과 네 침실과 네 침상 위와 네 신하의 집과 네 백성과 네 화덕과 네 떡 반죽 그릇에 들어갈 것이며 개구리가 너와 네 백성과 네 모든 신하에게 기어오르리라 하셨다 하라(출 8:2-4). 본문의 "치리라"는 육체적, 비유적 징계를 뜻하는 말로 하나님께서 징계하심을 나타낼 때에만 쓰이며, 이방 신의 경우에 사용되지 않는 단어입니다. "무수히"란 수많은 개구리가 서로 뒤엉켜있는 복잡한 상태를 뜻하며, "떡 반죽 그릇"을 언급한 것은 빵 굽는 도구에까지 개구리가 들어갈 정도로 극성을 부릴 것이라는 의미입니다. 이는 개구리가 침상에서부터 화덕에까지 생활의 모든 영역을 침범하게 될 폐해를 생생히 묘사한 것입니다.

나일 강이 홍수로 범람하면 상류로부터 기름진 흙이 하류로 내려오면서 강 주변의 토양을 윤택하게 만들었는데, 물이 범람했다가 감해지는 때에 개구리가 많이 서식한다고 합니다.[30] 따라서 애굽인들은 개구리가 땅을 기름지게 한다고 여겨 신성시하게 되었습니다. 애굽인들은 인간의 몸에 개구리의 머리를 가진 여신 '헤케트'(Hekhet)[31]를 풍요와 다산의 신이자 출산 시 산모를 돕는 신으로 숭배했습니다. 그렇지만 이번 재앙은 이러한 개구리를 급증시켜 그들의 신을 경멸하게 한 것입니다. 하나님께서 이를 미리 예고하신 것은 이번 재앙이 결코 우연이 아니라 하나님의 섭리로 말미암은 것임을 깨닫게 하며, 또한 경고의 기간을 주심으로 회개할 기회를 주시기 위함입니다.

30) 이 개구리는 '라나 모사이카'(Rana Mosaica)라는 학명을 가진 개구리입니다. C. F. Keil and F. Delitzsch, *Commentary on the Old Testament in Ten Volumes, 1: The Pentateuch* Vol. I (Grand Rapids, Michigan: William B. Eerdmans Publishing Company, 1980), 481.

31) 창조의 신 크눔(Khnum)과 헤케트(Hekhet)는 부부인데, 크눔이 도자기의 돌림판으로 인간의 몸을 찍어내면 헤케트가 생명의 숨을 불어넣어 주었다고 합니다. John H. Currid, *Ancient Egypt and the Old Testament* (Grand Rapids, Michigan: Baker Books, 1997), 110

개구리 재앙이 시작됩니다. 여호와께서 모세에게 이르시되 아론에게 명령하기를 네 지팡이를 잡고 네 팔을 강들과 운하들과 못 위에 펴서 개구리들이 애굽 땅에 올라오게 하라 할지니라 아론이 애굽 물들 위에 그의 손을 내밀매 개구리가 올라와서 애굽 땅에 덮이니(출 8:5-6). 여기서 "덮이니"란 개구리가 떼를 이루어 올라와 애굽 땅에 가득 채워졌다는 의미입니다. "개구리를 보내어 해하게 하셨으며"(시 78:45). 애굽의 요술사들도 이를 따라 합니다. 요술사들도 자기 요술대로 그와 같이 행하여 개구리가 애굽 땅에 올라오게 하였더라(출 8:7). 그들이 피와 개구리 재앙까지는 모방하여 개구리를 올라오게 할 수는 있었지만, 그 올라온 개구리를 없애지는 못하였습니다. 여기에서 요술사들의 한계가 드러납니다. 요술사들은 모세와 아론이 생기게 한 개구리를 제거하지 않고 더 많이 증식시켜 고통을 가중시켰습니다. 애굽인들에게 신성시되던 개구리가 오히려 저주로 바뀌게 된 이번 재앙은 애굽 종교의 허탄함을 명백히 보여주었습니다.

개구리 재앙으로 견딜 수 없게 된 바로가 그들을 부릅니다. 바로가 모세와 아론을 불러 이르되 여호와께 구하여 나와 내 백성에게서 개구리를 떠나게 하라 내가 이 백성을 보내리니 그들이 여호와께 제사를 드릴 것이니라(출 8:8). 개구리의 습격으로 인해 먹고 잘 수 없게 되어 괴로움을 당하게 되자, 바로는 처음으로 모세에게 개구리 제거를 위해 하나님께 간구해 줄 것을 요청합니다. 이제 바로가 이번 재앙을 내리신 하나님만이 개구리를 거두실 수 있음을 인식하고 하나님의 능력을 깨닫기 시작합니다. 그러므로 "내가 이 백성을 보내리니"라고 하여 출애굽에 대하여 처음으로 긍정적인 약속을 하게 됩니다.

모세가 묻습니다. 모세가 바로에게 이르되 내가 왕과 왕의 신하와 왕의 백성을 위하여 이 개구리를 왕과 왕궁에서 끊어 나일 강에만 있도록 언제 간구하는 것이 좋을는지 내게 분부하소서(출 8:9). 모세가 "언제 간구하는 것이 좋을는지"라고 한 것은 바로로 하여금 자신의 약속을 재확인하게 하며, 또한 만물이 다 하나님의 손 안에 있음을 바로가 깨닫도록 하기 위하여 이렇게 질문한 것입니다. 바로의 대답입니다. 그가 이르되 내일이니라 모세가 이르되 왕의 말씀대로 하여 왕에게 우리 하나님 여호와와 같은 이가 없는 줄을 알게 하리니 개구리가 왕과 왕궁과 왕의 신하와 왕의 백성을 떠나서 나일 강에만 있으리이다 하고(출 8:10-11). 모세는 이번 재앙이 그치게 될 시기를 바로가 정하게 함으로써, 이번 재앙이 우연히 일어난 것이 아니라 하나님의 계획과 권능에 의한 것임을 보여주고자 하였습니다.

모세가 하나님께 기도합니다. 모세와 아론이 바로를 떠나 나가서 바로에게 내리신 개구리에 대하여 모세가 여호와께 간구하매 여호와께서 모세의 말대로 하시니 개구리가 집과 마당과 밭에서부터 나와서 죽은지라 사람들이 모아 무더기로 쌓으니 땅에서 악취가 나더라(출 8:12-14). 본문의 "간구하매"란 급한 요청을 위해 매우 절박한 심령으로 부르짖는다는 의미입니다. 이는 하나님의 역사가 반드시 이루어지지만, 인간 편에서도 간절한 기도가 필요하다는 것을 알게 합니다. 또한 "무더기로"라는 표현은 죽은 개구리가 너무 많아 처리하기가 난감하였음을 나타냅니다. 이같이 저들의 신이 무수히 죽어 악취를 풍기게 되었으니 더 이상 개구리는 숭배의 대상이 될 수 없게 되었습니다. 위기를 면하자 바로가 다시 강퍅해집니다. 그러나 바로가 숨을 쉴 수 있게 됨을 보았을 때에 그의 마음을 완강하게 하여 그들의 말을 듣지 아니하였으니 여호와께서 말씀하신 것과 같더라(출 8:15). "숨을 쉴 수 있게"란 재앙으로 인한 압박에서 벗어나 자유롭게 쉴 수 있음을 의미합니다. 이는 바로가 개구리 재앙으로 인해 숨도 쉬지 못할 정도로 고통스러웠다는 것을 알게 합니다. 그러나 바로는 숨통이 트이자 다시 완악해집니다. "악인은 은총을 입을지라도 의를 배우지 아니하며"(사 26:10).

하나님께서 천지를 창조하실 때 우주의 질서를 정하시고 자연의 경계를 정하셨습니다. 그런데 늪지의 개구리가 이처럼 떼 지어 육지 깊숙이 올라온 것은 하나님의 초자연적 재앙임을 알게 합니다. 하나님은 애굽인들이 숭배하는 개구리로 고통받게 하시므로 자신들의 잘못된 신앙을 깨닫게 하시고, 오직 하나님만이 유일한 참 신이심을 알게 하십니다. "우리 하나님 여호와는 오직 유일한 여호와이시니"(신 6:4).

세 번째 재앙 : 이

바로는 개구리 재앙에서 해방되자 다시 강퍅해졌습니다. 여호와께서 모세에게 이르시되 아론에게 명령하기를 네 지팡이를 들어 땅의 티끌을 치라 하라 그것이 애굽 온 땅에서 이가 되리라(출 8:16). 아론이 지팡이로 티끌을 치니 애굽 온 땅의 티끌이 이가 되어 사람과 생축에 오르게 되었습니다. 하나님은 아무 예고도 없이 세 번째 재앙을 내리시어 애굽 사람들과 생축들을 괴롭게 하셨습니다. 이전 재앙들은 사람과 가축에게 직접 피해를 입히지 않았지만 이번 이 재앙은 직접적인 피해를 주었습니다. 본문의 "이"는 몸집이 아주 작아 눈에 잘 띄지 않으며 사람과 생축의 눈과 코로 들어가 괴롭히니 그 고통은 말로 표현할 수 없었을 것입니다.[32] 흙으로 사람을 만드신 하나님께서 티끌로 '이'를 만드신 것입니다. "여호와께서 말씀하신즉 ~ 그들의 온 영토에 이가 생겼도다"(시 105:31).

애굽의 요술사들이 처음으로 하나님의 능력임을 고백합니다. 요술사들도 자기 요술로 그같이 행하여 이를 생기게 하려 하였으나 못 하였고 ~ 요술사가 바로에게 말하되 이는 하나님의 권능이니이다 하였으나 바로의 마음이 완악하게 되어 그들의 말을 듣지 아니하였으니 여호와의 말씀과 같더라(출 8:18-19). "하나님의 권능"이란 '하나님의 손가락'을 뜻하는 것으로, 하나님께서 친히 손으로 행하신 하나님의 능력을 의미합니다. "주의 손가락으로 만드신 주의 하늘과 주께서 베풀어 두신 달과 별들을 내가 보오니"(시 8:3). 바로의 요술사들은 지금 애굽에서 일어나고 있는 모든 일들을 하나님께서 주관하고 계심을 깨닫게 되었습니다. 하나님은 마귀에게 허락하신 범위 안에서만 행동하도록 명하셨습니다. "여호와께서 사탄에게 이르시되 내가 그를 네 손에 맡기노라 다만 그의 생명은 해하지 말지니라"(욥 2:6). 이번 재앙부터는 요술사들이 따라하지 못하게 됩니다. 요술사들은 이것이 자신들의 술법으로 불가능한 것임을 깨닫고 하나님께 대항하려 하지 않지만, 바로가 고집을 부립니다. 후에 시

32) C. F. Keil and F. Delitzsch, *Commentary on the Old Testament in Ten Volumes, 1: The Pentateuch Vol. I*, 483-484.

혼도 바로와 같이 완고하여 하나님의 심판을 받게 됩니다. "헤스본 왕 시혼이 우리가 통과하기를 허락하지 아니하였으니 이는 네 하나님 여호와께서 그를 네 손에 넘기시려고 그의 성품을 완강하게 하셨고 그의 마음을 완고하게 하셨음이 오늘날과 같으니라"(신 2:30).

재앙이 사라지면 다시 강퍅해지는 바로와 같이 우리도 위급한 순간에는 하나님을 찾지만 평안해지면 하나님을 잊어버리고 마음대로 살아갑니다. 그러나 재앙을 멈추게 하신 하나님께서 언제라도 다시 재앙을 임하게 하실 수 있다는 사실을 명심해야 합니다. 인간이 하나님의 뜻을 거역할 때 모든 피조물 곧 땅의 티끌까지도 징계의 수단이 될 수 있음을 깨달아야 합니다. 지금까지의 세 재앙은 이스라엘에도 임했는데, 이는 하나님 심판의 엄중함을 체험하므로 하나님을 올바로 섬기게 하기 위함입니다.

세 번째 재앙은 여섯 번째 재앙과 아홉 번째 재앙과 더불어 아무런 경고 없이 바로 내려진 재앙입니다. 이번의 이 재앙은 애굽의 술객들이 흉내조차 내지 못한 것으로 하나님의 초자연적인 능력이 분명하게 드러납니다. 애굽에 내린 재앙들은 하나님의 능력이 온 천하에 선포되어 하나님께 영광을 돌리게 하기 위함입니다.

네 번째 재앙 : 파리 떼

세 번째 재앙으로 애굽 전역이 고통 가운데 있어도 바로는 완악하기만 합니다. 여호와께서 모세에게 이르시되 아침에 일찍이 일어나 바로 앞에 서라 그가 물 있는 곳으로 나오리니 그에게 이르기를 여호와께서 이와 같이 말씀하시기를 내 백성을 보내라 그러면 그들이 나를 섬길 것이니라(출 8:20). 이제 네 번째 재앙부터 여섯 번째 재앙까지는 지팡이 없이 오직 하나님의 말씀으로만 재앙이 진행됩니다. 네 번째 재앙은 첫 재앙과 유사합니다. 첫 재앙 때 하나님께서 '아침에' 모세에게 명하셨는데, 이번에는 "아침에 일찍이"라고 하시므로 더욱 긴장감을 느끼게 합니다. 또한 첫 재앙 시 '바로에게로 가라 ~ 그를 맞으며' 라고 하셨고, 둘째 재앙 시 '바로에게 가서 그에게 이르기를' 이라고 하셨는데, 지금 네 번째 재앙에서는 "바로 앞에 서라"고 단호하게 말씀하심으로 더욱 비장한 분위기를 느끼게 합니다.

하나님께서 파리 떼로 벌하려 하십니다. 네가 만일 내 백성을 보내지 아니하면 내가 너와 네 신하와 네 백성과 네 집들에 파리 떼를 보내리니 애굽 사람의 집집에 파리 떼가 가득할 것이며 그들이 사는 땅에도 그러하리라(출 8:21). 여기서 "파리"란 개파리(dog-fly) 곧 사람이나 동물의 피를 빨아 먹는 쇠파리를 말하는데[33], 이러한 곤충 떼가 애굽 전역을 가

33) C. F. Keil and F. Delitzsch, *Commentary on the Old Testament in Ten Volumes, 1: The Pentateuch Vol. I*, 484. / LXX는 dog-flies를 날아다니는 모든 곤충(all-fly)으로 간주합니다. Alfred Rahlfs ed., *Septuasinta: Id est Vetus Testamentum graece iuxta LXX interpretes* (Stuttgart: Deutche Bibelgesellschaft, 2004), 98.

득 채웠으니 그들의 괴로움이 어떠했을지 짐작할 수 있습니다. "쇠파리 떼를 그들에게 보내어 그들을 물게 하시고 개구리를 보내어 해하게 하셨으며"(시 78:45).

피, 개구리, 이 재앙까지는 이스라엘도 당한 재앙이었습니다. 그런데 이번 파리 재앙부터는 하나님께서 이스라엘과 애굽을 구분하시고 애굽 사람에게만 재앙이 임하게 하셨습니다. 그 날에 나는 내 백성이 거주하는 고센 땅을 구별하여 그 곳에는 파리가 없게 하리니 이로 말미암아 이 땅에서 내가 여호와인 줄을 네가 알게 될 것이라 내가 내 백성과 네 백성 사이를 구별하리니 내일 이 표징이 있으리라 하셨다 하라 하시고(출 8:22-23). 본문의 "구별"이란 이스라엘이 애굽에 속하지 않고 하나님의 백성으로 구분되었기 때문에, 하나님께서 이스라엘이 거하는 고센 땅에 파리 떼가 침범하지 못하도록 지켜주셨다는 것입니다. 이전의 피와 개구리 재앙 때도 애굽 백성에게 재앙이 집중되었었는데, 이제 파리 재앙부터는 이스라엘과 애굽을 확연하게 구분하십니다. 이 구별은 피조물에 대한 하나님의 절대적 통치를 알게 합니다. 이번 재앙으로 바로는 하나님께서 살아계시고 역사하시는 분이라는 사실을 인정하게 됩니다. 네 번째 재앙이 임할 구체적 시기와 장소가 언급된 것은 이번 재앙이 우연에 의한 것이 아니라 하나님께서 친히 주관하신 것임을 알게 하기 위함입니다. 하나님은 히브리인에게만 국한된 지역적인 하나님이 아니라 그 통치가 온 우주에 미치는 하나님이심을 선포하십니다. 하나님의 이적이 애굽인에게는 재앙이지만, 이스라엘에게는 은혜의 표징이자 놀라운 능력입니다.

재앙이 하나님께서 예고하신 대로 진행됩니다. 여호와께서 그와 같이 하시니 무수한 파리가 바로의 궁과 그의 신하의 집과 애굽 온 땅에 이르니 파리로 말미암아 그 땅이 황폐하였더라(출 8:24). 파리 재앙과 관련된 애굽 신은 인간의 몸에 풍뎅이의 머리를 가진 '케프리'(Khepri)로, 자생(自生)한 부활의 신이라고 합니다.[34] 또한 "황폐하였더라"는 땅의 농작물이 파리 떼의 영향으로 완전히 파괴되었음을 의미합니다. 바로가 견딜 수 없게 되자 그들을 부릅니다. 바로가 모세와 아론을 불러 이르되 너희는 가서 이 땅에서 너희 하나님께 제사를 드리라(출8:25). 바로는 이스라엘 백성들이 멀리 떠나면 다시 돌아오지 않을 것을 염려하여 그들이 제사드릴 장소를 "이 땅에서", 곧 애굽 영내로 제한하면서 "너희 하나님께" 희생을 드리라고 합니다.

모세가 대답합니다. 모세가 이르되 그리함은 부당하니이다 우리가 우리 하나님 여호와께 제사를 드리는 것은 애굽 사람이 싫어하는 바인즉 우리가 만일 애굽 사람의 목전에서 제사를 드리면 그들이 그것을 미워하여 우리를 돌로 치지 아니하리이까 우리가 사흘길쯤 광야로 들어가서 우리 하나님 여호와께 제사를 드리되 우리에게 명령하시는 대로 하려 하나이다(출 8:26-27). 애굽에는 동물들을 신성시하여 고의로 죽이면 사형을 내리는 형벌이 있었다고 합니다.[35] 애굽 사람들이 섬기는 여러 신들 중 '아피스'(Apis) 또는 '레'(Re)라는 남신은 황소를 상징하며, 여신인 '하토르'

34) 이 신은 애굽의 창조의 신이요 부활의 신으로 여겨지고 있습니다. John H. Currid, *Ancient Egypt and the Old Testament*, 110-111. Wendy Doniger ed., *Britannica Encyclopedia of World Religions*, 318.

35) 애굽인들은 일반적으로 동물 희생 제사를 극히 혐오하여 로마 사신이 실수로 고양이를 죽인 혐의로 사형당하기도 했다고 합니다. H. D. M. Spence and Joseph S. Exell eds. *The Pulpit Commentary 2: Exodus, Vol. I* (New York: Funk & Wagnalls Company, nd), 197.

(Hathor)는 암소를 상징합니다.[36] 이같이 소를 신성시하는 애굽인들 앞에서 소를 죽여 희생 제사를 드리면 애굽인들이 분노하여 신성모독의 이유로 이스라엘 백성을 공격하게 될 것이라고 합니다.[37] 그러므로 모세는 처음 주장대로 사흘 길쯤 광야로 들어가서 희생 제사를 드리겠다고 합니다. "사흘 길쯤"이라 한 것은 고센에서 시내 산의 거리가 대략 3일이었기 때문입니다. 그리고 "우리에게 명령하시는 대로"란 히브리 제사 제도가 온전히 하나님 명령에 의한 제도임을 인식시키기 위함입니다.

바로가 모세에게 요청합니다. 바로가 이르되 내가 너희를 보내리니 너희가 너희의 하나님 여호와께 광야에서 제사를 드릴 것이나 너무 멀리 가지는 말라 그런즉 너희는 나를 위하여 간구하라(출 8:28). 바로는 모세의 요구를 일부 허용하지만 이스라엘이 도망칠 것을 우려하여 이같이 말합니다. 모세가 대답합니다. 모세가 이르되 내가 왕을 떠나가서 여호와께 간구하리니 내일이면 파리 떼가 바로와 바로의 신하와 바로의 백성을 떠나려니와 바로는 이 백성을 보내어 여호와께 제사를 드리는 일에 다시 거짓을 행하지 마소서 하고(출 8:29). 여기서 "거짓을 행하지 마소서"라는 말은 모

36) 하토르는 다산의 신이며 암소의 여신으로 그녀의 젖으로 왕을 양육하였다고 합니다. 신에 의해 부여된 호의적인 지원과 보호는 장성한 통치사에게 젖을 물리는 암소의 여신 하토르의 상(像)에 의해 잘 나타납니다. Lorna Oakes and Lucia Gahlin, *Ancient Egypt*, 284.

37) Herodotus는, 이집트인들은 황소를 아피스(Apis) 신의 소유물로 여긴다고 합니다. 황소가 죽으면 자신이 사는 도시의 교외에 묻어주며 한쪽 뿔 또는 양쪽 뿔이 땅 위로 나오게 표식을 남겨두는데, 그 사체가 썩고 정해진 때가 되면 거룻배들을 보내 그 뼈를 수거해 한 곳에 묻는다고 합니다. 다른 가축들도 죽으면 황소처럼 묻어주는데, 이는 다른 가축들도 죽이면 안 되기 때문이라 합니다. A. D. Godeey tr., *Herodotus, Book II*. (Cambridge, MA.: Harvard University Press, 1966), 321, 325–327.

세가 바로의 악함을 잘 알고 있기 때문에 약속을 어기지 말라고 한 것이며, 만일 위반 시에는 재앙이 따를 것이라는 경고입니다. "하나님은 업신여김을 받지 아니하시나니 사람이 무엇으로 심든지 그대로 거두리라"(갈 6:7).

모세가 하나님께 기도합니다. 여호와께서 모세의 말대로 하시니 그 파리 떼가 바로와 그의 신하와 그의 백성에게서 떠나니 하나도 남지 아니하였더라(출 8:31). 이번에도 하나님은 "모세의 말대로" 파리를 저들에게서 완전히 떠나게 하셨습니다. 하나님은 거듭되는 재앙 가운데 모세를 통하여 당신의 능력을 나타내 보이십니다. 하나님은 바로의 약속에 따라 재앙을 거두셨는데, 이는 하나님께서 바로의 마음을 몰랐기 때문이 아니라 앞으로 전개될 당신의 능력을 바로와 온 세상 사람으로 알게 하여 경외하게 하려 하심입니다. 바로는 숨통이 트이자 또 다시 백성을 보내지 않습니다. 위기만 넘기면 본래의 악한 상태로 돌아가는 바로에게서 죄악된 우리의 모습을 보게 됩니다.

온 애굽은 파리떼로 고통 중에 있지만, 이스라엘 땅에는 아무런 피해가 없습니다. 이는 하나님께서 만물을 주관하시고 택하신 자와 아닌 자들을 구별하시며, 최후 심판 날에 악인과 선인이 맞게 될 결과를 예고하는 것입니다. "인자가 자기 영광으로 모든 천사와 함께 올 때에 ~ 그들은 영벌에, 의인들은 영생에 들어가리라 하시니라"(마 25:31-46).

다섯 번째 재앙 : 가축의 돌림병

하나님께서 모세에게 말씀하십니다. 여호와께서 모세에게 이르시되 바로에게 들어가서 그에게 이르라 히브리 사람의 하나님 여호와께서 말씀하시기를 내 백성을 보내라 그들이 나를 섬길 것이니라(출 9:1). "나를 섬길 것이니라"는 말씀은 하나님께서 이스라엘을 구원하시려는 목적이 그들로 하여금 당신을 섬기게 하기 위한 것임을 알게 하십니다. 세 번째, 여섯 번째, 아홉 번째 재앙을 제외하고는 하나님께서 재앙을 내리실 때마다 이 말씀을 언급하십니다. "내 백성을 보내라 그러면 그들이 광야에서 나를 섬길 것이니라"(출 7:16), "내 백성을 보내라 그들이 나를 섬길 것이니라"(출 8:1), "내 백성을 보내라 그러면 그들이 나를 섬길 것이니라"(출 8:20). 이는 하나님께서 우리를 구원하신 궁극적 목적 역시 우리의 경배와 찬양을 받으시기 위한 것임을 알게 합니다. "내가 또 들으니 하늘 위에와 땅 위에와 땅 아래와 바다 위에와 또 그 가운데 모든 피조물이 이르되 보좌에 앉으신 이와 어린 양에게 찬송과 존귀와 영광과 권능을 세세토록 돌릴지어다 하니"(계 5:13).

계속되는 하나님의 말씀입니다. 네가 만일 그들 보내기를 거절하고 억지로 잡아 두면 여호와의 손이 들에 있는 네 가축 곧 말과 나귀와 낙타와 소와 양에게 더하리니 심한 돌림병이 있을 것이며(출9:2-3). 이번 재앙은 이스라엘의 가축을 제외한 애굽의 모든 가축에 심한 돌림병이 생겨 죽게 되는 재앙입니다. 여기서 "손"(יָד, 야드)은 힘이나 능력 특히 하나님의 권능을 말할 때 사용되는데, 구약에서 200번 이상 사용되고 있습니다. 또한 "가축"이란 집에서 기르는 짐승을 말합니다.[38] 애굽에서 말은 주로 전쟁에, 나귀는 단거리 운반이나 경작에, 낙타는 장거리 수송에 이용되었습니다. 이러한 가축의 죽음은 군사, 경제, 수송에 큰 타격을 주게 됩니다. 이전의 재앙은 사람이나 짐승에게 고통을 주는 재앙 정도였지만, 이제부터는 가축의 생명과 직결되는 재앙으로 강도가 훨씬 높아지게 됩니다. 본문의 "돌림병"이란 '전염병'이란 뜻으로 짐승에게 치명적인 질병입니다. 노아 홍수 때와 같이 짐승들도 인간이 받는 형벌에 동참하게 되었습니다. "땅 위에 움직이는 생물이 다 죽었으니 곧 새와 가축과 들짐승과 땅에 기는 모든 것과 모든 사람이라"(창 7:21). 애굽인들은 각종 동물들을 우상으로 형상화시켜 숭배하였는데, 많은 동물이 돌림병에 걸리게 되므로 애굽 종교도 치명적인 타격을 입게 되었습니다. 애굽에 내린 재앙은 애굽 종교에 대한 하나님의 심판이라는 사실을 기억해야 합니다.

그러나 이번에도 하나님은 이스라엘의 가축을 구분하여 피해를 입지 않도록 하셨습니다. 여호와가 이스라엘의 가축과 애굽의 가축을 구별하리니 이스라엘 자손에게 속한 것은 하나도 죽지 아니하리라 하셨다 하라 하시고 여호와께서 기한을 정하여 이르시되 여호와가 내일 이 땅에서 이 일을 행하리라 하시더니(출 9:4-5). "기한을 정하여"라는 표현은 이번 재앙이 자연발생적인 것이 아니라 하나님의 계획에 따른 초자연적 형벌임을 분명히 밝힙니다. 하나님께서 예고하신 대로 "이튿날에" 애굽의 모든 생축이 죽었다는 것은 하나님의 말씀이 신실하다는 것을 증명합

38) Herodotus는, 다른 민족들은 가축들과 떨어져 생활하는데 이집트인들은 가축들과 함께 생활한다고 기록하였습니다. A. D. Godeey tr., *Herodotus, Book II.*, 317.

니다. 반면 본문에는 이스라엘의 생축이 "하나도 죽지 아니한" 것이 강조되고 있습니다. 하나님께서 이스라엘 사람과 애굽 사람만 구분하신 것이 아니라 이스라엘 가축과 애굽 가축도 구분하십니다. 이는 하나님께서 이스라엘 백성과 그 소유까지 보호해 주시므로 애굽 백성과 구별하신다는 것을 저들에게 알리시기 위함입니다.

가축의 돌림병 재앙의 결과입니다. 이튿날에 여호와께서 이 일을 행하시니 애굽의 모든 가축은 죽었으나 이스라엘 자손의 가축은 하나도 죽지 아니한지라 바로가 사람을 보내어 본즉 이스라엘의 가축은 하나도 죽지 아니하였더라 그러나 바로의 마음이 완강하여 백성을 보내지 아니한지라(출 9:6-7). 본문에 "모든"(all)과 "하나도"(not one)가 대조를 이루고 있습니다. 애굽 생축은 모두 죽었지만, 이스라엘 생축은 전부 살아있다는 것을 극명하게 보여줍니다. 이는 하나님의 말씀이 얼마나 정확하게 지켜졌는지를 알게 합니다. 바로가 사람을 보내 고센 땅을 살펴보고 하나님의 말씀대로 애굽 생축은 모두 죽었으나 이스라엘 생축은 하나도 죽지 않았음을 알았지만, 그의 마음은 여전히 완악하기만 합니다.

이전의 네 재앙은 생활에 큰 고통을 주었는데, 이제 다섯째 재앙부터는 가축의 생명에 직접 위협이 되는 재앙들입니다. 특히 이번 가축의 돌림병 재앙은 애굽의 우상이 표적이 되었습니다.

여섯 번째 재앙 : 악성 종기

이번 악성 종기 재앙은 세 번째 이 재앙, 아홉 번째 흑암 재앙과 같이 예고 없이 내려졌습니다. 여호와께서 모세와 아론에게 이르시되 너희는 화덕의 재 두 움큼을 가지고 모세가 바로의 목전에서 하늘을 향하여 날리라 그 재가 애굽 온 땅의 티끌이 되어 애굽 온 땅의 사람과 짐승에게 붙어서 악성 종기가 생기리라(출 9:8-9). 이 악성 종기는 고열을 일으키는 무서운 피부 전염병입니다. 위의 "화덕"은 용광로나 풀무를 의미하며, "하늘을 향하여 날리라"는 말씀은 이번 재앙이 하나님께로부터 난 것임을 보여주기 위함입니다. 또한 "티끌이 되어"란 재가 마치 티끌이 공중에 날리듯 애굽 전역에 흩어졌다는 의미이며, "악성 종기"란 염증과 수포로 인하여 통증과 열을 수반하는 종기를 말합니다. 바로가 가축의 죽음에도 하나님 명령에 거역하자 하나님은 그들의 몸에 악성 종기를 일으켜 살을 썩게 하십니다. 이전의 재앙들과는 달리 악성 종기는 처음으로 사람의 생명을 위협하는데, 이같이 하나님은 징계에 순종하지 않으면 더 큰 심판을 내리십니다.

모세가 재를 하늘로 날립니다. 그들이 화덕의 재를 가지고 바로 앞에 서서 모세가 하늘을 향하여 날리니 사람과 짐승에게 붙어 악성 종기가 생기고 요술사들도 악성 종기로 말미암아 모세 앞에 서지 못하니 악성 종기가 요술사들로부터 애굽 모든 사람에게 생겼음이라(출 9:10-11). 악성 종기가 애굽 전역에 급속히 퍼져 사람 뿐 아니라 짐승까지도 심한 통증과 가려움으로 고통을 받습니다. 이제는 하나님께서 사람의 생명을 위협하시며 애굽에 대한 재앙의 강도를 점점 높여 가십니다. 그래도 바로는 백성들을 보내지 않습니다. 그러나 여호와께서 바로의 마음을 완악하게 하셨으므로 그들의 말을 듣지 아니하였으니 여호와께서 모세에게 말씀하심과 같더라(출 9:12). 하나님은 죄인이 악에서 떠나기를 원하시지만 끝까지 회개하지 않는 자는 멸망하도록 내버려 두십니다.[39] "또한 그들이 마음에 하나님 두기를 싫어하매 하나님께서 그들을 그 상실한 마음대로 내버려 두사 합당하지 못한 일을 하게 하셨으니"(롬 1:28).

> **성경은 마지막 때에 짐승의 표를 받은 사람과 그 우상에게 경배하는 자에게 이러한 악성 종기의 재앙이 임한다고 경고합니다.** "짐승의 표를 받은 사람들과 그 우상에게 경배하는 자들에게 악하고 독한 종기가 나더라"(계 16:2).

일곱 번째 재앙 : 우박

하나님께서 말씀하십니다. 여호와께서 모세에게 이르시되 아침에 일찍이 일어나 바로 앞에 서서 그에게 이르기를 히브리 사람의 하나님 여호와의 말씀에 내 백성을 보내라 그들이 나를 섬길 것이니라(출 9:13). 하나님은 모세에게 "아침에 일찍이 일어나" 당당히 "바로 앞에 서서" 히브리 백성을 보내도록 요구하라고 하십니다. 이는 상황이 급박하고 하나님의 심판 의지가 강하시다는 것을 나타냅니다. 하나님은 이번 재앙으로

39) 하나님은 죄인이 회개하기를 원하시지만 끝까지 죄의 길로 치닫는 자들은 죄 가운데 내버려 두시는데, 이를 신학적 용어로 '유기'(遺棄, reprobation)라고 합니다.

바로가 마음에 동요를 일으키기 시작할 것임을 암시하십니다. 내가 이번에는 모든 재앙을 너와 네 신하와 네 백성에게 내려 온 천하에 나와 같은 자가 없음을 네가 알게 하리라(출 9:14). "이번에는"이라는 말씀은 이제 임하게 될 재앙이 치명적일 것임을 예고합니다. 이번 재앙에서 처음으로 애굽인들이 생명을 잃게 될 것이며, 자연계에 미치는 파괴력도 급격히 가중될 것입니다. "나와 같은 자가 없음을"이라고 하신 것은 재앙의 궁극적 목적이 여호와 외에 다른 신이 없음을 알리기 위한 것이며, 오직 하나님만이 세상 주관자이심을 가르치시기 위함입니다. "이에 세상 만민에게 여호와께서만 하나님이시고 그 외에는 없는 줄을 알게 하시기를 원하노라"(왕상 8:60).

하나님께서 바로를 세우신 이유입니다. 내가 손을 펴서 돌림병으로 너와 네 백성을 쳤더라면 네가 세상에서 끊어졌을 것이나 내가 너를 세웠음은 나의 능력을 네게 보이고 내 이름이 온 천하에 전파되게 하려 하였음이니라(출 9:15-16). 본문의 "손을 펴서"란 하나님의 강하고 절대적인 행동을 나타내며, 여기에서의 "돌림병"이란 다섯 번째 재앙이었던 가축의 돌림병을 말하는 것이 아니라 사람의 생명과 직결되는 악성 전염병을 의미합니다. 그런데 하나님께서 거듭되는 재앙 속에서도 긍휼을 보이신 것은 바로를 통하여 하나님의 능력과 성호가 열방에 전해지도록 하기 위함입니다. 비록 이방 땅이라 할지라도 세상의 모든 권세는 하나님께로부터 위임된 것임을 깨닫게 합니다. "권세는 하나님으로부터 나지 않음이 없나니 모든 권세는 다 하나님께서 정하신 바라"(롬 13:1).

가축의 돌림병 재앙과 마찬가지로 우박 재앙도 발생 시기가 정확히 언급되어 있습니다. 내일 이맘때면 내가 무거운 우박을 내리리니 애굽 나라가 세워진 그 날로부터 지금까지 그와 같은 일이 없었더라(출 9:18). "내일 이맘때"로 심판을 예고하시며 하루의 여유를 주신 것은 하나님께서 재앙을 내리시기까지 바로의 완악함이 변화되기를 원하시기 때문입니다. 그러므로 유예기간을 두어서 바로로 하여금 회개할 기회를 주신 것입니다. 하나님은 모든 사람들이 회개하여 구원에 이르기를 바라십니다. "주의 약속은 어떤 이들이 더디다고 생각하는 것 같이 더딘 것이 아니라 오직 주께서는 너희를 대하여 오래 참으사 아무도 멸망하지 아니하고 다 회개하기에 이르기를 원하시느니라"(벧후 3:9). 본문의 "무거운 우박"이란 돌멩이처럼 큰 우박이 쏟아지는 것을 의미하는데, 우박은 악인들을 향한 하나님의 심판 도구입니다. "여호와께서 하늘에서 큰 우박 덩이를 아세가에 이르기까지 내리시매 그들이 죽었으니"(수 10:11), "첫째 천사가 나팔을 부니 피 섞인 우박과 불이 나와서 땅에 쏟아지매 땅의 삼분의 일이 타 버리고"(계 8:7).

극심한 재앙 가운데서도 하나님은 사람과 짐승을 불쌍히 여기시고 피할 길을 마련해 주십니다. 이제 사람을 보내어 네 가축과 네 들에 있는 것을 다 모으라 사람이나 짐승이나 무릇 들에 있어서 집에 돌아오지 않는 것들에게는 우박이 그 위에 내리리니 그것들이 죽으리라 하셨다 하라 하시니라(출 9:19). "들에 있는 것을 다 모으라"고 하신 것은 하나님의 말씀을 듣고 돌이키는 자들을 구원하시려는 하나님의 자비하심입니다. "여호와는 긍휼이 많으시고 은혜로우시며 노하기를 더디 하시고 인자하심이 풍부하시도다"(시 103:8). 이는 한 생명을 천하보다 귀하게 여기시는 하나님의 사랑을 알게 합니다. 바로의 신하들 가운데도 하나님을 두려워하는 자들은 자기의 종들과 짐승을 집으로 피하게 함으로써 생명을 구할 수 있었습니다. 이는 이방인이었던 우리도 복음을 듣고 영생을 얻을 수 있게 하신 하나님의 은총을 예표합니다. 그리고 이번 재앙부터 애굽인 중에서도 여호와를 경외하는 자들과 그렇지 않는 자들이 구별됩니다. 하나님은 생(生)과 사(死)를 당신의 말씀에 대한 순종 여부에 두셨습니다. 하나님의 말씀을 무시한 애굽인들은, 마치 롯의 경고를 무시한 사위들처럼 엄청난 피해를 보게 되었습니다.

하나님께서 명하십니다. 여호와께서 모세에게 이르시되 너는 하늘을 향하여 손을 들어 애굽 전국에 우박이 애굽 땅의 사람과 짐승과 밭의 모든 채소에 내리게 하라(출 9:22). "채소"는 들에서 자라는 모든 식물을 말합니다. 모세가 하늘을 향하여 지팡이를 드니 하나님께서 뇌성과 불을 내리셨습니다. 우박이 내림과 불덩이가 우박에 섞여 내림이 심히 맹렬하니 나라가 생긴 그 때로부터 애굽 온 땅에는 그와 같은 일이 없었더라 우박이 애굽 온 땅에서 사람과 짐승을 막론하고 밭에 있는 모든 것을 쳤으며 우박이 또 밭의 모든 채소를 치고 들의 모든 나무를 꺾었으되(출 9:24-25). "심히 맹렬하니"란 우박과 뇌성을 동반한 재앙의 극심함을 나타내는 표현으로, 들에 있는 사람과 짐승들 위에 매우 무거운 우박과 불덩이가 쏟아졌습니다. 그러나 이러한 재난 가운데서도 이스라엘 백성들이 살고 있는 고센 땅에는 우박이 없었습니다.

이같이 급박한 상황에서 이전과 달리 바로가 사람을 보내 모세와 아론을 부릅니다. 바로가 사람을 보내어 모세와 아론을 불러 그들에게 이르되 이번은 내가 범죄하였노라 여호와는 의로우시고 나와 나의 백성은 악하도다 여호와께 구하여 이 우렛소리와 우박을 그만 그치게 하라 내가 너희를 보내리니 너희가 다시는 머물지 아니하리라(출 9:27-28). 이번 재앙으로 인한 피해가 극심하므로, 일시적이긴 하지만 바로가 출애굽을 약속합니다. 그런데 바로는 "나와 나의 백성은 악하도다"라고 하여 자신의 죄를 자신과 백성에게로 전가하며 자신의 죄를 희석시킵니다.

모세가 말합니다. 모세가 그에게 이르되 내가 성에서 나가서 곧 내 손을 여호와를 향하여 펴리니 그리하면 우렛소리가 그치고 우박이 다시 있지 아니할지라 세상이 여호와께 속한 줄을 왕이 알리이다 그러나 왕과 왕의 신하들이 여호와 하나님을 아직도 두려워하지 아니할 줄을 내가 아나이다(출 9:29-30). "세상이 여호와께 속한 줄"이란 교만한 바로가 하나님만이 세상의 유일한 통치자이심을 알게 될 것이라는 의미입니다. "땅과 거기에 충만한 것과 세계와 그 가운데에 사는 자들은 다 여호와의 것이로다"(시 24:1). 모세는 이번 우박 재앙으로 바로가 세상이 하나님의 소유라는 것을 알게 되었어도 아직 백성을 보내지 않을 것이라고 말합니다. 애굽에서 보리가 싹이 나고 삼이 꽃피는 시기는 대략 1, 2월경이므로, 이번 재앙이 내린 때는 1월 말이나 2월 초순경으로 추정됩니다. 그 때에 보리는 이삭이 나왔고 삼은 꽃이 피었으므로 삼과 보리가 상하였으나 그러나 밀과 쌀보리는 자라지 아니한 고로 상하지 아니하였더라(출 9:31-32). 본문의 "이삭"은 알곡을 만드는 어린 보리와 삼의 싹을 말하는데, "삼"은 애굽인들이 즐겨 입는 옷의 재료입니다.

우박 재앙의 결론입니다. 모세가 바로를 떠나 성에서 나가 여호와를 향하여 손을 펴매 우렛소리와 우박이 그치고 비가 땅에 내리지 아니하리라 바로가 비와 우박과 우렛소리가 그친 것을 보고 다시 범죄하여 마음을 완악하게 하니 그와 그의 신하가 꼭 같더라 바로의 마음이 완악하여 이스라엘 자손을 내보내지 아니하였으니 여호와께서 모세에게 말씀하심과 같더라(출

9:33-35). "여호와를 향하여 손을 펴매"란 모세가 하나님께 간절히 기도드렸다는 것을 의미합니다. 그러나 뇌성과 우박이 그치자 하나님의 말씀과 같이 다시 바로와 그의 신하들의 마음이 완악해져 백성들을 보내지 않습니다. 이는 하나님께서 당신의 능력을 더욱 드러내시기 위한 섭리이기도 합니다.

하나님은 완고한 바로에게 강과 땅과 공중에 이어 하늘로부터 우박 재앙을 내리셨습니다. 하나님께서 예고하신 시간에 임한 우박 재앙으로 애굽인들은 극심한 피해를 보게 되었지만, 이스라엘 땅에는 임하지 않았습니다.

여덟 번째 재앙 : 메뚜기

우박 재앙으로 짐승과 농작물이 큰 피해를 입었지만 바로는 여전히 강퍅합니다. 여호와께서 모세에게 이르시되 바로에게로 들어가라 내가 그의 마음과 그의 신하들의 마음을 완강하게 함은 나의 표징을 그들 중에 보이기 위함이며 네게 내가 애굽에서 행한 일들 곧 내가 그들 가운데에서 행한 표징을 네 아들과 네 자손의 귀에 전하기 위함이라 너희는 내가 여호와인 줄을 알리라(출 10:1-2). 본문의 "완강하게"란 바로와 신하들의 마음을 하나님께서 완고하게 만드셨다는 것이 아니라 하나님께서 그들의 강퍅해짐을 막지 않으셨다는 의미입니다. 곧 하나님께서 그들의 죄악된 본성을 그대로 방치하셨다는 말씀입니다. "또한 그들이 마음에 하나님 두

기를 싫어하매 하나님께서 그들을 그 상실한 마음대로 내버려 두사 합당하지 못한 일을 하게 하셨으니"(롬 1:28). 바로의 완고함으로 계속되는 재앙들은 애굽만이 아니라 온 세상에 하나님이 유일한 주권자시며 통치자이심을 분명히 알게 해 주는 증거가 되었습니다. 또한 이스라엘로 하여금 구원을 베푸신 하나님의 능력을 영원히 찬양하며 기억하도록 하기 위함입니다.

메뚜기 재앙의 발생 시기와 재앙의 강도에 대한 경고입니다. 네가 만일 내 백성 보내기를 거절하면 내일 내가 메뚜기를 네 경내에 들어가게 하리니 메뚜기가 지면을 덮어서 사람이 땅을 볼 수 없을 것이라 메뚜기가 네게 남은 그것 곧 우박을 면하고 남은 것을 먹으며 너희를 위하여 들에서 자라나는 모든 나무를 먹을 것이며 또 네 집들과 네 모든 신하의 집들과 모든 애굽 사람의 집들에 가득하리니 이는 네 아버지와 네 조상이 이 땅에 있었던 그 날로부터 오늘까지 보지 못하였던 것이리라 하셨다 하고 돌이켜 바로에게서 나오니(출 10:4-6). "메뚜기"[40]는 많은 떼로 무리지어 이동하며 곡식을 갉아먹기 때문에 공포의 대상이 되는데, 때로는 범죄한 인간에 대한 하나님의 심판으로 사용되기도 합니다. "팥중이가 남긴 것을 메뚜기가 먹고 메뚜기가 남긴 것을 느치가 먹고 느치가 남긴 것을 황충이 먹었도다 ~ 그들이 내 포도나무를 멸하며 내 무화과나무를 긁어 말갛게 벗겨서 버리니 그 모든 가지가 하얗게 되었도다"(욜 1:4, 7). 그리고 "지면을 덮어서"

40) 메뚜기 떼들이 나타나면 모든 푸른 것들은 일시에 들판에서 사라지고 앙상한 나무 줄기밖에 남는 것이 없다고 합니다. Burkhard는 "메뚜기들은 때론 추수를 모두 망쳐 놓고 나중엔 수 천 마리씩 개인 주거지에까지 침입하여 닥치는 대로 탐식하고 심지어 물그릇의 가죽까지도 먹어버렸다"(Notes, Vol. ii, 90)고 하였습니다. H. D. M. Spence and Joseph S. Exell eds. *The Pulpit Commentary 2: Exodus Vol. I*, 223에서 재인용.

란 메뚜기 떼가 너무 많아 땅이 보이지 않을 정도임을 의미하는 것으로, 애굽의 모든 농작물이 초토화되고 집에까지 들어와 엄청난 고통을 주게 될 것임을 암시합니다.

계속되는 재앙으로 바로의 신하들이 두려움을 느꼈습니다. 바로의 신하들이 그에게 말하되 어느 때까지 이 사람이 우리의 함정이 되리이까 그 사람들을 보내어 그들의 하나님 여호와를 섬기게 하소서 왕은 아직도 애굽이 망한 줄을 알지 못하시나이까 하고(출 10:7). "어느 때까지"란 바로와 마찬가지로 완강했던 신하들이 이제 이스라엘을 보내주라고 요구합니다. 이는 연속되는 재앙들이 하나님의 역사임을 분명히 인식했기 때문입니다. 신하들이 "왕은 아직도 애굽이 망한 줄을 알지 못하시나이까"라고 항변한 데서 당시 상황이 얼마나 참담했는지 알 수 있습니다. 주변 사람들이 동요하기 시작하자, 바로가 처음으로 재앙이 내리기 전에 타협을 시도합니다. 모세와 아론을 바로에게로 다시 데려오니 바로가 그들에게 이르되 가서 너희의 하나님 여호와를 섬기라 갈 자는 누구 누구냐 모세가 이르되 우리가 여호와 앞에 절기를 지킬 것인즉 우리가 남녀노소와 양과 소를 데리고 가겠나이다(출 10:8-9). "절기"란 여호와께 예배드리는 순례라는 의미입니다. 모세는 히브리 모든 사람이 하나님께 절기를 지켜야 하는데, 제물로 우양이 필요하기 때문에 짐승을 포함하여 모두가 떠나야 한다고 말합니다. 이러한 모세의 대답은 하나님께서 명령하신 것에는 어떠한 타협도 있을 수 없음을 분명히 한 것입니다.

바로가 노를 발합니다. 바로가 그들에게 이르되 내가 너희와 너희의 어린 아이들을 보내면 여호와가 너희와 함께 함과 같으니라 보라 그것이 너희에게는 나쁜 것이니라 그렇게 하지 말고 너희 장정만 가서 여호와를 섬기라 이것이 너희가 구하는 바니라 이에 그들이 바로 앞에서 쫓겨나니라(출 10:10-11). 본문의 "너희에게는 나쁜 것이니라"는 '너희가 나의 종들을 빼앗아 가려는 악한 계획을 하고 있다'는 뜻으로, '너희가 가족과 함께 나가게 해 달라고 하나님께 아무리 빌어도 내가 너희 식구들을 내보지 않을 것이다'라는 의미입니다. "쫓겨나니라"란 모세와 아론이 바로의 신하에 의해 모욕적인 대우를 받으며 쫓겨난 것을 말합니다. 이는 모세와 아론의 구체적인 출애굽 요구에 바로의 분노가 더욱 커지고 있음을 나타냅니다.

메뚜기 재앙이 시작되자 남은 양식들을 모두 잃게 됩니다. 여호와께서 모세에게 이르시되 애굽 땅 위에 네 손을 내밀어 메뚜기를 애굽 땅에 올라오게 하여 우박에 상하지 아니한 밭의 모든 채소를 먹게 하라 모세가 애굽 땅 위에 그 지팡이를 들매 여호와께서 동풍을 일으켜 온 낮과 온 밤에 불게 하시니 아침이 되매 동풍이 메뚜기를 불어들인지라(출 10:12-13). 이런 재앙은 애굽 역사상 전무후무한 것으로 메뚜기가 애굽 온 땅에 내려 피해가 막대하였습니다. 메뚜기가 온 지면에 덮여 땅이 어둡게 되었으며, 그것들이 우박에 상하지 아니한 밭의 채소와 그 후에 자란 밀과 나맥(裸麥)을 다 먹었기 때문에 애굽 전역에 푸른 것이 남아 있지 않았습니다. "그들의 토산물을 황충에게 주셨고 그들이 수고한 것을 메뚜기에게 주셨으며"(시 78:46). 이때가 대략 3월경으로 동풍이 메뚜기 떼를 몰고 왔다는 것은 아라비아 사막 지역의 건조한 바람을 타고 중동 지방에서 날아왔음을 의미합니다. 이는 하나님의 초자연적인 역사로 하나님께서 애굽만이 아니라 온 땅을 주관하고 계심을 알게 하십니다. 애굽인들은 햇빛을 차단시킬 만큼 많은 메뚜기 떼로 인하여 공포와 두려움에 떨었습니다.

메뚜기 떼가 모든 식물을 삼켜버려 더 이상 살 수 없는 지경에 이르게 되자 바로가 모세와 아론을 찾습니다. 바로가 모세와 아론을 급히 불러 이르되 내가 너희의 하나님 여호와와 너희에게 죄를 지었으니 바라건대 이번만 나의 죄를 용서하고 너희의 하나님 여호와께 구하여 이 죽음만은 내게서 떠나게 하라(출 10:16-17). 바로의 "이번만"이라는 절박한 표현에서 메뚜기 재앙이 얼마나 치명적이었는지를 짐작할 수 있습니다. 재앙의 강도가 강해질수록 바로도 구체적으로 자신의 잘못을 고백합니다. 모세가 하나님께 간구합니다. 여호와께서 돌이켜 강렬한 서풍을 불게 하사 메뚜기를 홍해에 몰아넣으시니 애굽 온 땅에 메뚜기가 하나도 남지 아니하니라(출 10:19). 지금까지 모세가 바로에게 일곱 번이나 속임을 당했지만 이번에도 그의 요구대로 하나님께 기도합니다. "서풍"이란 지중해에서 불어오는 바람을 말합니다. 동풍을 일으켜 메뚜기를 불러들이신 하나님께서 서풍을 일으켜 홍해로 몰아넣으십니다. 그러나 하나님께서 바로의 마음을 완강하게 하셨으므로 바로가 이스라엘을 보내지 않습니다.

바로가 여러 재앙들 가운데 세 번(8:25, 10:10-11, 10:24) 협상을 시도하지만 모세는 이를 단호하게 거절합니다. 영적으로, 출애굽 사건은 죄인을 이 세상에서 구원해 내는 구속 사역의 예표입니다. 하나님은 주권적 섭리로써 성도의 구원을 예정하시고 승리하도록 이끌어 주십니다.

아홉 번째 재앙 : 흑암

이번 흑암 재앙은 세 번째, 여섯 번째 재앙과 같이 예고 없이 내려졌습니다. 애굽에 내려진 재앙이 물에서 땅으로, 그리고 공중으로 진행되어 갑니다. 여호와께서 모세에게 이르시되 하늘을 향하여 네 손을 내밀어 애굽 땅 위에 흑암이 있게 하라 곧 더듬을 만한 흑암이리라 모세가 하늘을 향하여 손을 내밀매 캄캄한 흑암이 삼 일 동안 애굽 온 땅에 있어서(출 10:21-22). "더듬을 만한"이란 손으로 더듬을 수밖에 없을 정도로 칠흑 같은 어두움을 뜻하며, "캄캄한 흑암"이란 섬뜩한 분위기를 풍기는 초자연적 어두움을 의미합니다. 실로 삼일 동안 사람이 서로 볼 수 없을 정도의 흑암으로 일상생활이 불가능하게 되었습니다. 그 동안은 사람들이 서로 볼 수 없으며 자기 처소에서 일어나는 자가 없으되 온 이스라엘 자손들이 거주하는 곳에는 빛이 있었더라(출 10:23). 삼일 동안 계속된 이번 재앙은 바로와 애굽인들에게 태양신(Atum)의 무력함을 절실히 깨닫게 해주었습니다.[41] 이같이 애굽인은 공포와 두려움에 휩싸였지만, 이스라엘의 고센 땅에는 광명이 있었습니다.

다급해진 바로가 양과 소를 제외하고 사람들만 가라고 합니다. 바로가 모세를 불러서 이르되 너희는 가서 여호와를 섬기되 너희의 양과 소는

41) James B. Pritchard ed., *Ancient Near Eastern Texts : Relating to the Old Testament*, Third Edition with Supplement, 13. ; Wendy Doniger ed., *Britannica Encyclopedia of World Religions*, 318. / 고대 애굽인들은 아몬-레(Amon-Re)를 태양의 화신으로 간주하여 주요한 신으로 숭배하였습니다. 그들은 동쪽에서 떠오르는 아몬-레를 새로운 생명과 부활의 신, 창조의 신으로 여겼습니다. John H. Currid, *Ancient Egypt and the Old Testament*, 112.

머물러두고 너희 어린 것들은 너희와 함께 갈지니라(출 10:24). "머물러두고"란 다시 돌아오겠다는 담보로 가축을 두고 가라는 의미입니다. 바로는 가축 없이 광야를 여행하기가 불가능하므로 이스라엘이 돌아올 것으로 생각했습니다. 모세가 대답합니다. 모세가 이르되 왕이라도 우리 하나님 여호와께 드릴 제사와 번제물을 우리에게 주어야 하겠고 우리의 가축도 우리와 함께 가고 한 마리도 남길 수 없으니 이는 우리가 그 중에서 가져다가 우리 하나님 여호와를 섬길 것임이며 또 우리가 거기에 이르기까지는 어떤 것으로 여호와를 섬길는지 알지 못함이니이다 하나(출 10:25-26). "그 중에서"란 생축을 의미하는데, 모세가 이스라엘은 반드시 그들의 소유 중에서 희생 제물로 하나님께 제사를 드려야 한다고 말합니다. 또한 "우리 하나님 여호와를 섬길 것임이며"라고 하여 하나님께서 이스라엘로부터 영광과 경배를 받으시기 원하셔서 그들을 구원하신다는 사실을 분명히 합니다.

그러나 바로는 여전히 강퍅합니다. 바로가 모세에게 이르되 너는 나를 떠나가고 스스로 삼가 다시 내 얼굴을 보지 말라 네가 내 얼굴을 보는 날에는 죽으리라(출 10:28). "삼가"란 '조심하라'는 뜻이며, 바로는 "떠나가고, 삼가, 보지 말라"고 하는 삼중 명령을 내립니다. 이에 모세도 다시는 바로의 얼굴을 보지 않겠다고 선언하고 나옵니다. 이는 더 이상 바로에게 소망이 없음을 암시합니다. 지금까지는 바로의 완악함에도 모세의 중보기도가 계속 되었지만, 이제 중보기도 없이 마지막 재앙으로 이어지게 됩니다.

애굽인들은 태양을 우두머리 신으로 숭배했으며, 바로를 태양 신의 아들로 생각했습니다. 레(Re), 아툼(Atum), 호루스(Horus) 등은 태양신이거나 태양신과 함께 활동하는 신들입니다. 이같이 가장 강한 신인 태양을 가리는 어두움이 3일이나 지속되었다는 것은 큰 충격으로, 이번 재앙은 마지막 재앙인 죽음의 밤에 대한 전조입니다.

제6장
유월절과 열 번째 재앙

열 번째 재앙의 개요

마지막 재앙에 대하여 하나님께서 말씀하십니다. 여호와께서 모세에게 이르시기를 내가 이제 한 가지 재앙을 바로와 애굽에 내린 후에야 그가 너희를 여기서 내보내리라 그가 너희를 내보낼 때에는 여기서 반드시 다 쫓아내리니 백성에게 말하여 사람들에게 각기 이웃들에게 은금 패물을 구하게 하라 하시더니(출 11:1-2). 본문의 "한 가지 재앙"이란 지금까지의 재앙과는 다른 최종 심판을 의미합니다. "쫓아내리니"란 바로가 이번 재앙 후에 몰아내듯이 신속히 떠나 줄 것을 요구한다는 매우 강한 의미를 지닙니다. 그리고 "은금 패물을 구하게 하라"는 하나님의 약속의 말씀으로, 하나님은 아브라함 때부터 이스라엘이 애굽인들에게서 은금 패물을 얻어 떠나게 될 것을 말씀하셨습니다. 이는 이스라엘이 애굽을 몰래 빠져나가는 것이 아니라 전쟁에서 이긴 승리자처럼 떳떳하게 전리품을 취하여 떠날 것이라는 의미입니다. 이 은금 패물은 성막을 짓는 데 사용되게 됩니다.

이제 이스라엘은 이전과 다른 대우를 받게 되었습니다. 여호와께서 그 백성으로 애굽 사람의 은혜를 받게 하셨고 또 그 사람 모세는 애굽 땅에 있는 바로의 신하와 백성의 눈에 아주 위대하게 보였더라(출 11:3). 이스라엘이 "애굽 사람의 은혜를 받게" 하셨다는 말은 하나님께서 애굽인들로 하여금 자발적으로 이스라엘을 돕도록 하셨다는 의미입니다. 이는 이스라엘이 유월절 후 급히 떠나게 될 것이므로 하나님께서 미리 준비시키신 것입니다. 또한 이는 사람들에게 사랑을 받는 것도 배후에서 역사하시는 하나님의 은혜임을 알게 합니다. "또 나로 왕과 그의 보좌관들 앞과 왕의 권세 있는 모든 방백의 앞에서 은혜를 얻게 하셨도다"(스 7:28). 그리고 "아주 위대하게 보였더라"는 "너로 바로에게 신이 되게 하리라"(출 7:1)는 말씀의 성취로, 모세가 저들에게 두렵고 비범한 인물로 인식되었다는 의미입니다.

하나님께서 마지막 재앙을 선포하십니다. 모세가 바로에게 이르되 여호와께서 이와 같이 말씀하시기를 밤중에 내가 애굽 가운데로 들어가리니 애굽 땅에 있는 모든 처음 난 것은 왕위에 앉아 있는 바로의 장자로부터 맷돌 뒤에 있는 몸종의 장자와 모든 가축의 처음 난 것까지 죽으리니 애굽 온 땅에 전무후무한 큰 부르짖음이 있으리라(출 11:4-6). 이는 바로의 맏아들을 위시하여 애굽의 모든 장자들과 모든 생축의 첫 새끼가 죽게 된다는 말씀입니다. "밤중에"란 유월절 곧 니산월(태양력 3,4월) 14일 밤을 가리킵니다. "내가 애굽 가운데로 들어가리니"란 지금까지의 재앙은 하나님의 명령에 따라 모세와 아론이 대신 행하였지만, 이제 마지막 재앙은 하나님께서 친히 행하실 것임을 나타낸 말씀입니다. 이번 재앙은 장자만이 아니라 모든 생축의 첫 태생에까지 임하게 되므로 애굽의 모든 가정에서 울부짖음이 있게 될 것입니다.[42] "맷돌 뒤에 있는"이란 '맷돌을 간다'는 의미로, 포로나 죄수 등 가장 신분이 낮은 사람들에게 주어진 일이었습니다. "블레셋 사람들이 그를 붙잡아 그의 눈을 빼고 끌고 가사에 내려가 놋줄로 매고 그에게 옥에서 맷돌을 돌리게 하였더라"(삿 16:21).

하나님은 이번 재앙에서도 이스라엘 백성들과 애굽인들을 확실하게 구분하십니다. 그러나 이스라엘 자손에게는 사람에게나 짐승에게나 개 한 마리도 그 혀를 움직이지 아니하리니 여호와께서 애굽 사람과 이스라엘 사이를 구별하는 줄을 너희가 알리라 하셨나니(출 11:7). 애굽 지역에는 비통함이 있을 것이지만, 이스라엘 지역에는 뛰어난 청력을 가진 개도 짖지 않을 만큼 하나님께서 보호하실 것입니다. 지금까지는 이스라엘이 탄식하며 하나님께 부르짖었는데, 이제는 애굽 백성이 슬픔 가운데 울부짖게 될 것입니다. 여기서 "구별하는"이란 하나님께서 특별히 그의 백성들을 분리하여 돌보신다는 의미입니다. 이는 최후심판 날에 하나님의 백성과 세상 사람들에 대한 구별의 전조(前兆)라 할 수 있습니다. 이 땅에는 신자와 불신자가 함께 살고 있지만 종말에는 하나님께서 당신에게 속한 자들을 구분해 내시며 불신자들을 심판하실 것입니다. 예수님은 알곡과 가라지 비유에서 최후의 분리가 있게 될 것을 말씀하셨습니다. "가라지는 먼저 거두어 불사르게 단으로 묶고 곡식은 모아 내 곳간에 넣으라 하리라"(마 13:30).

42) 애굽인들은 장례 시, 손으로 땅의 티끌을 자신의 몸에 뿌리기도 하며 가슴을 치고 몸을 흔들면서 슬픈 소리로 곡성을 내었다고 합니다. Lorna Oakes and Lucia Gahlin, *Ancient Egypt*, 418.

모세의 마지막 대응입니다. 왕의 이 모든 신하가 내게 내려와 내게 절하며 이르기를 너와 너를 따르는 온 백성은 나가라 한 후에야 내가 나가리라 하고 심히 노하여 바로에게서 나오니라(출 11:8). 바로에게서 쫓겨나게 된 모세가 "심히 노하여" 이번 재앙 후에 바로가 이스라엘이 나가기를 간절히 애원하므로 당당히 나갈 것이라고 선포합니다. 지금까지 하나님은 바로가 이스라엘을 보내지 않으므로 애굽에서 많은 능력을 행하셨습니다. 여호와께서 모세에게 이르시기를 바로가 너희의 말을 듣지 아니하리라 그러므로 내가 애굽 땅에서 나의 기적을 더하리라 하셨고 모세와 아론이 이 모든 기적을 바로 앞에서 행하였으나 여호와께서 바로의 마음을 완악하게 하셨으므로 그가 이스라엘 자손을 그 나라에서 보내지 아니하였더라(출 11:9-11). 하나님께서 바로의 마음을 강퍅한 대로 내버려 두시고 많은 표적과 기사를 행하신 것은 이스라엘 백성들로 하여금 하나님을 경외하게 하며, 또한 하나님의 성호가 온 천하에 전파되고 그 구원 사역을 대대에 전하기 위함입니다. "네가 눈으로 본 그 일을 잊어버리지 말라 네가 생존하는 날 동안에 그 일들이 네 마음에서 떠나지 않도록 조심하라 너는 그 일들을 네 아들들과 네 손자들에게 알게 하라"(신 4:9).

이와 같이 하나님께서 애굽에 많은 이적과 기사를 베푸신 후에 이스라엘을 출애굽 시키신 것은 이스라엘 백성에게 여호와 신앙을 확립시키고, 후손에게 하나님의 능력을 전하게 하기 위함입니다. 또한 애굽과 열방들에게 오직 하나님 한 분만이 참 신이심을 선포하시기 위한 것입니다.

유월절 규례

성경은 열 번째 재앙이 실제로 성취되기 전에 유월절과 무교절에 대한 규례를 언급합니다. 유월절 규례(12:1-14)는 출애굽 전날 밤에 적용되는 것이며, 무교절 규례(12:15-20)는 가나안 땅에 살게 될 후세대를 위한 것입니다. 즉 하나님께서 자신들을 애굽에서 구원하신 은혜를 기억하고 감사하며 유월절과 무교절을 지켜야 합니다. 유월절은 출애굽하게 된 밤을 기념하는 것이고, 그 밤이 지나면 칠일 동안 무교절로 지켜야 합니다. 이 달을 너희에게 달의 시작 곧 해의 첫 달이 되게 하고 너희는 이스라엘 온 회중에게 말하여 이르라 이 달 열흘에 너희 각자가 어린 양을 잡을지니 각 가족대로 그 식구를 위하여 어린 양을 취하되(출 12:2-3). 유월절(פֶּסַח, 페사흐)은 하나님의 사자들이 문설주에 피가 묻어 있는 집은 지나친데서 유래한 용어로, '유월'(逾越)은 '넘어가다'(Passover)라는 뜻입니다. "해의 첫 달이 되게 하고"란 출애굽을 기준으로 한 새로운 달력 곧 종교력을 사용하라는 말씀입니다. 그리하여 이스라엘은 아빕월을 1월로 하는 종교 달력과, 아빕월이 7월이 되는 일반 달력을 같이 사용하게 됩니다. 첫째 달은 아빕(곡식의 새 이삭)월이라 불렸는데[43)]태양력의 3, 4월에 해당합니다. 본문에서 "이스라엘 온 회중"이라고 하신 것은 이스라엘로 하여금 한 민족으로 출발케 하셨다는 것을 의미하며, "각자"란 한 남자가 책임지고 있는 가족을 말합니다. "어린 양"이란 양이나 염소 새끼를 말하는데, 어린 양이 유월절 희생으로 사용

---

43) 아빕월을 바벨론 포로 이후에는 니산월이라 불렀습니다. "아하수에로 왕 제십이 년 첫째 달 곧 니산월에"(에 3:7).

된 것은 죄인을 대속하기 위하여 십자가에 달려 돌아가신 예수님을 예표합니다. "우리의 유월절 양 곧 그리스도께서 희생되셨느니라"(고전 5:7). 본문의 "가족"이란 대체로 2, 3대를 포함하는 10여명 정도의 한 집안을 가리키는데, 가족 단위로 유월절을 지키게 하신 것은 가족이 신앙공동체임을 각인시키기 위함입니다.[44] 각 가족의 먹을 양을 따라서 어린 양을 취할 것이지만, 만일 식구가 적으면 이웃과 함께 어린 양 하나를 취하면 되었습니다.[45]

어린 양은 육체적 결함이 없는 일 년 된 수컷이어야 합니다. 너희 어린 양은 흠 없고 일 년 된 수컷으로 하되 양이나 염소 중에서 취하고(출 12:5). "흠 없고"란 절거나 해를 입지 않은 것으로, 제물은 그가 드릴 수 있는 것 가운데 가장 좋은 것이어야 합니다. 이같이 흠이 없어야 하는 것은 어린 양이 죄에 대하여 무흠하시고 순결하셔서 인류 대속의 제물이 되신 그리스도를 상징하기 때문입니다. "이러한 대제사장은 우리에게 합당하니 거룩하고 악이 없고 더러움이 없고 죄인에게서 떠나 계시고 하늘보다 높이 되신 이라"(히 7:26). 본문의 "일 년 된"이란 가장 좋은 상태의 양으로, 실로 예수님은 생애의 절정에 제물이 되셨습니다. "수컷"이란 장자의 재앙에서 각 가정 수컷의 초태생을 대신한 것을 의미하며, "양이나 염소"가 사용된 것은 빈부의 차이를 고려했기 때문입니다.

44) 후에는 유월절이 성전 중심으로 지켜지게 됩니다. "여호와께서 자기의 이름을 두시려고 택하신 곳에서 소와 양으로 네 하나님 여호와께 유월절 제사를 드리되"(신 16:2), "요시야 왕 열여덟째 해에 예루살렘에서 여호와 앞에 이 유월절을 지켰더라"(왕하 23:23).

45) 후에 유대의 규례는 유월절 양 한 마리당 모이는 인원을 최소한 10명 이상, 최대한 20명 이하로 정하였습니다. Alfred Edersheim, *Old Testament Bible History*, Complete in One Volume(I-VII) Vol. II (Grand Rapids, Michigan: William B. Eerdmans Publishing Company, 1980), 79.

어린 양은 그 달 10일에 취하여 4일 동안 간직합니다. 이 달 열나흗날까지 간직하였다가 해 질 때에 이스라엘 회중이 그 양을 잡고(출 12:6). 이같이 4일 전에 유월절 양을 미리 준비하게 하신 것은 그 양의 중요성을 알게 하기 위한 것으로, 양의 상태를 살핀 다음 하나님께 드리기 위함입니다. 또한 가족들을 대신하여 피를 흘리게 될 그 어린 양을 바라보면서 대속의 의미, 곧 하나님께서 자신들을 구원하시는 은혜를 더욱 선명하게 인식하도록 하기 위함입니다. 위의 "해 질 때에"란 '두 저녁 사이에' 라는 뜻입니다. 이스라엘 사람들은 해가 기울기 시작하는 오후 3시부터 5시를 첫 번째 저녁으로, 해가 지는 6시에서 7시를 두 번째 저녁으로 생각합니다. 해가 지고 어둠이 도래하는 시점에 그 어린 양을 죽임으로 유월절이 시작됩니다. 유월절 제사의 특징으로 "이스라엘 회중"이 양을 잡게 되는데, 이 때 각 가정마다 직접 제사를 드릴 수 있도록 가장(家長)이 어린 양을 잡습니다. 이는 이스라엘 백성 스스로가 제사장된 나라의 국민임을 깨닫게 하기 위한 것이며, 또한 장차 그리스도 안에서 모든 자가 제사장이 될 것임을 예표한 것입니다. "너희도 산 돌 같이 신령한 집으로 세워지고 예수 그리스도로 말미암아 하나님이 기쁘게 받으실 신령한 제사를 드릴 거룩한 제사장이 될지니라"(벧전 2:5).

어린 양의 피를 바르는 것은 속죄의 의미가 있습니다. 그 피를 양을 먹을 집 좌우 문설주와 인방에 바르고(출 12:7). "문설주"란 출입구 양쪽에 문을 매달도록 세운 기둥이며, "인방"은 두 설주 위에 가로로 이은 나무를 말합니다. 이는 집 전체를 대표하는 것으로 집안 전체에 대한 피의 유효성을 의미합니다. 유월절 어린 양의 피는 예수님의 십자가 보혈을 상징하는데, 이 피만이 인류를 사망의 권세로부터 구원하며 자유하게 합니다. 또한 희생 제물의 피에 담근 우슬초 다발로 문의 인방과 설주에 바르는데, 성경에서 우슬초 묶음을 취하여 피를 뿌리는 것은 죄를 속하기 위함입니다. "우슬초로 나를 정결하게 하소서 내가 정하리이다 나의 죄를 씻어 주소서 내가 눈보다 희리이다"(시 51:7). 이스라엘 백성들은 피를 바르는 행위를 통해 보호의 표적을 얻게 되었습니다. 하나님께서 애굽 온 땅을 다니시며 멸하셨지만 피의 흔적이 있는 집은 넘어가시며 그 안에 있는 자들을 구원해 주셨습니다.

열 번째 재앙이 애굽인에게는 장자의 죽음으로, 유대인에게는 구원으로 나타납니다. 이같이 하나님께서 이스라엘을 구원하시는 밤에 죄인의 구원을 위해서는 어린 양의 피가 필요하다는 진리를 상징적으로 보여 주십니다. 구약의 제사는 그리스도의 대속의 피를 예표합니다.

유월절 음식

유월절 밤에 먹을 음식입니다. 그 밤에 그 고기를 불에 구워 무교병과 쓴 나물과 아울러 먹되(출 12:8). "무교병"이란 누룩을 넣지 않은 떡인데, 이는 출애굽 당시 음식을 장만할 수 없었던 급박한 상황을 대변합니다. 이 후에도 발효시키는 누룩은 제사에서 제외되었습니다. "너희가 여호와께 드리는 모든 소제물에는 누룩을 넣지 말지니"(레 2:11). "쓴 나물"이란 쓴 맛을 가진 여러 종류의 나물들을 말합니다. 이 쓴 나물은 이스라엘이 애굽에서 당했던 고난을 상기시키는 것으로, 이를 먹을 때마다 애굽에서 구해 주신 하나님의 은혜에 감사드리기 위함입니다. "너는 애굽 땅에서 종 되었던 것과 네 하나님 여호와께서 너를 속량하셨음을 기억하라"(신 15:15).

유월절 양은 뼈도 꺾지 않고 온전히 통째로 구워야 합니다. 날것으로나 물에 삶아서 먹지 말고 머리와 다리와 내장을 다 불에 구워 먹고 아침까지 남겨두지 말며 아침까지 남은 것은 곧 불사르라(출 12:9-10). 여기서 "불에" 굽는 것은 삶는 것보다 더 본래의 모습대로 신속하게 요리할 수 있기 때문입니다. 이는 뼈가 꺾이지 않은 채 돌아가실 그리스도의 몸을 예표합니다. "이 일이 일어난 것은 그 뼈가 하나도 꺾이지 아니하리라 한 성경을 응하게 하려 함이라"(요 19:36). 또한 "아침까지 남겨두지 말라"는 것은 유월절 양고기가 거룩한 음식이기 때문에 먹고 남은 고기를 부주의하게 다루지 않도록 하기 위함입니다. 남은 고기를 불로 태워 완전히 없앤 것은 어린 양이 인류의 죄를 대속할 그리스도를 예표하기 때문입니다. 이 규례는 서원제를 제외한 율법의 모든 희생 제물에 적용됩니다. "감사함으로 드리는 화목제물의 고기는 드리는 그 날에 먹을 것이요 조금이라도 이튿날 아침까지 두지 말 것이니라 그러나 그의 예물의 제물이 서원이나 자원하는 것이면 ~ 그 남은 것은 이튿날에도 먹되"(레 7:15-16).

유월절 음식을 먹는 방법입니다. 너희는 그것을 이렇게 먹을지니 허리에 띠를 띠고 발에 신을 신고 손에 지팡이를 잡고 급히 먹으라 이것이 여호와의 유월절이니라(출12:11). "띠를 띠고, 신을 신고, 지팡이를 잡고"란 떠날 준비를 갖추어 신속하게 움직이기 위한 동작으로, 출애굽의 명령이 언제 내려질지 모르는 상황이기 때문에 철저히 준비된 상태에서 "급히" 식사하는 모습을 묘사합니다. 본문은 영적 무장에 대한 에베소서의 말씀을 연상시킵니다. "그런즉 서서 진리로 너희 허리띠를 띠고 의의 호심경을 붙이고"(엡 6:14).

하나님께서 유월절 밤에 이같이 행하실 것입니다. 내가 그 밤에 애굽 땅에 두루 다니며 사람이나 짐승을 막론하고 애굽 땅에 있는 모든 처음 난 것을 다 치고 애굽의 모든 신을 내가 심판하리라 나는 여호와라(출12:12). "애굽의 모든 신을 내가 심판하리라"는 말씀은 사람과 짐승의 처음 난 것들을 죽이시겠다는 의미인데, 이는 애굽의 여러 신들이 사람과 짐승의 형태로 형상화되어 숭배되었기 때문입니다. 즉 숫양의 신은 '크눔'(Khnum), 황소의 신은 '아피스'(Apis), 고양이의 신은 '바스테트'(Bastet) 등인데,[46] 하나님은 이것들을 치심으로 우상을 숭배하는 것이 헛된 것임을 깨우쳐 주려 하십니다. "애굽인은 여호와께서 그들 중에 치신 그 모든 장자를 장사하는 때라 여호와께서 그들의 신들에게도 벌을 주셨더라"(민 33:4). "나는 여호와라"고 하심으로 장자 재앙으로 애굽 신들을 심판하실 분은 하나님뿐이심을 분명히 하십니다. 하나님은 재앙을 통해 자연을 다스리시고 생명을 주관하신다는 것을 보이심으로 여호와 자신이 창조주시며 전능하신 하나님이심을 애굽인들에게 알리기 원하십니다.

하나님께서 재앙의 밤에 어린 양의 피를 바른 집은 무사할 것이라고 말씀하십니다. 내가 애굽 땅을 칠 때에 그 피가 너희가 사는 집에 있어서 너희를 위하여 표적이 될지라 내가 피를 볼 때에 너희를 넘어가리니 재앙

46) Abbas Chalaby, *All of Egypt : From Cairo to Abu Simbel and Sinai*, 11.

이 너희에게 내려 멸하지 아니하리라(출 12:13). "표적"이란 이스라엘 백성의 집 문설주와 인방에 뿌려진 어린 양의 피, 곧 재앙을 피할 수 있는 표시를 의미합니다. "내가 피를 볼 때에 너희를 넘어가리니"라고 하신 것은 하나님께서 어린 양의 피가 있는 집은 살려 두실 것이지만, 그 피가 없는 집은 반드시 죽게 될 것임을 말씀하신 것입니다. 이는 어린 양이신 예수님의 피로 인침을 받지 않은 자는 마지막 날에 하나님의 진노의 심판을 피할 수 없음을 예표하신 것입니다. 하나님께서 유월절을 기억하라고 하십니다. 너희는 이 날을 기념하여 여호와의 절기를 삼아 영원한 규례로 대대로 지킬지니라(출 12:14). 하나님은 이스라엘이 아빕월 14일을 기념하여 죽음의 재앙 가운데서 구해 주신 여호와의 구원을 자손들에게 영원토록 가르쳐야 한다고 말씀하십니다.

이스라엘 백성들은 마치 병사들이 출전할 태세를 갖추고 식사하는 것처럼 유월절 식사에 임합니다. 유월절 어린 양은 인류의 죄를 대속할 예수 그리스도를 상징하며, 유월절 음식은 하나님께서 이스라엘 백성들을 죽음의 권세에서 보호하신 은혜의 표증입니다.

무교절 규례

무교절은 유월절과 함께 하는 절기입니다. 이는 아빕월 14일 저녁에 시작해 일주일 동안 무교병을 먹으며 이스라엘이 애굽에서 당한 고난을 생각하고, 얼마나 급박하게 애굽을 나오게 되었는지 묵상하는 절기입니다. 너희는 이레 동안 무교병을 먹을지니 그 첫날에 누룩을 너희 집에서 제하라 무릇 첫날부터 일곱째 날까지 유교병을 먹는 자는 이스라엘에서 끊어지리라(출 12:15). 여기서 "이레 동안"이란 14일 저녁 유월절 식사 시간부터 21일 저녁까지의 시간을 가리킵니다. 히브리인들은 일몰에서 다음 일몰까지를 하루로 계산하기 때문에, 14일 저녁부터 21일 저녁까지 무교병을 먹어야 합니다.[47] 무교병이란 발효되지 않는 떡을 말하는데, 이 기간 동안 어떠한 유교물도 먹지 못하며 모든 곳에서 무교병을 먹어야 합니다. 본문의 "이스라엘에서 끊어지리라"는 말씀은 출교 곧 공동체에서의 축출을 뜻하는 것으로, 하나님의 거룩한 백성으로서의 모든 특권을 잃게 된다는 것을 의미합니다. "유월절을 지키지 아니하는 자는 그 백성 중에서 끊어지리니"(민 9:13).

무교절 첫날과 마지막 날에는 거룩한 집회로 모입니다. 너희에게 첫날에도 성회요 일곱째 날에도 성회가 되리니 너희는 이 두 날에는 아무 일도 하지 말고 각자의 먹을 것만 갖출 것이니라(출 12:16). "성회"란 하나님께 예배하기 위해 모이는 집회를 말합니다. 하나님은 이 날에 "아무 일도 하지 말라"고 명하심으로 음식을 장만하는 일 외에 일체의 노동을 금하셨습니다. 이는 안식일 규례와 비슷하지만 안식일은 이보다 더욱 엄격하게 음식 만드는 것조차 금지하셨습니다. "엿새 동안은 일하고 일곱째 날은 너희를 위한 거룩한 날이니 여호와께 엄숙한 안식일이라 누구든지 이 날에 일하는 자는 죽일지니 안식일에는 너희의 모든 처소에서 불도 피우지 말지니라"(출 35:2-3). 이는 노동을 하지 않을 뿐 아니라 하나님의

47) 무교병의 반죽에서 완성까지의 전 과정은 18분을 넘겨서는 안 되었으며, 이 시간 동안에도 반죽의 발효를 늦추기 위해서 계속 신경을 써야 했습니다. Nahum M. Sarna, *The JPS Torah Commentary Exodus*, 58.

구원 사역에 감사하며 하나님께 영광을 돌려야 한다는 의미입니다.

출애굽한 이 날은 영원히 지켜져야 합니다. 너희는 무교절을 지키라 이 날에 내가 너희 군대를 애굽 땅에서 인도하여 내었음이니라 그러므로 너희가 영원한 규례로 삼아 대대로 이 날을 지킬지니라(출 12:17). 유월절이 하나님의 심판과 구속의 밤을 기념하는 절기라면, 무교절은 출애굽한 사실 자체를 기념하는 절기입니다. 즉 무교절은 이스라엘을 고난의 애굽에서 탈출하게 하신 하나님의 구원 사역을 기억하는 날입니다. 여기서 "너희 군대"란 이스라엘 백성이 더 이상 애굽의 노예가 아니라 가나안을 향하여 나아가는 거룩한 하나님의 군대라는 의미입니다. 곧 이스라엘이 애굽에서 도망 나온 것이 아니라, 애굽의 모든 신들을 정복하고 당당하게 나온 여호와의 군대라는 것입니다. 이 무교절에 대한 규례는 후세대를 위한 것으로 영원토록 지켜져야 한다는 것이 강조되고 있습니다.

장자 재앙에 있어 '어린 양의 피'는 구원의 표적으로, 대신 죽을 예수님의 대속의 피를 예표합니다. 우리에게 구원은 값없이 주어졌지만 예수님의 희생을 통해 구원을 주신 하나님 편에서는 온 우주보다 크고 비싼 값을 치루신 것입니다. "우리는 그리스도 안에서 그의 은혜의 풍성함을 따라 그의 피로 말미암아 속량 곧 죄 사함을 받았느니라"(엡 1:7).

유월절 준비

유월절은 어린 양을 잡아 피를 뿌리고 고기를 먹는 의식이며, 무교절은 유월절 이후 한 주간 누룩 없는 빵을 먹는 의식입니다. 모세가 명합니다. 모세가 이스라엘 모든 장로를 불러서 그들에게 이르되 너희는 나가서 너희의 가족대로 어린 양을 택하여 유월절 양으로 잡고(출 12:21). "장로"란 각 지파의 어른들로, 이스라엘이 국가로 성장하기까지 이들을 통해 명령이 전달됩니다. 가족 수대로 어린 양을 잡은 것은 유월절 양을 먹고 남기지 않도록 하기 위함입니다. 유월절 양을 먹는 것은 예수님의 대속의 희생을 기념하는 성찬의 의미를 상징합니다. "내 살을 먹고 내 피를 마시는 자는 내 안에 거하고 나도 그의 안에 거하나니"(요 6:56).

모세가 백성들이 행할 바를 설명합니다. 우슬초 묶음을 가져다가 그릇에 담은 피에 적셔서 그 피를 문 인방과 좌우 설주에 뿌리고 아침까지 한 사람도 자기 집 문 밖에 나가지 말라(출 12:22). "우슬초"란 박하과의 작은 식물로 잎사귀에 털이 많아 액체가 쉽게 달라붙는데, 성경에서 어떤 것을 정화시키거나 깨끗하게 하는 정결 예식의 도구로 사용되었습니다. "정결한 자가 우슬초를 가져다가 그 물을 찍어 장막과 그 모든 기구와 거기 있는 사람들에게 뿌리고"(민 19:18). 또한 나환자를 씻고 그 집을 정결하게 하는 데 사용되었습니다. "제사장은 그 정결함을 받을 자를 위하여 명령하여 살아 있는 정결한 새 두 마리와 백향목과 홍색 실과 우슬초를 가져오게 하고"(레 14:4). 그리고 십자가상의 예수님께 신 포도주를 적셔서 드릴 때 사용되었습니다. "사람들이 신 포도주를 적신 해면을 우슬초에 매어 예수의 입에 대니"(요 19:29).

모세는 이스라엘이 안전할 수 있는 것은 오직 어린 양의 피로 말미암은 것임을 주지시킵니다. 여호와께서 애굽 사람을 치러 두루 다니실 때에 문 인방과 좌우 설주의 피를 보시면 그 문을 넘으시고 멸하는 자로 너희 집에 들어가서 너희를 치지 못하게 하실 것임이니라(출12:23). 이는 구원이 오직 그리스도의 피 흘리심과 그 피를 믿는 믿음에 의한 것임을 분명히 알게 합니다. 그러므로 이 의식을 규례로 삼아 영원히 지켜야 합니다. 너희는 여호와께서 허락하신 대로 너희에게 주시는 땅에 이를 때에 이 예식을 지킬 것이라(출 12:25). "예식"이란 유월절을 준수하는 것이 하나님을 섬기는 거룩한 사역임을 말합니다. 유월절은 이스라엘에게 해방의 날이며 재앙에서 구해 주신 하나님의 은혜를 기념하는 날입니다. 따라서 유월절은 하나님께서 이스라엘을 위하여 행하신 역사적 사건을 기억하며, 대대로 출애굽 세대와 같은 마음으로 하나님을 구속주로 깨닫는 의식이 되어야 합니다. 또한 유월절 의식은 우리 죄를 대신 지시고 희생당하신 예수님의 성만찬을 예표하며, 예수님의 십자가 희생을 기념하는 성찬식에 온전히 계승되고 있습니다. 그러므로 성찬에 참여하여 떡과 잔을 대할 때마다 예수님께서 우리를 위해 죽으신 역사적 사실을 기억하게 됩니다. "너희가 이 떡을 먹으며 이 잔을 마실 때마다 주의 죽으심을 그가 오실 때까지 전하는 것이니라"(고전 11:26).

유월절 음식을 먹을 때마다 부모는 자녀에게 이렇게 가르쳐야 합니다. 이 후에 너희의 자녀가 묻기를 이 예식이 무슨 뜻이냐 하거든 너희는 이르기를 이는 여호와의 유월절 제사라 여호와께서 애굽 사람을 치실 때에 애굽에 있는 이스라엘 자손의 집을 넘으사 우리의 집을 구원하셨느니라 하라 하매 백성이 머리 숙여 경배하니라(출12:27). "구원하셨느니라"는 하나님께서 이스라엘을 애굽에서 잡아채듯 건져내셨다는 것을 의미합니다. 이는 출애굽 당시 상황의 긴박함과 하나님의 신속한 구원 사역을 알려주는 말씀입니다. 오늘날도 유대인들은 유월절 예식을 행할 때, 자녀들이 아버지에게 위와 같은 질문을 하고 아버지는 그 역사적 배경과 의미를 가르쳐 준다고 합니다.[48] 모세는 이를 '여호와의 유월절'이라 불렀는데, 신약에는 '유대인의 유월절'로 나타납니다. "첫째 달 열나흗날 저녁은 여호와의 유월절이요"(레 23:5), "유대인의 명절인 유월절이 가까운지라"(요 6:4). 유월절 어린 양은 매년 유월절 행사 때마다 희생당했지만, 예수님은 자기 몸을 단번에 희생 제물로 드리심으로 인간의 죄를 완전히 없이하시고 구원의 길을 열어 놓으셨습니다.

유월절은 대속 사역의 예표로 이스라엘뿐 아니라 모든 성도가 지켜야 하지만 예수님에 의해 완성되었기 때문에 이제 외적 의식은 필요하지 않습니다. 그러나 피흘림 없이는 결코 죽음을 피할 수 없다는 구속사의 본질은 변함이 없습니다. "피흘림이 없은즉 사함이 없느니라"(히 9:22).

48) Matthew Henry, *Matthew Henry's Commentary on the Whole Bible Vol. I : Genesis to Deuteronomy* (New York: Fleming H. Revell Company, nd.), 320.

열 번째 재앙, 장자의 죽음

하나님께서 애굽에 내리신 마지막 재앙은 모든 장자와 초태생의 죽음입니다. 밤중에 여호와께서 애굽 땅에서 모든 처음 난 것 곧 왕위에 앉은 바로의 장자로부터 옥에 갇힌 사람의 장자까지와 가축의 처음 난 것을 다 치시매 그 밤에 바로와 그 모든 신하와 모든 애굽 사람이 일어나고 애굽에 큰 부르짖음이 있었으니 이는 그 나라에 죽임을 당하지 아니한 집이 하나도 없었음이었더라(출 12:29-30). '내가 피를 볼 때에 너희를 넘어가리니'라고 하신 말씀대로 어린 양의 피가 있으면 그 집은 심판을 면했습니다. 그러나 바로의 장자[49]를 비롯하여 애굽의 모든 장자와 가축의 첫 태생이 다 죽었습니다. 애굽 전 지역이 슬픔과 애통으로 가득 찼습니다. 애굽에서도 장자는 가문의 계승자로 장자권은 매우 귀하게 여겨졌으며, 형제 가운데 지도자적 지위와 갑절의 재산이 주어졌습니다. 그러므로 이번 재앙은 빈부귀천을 막론하고 그들의 가장 소중한 것에 대한 하나님의 준엄한 심판이었습니다. 하나님은 때가 되면 공의의 심판을 내리시는데, 하나님의 뜻은 어떠한 상황에서도 반드시 성취됩니다.

드디어 바로가 굴복합니다. 밤에 바로가 모세와 아론을 불러서 이르되 너희와 이스라엘 자손은 일어나 내 백성 가운데서 떠나 너희의 말대로 가서 여호와를 섬기며 너희가 말한 대로 너희 양과 너희 소도 몰아가고 나를 위하여 축복하라 하며(출 12:31-32). 열 가지 재앙이 계속 진행되었는데, 지금 상황이 얼마나 급박한지 바로가 밤에 모세를 불러 떠나라고 합

49) 필자는 장자 재앙으로 아멘호텝 2세(주전 1450-1425년)의 아들이 죽은 후, 투트모세 4세(주전 1425-1417년)가 왕위를 계승한 것으로 추정합니다.

니다. 위의 "내 백성 가운데서 떠나"라는 말은 전부 떠나라는 의미로, 바로가 무조건적으로 가서 하나님을 섬기라고 합니다. 또한 "축복하라"고 하여 다시는 재앙이 애굽인들에게 임하지 않게 해달라고 부탁합니다.

애굽인들도 마찬가지입니다. 애굽 사람들은 말하기를 우리가 다 죽은 자가 되도다 하고 그 백성을 재촉하여 그 땅에서 속히 내보내려 하므로(출 12:33). "우리가 다 죽은 자가 되도다"라는 말은 애굽인들도 이스라엘이 자신들의 능력을 훨씬 초월한 하나님의 백성임을 인정하는 말입니다. "재촉하여"란 이스라엘을 계속 붙잡아 두면 장자의 죽음보다 더한 재앙이 임할 것을 두려워하며, 그들이 빨리 떠나기를 재촉하면서 은금 패물까지 주는 호의를 아끼지 않았다는 의미입니다. 그들이 얼마나 놀라고 다급해 했는지 알 수 있습니다. 이는 하나님께서 이스라엘로 애굽인들에게 두려운 존재가 되어 이스라엘 백성들이 요구만 하면 원하는 것을 주도록 하시기 위한 것입니다. "그들이 떠날 때에 애굽이 기뻐하였으니 그들이 그들을 두려워함이로다"(시 105:38). 마치 블레셋인들이 이스라엘로 언약궤를 되돌려 보낼 때 속건제로 드릴 선물을 함께 보낸 것과 같습니다. "그들이 이르되 이스라엘 신의 궤를 보내려거든 거저 보내지 말고 그에게 속건제를 드려야 할지니라"(삼상 6:3).

이스라엘이 속히 떠나기 위해 발효되지 않은 반죽을 준비합니다. 그 백성이 발교되지 못한 반죽 담은 그릇을 옷에 싸서 어깨에 메니라(출 12:34). 누룩을 넣지 않은 빵 곧 무교병은 '고난의 떡'으로도 불립니다. "이레 동안은 무교병 곧 고난의 떡을 그것과 함께 먹으라 이는 네가 애굽 땅에서 급히 나왔음이니"(신 16:3). 이스라엘은 그들이 원하는 것을 모두 얻었습니다. 이스라엘 자손이 모세의 말대로 하여 애굽 사람에게 은금 패물과 의복을 구하매 여호와께서 애굽 사람들에게 이스라엘 백성에게 은혜를 입히게 하사 그들이 구하는 대로 주게 하시므로 그들이 애굽 사람의 물품을 취하였더라(출 12:35-36). 여기서 "구하매"란 마치 승리한 군인들이 전리품을 취하듯이 당당하게 요구하는 것을 말합니다. 애굽인들은 이스라엘 백성들이 빨리 떠나게 하기 위하여 그들의 요청대로 주었습니다. 하나님께서 애굽 사람으로 그들이 구하는 대로 넘치게 주도록 역사하신 것입니다. 또한 "취하였더라"는 '받아내었다' 라는 뜻으로, 이스라엘이 착취당한 노동의 대가를 정당하게 받아내었다는 말입니다. 하나님은 이스라엘로 그동안 빼앗겼던 노임을 되찾게 하시며 승리의 전사처럼 애굽을 떠나게 하셨습니다. 인간이 깨닫지 못할 뿐, 인간의 마음은 인간이 아니라 하나님께서 주장하고 계십니다.

열 재앙과 출애굽에 관한 시편 말씀입니다. "그는 그의 종 모세와 그의 택하신 아론을 보내시니 그들이 그들의 백성 중에서 여호와의 표적을 보이고 함의 땅에서 징조들을 행하였도다 여호와께서 흑암을 보내사 그곳을 어둡게 하셨으나 그들은 그의 말씀을 지키지 아니하셨도다 그들의 물도 변하여 피가 되게 하사 그들의 물고기를 죽이셨도다 그 땅에 개구리가 많아져서 왕의 궁실에도 있었도다 여호와께서 말씀하신즉 파리 떼가 오며 그들의 온 영토에 이가 생겼도다 비 대신 우박을 내리시며 그들의 땅에 화염을 내리셨도다 그들의 포도나무와 무화과나무를 치시며 그들의 지경에 있는 나무를 찍으셨도다 여호와께서 말씀하신즉 황충과 수많은 메뚜기가 몰려와 그들의 땅에 있는 모든 채소를 먹으며 그들의 밭에 있는 열매를 먹었도다 또 여호와께서 그들의 기력의 시작인 그 땅의 모든 장자를 치셨도다 마침내 그들을 인도하여 은금을 가지고 나오게 하시니 그의 지파 중에 비틀거리는 자가 하나도 없었도다" (시 105:26-37).

출애굽

제7장 애굽을 떠나는 이스라엘

출애굽의 초저녁을 맞이한 이스라엘

출애굽 사건은 이스라엘과 그 자손들을 위한 것으로 이적을 베푸신 하나님을 기억해야 합니다. 마침내 이스라엘이 애굽을 떠났습니다. 이스라엘 자손이 라암셋을 떠나서 숙곳에 이르니 유아 외에 보행하는 장정이 육십만 가량이요(출 12:37). "라암셋"은 나일 삼각주의 북동쪽에 있는 지역으로 추정되며, "숙곳"은 라암셋 동쪽에 위치한 것으로 추정됩니다. "장정"이란 이스라엘을 위해 전투에 참여하는 자들을 말하며, "육십만 가량"이란 20세 이상 참전할 수 있는 남자들만 합한 것으로 모두 603,550명입니다. "계수된 자의 총계는 육십만 삼천 오백오십 명이었더라"(민 1:46). 그러므로 아이들과 여자들을 합하면 대략 200~300만 정도가 될 것입니다.

이스라엘이 출애굽 할 때 여러 족속과 가축이 함께 했습니다. 수많은 잡족과 양과 소와 심히 많은 가축이 그들과 함께 하였으며(출 12:38).

"수많은 잡족"이란 이스라엘과 함께 살던 외국인들, 여호와 신앙으로 개종한 이방인들, 나무를 패며 물을 긷는 자들, 바로의 압제에서 벗어나려는 옛 셈족 등입니다. "그들 중에 섞여 사는 다른 인종들이 탐욕을 품으매"(민 11:4), "네 진중에 있는 객과 너를 위하여 나무를 패는 자로부터 물 긷는 자까지"(신 29:11). 이같이 이스라엘 공동체는 히브리 혈족으로만 구성된 것이 아니라 여호와 신앙을 바탕으로 한 신앙공동체로, 그들은 할례를 통하여 하나님의 언약에 참여할 수 있었습니다.

이스라엘이 급하게 떠나왔습니다. 그들이 애굽으로부터 가지고 나온 발교되지 못한 반죽으로 무교병을 구웠으니 이는 그들이 애굽에서 쫓겨나므로 지체할 수 없었음이며 아무 양식도 준비하지 못하였음이었더라(출 12:39). 누룩을 넣지 않고 구운 둥글고 두툼한 무교병은 그들의 출애굽이 매우 긴박했음을 말해 줍니다. "네가 애굽에서 나오던 시각 곧 초저녁 해 질 때에"(신 16:6). 애굽인들이 그들의 장자들을 장사할 때, 이스라엘은 애굽을 떠납니다. "그들이 첫째 달 열다섯째 날에 라암셋을 떠났으니 곧 유월절 다음 날이라 이스라엘 자손이 애굽 모든 사람의 목전에서 큰 권능으로 나왔으니 애굽인은 여호와께서 그들 중에 치신 그 모든 장자를 장사하는 때라"(민 33:3-4). 이 날은 이스라엘의 애굽 이주 430년(주전 1876-1446년)이 되는 날입니다. 이스라엘 자손이 애굽에 거주한지 사백삼십 년이라 사백삼십 년이 끝나는 그 날에 여호와의 군대가 다 애굽 땅에서 나왔은즉(출 12:40-41). "그 날에"란 출애굽하던 아빕월 15일을 말합니다. 출애굽은 하나님께서 약속하신대로 430년 마지막 날에 이루어졌습니다.[50] 이스라엘

50) Josephus는, 아브라함이 가나안에 들어온 지 430년 후에, 야곱이 애굽에 이주해온 지 215년 만에 출애굽하게 되었다고 합니다. William Whiston tr., *Josephus: Complete Works*, Antiquities of the Jews II. xv. (Grand Rapids,

을 "여호와의 군대"라고 한 것은 그들이 여호와 신앙으로 전투에 임한 용사처럼 힘 있게 나왔으며, 또한 장차 가나안을 정복해야 하기 때문입니다.

유월절 밤은 영원히 지켜야 합니다. 이 밤은 그들을 애굽 땅에서 인도하여 내심으로 말미암아 여호와 앞에 지킬 것이니 이는 여호와의 밤이라 이스라엘 자손이 다 대대로 지킬 것이니라(출 12:42). **"대대로 지킬 것이니라"는 유월절의 본래 의미를 잊지 말고 영원히 기억하며 기념하라는 말씀입니다.** "아빕월을 지켜 네 하나님 유월절을 행하라 이는 아빕월에 네 하나님 여호와께서 밤에 너를 애굽에서 인도하여 내셨음이라"(신 16:1). **어린 양의 피로 구원을 얻게 된 유월절의 구속사적 의미는 예수님께서 피 흘려 인류의 죄를 사하신 속죄 사역의 그림자이며 예표입니다.**

출애굽은 우리가 하나님의 은혜로 구원받는 사실을 그대로 보여줍니다. 유월절 밤에 하나님께서 애굽을 심판하실 때에 어린 양의 피를 보시고 그들을 구원하셨듯이 예수 그리스도의 피가 지금 우리를 구원으로 인도합니다. "우리의 유월절 양 곧 그리스도께서 희생되셨느니라"(고전 5:7).

Michigan: Kregel Publications, 1982), 62.

유월절 규례에 관한 제반 사항

하나님께서 말씀하십니다. 여호와께서 모세와 아론에게 이르시되 유월절 규례는 이러하니라 이방 사람은 먹지 못할 것이나 각 사람이 돈으로 산 종은 할례를 받은 후에 먹을 것이며 거류인과 타국 품꾼은 먹지 못하리라(출 12:43-45). 본문에서 하나님은 모세와 아론에게 말씀하시는데, 이는 아론이 장차 대제사장으로서 이스라엘의 신정정치를 이끌어갈 사람이기 때문입니다. 위의 "이방 사람"이란 할례 받지 않은 외국인을 말하며, "거류인"이란 이스라엘에 잠시 머무는 사람들을 뜻하고, "타국 품꾼"이란 품삯을 위해 이스라엘에 거주하는 비히브리인을 말합니다. 이들은 이스라엘을 언제 떠날지 모르는 자들로서 하나님의 언약과 관계가 없는 자들이었기 때문에 유월절 예식에 참여할 수가 없었습니다. 언약 공동체에 속한 자만이 유월절 예배를 드릴 수 있었는데, 이는 할례에 의해 결정되었습니다.

유월절 어린 양은 이렇게 먹어야 합니다. 한 집에서 먹되 그 고기를 조금도 집 밖으로 내지 말고 뼈도 꺾지 말지며(출 12:46). 가족들이 함께 유월절 식사를 하는 것은 이스라엘이 하나님의 거룩한 공동체임을 깨닫게 하기 위한 것입니다. 고기를 "집 밖으로 내지 말라"고 하심은 할례를 받지 아니한 자들과 어린 양을 나누어 먹지 말라는 의미입니다. 또한 "뼈도 꺾지 말라"고 하신 것은 어린 양이 예수님을 예표하기 때문에 신중하게 취급하라는 말씀입니다. 실로 예수님은 십자가에 달리실 때 뼈가 전혀 꺾이지 않으셨습니다. "예수께 이르러서는 이미 죽으신 것을 보고 다리를 꺾지 아니하고 ~ 이 일이 일어난 것은 그 뼈가 하나도 꺾이지 아니하리라 한 성경을 응하게 하려 함이라"(요 19:33-36).

할례자는 출신에 상관없이 유월절 예식에 모두 참여할 수 있습니다. 너희와 함께 거류하는 타국인이 여호와의 유월절을 지키고자 하거든 그 모든 남자는 할례를 받은 후에야 가까이 하여 지킬지니 곧 그는 본토인과 같이 될 것이나 할례 받지 못한 자는 먹지 못할 것이니라 본토인에게나 너희 중에 거류하는 이방인에게 이 법이 동일하니라(출 12:48-49). "본토인과 같이 된다"는 것은 선민과 같은 대우를 받게 된다는 뜻이며, "동일하니라"는 유월절 규례가 히브리인이든지 후에 할례를 통해 선민이 된 경우이든지 모두 같은 조건에서 적용된다는 의미입니다. 이는 할례가 하나님의 백성임을 규정하는 유일한 조건임을 분명히 알게 합니다. 유대인과 이방인을 막론하고 오직 믿음만이 구원의 유일한 길임을 깨닫게 합니다. 온 이스라엘 자손이 이와 같이 행하되 여호와께서 모세와 아론에게 명령하신 대로 행하였으며 바로 그 날에 여호와께서 이스라엘 자손을 그 무리대로 애굽 땅에서 인도하여 내셨더라(출 12:50-51). 모든 이스라엘이 하나님의 말씀에 순종하였으며 애굽을 나오게 되었습니다.

이스라엘 공동체에 들어갈 수 있는 것은 언약의 증표인 할례에 의해 결정됩니다. 이는 오직 믿음으로만이 하나님의 자녀가 될 수 있다는 구원의 원리를 예시한 것입니다. "너희는 그 은혜에 의하여 믿음으로 말미암아 구원을 받았으니 이것은 너희에게서 난 것이 아니요 하나님의 선물이라"(엡 2:8).

장자 봉헌 규례

이스라엘이 해방되어 약속의 땅을 향해 첫발을 내딛는 시점에서 하나님의 말씀이 주어집니다. 여호와께서 모세에게 일러 이르시되 이스라엘 자손 중에서 사람이나 짐승을 막론하고 태에서 처음 난 모든 것은 다 거룩히 구별하여 내게 돌리라 이는 내 것이니라 하시니라(출 13:1-2). 하나님은 이스라엘의 처음 태어난 아들이나 수컷을 자신의 소유로 정하십니다. 위의 "구별하여"란 하나님을 위하여 따로 떼어 놓은 것을 뜻하는 것으로, 하나님께서 모든 태의 장자와 수컷을 자신의 것으로 성별하셨다는 말씀입니다. 본문의 "태에서 처음 난 모든 것"이란 민수기에 기록된 말씀을 보면, 이스라엘의 처음 태어난 남자(זָכָר, 자카르)와 수컷을 계수한 것임을 알 수 있습니다. "여호와께서 또 모세에게 이르시되 이스라엘 자손의 처음 태어난 남자를 일 개월 이상으로 다 계수하여 그 명수를 기록하라 나는 여호와라 이스라엘 자손 중 모든 처음 태어난 자 대신에 레위인을 내게 돌리고 또 이스라엘 자손의 가축 중 모든 처음 태어난 것 대신에 레위인의 가축을 내게 돌리라"(민 3:40-41). 하나님과 연관된 것은 항상 거룩합니다. "내가 거룩하니 너희도 거룩할지어다"(레 11:45). "내게 돌리라"는 말씀은 애굽 초태생이 다 죽었던 그 밤에 이스라엘 초태생은 하나님의 은혜로 사람이나 짐승 모두 죽지 않았던 역사적 사실에서 비롯된 규례인데, 하나님은 이스라엘의 구속자로서 이스라엘의 초태생을 요구하십니다. 초태생을 바치는 것은 이스라엘이 하나님께 구별된 하나님의 것임을 나타낸 것입니다. 이같이 구약의 이스라엘은 하나님의 은혜로 구원의 반열에 서게 된 신약 교회의 전형(典型)이라 할 수 있습니다.

장자 봉헌은 사람이나 짐승을 무론하고 행해져야 합니다. 하나님께서 애굽의 장자는 짐승까지 죽이셨지만, 이스라엘의 장자는 죽이지 않고 대속하도록 하셨습니다. 이는 그리스도의 죽음으로 우리로 새 생명을 얻게 하신 사역에 대한 예표입니다.

유월절과 무교절에 관한 규례

모세가 말합니다. 모세가 백성에게 이르되 너희는 애굽 곧 종 되었던 집에서 나온 그 날을 기념하여 유교병을 먹지 말라 여호와께서 그 손의 권능으로 너희를 그곳에서 인도하여 내셨음이니라 아빕월 이 날에 너희가 나왔으니(출 13:3-4). 여기서 "기념하여"란 하나님께서 구원해 주신 출애굽한 날을 이스라엘의 해방일이자 설립일로 기억하라는 말입니다. 또한 "그 손의 권능"이란 하나님의 초월적인 능력을 뜻하는 말로, 손과 권능이 겹쳐 사용됨으로 더욱 강조되고 있습니다. "아빕월 이 날"은 태양력으로 하면 3월 혹은 4월 15일입니다.

약속의 땅에서도 이 예식은 지켜야합니다. 여호와께서 너를 인도하여 가나안 사람과 헷 사람과 아모리 사람과 히위 사람과 여부스 사람의 땅 곧 네게 주시려고 네 조상들에게 맹세하신바 젖과 꿀이 흐르는 땅에 이르게 하시거든 너는 이 달에 이 예식을 지켜 이레 동안 무교병을 먹고 일곱째 날에는 여호와께 절기를 지키라(출 13:5-6). 본문의 "네 조상들에게 맹세하신 바"란 이스라엘이 애굽을 나오고 장차 가나안을 정복하게 되는 것이 아브라함과 이삭과 야곱에게 하신 언약의 성취와 하나님의 신실하심에 의한 것임을 말합니다. "가나안 땅 일곱 족속을 멸하사 그 땅을 기업으로 주시기까지 약 사백오십 년간이라"(행 13:19). "젖과 꿀이 흐르는 땅"이란 하나님이 이스라엘을 위해 마련하신 가나안을 묘사한 것으로, 소나 양이 많은 젖을 생산할 수 있도록 초목과 물이 풍부하며 벌들이 군집하기에 좋은 화초가 많은 땅이라는 의미입니다.

유월절 기간에는 누룩 없는 빵을 먹어야 합니다. 이레 동안에는 무교병을 먹고 유교병을 네게 보이지 아니하게 하며 네 땅에서 누룩을 네게 보이지 아니하게 하라(출 13:7). 유대인의 관습에 따르면, 그들은 유월절 전에 그들의 모든 유교병을 집 밖에 내다 버렸다고 합니다. 이는 유교병을 먹을 수 없을 뿐만 아니라, 그들이 사는 땅 안에 누룩이 조금도 눈에 띄어서는 안 되었기 때문에 그것을 불태워 파묻거나 잘게 부수어 바람에 날렸다고 합니다. 심지어 혹시 집에 누룩이 남아 있지 않은지 등불을 들고 집안 구석구석을 살폈다고 합니다. 이렇게 함으로써 유월절을 더욱 엄숙하게 만들어 자녀들이 '왜 그렇게 분주하시느냐?' 라고 질문하게 하기 위함이라고 합니다. 이러한 자녀들의 질문에 부모들은 모든 죄악에서 떠나라는 교훈을 주기 위한 것이라고 열심을 다해 가르쳐야 했다고 합니다.[51)]

하나님은 출애굽의 구원의 은혜가 그 자손들에게도 미치기 때문에 그들에게 전수하라고 하십니다. 너는 그 날에 네 아들에게 보여 이르기를 이 예식은 내가 애굽에서 나올 때에 여호와께서 나를 위하여 행하신 일로 말미암음이라 하고 이것으로 네 손의 기호와 네 미간의 표를 삼고 여호와

---

51) Matthew Henry, *Matthew Henry's Commentary on the Whole Bible, Vol. I*, 325.

의 율법이 네 입에 있게 하라 이는 여호와께서 강하신 손으로 너를 애굽에서 인도하여 내셨음이니(출 13:8-9). '손의 기호'란 팔찌를 차듯이 손에 표시하여 잊지 말라는 뜻이며, "미간의 표"는 두 눈 사이 이마에 두른 끈을 말하는 것으로 머리에 기억하여 잊지 말라는 의미입니다. 이는 여호와의 율법으로 항상 그들의 삶에 있게 하는 것을 말합니다. "오늘 내가 네게 명하신 이 말씀을 너는 마음에 새기고 네 자녀에게 부지런히 가르치며 집에 앉았을 때에든지 길을 갈 때에든지 누워 있을 때에든지 일어날 때에든지 말씀을 강론할 것이며 너는 또 그것을 네 손목에 매어 기호를 삼으며 네 미간에 붙여 표로 삼고 또 네 집 문설주와 바깥 문에 기록할지니라"(신 6:6-9). 유대인들은 이를 문자적으로 해석하여 양피지에 성구(출 13:3-10,11-16; 신 11:13-21)들을 써서 조그만 상자에 넣어 보관하며, 그 상자를 긴 끈으로 연결하여 손이나 이마에 묶고 다니면서 종교적 열심을 나타내 보입니다.[52]

매년 무교절을 지켜야 합니다. 해마다 절기가 되면 이 규례를 지킬지니라(출 13:10). 하나님은 이스라엘이 출애굽을 정기적으로 기억하도록

52) "내가 오늘 너희에게 명하는 내 명령을 너희가 만일 청종하고 너희의 하나님 여호와를 사랑하여 마음을 다하고 뜻을 다하여 섬기면 여호와께서 너희의 땅에 이른 비, 늦은 비를 적당한 때에 내리시리니 너희가 곡식과 포도주와 기름을 얻을 것이요 또 가축을 위하여 들에 풀이 나게 하시리니 네가 먹고 배부를 것이라 너희는 스스로 삼가라 두렵건대 마음에 미혹하여 돌이켜 다른 신들을 섬기며 그것에게 절하므로 여호와께서 너희에게 진노하사 하늘을 닫아 비를 내리지 아니하여 땅이 소산을 내지 않게 하시므로 너희가 여호와께서 주신 아름다운 땅에서 속히 멸망할까 하노라 이러므로 너희는 나의 이 말을 너희의 마음과 뜻에 두고 또 그것을 너희의 손목에 매어 기호를 삼고 너희 미간에 붙여 표를 삼으며 또 그것을 너희의 자녀에게 가르치며 집에 앉아 있을 때에든지, 길을 갈 때에든지, 누워 있을 때에든지, 일어날 때에든지 이 말씀을 강론하고 또 네 집 문설주와 바깥 문에 기록하라 그리하면 여호와께서 너희 조상들에게 주리라고 맹세하신 땅에서 너희의 날과 너희의 자녀의 날이 많아서 하늘이 땅을 덮는 날과 같으리라" (신 11:13-21).

기념일로 정하시고, 그 밤의 어린 양 희생 제사를 재현하도록 규정하셨습니다. "오직 네 하나님 여호와께서 자기의 이름을 두시려고 택하신 곳에서 네가 애굽에서 나오던 시각 곧 초저녁 해 질 때에 유월절 제물을 드리고"(신 16:6). 출애굽 사건을 경험한 사람들은 그 자녀들에게 무교절 의식을 직접 보이고 가르쳐 하나님을 규례에 따라 섬기도록 교육해야 합니다.

> **유월절 예식의 목적은 어린 양의 피 없이는 죽음을 피할 수 없듯이 예수님의 보혈 없이는 죄와 사망의 권세에서 벗어날 수 없음을 깨닫게 하기 위함입니다. 어린 양의 피를 문설주에 바른 집만이 구원을 받았듯이, 지금도 예수 그리스도의 거룩한 희생의 피를 믿는 자들만이 장차 하나님의 심판을 넘어갈 수 있습니다.**

초태생 규례

이스라엘은 하나님의 소유인 장자와 초태생을 성별하여 드려야합니다. 여호와께서 너와 네 조상에게 맹세하신 대로 너를 가나안 사람의 땅에 인도하시고 그 땅을 네게 주시거든 너는 태에서 처음 난 모든 것과 네게 있는 가축의 태에서 처음 난 것을 다 구별하여 여호와께 돌리라 수컷은 여호와의 것이니라(출 13:11-12). 나귀의 경우입니다. 나귀의 첫 새끼는 다 어린 양으로 대속할 것이요 그렇게 하지 아니하려면 그 목을 꺾을 것이며 네 아들 중 처음 난 모든 자는 대속할지니라(출 13:13). 물건 운반에 사용되는 나귀는 굽이 갈라지지 않고 새김질을 하지 않아 의식법상 정결하지 못한 짐승에 속합니다. 그러므로 부정한 나귀는 정결한 어린 양으로 대신 속량합니다. 위의 "대속할"이란 대가로 어떤 것을 대신 주는 것을 뜻하며, "목을 꺾을 것"이란 단호하게 죽이라는 의미입니다. "처음 난 모든 자는 대속할지니라"는 말씀은 장자가 하나님의 소유됨을 알고 아낌없이 드려야 한다는 의미입니다. 후에 이 제도는 레위 족속을 구별하여 드리는 규례와 속전 규례로 대체됩니다. "레위인을 택하여 이스라엘 자손 중에 태를 열어 태어난 모든 자를 대신하게 하였은즉 레위인은 내 것이라"(민 3:12). 하나님은 장자의 생명을 취하신다는 표로 5세겔을 바치게 하셨습니다.[53] "그 사람을 대속할 때에는 난 지 한 달 이후에 네가 정한대로 성소의 세겔을 따라 은 다섯 세겔로 대속하라"(민 18:16).

다음은 후손에게 가르쳐야 할 내용입니다. 너는 그에게 이르기를 여호와께서 그 손의 권능으로 우리를 애굽에서 곧 종이 되었던 집에서 인도하여 내실새 그 때에 바로가 완악하여 우리를 보내지 아니하매 여호와께서 애굽 나라 가운데 처음 난 모든 것은 사람의 장자로부터 가축의 처음 난 것까지 다 죽이셨으므로 태에서 처음 난 모든 수컷들은 내가 여호와께 제사를 드려서 내 아들 중에 모든 처음 난 자를 다 대속하리니 이것이 네 손의 기호와 네 미간의 표가 되리라 이는 여호와께서 그 손의 권능으로 우리를 애굽에서 인도하여 내셨음이니라 할지니라(출 13:14-16). 애굽의 초태생은 다 죽었지만, 하나님께서 이스라엘의 초태생은 안전하게 보호해 주셨기 때

53) 당시 노동자의 1년 수입이 은 10세겔이었다고 합니다. 오늘날도 유대인들은 장자 대속을 행하는데, 은 5세겔 대신에 정부가 이를 위해 발행한 동전을 사용한다고 합니다. 송병현, 『엑스포지멘터리 출애굽기』(서울: 도서출판 국제제자훈련원, 2011), 227.

문에 하나님의 소유라는 말씀입니다. 그러므로 이스라엘은 이것을 마음에 새기고, 이 구속의 역사를 자자손손 가르쳐 지키게 하여야 합니다. 실로 그들은 가정교육을 통해 이를 가르치고 그 뜻을 준수하기 위해 성구를 적은 작은 함을 손에 두르고 이마에 차고 다녔습니다. 이는 하나님의 말씀을 잠시도 잊지 않도록 마음 속 깊이 간직하려는 의도인데, 후에 이러한 관습이 외형으로만 흐르자 예수님께서 책망하셨습니다. "그들의 모든 행위를 사람에게 보이고자 하나니 곧 그 경문 띠를 넓게 하며 옷술을 길게 하고"(마 23:5).

하나님께서 장자 재앙에서 이스라엘을 구하셨기 때문에 초태생은 하나님께 바쳐야 합니다. "이스라엘 자손 중 처음 태어난 것은 사람이든지 짐승이든지 다 내게 속하였음은 내가 애굽 땅에서 모든 처음 태어난 자를 치던 날에 그들을 내게 구별하였음이라"(민 8:17). **이러한 대속제도는 예수님께서 피 흘려 우리 죄를 속량하심으로 온전히 성취하셨습니다.**

하나님께서 이스라엘을 보호하심

애굽에서 가나안으로 가는 길은 두 가지가 있습니다. 하나는 가장 가까운 길로 동쪽 블레셋의 가사(Gaza)를 통하는 지중해 해안 길로 약 240km이며 4, 5일 정도 걸립니다. 다른 하나는 광야를 통하여 가는 먼 길로 대략 한 달이 소요됩니다. 하나님은 이스라엘을 지름길인 블레셋 땅이 아니라 그보다 6배 이상이나 먼 홍해의 광야 길로 인도하셨습니다. 바로가 백성을 보낸 후에 블레셋 사람의 땅의 길은 가까울지라도 하나님이 그들을 그 길로 인도하지 아니하셨으니 이는 하나님이 말씀하시기를 이 백성이 전쟁을 하게 되면 마음을 돌이켜 애굽으로 돌아갈까 하셨음이라(출 13:17). 하나님은 전쟁 경험이 없는 이스라엘이 전쟁을 겪게 되면 후회하고 애굽으로 되돌아 갈까하여 먼 광야 길로 인도하셨습니다. 이는 당시 철기 문화의 전성기를 맞고 있던 강하고 호전적인 블레셋과 부딪히지 않도록 하신 것입니다. 여기서 '블레셋 사람의 땅의 길'이란 오늘날 이스라엘 남서부의 해안 도로(coastal highway)를 말합니다.

이스라엘이 군대처럼 움직입니다. 그러므로 하나님이 홍해의 광야 길로 돌려 백성을 인도하시매 이스라엘 자손이 애굽 땅에서 대열을 지어 나올 때에(출 13:18). "홍해"[54]는 현재 시내 반도 서안과 애굽 본토 사이에 위치한 수에즈만의 어느 지점으로 추정됩니다. 여기서 "돌려"란 우회한다는 뜻이며, "대열"이란 군대와 같은 방식으로 줄을 서는 것을 말합니다. 이는 이스라엘이 출애굽 시 무질서하게 나온 것이 아니라 당시 지파와 가계를 따라 질서정연하게 군대처럼 행동한 것을 의미합니다.

출애굽 시 모세가 요셉의 유골을 취하였습니다. 이는 요셉이 이스라엘 자손으로 단단히 맹세케 하여 이르기를 하나님이 필연 너희를 권고하시리니 너희는 나의 해골을 여기서 가지고 나가라 하였음이었더라(출 13:19).

---

54) 홍해(יַם סוּף, 얌 수프)라는 단어에서 '수프'(סוּף)라는 말의 뜻은 '해초'(sea weed, rush)와 '갈대'(reed) 두 가지 뜻이 있는데, 본문에서는 해초가 무성한 깊은 바다를 의미하는 것으로 보아야 합니다. 아마도 해초 가운데 붉은 색을 띤 해초가 많아 홍해라는 이름이 붙여진 것으로 보입니다. 참고, Francis Brown ed., *BDB*, 693. Paul Procter ed. *Longman Dictionary of Contemporary English* (London: Longman Group Ltd., 1978), 977.

이는 가나안을 아브라함의 자손들에게 주시겠다고 하신 하나님의 약속을 굳게 믿은 요셉의 믿음대로 출애굽이 성취되었음을 입증합니다. 요셉의 뼈는 세겜에 안치됩니다. "또 이스라엘 자손이 애굽에서 가져 온 요셉의 뼈를 세겜에 장사하였으니"(수 24:32). 사도행전에 의하면 이때 요셉만이 아니라 야곱의 다른 아들 열한 명도 세겜에 장사된 것으로 보입니다. "야곱이 애굽으로 내려가 자기와 우리 조상들이 거기서 죽고 세겜으로 옮겨져 아브라함이 세겜 하몰의 자손에게서 은으로 값 주고 산 무덤에 장사되니라"(행 7:15-16). 본문의 "권고하시리니"란 하나님께서 언약을 기억하시고 찾아오셔서 이스라엘을 돌보시고 간섭하신 것을 의미합니다.

출애굽 여정을 살펴보면, 먼저 라암셋에서 출발하여 숙곳으로 남하한 후 술 광야 끝 에담에 장막을 칩니다. "에담"은 '에담 광야' 또는 '술 광야' 등으로 칭해집니다. "바다 가운데를 지나 에담 광야로 사흘 길을 가서 마라에 진을 치고"(민 33:8), "여호와의 사자가 광야의 샘물 곁 곧 술 길 샘 곁에서 그를 만나"(창 16:7). 하나님께서 이스라엘을 인도하십니다. 여호와께서 그들 앞에 행하사 낮에는 구름 기둥으로 그들의 길을 인도하시고 밤에는 불기둥으로 그들에게 비취사 주야로 진행하게 하시니 낮에는 구름 기둥, 밤에는 불기둥이 백성 앞에서 떠나지 아니하니라(출 13:21-22). "구름 기둥"과 "불기둥"은 하나님께서 친히 백성들을 인도하시고 보호하신다는 사실을 보여주는 임재의 표상입니다. 하나님께서 낮에는 서늘한 구름 기둥으로 사막의 열기와 질병으로부터 보호해 주셨고, 밤에는 불기둥으로 추위와 맹수 등 외부의 침입으로부터 보호해 주셨습니다. 이 기둥은 황량한 광야에서 이스라엘을 인도하신 하나님의 사랑과 보호의 증거입니다. "주야로 진행하게 하시니"라는 말씀에서 이스라엘이 낮에만이 아니라 밤에도 계속 여행했다는 것을 알 수 있습니다.

모세가 꺼지지 아니하는 떨기나무 불꽃 가운데서 경험한 것을, 지금 이스라엘 백성들이 출애굽 사건에서 경험하고 있습니다. 일반적으로 광야를 여행하는 유목민이나 대상(隊商)들은 낮을 피하여 야간에 움직인다고 하는데, 이스라엘을 인도한 기둥은 광야 생활 동안 그들 앞에서 떠나지 않았습니다. "주께서는 주의 크신 긍휼로 그들을 광야에 버리지 아니하시고 낮에는 구름 기둥이 그들에게서 떠나지 아니하고 길을 인도하며 밤에는 불 기둥이 그들이 갈 길을 비추게 하셨사오며"(느 9:19). 하나님은 광야의 무더위와 추위를 구름 기둥과 불기둥으로 지키시고 보호하셨는데, 이 기둥은 이스라엘이 광야 여정을 끝낸 후 마지막으로 요단 계곡에 나타난 것으로 추정됩니다. "아바림 산을 떠나 여리고 맞은편 요단 강 가 모압 평지에 진을 쳤으니"(민 33:48). 이같이 가나안에 들어가기까지 하나님의 보호와 인도하심이 절대적이었던 것처럼, 우리의 구원을 예정하신 하나님은 우리 곁에 계시고 우리의 모든 삶에 관여하시며 인도하십니다.

하나님은 구름 기둥과 불기둥으로 이스라엘을 약속의 땅으로 인도하십니다. 이스라엘처럼 우리도 하나님 나라를 향하여 나아가는 자들입니다. 하나님께서 인도하시는 방법이 우리의 생각과 다르더라도 그 인도하심은 선하므로 인내하는 믿음을 가져야 합니다. 그것이 우리를 위한 최선의 방법이기 때문입니다.

제8장
홍해를 걷다

바로의 추격

출애굽 이후 하나님께서 이스라엘의 여정을 지휘하십니다. 이스라엘 자손에게 명령하여 돌이켜 바다와 믹돌 사이의 비하히롯 앞 곧 바알스본 맞은편 바닷가에 장막을 치게 하라(출 14:2). 지금까지 이스라엘의 행진은 남서쪽입니다. 따라서 하룻길만 더 가면 동부 사막 지대로 들어가 애굽의 영토를 벗어나게 되고 하나님께 예배드리기로 정해진 시내 산에 이를 수 있었습니다. 하지만 하나님께서 갑자기 경로를 바꾸라고 하십니다. 본문의 "돌이켜"란 '뒤로 돌다'라는 뜻으로, 갑작스런 방향 전환을 의미합니다. 에담으로 올라갔던 방향을 갑자기 남동쪽 방향 곧 홍해 길로 돌이키라는 것입니다. 그리하여 이스라엘이 에담을 떠나 비하히롯까지 되돌아가서 믹돌 앞에 진을 쳤습니다. "믹돌"은 '망대'를 가리키는 말로 바위 위에 세워진 요새를 말합니다.

하나님께서 이스라엘로 바닷가에 있게 하신 것은 바로로 하여금 그들을 뒤쫓게 하기 위함입니다. 바로가 이스라엘 자손에 대하여 말하기를 그들이 그 땅에서 멀리 떠나 광야에 갇힌 바 되었다 하리라 내가 바로의 마음을 완악하게 한즉 바로가 그들의 뒤를 따르리니 내가 그와 그의 온 군대로 말미암아 영광을 얻어 애굽 사람들이 나를 여호와인 줄 알게 하리라 하시매 무리가 그대로 행하니라(출 14:3-4). 여기서 "광야에 갇힌 바"란 광야에서 길을 잃고 이리저리 방황하는 모습을 나타냅니다. 광야로 도망가던 이스라엘이 다시 애굽 쪽으로 돌아오는 것을 보면, 바로는 그들이 광야에서 길을 잃고 당황한 것으로 오판할 것입니다. 이스라엘의 앞은 바다요 좌우는 산지이고 뒤는 사막이므로 바로는 그들이 막다른 길에 이른 것이라고 착각하고 추격해 올 것입니다. 이처럼 하나님은 이스라엘이 갈팡질팡하고 있는 것으로 보이도록 급격하게 방향을 바꾸셨습니다. 하나님은 모세에게 곧 닥치게 될 상황을 미리 말씀해 주시므로 그가 약해지지 않게 하십니다.

바로가 이스라엘을 보낸 것을 후회합니다. 그 백성이 도망한 사실이 애굽 왕에게 알려지매 바로와 그의 신하들이 그 백성에 대하여 마음이 변하여 이르되 우리가 어찌 이같이 하여 이스라엘을 우리를 섬김에서 놓아 보내었는가 하고(출 14:5). 이스라엘이 출애굽한 지 사흘이 되었습니다.[55] 장정만 60만이 넘는 노예를 상실하여 큰 타격을 받은 바로와 신하들이 그들을 쫓기 시작합니다.[56] 바로가 곧 그의 병거를 갖추고 그의 백성을 데리고 갈새 선발된 병거 육백 대와 애굽의 모든 병거를 동원하니 지휘관들이

55) John I. Durham, *Exodus: Word Biblical Commentary Vol. 3*, 192.

56) 후에 애굽 병거가 동원된 예로, 시삭이 병거 1,200 승을 거느리고 유다를 침공한 예를 들 수 있습니다. "르호보암 왕 제오년에 애굽 왕 시삭이 예루살렘을 치러 올라오니 그에게 병거가 천이백 대요"(대하 12:2-3).

다 거느렸더라 여호와께서 애굽 왕 바로의 마음을 완악하게 하셨으므로 그가 이스라엘 자손의 뒤를 따르니 이스라엘 자손이 담대히 나갔음이라(출 14:6-8). 바로는 애굽의 병거 중에서도 특별히 선발된 6백승의 병거와 함께 이스라엘을 뒤쫓았습니다. 당시 애굽 병거는 2인승으로 두 마리의 말이 끌며 두 개의 바퀴가 있었습니다. 본문의 "담대히 나갔음이라"란 이스라엘이 전능하신 하나님의 능력에 의지하여 사기가 충천하여 힘차게 나갔다는 의미입니다. "이스라엘 자손이 애굽 모든 사람의 목전에서 큰 권능으로 나왔으니"(민 33:3).

바로의 군대가 가까이 따라붙습니다. 애굽 사람들과 바로의 말들, 병거들과 그 마병과 그 군대가 그들의 뒤를 따라 바알스본 맞은편 비하히롯 곁 해변 그들이 장막 친 데에 미치니라(출 14:9). 유대 전승에 의하면, 홍해를 건넌 것이 니산 월(태양력 3,4월) 21일 밤이라고 합니다. 그렇다면 니산 월 15일에 애굽을 출발한 이스라엘이 애굽의 추격을 받고 있는 지금은 출애굽한지 6일이 지난 후일 것입니다. 바로가 가까이 올 때에 이스라엘 자손이 눈을 들어 본즉 애굽 사람들이 자기들 뒤에 이른지라 이스라엘 자손이 심히 두려워하여 여호와께 부르짖고(출 14:10). 출애굽한 이스라엘이 최대의 위기를 맞고 있습니다. 백성들은 바로가 가까이 오고 있음을 보고 몹시 두려워합니다. 그들은 무기도 없고 군사적 훈련도 받은 적이 없기 때문에 고도로 훈련된 바로의 군대를 보고 심한 공포에 사로잡혔습니다. 뿐만 아니라 노인과 유아와 여자가 많아 도망칠 수도 없는 절박한 상황입니다. 이에 하나님께 도움을 간청하지만 믿음에 의한 간구라기보다는 불평에 가득 찬 울부짖음입니다.

백성들이 모세를 향하여 원망합니다. 그들이 또 모세에게 이르되 애굽에 매장지가 없어서 당신이 우리를 이끌어 내어 이 광야에서 죽게 하느냐 어찌하여 당신이 우리를 애굽에서 이끌어 내어 우리에게 이같이 하느냐 우리가 애굽에서 당신에게 이른 말이 이것이 아니냐 이르기를 우리를 내버려 두라 우리가 애굽 사람을 섬길 것이라 하지 아니하더냐 애굽 사람을 섬기는 것이 광야에서 죽는 것보다 낫겠노라(출 14:11-12). 그들의 첫 원망이 시작되었습니다. 백성들은 자신들을 비참한 상태에서 구해달라고 부르짖던 때가 엊그제인데 위기가 닥치자 왜 구출하였느냐고 불평합니다. 하나님을 전적으로 의지하지 못하고 눈앞에 보이는 바로의 추격에 당황하는 그들에게서 나약한 우리의 모습을 보게 됩니다.

모세가 대답합니다. 모세가 백성에게 이르되 너희는 두려워 말고 가만히 서서 여호와께서 오늘 너희를 위하여 행하시는 구원을 보라 너희가 오늘 본 애굽 사람을 영원히 다시 보지 아니하리라 여호와께서 너희를 위하여 싸우시리니 너희는 가만히 있을지니라(출 14:13-14). 이는 하나님을 신뢰하므로 두려워하지 말고 잠잠히 기다리며 더 이상 불평하지 말고 온전히 하나님만 바라보라는 의미입니다. 위의 "구원을 보라"란 위기에서의 구원은 오직 하나님께로부터만 온다는 하나님의 주권적인 단독 사역을 나타내는 말입니다. "나는 공의를 행하며 구원을 베푸는 하나님이라 나 외에 다른 이가 없느니라"(사 45:21). 이와 같이 모세는 백성들과 다투지 않고 전능하신 하나님께서 일하시는 놀라운 사역의 현장을 지켜보라고 그들을 위로하고 용기를 북돋아 줍니다.

하나님은 모세에게 다가올 상황에 대하여 말씀해 주심으로 미리 대처하게 하십니다. 또한 하나님은 이스라엘 백성들이 위기를 인간의 눈으로 바라보지 않고 오직 하나님만 바라보며 믿고 신뢰하기를 원하십니다. 하나님은 백성들의 부르짖음에 침묵하거나 멀리 계신 것이 아니라 적절한 순간에 개입하십니다.

갈라지는 홍해

모세가 하나님께 간구합니다. 여호와께서 모세에게 이르시되 너는 어찌하여 내게 부르짖느냐 이스라엘 자손에게 명령하여 앞으로 나아가게 하고 지팡이를 들고 손을 바다 위로 내밀어 그것이 갈라지게 하라 이스라엘 자손이 바다 가운데서 마른 땅으로 행하리라(출 14:15–16). "어찌하여 내게 부르짖느냐"라는 말씀은 '왜 큰소리로 간청하기만 하느냐'라는 뜻으로, 이제 담대하게 믿음의 행동을 취하라는 의미입니다. "앞으로 나가게"란 하나님 명령에 순종하여 홍해 쪽으로 행진하게 하라는 뜻이며, "바다 가운데 육지로 행하리라"는 말씀은 바다 속 마른 땅을 걸어서 건너게 하라는 의미입니다. 절망적인 순간에 하나님께서 홍해로 들어서라고 명하십니다. 이는 상식적으로 이해할 수 없는 명령이었습니다. 그러나 백성들이 하나님 명령에 순종할 때 그들 앞에 홍해가 갈라지는 새로운 길이 열렸으며, 하나님께 전적으로 맡기는 믿음을 통해서 그들은 구원을 얻게 되었습니다.

하나님께서 말씀하십니다. 내가 애굽 사람들의 마음을 완악하게 할 것인즉 그들이 그 뒤를 따라 들어갈 것이라 내가 바로와 그의 모든 군대와 그의 병거와 마병으로 말미암아 영광을 얻으리니 내가 바로와 그의 병거와 마병으로 말미암아 영광을 얻을 때에야 애굽 사람들이 나를 여호와인 줄 알리라 하시더니(출 14:17-18). 바로와 신하들이 이스라엘을 쫓는 것은 하나님께서 영광을 받으시기 위함입니다. 본문에서 "내가"라는 말씀을 세 번이나 반복하신 것은 하나님께서 이 모든 일을 계획하시고 주장하신다는 것을 분명히 보여 주시기 위함입니다. 애굽의 강한 군대가 아무런 무기도 없는 이스라엘을 쫓다가 홍해에 수장되므로 하나님은 영광을 받으시고, 이러한 사실을 목도한 애굽 사람들은 하나님을 참 신으로 인정하지 않을 수 없게 된다는 말씀입니다.

드디어 하나님께서 움직이십니다. 이스라엘 진 앞에 가던 하나님의 사자가 그들의 뒤로 옮겨 가매 구름 기둥도 앞에서 그 뒤로 옮겨 애굽 진과 이스라엘 진 사이에 이르러 서니 저쪽에는 구름과 흑암이 있고 이쪽에는 밤이 밝으므로 밤새도록 저쪽이 이쪽에 가까이 못하였더라(출 14:19-20). "진 앞에 가던"이란 지금까지 이스라엘 앞에서 인도하던 하나님의 사자가 진 뒤로 옮기므로 앞서 가던 구름 기둥도 뒤로 옮겨가게 된 것을 말합니다. 이제 구름 기둥이 이스라엘과 애굽 가운데 서게 되므로, 애굽에는 흑암이 있지만 이스라엘에는 불기둥이 밝은 빛을 내어 밤새도록 애굽인이 이스라엘에 가까이 가지 못하게 되었습니다. 구름 기둥 가운데서 자신을 나타내신 "하나님의 사자"는 구약 시대에 활동하신 성자 하나님 곧 그리스도를 의미합니다. 태초에 빛과 어두움을 나누신 하나님께서 지금 역사하고 계신 것입니다.

하나님의 말씀대로 홍해가 갈라지는 역사가 일어났습니다. 무세가 바다 위로 손을 내밀매 여호와께서 큰 동풍이 밤새도록 바닷물을 물러가게 하시니 물이 갈라져 바다가 마른 땅이 되지라 이스라엘 자손이 바다 가운데를 육지로 걸어가고 물은 그들의 좌우에 벽이 되니(출 14:21-22). 천지를 창조하신 하나님께서 단번에 바다 가운데 땅을 드러내시고 이스라엘로 건너가게 하실 수 있으시지만, 우리의 생각과 달리 "밤새도록" 큰 동풍으로 바닷물을 물리치셨습니다. 이는 하나님께서 당신의 백성들을 위해 일하시는 역사적 현장을 그들로 똑똑히 목도하게 하기 위함입니다. "그의 영광의 팔이 모세의 오른손을 이끄시며 그의 이름을 영원하게 하려 하사 그들 앞에서 물을 갈라지게 하시고"(사 63:12). "마른 땅"이란 사막과 같이 건조한 땅을 의미하며, "육지"란 바다 밑바닥 땅까지도 하나님께서 보내신 강한 바람에 의해 말랐다는 것을 나타냅니다. 이는 홍해에 난 길이 사람만이 아니라 애굽의 병거까지 들어갈 정도로 마른 상태였다는 것을 보여줍니다. "이에 홍해를 꾸짖으시니 곧 마르니 그들을 인도하여 바다 건너가기를 마치 광야를 지나감 같게 하사"(시 106:9). 본문의 "벽"이란 보호나 방어를 의미하는 것으로 하나님의 손길을 말합니다. 그들이 행진해 들어가는 사이에 양쪽이 물로 벽을 이루었기 때문에 양쪽 측면에서 그들을 공격할 수가 없었던 것입니다.[57] "그가 바다를 갈라 물을 무더기 같이 서게 하시고 그들을 지나가게 하셨으며"(시 78:13). 장정 60만을 포함하여 이스라엘의 모든 사람들과 가축들이 밤중부터

57) 벽(חֹמָה, 호마)은 구약 성경에 133번 나타나는데, 이 단어는 예외 없이 거대하고 높은 벽을 나타냅니다. 도시의 벽들이 거의 대부분 20피트(6m 9.6cm) 이상의 높이였기 때문에, 이스라엘 무리의 좌우에 세워진 파도벽 역시 바다 가운데 거대한 육로를 만들었을 것입니다. Douglas K. Stuart, *Exodus: The New American Commentary Vol. 2*, 342.

새벽까지 바다를 건너려면 바다 가운데 상당히 넓은 길이 나있어야 가능했을 것입니다.

하나님의 말씀에 의지하여 백성들이 믿음으로 바다를 향하여 나아갔습니다. 성경은 우리가 구원 받는 길은 오직 믿음뿐인 것을 분명히 합니다. 메시야가 오셔서 우리를 구원하실 것이라는 구약의 말씀과 하나님의 독생자가 오셔서 구원을 성취하셨다는 말씀을 믿는 그 믿음으로 우리가 구원을 얻는 것입니다.

홍해를 건너다

이스라엘이 바다 속을 육지처럼 건너자 애굽 군대가 그들을 쫓아 바다로 들어왔습니다. 애굽 사람들과 바로의 말들, 병거들과 그 마병들이 다 그들의 뒤를 추격하여 바다 가운데로 들어오는지라 새벽에 여호와에서 불과 구름 기둥 가운데서 애굽 군대를 보시고 애굽 군대를 어지럽게 하시며(출 14:23-24). 믿음 없는 애굽 병사들의 눈에는 홍해의 기적조차 한낱 자연 현상으로 보였기에 그들은 거침없이 바다 속으로 들어갔습니다. 본문의 "새벽"이란 구약의 삼경에 해당하는 시간으로 오전 2시에서 6시 곧 해가 뜨기 전까지를 말합니다. "어지럽게"란 하나님께서 애굽 군대를 초조하게 하여 동요하게 만드신 것을 의미합니다. 하나님은 애굽 병거가 작동치 못하게 하셨습니다. 그들의 병거 바퀴를 벗겨서 달리기가 어렵게 하시니 애굽 사람들이 이르되 이스라엘 앞에서 우리가 도망하자 여호와가 그들을 위하여 싸워 애굽 사람들을 치는도다(출 14:25). 이는 하나님께서 병거의 바퀴를 빼시므로 병거가 무거운 짐을 실은 것처럼 힘겹게 움직이는 것을 말합니다. 이제 애굽 병사들이 사태를 파악하고 도망치려 합니다.

하나님께서 명령하십니다. 여호와께서 모세에게 이르시되 네 손을 바다 위로 내밀어 물이 애굽 사람들과 그들의 병거들과 마병들 위에 다시 흐르게 하라 하시니(출 14:26). 아침이 다가올 때 바다가 원래 상태로 돌아왔습니다. 모세가 곧 손을 바다 위로 내밀매 새벽이 되어 바다의 힘이 회복된지라 애굽 사람들이 물을 거슬러 도망하나 여호와께서 애굽 사람들을 바다 가운데 엎으시니 물이 다시 흘러 병거들과 기병들을 덮되 그들의 뒤를 따라 바다에 들어간 바로의 군대를 다 덮으니 하나도 남지 아니하였더라(출 14:27-28). "엎으시니"란 저들을 뒤집어서 극도의 혼란 속으로 몰아넣으시므로 한 사람도 살아남지 못하였다는 의미입니다. "내가 너희와 애굽 사람들 사이에 흑암을 두고 바다를 이끌어 그들을 덮었나니"(수 24:7). 후에 에스겔 선지자는 애굽이 미약하게 될 것을 말하였습니다. "나라 가운데에 지극히 미약한 나라가 되어 ~ 다시는 나라들을 다스리지 못하게 할 것임이라"(겔 29:15). 이사야 선지자도 애굽의 쇠퇴에 대하여 말했습니다. "애굽에서 머리나 꼬리며 종려나무 가지나 갈대나 아무 할 일이 없으리라"(사 19:15).

이스라엘이 바다를 육지처럼 건넜습니다. 그러나 이스라엘 자손은 바다 가운데 육지로 행하였고 물이 좌우에 벽이 되었었더라(출 14:29). 지금 이스라엘과 애굽인들 모두 바다 속에 있습니다. 그렇지만 이스라엘이 나아가고 있는 앞쪽은 물이 좌우 벽이 되어 여전히 육지처럼 건너가고, 뒤쫓는 애굽인들이 있는 곳은 물이 흘러 모두 몰살당하고 말았습니다. "바로의 말과 병거와 마병이 함께 바다에 들어가매 여호와께서 바닷물을 그들 위에 되돌려 흐르게 하셨으나 이스라엘 자손은 바다 가운데서 마른 땅으로 지나간지라"(출 15:19). 마침내 하나님께서 이스라엘을 바로의 손에서 구해 내셨습니다. 그 날에 여호와께서 이같이 이스라엘을 애굽 사람의 손에서 구원하시매 이스라엘이 바닷가에서 애굽 사람들이 죽어 있는 것을 보았더라(출 14:30). 이스라엘은 홍해를 건너면서 자연을 지배하시며 애굽 군대를 전복하신 하나님의 능력을 생생히 체험하게 되었습니다. "내가 애굽 사람에게 어떻게 행하였음과 내가 어떻게 독수리 날개로 너희를 업어 내게로 인도하였음을 너희가 보았느니라"(출 19:4).

사도 바울은 출애굽을 세례의 예표로 보았는데, 세례는 죄를 회개함으로 옛 사람이 죽고 새 생활이 시작됨을 의미합니다. "우리 조상들이 다 구름 아래에 있고 바다 가운데로 지나며 모세에게 속하여 다 구름과 바다에서 세례를 받고"(고전 10:1-2). 이는 죄악을 상징하는 애굽 생활을 물속에 장사하고 하나님의 은혜로 거듭난 피조물 곧 중생을 의미하는 신약의 세례를 예표합니다. "무릇 그리스도 예수와 합하여 세례를 받은 우리는 그의 죽으심과 합하여 세례를 받은 줄을 알지 못하느냐"(롬 6:3). 홍해를 건넌 것은 이스라엘 백성들의 죽음과 부활의 상징이며, 하나님의 영광의 선포입니다. "홍해를 가르신 이에게 감사하라 그 인자하심이 영원함이로다 이스라엘을 그 가운데로 통과하게 하신 이에게 감사하라 그 인자하심이 영원함이로다"(시 136:13-14).

이제 하나님의 능력이 온 천하에 드러나게 되었으며, 지도자로서의 모세의 권위도 인정되었습니다. 이스라엘이 여호와께서 애굽 사람들에게 행하신 그 큰 능력을 보았으므로 백성이 여호와를 경외하며 여호와와 그의 종 모세를 믿었더라(출 14:31). 여기에서 이스라엘 백성은 하나님의 약속에 근거하여 그분을 믿은 것이 아니라 하나님께서 이루신 사역에 기초해서 믿고 있습니다. 그러나 아브라함은 약속의 성취에 대한 의심을 가질 수 있는 환경에도 불구하고 하나님의 약속을 믿었습니다[58] "하늘을 우러러 뭇별을 셀 수 있나 보라 ~ 네 자손이 이와 같으리라 아브라함이 여호와를 믿으니 여호와께서 이를 그의 의로 여기시고"(창15:5~6). 신약은 출애굽과 홍해를 건넌 사건을 신자들이 죄에서 해방된 사건으로 이해합니다. 이스라엘이 어린 양의 피로 구출함을 받은 것처럼, 우리도 유월절 어린 양이신 예수 그리스도의 피로 구원을 받았습니다. 홍해를 건넘으로 애굽에서의 노예생활을 벗어난 것처럼 우리 역시 죄의 종노릇한데서 해방되어 하나님 나라로 들어가게 된 것입니다. "내 말을 듣고 또 나 보내신 이를 믿는 자는 영생을 얻었고 심판에 이르지 아니하나니 사망에서 생명으로 옮겼느니라"(요 5:24).

출애굽은 바다 한 가운데 마른 땅을 만들어 길을 내신 하나님의 절대적 권능에 의한 것입니다. 우리도 인생 여정 가운데 진퇴양난의 역경을 만날 수 있지만 낙심하지 말고 인간의 사고를 초월하여 역사하시는 하나님을 의지해야 합니다. 홍해도하(紅海渡河)는 과거의 역사적 사건만이 아니라 오늘날 하나님을 믿는 우리에게도 일어날 수 있는 현재의 사건입니다.

58) 이스라엘 백성들은 모세로부터 처음 하나님의 약속을 들었을 때 그것을 믿었으나(출 4:31), 바로가 가혹한 노역을 가하자 그들은 믿음의 능력을 상실했습니다(출 6:9). J. Gerald Janzen, *Exodus*, Westminster Bible Companion Series (Louisville, Kentucky: Westminster John Knox Press, 1997), 103.

이스라엘의 찬양

마침내 바로가 멸망하고 이스라엘은 선민으로서의 새로운 삶을 시작합니다. 오직 하나님께서 애굽 군대를 멸하셨으므로 백성들은 구원의 은혜에 감사하며 하나님을 찬양합니다.[59] 이 때에 모세와 이스라엘 자손이 이 노래로 여호와께 노래하니 일렀으되 내가 여호와를 찬송하리니 그는 높고 영화로우심이요 말과 그 탄 자를 바다에 던지셨음이로다 여호와는 나의 힘이요 노래시며 나의 구원이시로다 그는 나의 하나님이시니 내가 그를 찬송할 것이요 내 아버지의 하나님이시니 내가 그를 높이리로다(출 15:1-2). "높고 영화로우심이요"란 하나님께서 그 누구와 비교할 수 없이 홀로 영광스러우시다는 것을 강조한 표현입니다. "말과 그 탄 자를 바다에 던지셨음이로다"란 바로의 군대가 철저히 멸망당했음을 나타낸 것으로 하나님의 구원의 능력을 찬양하는 간증입니다. "이에 세상 만민에게 여호와께서만 하나님이시고 그 외에는 없는 줄을 알게 하시기를 원하노라"(왕상 8:60). 본문에서 "나의 하나님"이라고 한 것은 하나님과 이스라엘의 친밀한 관계를 드러내고 있는 표현이며, "찬송할 것이요"란 찬송이 하나님께 영광 돌리는 중요한 수단인 것을 알게 합니다. "호흡이 있는 자마다 여호와를 찬양할지어다 할렐루야"(시 150:6). "내 아버지의 하나님"

59) 15장은 두 개의 노래, 곧 '모세의 노래'(1-18) 또는 '바다의 노래'와, '미리암의 노래'(19-21)로 구성되어 있습니다. 이 노래가 요한계시록에는 하늘에서 울려퍼지는 구속받은 모든 성도들의 노래로 나타납니다. 곧 원수를 정복하고 당신의 백성에게 승리를 주시는 하나님을 찬양하는 노래입니다. Douglas K. Stuart, *Exodus: The New American Commentary Vol. 2*, 347-348 ; William Sanford La Sor, David Allan Hubbard, and Frederic William Bush, *Old Testament Survey : The Message, Form, and Background of the Old Testament*, 120.

이란 지금까지 하나님께서 이스라엘을 위해 놀라운 은혜를 베푸신 것은 선조들에게 하신 약속을 지키기 위함이라는 의미입니다.

이스라엘이 하나님의 크신 능력을 찬양합니다. 그가 바로의 병거와 그의 군대를 바다에 던지시니 최고의 지휘관들이 홍해에 잠겼고(출 15:4). 여기서 "던지시니"란 창을 던지거나 화살을 쏘듯이 세게 내던지는 것을 뜻하는 것으로, 하나님께서 애굽 군대를 눈 깜짝할 사이에 수장시키신 것을 의미합니다. 홍해 바닷가에서 구원받은 이스라엘이 모세의 노래를 부르며 하나님의 능력과 은혜를 찬양하였듯이, 장차 하나님의 은혜로 구원받은 모든 백성들이 유리 바닷가에 서서 '어린 양의 노래'를 불러 하나님을 찬양하게 될 것입니다.[60] 오직 하나님만이 거룩하시고 영화로우신 왕이시라는 사실이 만천하에 드러나게 될 것입니다.

그들이 하나님의 위엄과 영광을 노래합니다. 여호와여 주의 오른손이 권능으로 영광을 나타내시니이다 여호와여 주의 오른손이 원수를 부수시니이다(출 15:6). "주의 오른손"이란 어느 누구도 당할 수 없는 강한 힘과 정의를 상징하며, "부수시니이다"란 하나님께서 애굽인을 완전히 멸하신 사실을 나타냅니다. 이스라엘이 하나님의 능력을 찬양합니다. 주께서 주의 큰 위엄으로 주를 거스르는 자를 엎으시니이다 주께서 진노를 발하시니 그 진노가 그들을 지푸라기 같이 사르니이다 주의 콧김에 물이 쌓이되 파도가 언덕 같이 일어서고 큰 물이 바다 가운데 엉기니이다(출 15:7-8).

60) "또 내가 보니 불이 섞인 유리 바다 같은 것이 있고 짐승과 그의 우상과 그의 이름의 수를 이기고 벗어난 자들이 유리 바다 가에 서서 하나님의 거문고를 가지고 하나님의 종 모세의 노래, 어린 양의 노래를 불러 이르되 주 하나님 곧 전능하신 이시여 하시는 일이 크고 놀라우시도다 만국의 왕이시여 주의 길이 의롭고 참되시도다 주여 누가 주의 이름을 두려워하지 아니하며 영화롭게 하지 아니하오리까 오직 주만 거룩하시니이다 주의 의로우신 일이 나타났으매 만국이 와서 주께 경배하리이다 하더라"(계 15:2-4).

본문의 "거스르는"이란 하나님을 대항하였던 애굽의 교만을 말하며, "진노"란 강한 열기를 뿜어내는 용암과 같은 하나님 심판의 맹렬함을 표현합니다. 또한 "콧김"이란 홍해에 보내신 강한 동풍도 하나님의 콧바람에 불과하다는 뜻으로 하나님의 크신 능력을 찬양하는 말이며, "엉기니이다"란 파도가 단단한 덩어리가 되어 둑을 형성한 것을 의미합니다.

이스라엘 백성들이 홍해를 가르신 하나님을 찬송합니다. 주께서 바람을 일으키시매 바다가 그들을 덮으니 그들이 거센 물에 납 같이 잠겼나이다 여호와여 신 중에 주와 같은 자가 누구니이까 주와 같이 거룩함으로 영광스러우며 찬송할 만한 위엄이 있으며 기이한 일을 행하는 자가 누구니이까(출 15:10-11). "거센"이란 파도가 산더미처럼 몰려와 애굽인을 몰살시킨 하나님의 위대한 능력을 말합니다. "주께서 주의 능력으로 바다를 나누시고 물 가운데 용들의 머리를 깨뜨리셨으며"(시 74:13). 본문의 "신 중에 주와 같은 자 누구니이까"란 여호와 유일사상을 강조하며 하나님께서 출애굽을 성취하신 목적입니다. 이는 애굽의 많은 신들, 곧 우상들의 덧없음과 분명하게 대조되는 하나님의 위대하심을 더욱 드러내는 표현입니다. 이스라엘의 구원은 전적으로 하나님의 은혜임을 찬양합니다. 주의 인자하심으로 주께서 구속하신 백성을 인도하시되 주의 힘으로 그들을 주의 거룩한 처소에 들어가게 하시나이다(출 15:13). "구속하신"이란 예수님께서 십자가 형벌을 지심으로 값을 치르고 완성하신 사역을 예표하며, "거룩한 처소"란 거룩한 성전이 세워질 가나안 땅을 말합니다. "여호와께서 강한 손과 편 팔과 큰 위엄과 이적과 기사로 우리를 애굽에서 인도하여 내시고 이곳으로 인도하사 이 땅 곧 젖과 꿀이 흐르는 땅을 주셨나이다"(신 26:8-9).

열방을 두렵게 하신 하나님을 찬양합니다. 여러 나라가 듣고 떨며 블레셋 주민이 두려움에 잡히며 에돔 두령들이 놀라고 모압 영웅이 떨림에 잡히며 가나안 주민이 다 낙담하나이다 놀람과 두려움이 그들에게 임하매 주의 팔이 크므로 그들이 돌 같이 침묵하였사오니 여호와여 주의 백성이 통과하기까지 곧 주께서 사신 백성이 통과하기까지였나이다(출 15:14-16). "블레셋"은 가나안 땅의 지중해 연안을 중심으로 내륙 지역에 영향력을 발휘한 족속으로, 팔레스틴(Palestine) 곧 블레셋인의 땅이란 명칭도 여기에서 유래되었습니다. 또한 "통과하기까지"란 이스라엘이 가나안에 들어가기까지 열방들이 두려움에 떨 것이라는 의미입니다. "주께서 사신 백성"이란 하나님께서 장자 사망 시 어린 양의 피로써 자신의 소유로 삼으신 이스라엘을 말합니다. "그들은 주께서 철 풀무 같은 애굽에서 인도하여 내신 주의 백성, 주의 소유가 됨이니이다"(왕상 8:51).

하나님께서 영원히 다스리실 것입니다. 주께서 백성을 인도하사 그들을 주의 기업의 산에 심으시리이다 여호와여 이는 주의 처소를 삼으시려고 예비하신 것이라 주여 이것이 주의 손으로 세우신 성소로소이다 여호와께서 영원무궁 하도록 다스리시도다 하였더라(출 15:17-18). 본문의 "심으시리이다"란 하나님께서 이스라엘을 정착시키실 것임을 나타낸 말로, 장차 가나안 땅에 세워질 하나님의 성전을 믿음의 눈으로 바라보는 신앙 고백입니다. 곧 이미 세워진 성소를 마음속으로 보고 하나님이 그 안에 계심을 확신하고 있습니다. 하나님은 영원토록 이스라엘의 왕이 되실 것이며 그의 통치가 영구할 것입니다. 이와 같이 모세의 노래는 출애굽을 가능케 하신 하나님의 주권을 선포하며 찬양합니다.[61]

---

61) 이와 같이 모세의 노래는 세 부분으로 나누어집니다. 곧 하나님의 위대하심과

이제 미리암과 여인들이 화답합니다. 아론의 누이 선지자 미리암이 손에 소고를 잡으매 모든 여인도 그를 따라 나오며 소고를 잡고 춤추니(출 15:20). 미리암은 '여호와의 사랑을 받은 자'라는 뜻으로 모세와 아론의 누나이며, 성경에 기록된 최초의 여선지자입니다. 미리암 역시 출애굽 때 이스라엘을 인도하는 일에 중요한 역할을 감당했습니다. "내가 너를 애굽 땅에서 인도해 내어 ~ 모세와 아론과 미리암을 네 앞에 보냈느니라"(미 6:4). 미리암과 여인들이 남성들의 합창에 화답합니다. 위의 "소고"란 탬버린과 유사한 타악기로 방울이 달린 작은 북입니다. 미리암은 소고와 춤으로 남성 찬양대에 화답하는 여성 찬양대를 이끌었는데, 이같이 춤을 추며 온 몸으로 하나님을 찬양하는 것이 성경에 처음 나타나고 있습니다. 이후 전쟁에서의 승리를 축하할 때 여인들이 소고 치며 춤을 추는 풍습이 자리잡게 되었습니다. "입다가 미스바에 있는 자기 집에 이를 때에 보라 그의 딸이 소고를 잡고 춤추며 나와서 영접하니"(삿 11:34).

미리암의 선창입니다. 미리암이 그들에게 화답하여 이르되 너희는 여호와를 찬송하라 그는 높고 영화로우심이요 말과 그 탄 자를 바다에 던지셨음이로다(출 15:21). 여기서 남자들이 노래를 마치자 여인들이 뒤따라 노래를 부르는데, 미리암의 노래는 15장 1절의 모세의 노래를 반복합니다. 미리암은 1절만 따라 부른 것이 아니라 이 노래 전체를 따라 부른 것으로 보입니다.[62] 홍해의 경험은 이스라엘에게 영원히 잊혀질 수

전능하심에 대한 감사와(1-5), 살아계셔서 정의를 행하시는 하나님께 대한 감사와(6-11), 미래의 승리를 확신하며 이스라엘의 보호와 인도에 대한 감사의 찬양(11-18)입니다.

62) 모세의 노래는 출애굽과 정복의 시각에 중점을 두며, 미리암의 노래는 바다에

없는 놀라운 사건이었습니다. 이제 그들은 하나님께서 함께 하시므로 어떠한 역경도 능히 극복할 수 있다는 확신을 갖게 되었습니다. 이스라엘이 홍해를 건너고 하나님의 구원 역사를 찬양한 이곳은 '모세의 샘'(Ayun Musa: 아윤 무사)으로 추정됩니다. 후대에는 성전 찬양대에 여자들도 포함되었습니다. "노래하는 남녀가 이백 명이요"(스 2:65), "노래하는 남녀가 이백사십오 명이요"(느 7:67).

> **구속받은 이스라엘이 처음한 일은 자신들을 구원해 주신 하나님의 위대하심에 감사와 찬송을 돌리는 것으로, 이는 유대인의 첫 번째 찬양이었습니다.** "그들을 그 미워하는 자의 손에서 구원하시며 그 원수의 손에서 구원하셨고 그들의 대적들은 물로 덮으시매 그들 중에서 하나도 살아 남지 못하였도다 이에 그들이 그의 말씀을 믿고 그를 찬양하는 노래를 불렀도다"(시 106:10-12).

서의 하나님의 승리에 대한 찬양에 초점을 두고 있습니다. 미리암의 노래는 바다에서의 승리가 하나님의 승리의 클라이막스이고 애굽 군대를 멸망시킨 마지막 사건임을 강조합니다. Thomas B. Dozeman, *God at War : Power in the Exodus Tradition* (New York: Oxford University Press, 1992), 159, 161.

제2부

시내 산 언약

언약의 준비

제9장
시내 산으로의 여정

마라의 쓴 물

15:22-18:27은 홍해를 건넌 이스라엘이 광야를 지나 하나님의 율법을 수여받게 되는 시내 산까지의 여정입니다. 하나님은 이스라엘과 언약을 맺으시므로 그들의 하나님이 되시고 그들을 백성으로 삼으셨습니다. 언약이 체결된 후 하나님은 규례를 주시며 이스라엘이 어떻게 살아야 하는지 가르쳐 주셨습니다.

하나님의 인도하심을 따라 이스라엘이 광야로 향합니다. 모세가 홍해에서 이스라엘을 인도하매 그들이 나와서 수르 광야로 들어가서 거기서 사흘길을 걸었으나 물을 얻지 못하고(출 15:22). "수르 광야"(에담 광야)는 애굽과 가나안의 중간쯤에 위치한 광야 지대로 지중해로부터 홍해까지 넓게 펼쳐져 있습니다. 시내 산 방향으로 3일 동안 건조한 사막 지역을 경유하여 남쪽으로 내려왔는데 물을 얻지 못하여 큰 고통을 당하게 되었습니다. 이스라엘이 최초로 장막을 칩니다. 마라에 이르렀더니 그 곳

❖출애굽에서 가나안까지의 노정

물이 써서 마시지 못하겠으므로 그 이름을 마라라 하였더라(출 15:23). "마라"는 이스라엘이 홍해를 건넌 후 처음으로 휴식을 취한 곳으로 '쓰다, 괴롭다'라는 뜻인데, 물이 써서 마실 수 없기 때문에 붙여진 이름입니다. 베드윈족에 의하면 오늘날도 이곳의 물이 근처의 다른 곳보다 나쁘다고 합니다. '모세의 샘'에서 마라까지는 대략 53km인데 사흘씩이나 걸렸다는 것은 무덥고 거친 광야 길이 노약자를 포함한 200~300만이라는 대민족에게 얼마나 힘든 여정이었는가를 가늠케 합니다.

백성이 모세를 원망합니다. 백성이 모세에게 원망하여 이르되 우리가 무엇을 마실까 하매(출 15:24). "원망하여"란 백성들이 울분을 참지 못하여 밤새도록 모세에게 불평하였다는 말이며, "무엇을 마실까"란 '마실 것을 주시도록 하나님과 협상하라' 는 의미로 하나님께 간구하지 않고 모세를 통하여 하나님께 명한 불손한 행동입니다. 그들은 심한 갈증으로 물을 구했는데 물이 써서 마실 수 없게 되자 실망감이 극에 달했습니다. 하나님의 위대한 사역을 목도하고 감사의 찬양을 드렸던 그들이 불과 3일 만에 이같이 행동한 것은 인간이 얼마나 연약한 존재인지 알게 합니다.

모세가 기도합니다. 모세가 여호와께 부르짖었더니 여호와께서 그에게 한 나무를 가리키시니 그가 물에 던지니 물이 달게 되었더라 거기서 여호와께서 그들을 위하여 법도와 율례를 정하시고 그들을 시험하실새(출 15:25). "부르짖었더니"(צָעַק, 차악)란 아주 간절한 기도를 뜻하는 단어로, 이스라엘이 바로의 폭정 아래 하나님께 부르짖을 때 사용되었었습니다. 출애굽기에는 모세가 위급한 상황에서 하나님께 부르짖는 기사가 세 번 나타납니다. "여호와께서 모세에게 이르시되 너는 어찌하여 내게 부르짖느냐"(출 14:15), "모세가 여호와께 부르짖어 이르되"(출 17:4). 하나님의 능력으로 모세가 나무를 던져 물을 달게 만들었습니다. 이러한 이적은 열왕기하에도 기록되어 있습니다.[63] 이는 하나님께서 저들의 믿음을 시험하신 것인데 저들의 부족한 믿음이 그대로 드러나고 말았습니다.

---

63) "그 성읍 사람들이 엘리사에게 말하되 우리 주인께서 보시는 바와 같이 이 성읍의 위치는 좋으나 물이 나쁘므로 토산이 익지 못하고 떨어지나이다 엘리사가 이르되 새 그릇에 소금을 담아 내게로 가져오라 하매 곧 가져온지라 엘리사가 물 근원으로 나아가서 소금을 그 가운데에 던지며 이르되 여호와의 말씀이 내가 이 물을 고쳤으니 이로부터 다시는 죽음이나 열매 맺지 못함이 없을지니라 하셨느니라 하니 그 물이 엘리사가 한 말과 같이 고쳐져서 오늘에 이르렀더라"(왕하 2:19-22).

하나님께서 백성들의 갈증을 해소시켜 주신 후 율법을 주십니다. 이르시되 너희가 너희 하나님 나 여호와의 말을 들어 순종하고 내가 보기에 의를 행하며 내 계명에 귀를 기울이며 내 모든 규례를 지키면 내가 애굽 사람에게 내린 모든 질병 중 하나도 너희에게 내리지 아니하리니 나는 너희를 치료하는 여호와임이라(출 15:26). 하나님은 갈증으로 이스라엘을 시험하신 후 율법을 주심으로 그들의 순종 여부를 다시 시험하려 하십니다. 이는 그들이 어떠한 고통을 겪든지 그것은 그들의 죄로 인한 것임을 알게 하시며, 자신의 의지가 아니라 하나님의 법에 순종하며 살게 하려 하신 것입니다. 위의 "치료하는"이란 하나님께서 그들을 모든 질병으로부터 자유하게 하시며 죽음과 죄를 비롯한 모든 문제의 해결자이심을 나타냅니다. 이는 하나님과 바른 관계를 맺고 있는 사람에 대한 축복의 말씀으로, 이스라엘이 하나님의 계명과 규례에 순종하면 애굽에 내렸던 재앙과 병 때문에 고생하지 않을 것이라 말씀하십니다.

이스라엘이 두 번째 휴식을 취합니다. 그들이 엘림에 이르니 거기에 물 샘 열둘과 종려나무 일흔 그루가 있는지라 거기서 그들이 그 물 곁에 장막을 치니라(출 15:27). "엘림"은 '나무들'이라는 뜻으로, 마라로부터 멀지 않는 '와디 가란델'(Wadi Gharandel)로 추정됩니다. 이곳은 주변에 비해 물이 풍부하며 큰 종려나무(대추야자나무)와 큰 풀이 있어 오늘날도 수에즈와 시내 반도 사이의 중간 휴식처의 역할을 하고 있습니다. 위의 "물 샘 열둘"은 이스라엘 각 지파에 하나씩 배당되고, "종려나무 일흔 그루"는 이스라엘 70장로들의 장막에 하나씩 배당되었을 것입니다. 이곳은 하나님께서 이스라엘을 위하여 예비하신 곳으로, 하나님은 광야에서 물이 얼마나 소중한지를 그들로 체험하게 하시고 물가로 인도하셨습니다. 엘림은 광야 여행 동안 하나님께서 언제든지 필요를 충분히 채워주실 수 있다는 사실을 깨닫게 해주었습니다.

이스라엘의 불평에도 하나님은 그들을 심판하지 않으시고 그들의 문제를 해결해 주십니다. 그러나 이스라엘이 원망하기 전에 먼저 하나님께 간구했어야 하듯이, 우리도 하나님의 은혜를 망각하고 불평하기 전에 우리를 변함없이 사랑하시는 하나님께 아뢰어야 합니다. 견고한 믿음은 시련을 거쳐서 생겨나기 때문입니다.

굶주린 백성들의 원망

수르 광야를 거친 이스라엘이 시내 산에 도달하기 위해서는 또 하나의 광야를 지나야 합니다. 2월 15일 곧 출애굽 후 한 달이 지나 홍해와 시내 산 중간에 위치한 신 광야에 이르게 되었습니다. 이스라엘 자손의 온 회중이 엘림에서 떠나 엘림과 시내 산 사이에 있는 신 광야에 이르니 애굽에서 나온 후 둘째 달 십오일이라(출 16:1). 이스라엘은 엘림에서 이곳에 오기 전, 홍해 가의 어느 한 곳에 머물렀었습니다. "엘림을 떠나 홍해 가에 진을 치고 홍해 가를 떠나 신 광야에 진을 치고"(민 33:10-11). 이곳 신(סִין, 신, Sin)광야는 가데스바네아 근처의 신(צִן, 친, Zin) 광야와는 다른 곳으로 호렙 산 북서쪽에 위치한 고원지대를 가리킵니다.[64]

64) Francis Brown ed., *BDB*, 695, 856. 참고. "에시온게벨을 떠나 신 광야 곧 가데스에 진을 치고"(민 33:36).

이제 그들의 양식이 거의 다 떨어지게 되었는데, 사방은 황폐한 불모지였기 때문에 그들이 또다시 원망하게 됩니다.

백성들이 불만을 토로합니다. 이스라엘 자손 온 회중이 그 광야에서 모세와 아론을 원망하여 이스라엘 자손이 그들에게 이르되 우리가 애굽 땅에서 고기 가마 곁에 앉아 있던 때와 떡을 배불리 먹던 때에 여호와의 손에 죽었더라면 좋았을 것을 너희가 이 광야로 우리를 인도해 내어 이 온 회중이 주려 죽게 하는도다(출 16:2–3). 이스라엘의 세 번째 불평입니다. 그들은 애굽에서 종노릇하던 때를 미화하여 회상하고 동경하는 배은망덕한 모습을 보입니다. 백성들은 "여호와의 손에 죽었더면 좋았을 것을"이라고 하여 구속의 은혜에 감사하지 않을뿐더러, 장자 재앙 때 죽는 것이 더 나았을 것이라고 하는 패역함을 드러냅니다. 하나님의 이적을 늘 체험하면서도 원망이 끊이지 않는 이스라엘의 모습은, 하나님의 무한한 은혜 가운데 살면서도 하나님의 능력과 사랑을 불신하는 우리의 모습과 너무도 흡사합니다. 그런데도 하나님은 이스라엘이 아직 율법을 받지 못하였기 때문에 그들을 사랑으로 가르쳐 주십니다.

이스라엘 백성들의 원망에도 불구하고 하나님은 자비를 베푸십니다. 그 때에 여호와께서 모세에게 이르시되 보라 내가 너희를 위하여 하늘에서 양식을 비 같이 내리리니 백성이 나가서 일용할 것을 날마다 거둘 것이라 이같이 하여 그들이 내 율법을 준행하나 아니하나 내가 시험하리라(출 16:4). "하늘에서"라고 한 것은 그 음식이 땅에서 나는 것이 아니라 기적적인 방법으로 얻는 것임을 말합니다. 이 양식은 죄인을 위해 장차 이 땅에 오실 생명의 떡이신 예수님을 예표합니다. "날마다 거둘 것이라"는 매일 그날에 필요한 양식만 취하며 날마다 일용할 양식의 공급자 되신 하나님께 감사하라는 것입니다. 예수님께서 가르쳐주신 기도입니다. "오늘 우리에게 일용할 양식을 주시옵고"(마 6:11). 위의 "내 율법"이란 이스라엘이 양식을 거둘 때 준수해야 하는 규칙으로 매일 아침 식구 수대로 일인당 한 오멜을 거두라는 말씀입니다. "시험하리라"고 하신 것은 필요 이상의 욕심을 부리지 않고 일용할 것만 거두는 순종과 믿음을 보시겠다는 의미입니다.

안식일 전날에는 이틀 분량을 거두도록 하셨습니다. 여섯째 날에는 그들이 그 거둔 것을 준비할지니 날마다 거두던 것의 갑절이 되리라(출 16:5). 곧 평일에는 만나를 하루 치 이상을 거두어서는 안 되지만, 육일 째 되는 날에는 안식일 것까지 이틀 치를 거두어야 합니다. 이는 안식일을 거룩하게 지키도록 하기 위한 것으로 후에 이러한 규례들은 율법으로 명시되었습니다. "안식일을 기억하여 거룩하게 지키라 ~ 일곱째 날은 네 하나님 여호와의 안식일인즉 ~ 아무 일도 하지 말라"(출 20:8-10). 본문의 "준비할지니"란 안식일 전날 이틀 치의 만나를 예비하여 요리하라는 말씀입니다. 평일에는 아침에 나가 만나를 거둬들였지만 안식일에는 하지 않았습니다. 이같이 하나님께서 이스라엘을 시험하신 이유는 그들이 하나님의 말씀에 순종하는지 보려 하심이었습니다. 안식일은 생존에 필요한 일을 하지 않는 날로 장차 하나님 나라에서 누리게 될 영광의 안식에 참여할 것이라는 예표입니다.

모세와 아론이 말합니다. 모세와 아론이 온 이스라엘 자손에게 이르되 저녁이 되면 너희가 여호와께서 너희를 애굽 땅에서 인도하여 내셨음을 알 것이요 아침에는 너희가 여호와의 영광을 보리니 이는 여호와께서 너희가 자기를 향하여 원망함을 들으셨음이라 우리가 누구이기에 너희가 우리에게 대하여 원망하느냐(출 16:6-7). 저녁에는 메추라기가 날아와서 진 사면에 덮일 것이며, 아침에는 만나를 내려주실 것임을 말씀합니다. "여호와께서 너희를 애굽 땅에서 인도하여 내셨음을"이라는 말은 백성들이 원망했던 '너희가 ~ 우리를 ~ 주려 죽게 하는도다'라는 말의 대조로, 이스라엘을 광야로 이끌어 내신 분은 하나님이시며 자신들은 하나님의 도구에 지나지 않음을 분명히 합니다. 또한 "우리가 누구이기에 너희가 우리에게 대하여 원망하느냐"라고 한 것은 하나님의 대언자인 우리를 원망하는 것은 곧 하나님을 향하여 원망하는 것과 같은데, 어찌하여 이런 불의한 일을 행하느냐라는 의미로 백성들을 강하게 꾸짖는 말입니다.

만나는 출애굽 한 달 후, 곧 출애굽 원년 2월 15일에 시작하여 출애굽 41년 1월 16일까지 계속되었습니다. "유월절 이튿날에 그 땅의 소산물을 먹되 ~ 그 땅의 소산물을 먹은 다음 날에 만나가 그쳤으니"(수 5:11-12). **광야에서 육신을 위한 떡이었던 만나는 영원한 떡이신 예수님을 상징합니다.** "나는 하늘에서 내려온 살아 있는 떡이니 사람이 이 떡을 먹으면 영생하리라"(요 6:51).

만나와 메추라기

모세가 하나님의 말씀을 전합니다. 모세가 또 이르되 여호와께서 저녁에는 너희에게 고기를 주어 먹이시고 아침에는 떡으로 배불리시리니 이는 여호와께서 자기를 향하여 너희가 원망하는 그 말을 들으셨음이니라 우리가 누구냐 너희의 원망은 우리를 향하여 함이 아니요 여호와를 향하여 함이로다(출 16:8). 모세는 오늘 저녁에는 메추라기가, 내일 아침에는 만나가 내릴 것이라고 말합니다. 떡인 만나는 아침에 먹을 수 있도록 새벽녘에, 고기인 메추라기는 저녁에 먹을 수 있도록 해 질 무렵에 내렸습니다. 모세가 아론에게 말합니다. 모세가 또 아론에게 이르되 이스라엘 자손의 온 회중에게 말하기를 여호와께 가까이 나아오라 여호와께서 너희의 원망함을 들으셨느니라 하라 아론이 이스라엘 자손의 온 회중에게 말하매 그들이 광야를 바라보니 여호와의 영광이 구름 속에 나타나더라(출 16:9-10). 본문에서 "여호와께"란 하나님 임재의 상징인 구름 기둥이 있는 곳으로 나오라는 말입니다. 이는 백성들의 불평은 결국 하나님께 대한 불신앙이므로 그들의 잘못을 깨닫게 하며, 만나와 메추라기가 하나님의 은혜의 선물인 것을 인식시키기 위함입니다. "여호와의 영광이 구름 속에 나타난" 것은 햇빛이 구름 사이로 보이듯 주의 영광의 광채가 나타났음을 의미합니다. 이 구름 기둥은 홍해의 절박한 상황에서 애굽 군대의 추격을 저지했고, 사막의 더위와 추위를 막아주며 광야생활을 인도하신 하나님 임재의 상징입니다.

하나님께서 말씀하십니다. 내가 이스라엘 자손의 원망함을 들었노라 그들에게 말하여 이르기를 너희가 해 질 때에는 고기를 먹고 아침에는 떡으로 배부르리니 나는 여호와 너희의 하나님인 줄 알리라 하라 하시니라(출 16:12). 하나님은 백성들이 이전처럼 밤새 불평했지만 약속하신 만나와 메추라기를 정하신 때에 공급해 주심으로 그들의 보호자이심을 분명히 알게 하실 것이라고 말씀하십니다. 하나님께서 유일한 참 신이심을 알게 하는 것이 기적을 행하신 목적입니다. 하나님의 말씀대로 되었습니다. 저녁에는 메추라기가 와서 진에 덮이고 아침에는 이슬이 진 주위에 있더니(출 16:13). "진에 덮이고"란 이스라엘의 장막과 땅 위에 메추라기들이 내려앉았다는 말입니다. "바람이 여호와에게서 나와 바다에서부터 메추라기를 몰아 진영 곁 이쪽 저쪽 곧 진영 사방으로 각기 하룻길 되는 지면 위 두 규빗쯤에 내리게 한지라"(민 11:31). 메추라기는 유럽과 아프리카를 이동하는 철새인데, 이곳 신 광야와 호렙 북동쪽 바란 광야에서 1개월 동안 내렸습니다. "모세가 이르되 나와 함께 있는 이 백성의 보행자가 육십만 명이온데 주의 말씀이 한 달 동안 고기를 주어 먹게 하겠다 하시오니"(민 11:21).

만나에 대한 설명입니다. 그 이슬이 마른 후에 광야 지면에 작고 둥글며 서리 같이 가는 것이 있는지라 이스라엘 자손이 보고 그것이 무엇인지 알지 못하여 서로 이르되 이것이 무엇이냐 하니 모세가 그들에게 이르되 이는 여호와께서 너희에게 주어 먹게 하신 양식이라(출 16:14-15). 만나를 처음 본 이스라엘 자손들은 "이것이 무엇이냐"라고 물으며 의아해 하였습니다. "이것이 무엇이냐"라는 말은 히브리어로 만 후(מָן הוּא)라고 하는데, 여기에서 '만나'라는 이름이 파생되었습니다. 만나는 하나님이 초자연적인 방법으로 이스라엘에게 공급하신 하늘 양식으로 작고 둥근 낟알의 모습입니다. 이것은 자루나 바구니에 모을 수 있으며 찧거나 삶을 수 있었습니다. "만나는 깟씨와 같고 모양은 진주와 같은 것이라 백성이 두루 다니며 그것을 거두어 맷돌에 갈기도 하며 절구에 찧기도 하고 가마에 삶기도 하여 과자를 만들었으니 그 맛이 기름 섞은 과자 맛 같았더라"(민 11:7-8).

만나는 이스라엘이 여호와의 말씀에 순종하는 가에 대한 시험이었습니다. 곧 다음 날까지 양식을 남겨두지 않고 날마다 거두므로, 하나님께서 양식을 주실 것을 믿는지 그렇지 않은지 확인하는 믿음의 시험이었던 것입니다. 이에 대한 시편의 기록입니다. "그들에게 만나를 비 같이 내려 먹이시며 하늘 양식을 그들에게 주셨나니"(시 78:24). 모세가 하나님의 명령을 전합니다. 여호와께서 이같이 명령하시기를 너희 각 사람은 먹을 만큼만 이것을 거둘지니 곧 너희 사람 수효대로 한 사람에 한 오멜씩 거두되 각 사람이 그의 장막에 있는 자들을 위하여 거둘지니라 하셨느니라(출 16:16). "오멜"이란 본래 곡식을 측정하던 토기 사발이었는데, 후에 곡물의 양을 측정하는 단위로 쓰이게 되었습니다. 한 오멜은 십분의 일 에바이며, 약 22리터에 해당합니다.

백성들이 만나를 거둡니다. 이스라엘 자손이 그같이 하였더니 그 거둔 것이 많기도 하고 적기도 하나 오멜로 되어 본즉 많이 거둔 자도 남음이 없고 적게 거둔 자도 부족함이 없이 각 사람은 먹을 만큼만 거두었더라(출 16:17–18). 백성들이 만나를 거둘 때는 각기 분량이 달랐지만 이를 오멜로 측정했을 때는 각자에게 적합한 분량 곧 개인당 한 오멜이었습니다. 이같이 하나님은 각자에게 부족하거나 남지 않도록 일용할 양식을 적절하게 공급해 주셨습니다.[65] 후에 바울은 성도의 구제에 대하여 이 만나 사건을 예로 들면서 빈핍한 자들의 부족함을 채우는 것이 하나님의 뜻에 합당하다고 권면하였습니다. "이제 너희의 넉넉한 것으로 그들

65) Calvin은 이에 대해 이스라엘 백성들이 거둬들인 만나를 한 곳에 쌓아놓고 각자 한 오멜씩 가져갔을 때 결코 부족하거나 남지 않았다는 의미로 해석합니다. John Calvin, *Calvin's Old Testament Commentaries: Harmony of Exod., Lev., Deut., Numb Vol. I*, 278.

의 부족한 것을 보충함은 후에 그들의 넉넉한 것으로 너희의 부족한 것을 보충하여 균등하게 하려 함이라 기록된 것 같이 많이 거둔 자도 남지 아니하였고 적게 거둔 자도 모자라지 아니하였느니라"(고후 8:14-15).

모세의 말을 어긴 자들이 있었습니다. 모세가 그들에게 이르기를 아무든지 아침까지 그것을 남겨두지 말라 하였으나 그들이 모세에게 순종하지 아니하고 더러는 아침까지 두었더니 벌레가 생기고 냄새가 난지라 모세가 그들에게 노하니라(출 16:19-20). "아침까지 그것을 남겨두지 말라"고 한 것은 오늘의 양식에 감사하고 내일의 양식은 믿음으로 기다리라는 말입니다. 이는 전적으로 하나님만 의뢰하라는 의미로, 일용할 양식에 만족하고 일상에 필요한 모든 문제를 하나님께 맡기며 날마다 하나님을 의지하는 신앙으로 자라가게 하기 위함입니다. 예수님은 공중의 새와 들의 백합화의 비유로 일상생활의 모든 부분에서 하나님만 온전히 의지하는 삶을 가르쳐 주셨습니다. "그러므로 염려하여 이르기를 무엇을 먹을까 무엇을 마실까 무엇을 입을까 하지 말라 ~ 내일 일을 위하여 염려하지 말라 내일 일은 내일 염려할 것이요 한 날의 괴로움은 그 날로 족하니라"(마 6:31, 34). 예수님께서 우리에게 기도를 가르쳐 주실 때 "오늘날 우리에게 일용할 양식을 주옵시고"라고 하신 것은 매일 내리는 만나를 두고 하신 말씀입니다. 위의 "벌레가 생기고 냄새가 난 것"은 이튿날까지 남겨 놓은 자의 만나를 썩게 하셨다는 뜻으로, 하나님께서 불순종하는 자에게 내리신 징계의 결과입니다. 출애굽기에는 모세가 노하는 기록이 세 번 나타나는데,[66] 여기에서 모세가 이렇게 노한 것은 그

66) 다른 두 곳은 출 11:8과 출 32:19에 나타납니다. "왕의 모든 신하가 내게 내려와 절하며 이르기를 너와 너를 따르는 온 백성은 나가라한 후에야 내가 나가리라 하고 심히 노하여 바로에게서 나오니라"(출 11:8), "진에 가까이 이르러 그 송아지와 그 춤추는 것들

들이 하나님을 신뢰하지 못했기 때문입니다. 이스라엘에게 가장 중요한 것은 하나님의 인도와 보호하심을 깨닫고 전적으로 신뢰하는 것입니다.

만나는 날마다 하나님께서 이스라엘을 위하여 하늘에서 내리신 양식으로, 40년 광야생활 동안 그들이 하나님께 순종하든 불순종하든 끊임없이 주신 음식이었습니다. 만나와 메추라기의 공급은 이스라엘 백성들로 하여금 전적으로 하나님만 의지하고 사는 삶이 어떠한 것인가를 경험하게 하기 위한 것이었습니다.

만나와 안식일 준수

백성들이 아침마다 만나를 거둡니다. 무리가 아침마다 각 사람은 먹을 만큼만 거두었고 햇볕이 뜨겁게 쬐면 그것이 스러졌더라(출 16:21). "스러졌더라"는 만나가 햇볕을 받으면 녹아버린 것을 의미합니다. 본래 만나는 쪄서 먹을 수 있을 정도로 단단한 식물인데, 이같이 햇볕에 스러졌다는 것은 하나님의 초자연적 이적임을 알게 합니다. 제 육일에는 각자 두 오멜씩 거두게 됩니다. 여섯째 날에는 각 사람이 갑절의 식물 곧 하나에 두 오멜씩 거둔지라 회중의 모든 지도자가 와서 모세에게 알리매(출 16:22). 본문의 "하나에 두 오멜씩 거둔지라"는 말은 만나를 평소대로 거두었는데 각자 측량해 보니 두 오멜이 되었다는 의미입니다.

을 보고 크게 노하여 손에서 그 판들을 산 아래로 던져 깨뜨리니라"(출 32:19).

모세가 이틀분의 만나가 내린 이유를 전합니다. 모세가 그들에게 이르되 여호와께서 이같이 말씀하셨느니라 내일은 휴일이니 여호와께 거룩한 안식일이라 너희가 구울 것은 굽고 삶을 것은 삶고 그 나머지는 다 너희를 위하여 아침까지 간수하라(출 16:23). 안식일은 하나님께서 6일간의 창조를 마치시고 휴식하신 것을 기념하는 날로, 하나님께서 아담에게 주신 최초의 명령입니다. 그러나 이스라엘이 애굽에 거하는 동안 이를 지키지 못했기 때문에 이러한 명령을 주십니다. 안식일에는 모든 노동을 중단하고 하나님께 찬양과 경배를 드려야 하므로 6일째 되는 날 2일분의 만나를 내려주신 것입니다. 위의 "구울 것은 굽고 삶을 것은 삶고"라고 하신 것은 만나를 각자의 취향에 따라 요리해 먹으라는 것입니다. 안식일에는 어떠한 노동도 엄격하게 금지되었기 때문에 모든 만나는 다 요리한 후, 다음날 먹을 분량을 잘 간수해야 합니다. 이같이 안식일에 요리를 금하신 것은 안식일을 거룩히 지키는 일에 어떠한 방해도 없게 하며, 또한 하루 전부터 안식일의 의미를 기억하게 하기 위함입니다. 곧 안식일에 육신의 양식을 거두는 일이 아니라 영적인 양식을 얻는 일에 더욱 관심을 갖게 하신 것입니다.

만나가 평소와 달리 안식일에는 하루가 지나도 상하지 않았습니다. 그들이 모세의 명령대로 아침까지 간수하였으나 냄새도 나지 아니하고 벌레도 생기지 아니한지라 모세가 이르되 오늘은 그것을 먹으라 오늘은 여호와의 안식일인즉 오늘은 너희가 들에서 그것을 얻지 못하리라(출 16:24-25). 안식일에 들에 나가지 않게 하신 것은 단순히 육체적 휴식만을 위한 것이 아니라, 하나님께 예배드리며 영혼의 양식을 취하게 하려 하심입니다. 그럼에도 불구하고 백성 중 일부가 이 명령을 지키지 않았습니다. 엿새 동안은 너희가 그것을 거두되 일곱째 날은 안식일인즉 그 날에는 없으리라 하였으나 일곱째 날에 백성 중 어떤 사람들이 거두러 나갔다가 얻지 못하니라(출 16:26-27). 이에 하나님께서 안식일 율례를 범한 자들을 책망하십니다. 여호와께서 모세에게 이르시되 어느 때까지 너희가 내 계명과 내 율법을 지키지 아니하려느냐(출 16:28). 그러나 아직은 하나님께서 안식일을 범한 자들에게 벌을 내리시지 않고 권면하십니다.

하나님께서 안식일 준수를 다시 명하십니다. 볼지어다 여호와가 너희에게 안식일을 줌으로 여섯째 날에는 이틀 양식을 너희에게 주는 것이니 너희는 각기 처소에 있고 일곱째 날에는 아무도 그의 처소에서 나오지 말지니라 그러므로 백성이 일곱째 날에 안식하니라(출 16:29-30). 하나님께서 안식일 범한 자들을 징계하시지 않고 다시 이 규례를 반복하신 것은 아직 이 법이 율법으로 명문화되지 않았기 때문입니다. 이때는 율법의 준비 기간으로 백성들이 아직 하나님의 법에 대한 경각심이 없고, 또한 출애굽한 지 얼마 되지 않은 신앙의 초보단계이므로 그들을 어린아이처럼 대하십니다. 그러나 율법이 제정된 후 안식일을 범한 자는 죽음을 맞게 됩니다.[67] "이스라엘 자손이 광야에 거류할 때에 안식일에 어떤 사람이 나무하는 것을 발견한지라 ~ 여호와께서 모세에게 이르시되 그 사람을 반드시 죽일지니 온 회중이 진영 밖에서 돌로 그를 칠지니라"(민 15:32, 35). 이후로 이스라엘 백성들이 안식일을 준수하게 됩니다.

67) Stuart는 이 명령은 안식일에 만나를 구하는 것을 막기 위한 것이지 그들을 집 안에 가두려는 의도는 아니므로, 후에 바리새인들이 이 구절을 근거로 "안식일에 가기 적당한 거리"(Sabbath day's walk)를 규정한 것은 성경을 잘못 해석한 것이라 주장합니다. Douglas K. Stuart, *Exodus: The New American Commentary Vol. 2*, 383.

하나님은 시내산에서 율법을 공포하시기 전에 그 첫 단계로 안식일을 지키게 하셨습니다. 하나님께서 안식일에 양식 때문에 애쓰지 않도록 하신 것은 그들로 쉬게 하시며, 영적 양식을 취하고 하나님의 창조 사역을 기념하며 경배하도록 하기 위함입니다.

기념물: 만나

하나님께서 광야생활 내내 공급해 주신 만나에 대한 말씀입니다. 이스라엘 족속이 그 이름을 만나라 하였으며 깟씨 같이 희고 맛은 꿀 섞은 과자 같았더라(출 16:31). 만나는 흰 빛이 나는 회색의 작고 둥근 알맹이로 사람이 알 수 없고 인간의 지식으로 설명할 수 없는 하늘의 양식이었습니다. "만나는 깟씨와 같고 모양은 진주와 같은 것이라"(민 11:7). 신명기 말씀입니다. "너를 낮추시며 너를 주리게 하시며 또 너도 알지 못하며 네 열조도 알지 못하던 만나를 네게 먹이신 것은 사람이 떡으로만 사는 것이 아니요 여호와의 입에서 나오는 모든 말씀으로 사는 줄을 네가 알게 하려 하심이니라"(신 8:3). 예수님은 이 말씀을 인용하시어 마귀의 시험을 물리치셨습니다. "예수께서 대답하여 이르시되 기록되었으되 사람이 떡으로만 살 것이 아니요 하나님의 입으로부터 나오는 모든 말씀으로 살 것이라 하였느니라 하시니"(마 4:4).

하나님께서 만나를 오멜에 넣어 보관하라고 명하십니다. 모세가 이르되 여호와께서 이같이 명령하시기를 이것을 오멜에 채워서 너희의 대대 후손을 위하여 간수하라 이는 내가 너희를 애굽 땅에서 인도하여 낼 때에 광야에서 너희에게 먹인 양식을 그들에게 보이기 위함이니라 하셨다 하고(출 16:32). 실제로 이 명령은 성막이 완공된 이후에 행해집니다. 하나님께서 이를 기념물로 간직하게 하신 것은 그것을 볼 때마다 하나님의 은혜를 기억하게 하기 위함이며, 후손들 역시 같은 은혜를 체험하고 하나님을 경외하도록 하기 위함입니다.

모세가 아론에게 말합니다. 또 모세가 아론에게 이르되 항아리를 가져다가 그 속에 만나 한 오멜을 담아 여호와 앞에 두어 너희 대대로 간수하라(출 16:33). "여호와 앞에 두어"란 말은 '언약궤 안에 넣어 보관하라'는 의미입니다. 후에 언약궤 안에는 십계명이 기록된 두 돌판과 아론의 싹 난 지팡이와 만나가 함께 넣어져 기념물이 되었습니다. "금 향로와 사면을 금으로 싼 언약궤가 있고 그 안에 만나를 담은 금 항아리와 아론의 싹난 지팡이와 언약의 돌판들이 있고"(히 9:4). 그런데 솔로몬 성전에 언약궤가 안치될 때, 두 돌판 외에 다른 것은 소실되고 없었습니다. "그 궤 안에는 두 돌판 외에 아무것도 없으니 이것은 이스라엘 자손이 애굽 땅에서 나온 후 여호와께서 저희와 언약을 맺으실 때에 모세가 호렙에서 그 안에 넣은 것이더라"(왕상 8:9). 아론이 모세의 명대로 행합니다. 아론이 여호와께서 모세에게 명령하신 대로 그것을 증거판 앞에 두어 간수하게 하였고(출 16:34). 만나는 광야에서 이스라엘을 먹이시고 양육하신 하나님의 능력과 사랑을 후손에게 상기시켜 주는 증거물이 되었습니다. 그들은 항아리 속에 담겨진 만나를 볼 때마다 그들을 돌보신 하나님의 은혜의 손길을 느낄 수 있었습니다.

이스라엘은 40년 동안 만나를 먹었습니다. 사람이 사는 땅에 이르기까지 이스라엘 자손이 사십 년 동안 만나를 먹었으니 곧 가나안 땅 접경에 이르기까지 그들이 만나를 먹었더라(출 16:35). 만나가 처음 내린 때는 출애굽한 지 한 달이 되는 2월 15일이며, 만나가 그친 때는 요단을 건너기 직전인 출애굽 41년째 되는 해 유월절 직후인 1월 16일입니다. 만나는 이스라엘이 가나안에 들어가 처음으로 그 땅의 소산을 먹은 바로 다음날 그쳤습니다. "유월절 이튿날에 그 땅의 소산물을 먹되 그 날에 무교병과 볶은 곡식을 먹었더라 또 그 땅의 소산물을 먹은 다음날에 만나가 그쳤으니 이스라엘 사람들이 다시는 만나를 얻지 못하였고"(수 5:11-12). 만나는 정확한 연수로 이스라엘 백성들이 광야에서 39년 11개월 동안 먹고 살았던 하늘로부터 온 양식이었습니다. "하늘 양식으로 그들을 만족하게 하셨도다"(시 105:40). 이스라엘이 광야에서 수차례 하나님의 말씀에 불순종했지만 만나는 결코 중단된 적이 없었습니다. "주의 만나가 그들의 입에서 끊어지지 않게 하시고"(느 9:20).

이 만나는 하늘로부터 친히 이 땅에 오신 예수님을 예표합니다. 바울은 이 만나를 이스라엘 가운데 내려진 그리스도의 임재로 보았습니다. "다 같은 신령한 음식을 먹으며"(고전 10:3). 만나가 하늘에서 내린 초자연적이었던 것처럼 그리스도는 인류를 위한 생명의 양식으로서 하늘에서 내려온 떡입니다. 만나가 광야에서 값없이 내려주신 하나님의 선물인 것과 같이 그리스도는 하나님이 세상을 사랑하여 주신 은혜의 선물입니다. 예수님은 일시적 양식이었던 만나와 영원한 생명 양식인 자신을 비교하여 말씀하셨습니다. "내가 곧 생명의 떡이로다 너희 조상들은 광야에서 만나를 먹었어도 죽었거니와 이는 하늘에서 내려오는 떡이니 사람으로 하여금 먹고 죽지 아니하게 하는 것이니라 ~ 이것은 하늘에서 내려온 떡이니 조상들이 먹고도 죽은 그것과 같지 아니하여 이 떡을 먹는 자는 영원히 살리라"(요 6:48-58).

하나님은 광야에서 만나를 먹이시며 이스라엘 생존의 유일한 근거가 하나님이심을 알게 하셨습니다. "하늘에서 그들에게 떡을 주어 먹게 하였다 함과 같이 우리 조상들은 광야에서 만나를 먹었나이다"(요 6:31). **메마른 광야에서 이스라엘이 만나를 먹고 생명을 유지한 것처럼, 오늘날도 영적 만나이신 예수님을 통해서만 영생을 소유할 수 있습니다.**

반석에서 나온 물

이스라엘이 길을 떠납니다. 이스라엘 자손의 온 회중이 여호와의 명령대로 신 광야에서 떠나 그 노정대로 행하여 르비딤에 장막을 쳤으나 백성이 마실 물이 없는지라(출 17:1). 마라 사건(15장) 이후, 얼마 되지 않아 이스라엘이 또다시 물로 인하여 불평합니다. 위의 "여호와의 명령대로"란 구름 기둥을 따라 움직인 것을 말하며, "그 노정대로 행하여"란 그들이 하나님의 지시에 따라 목적지를 향하여 이동하였다는 것을 의미합니다. 곧 하나님께서 그들에게 장막 칠 곳과 나아갈 길을 가르쳐 주시며 인도하신 것을 말합니다. 당시 그들은 호렙과 에시온게벨을 거쳐 팔레스틴과 시리아로 향하는 대상로를 따라 움직였으며, 돕가와 알루스를 거쳐 이곳에 이르게 되었습니다. "신 광야를 떠나 돕가에 진을 치고 돕가를 떠나 알루스에 진을 치고 알루스를 떠나 르비딤에 진을 쳤는데 거기는 백성이 마실 물이 없었더라"(민 33:12-14). 이곳 "르비딤"은 '쉬는 장소'라는 뜻으로, 시내 산 북서쪽 20km 지점에 위치하며 호렙에서 하룻길 정도의 거리입니다. 이곳은 시내 산으로 가는 여정 중 마지막으로 진을 친 곳입니다.

백성들이 모세를 원망합니다. 백성이 모세와 다투어 이르되 우리에게 물을 주어 마시게 하라 모세가 그들에게 이르되 너희가 어찌하여 나와 다투느냐 너희가 어찌하여 여호와를 시험하느냐(출 17:2). "다투어"란 마치 폭력을 행사할 것처럼 백성들이 심하게 불평하는 모습을 가리킵니다. 하나님의 능력을 불신하며 원망하던 과거와는 달리, 직접 모세에게 항의합니다. 백성들은 물이 풍부했던 르비딤에서 물을 얻지 못하자 마라에서 쓴 물로 실망했던 것보다 더욱 낙담하게 되었습니다. 위의 "너희가 어찌하여 여호와를 시험하느냐"라는 말은 '여호와께서 우리 중에 계신지 아니 계신지'라는 의미로, 하나님의 존재를 의심하는 백성들을 책망하는 어투입니다. 이것은 하나님을 크게 노하시게 하는 행동으로 하늘의 만나를 경험한 후 이같이 하나님을 원망하는 것은 심히 잘못된 행위입니다. 이 때문에 하나님은 쓴 물이 있던 마라에서보다 물이 없는 르비딤에서 더 오래 기다리게 하셨습니다.

백성들이 거칠게 항의합니다. 거기서 백성이 목이 말라 물을 찾으매 그들이 모세에게 대하여 원망하여 이르되 당신이 어찌하여 우리를 애굽에서 인도해 내어서 우리와 우리 자녀와 우리 가축이 목말라 죽게 하느냐(출 17:3). 그들은 그동안 받은 하나님의 은혜를 잊어버리고 두려움 속에서 하나님을 불신합니다. 아무리 어렵고 힘든 상황이라 할지라도 하나님께서 어떠한 목적으로 이 일을 허락하셨는지 그 뜻을 깨닫는 지혜가 필요합니다. 모세가 하나님께 호소합니다. 모세가 여호와께 부르짖어 이르되 내가 이 백성에게 어떻게 하리이까 그들이 조금 있으면 내게 돌을 던지겠나이다(출 17:4). 이는 곧 돌 매질을 당할 험악한 분위기에 놓이게 된 당시 상황을 짐작케 합니다. 이처럼 모세는 백성들을 인도하면서 어려움을 당할 때마다 곧바로 하나님께 아뢰니다. 지금 모세가 드리는 기도는 단순한 기도가 아니라 울부짖음입니다. 백성들이 돌로 칠 것이라는 모세의 말에 하나님은 백성 앞을 지나가라고 하십니다. 여호와께서 모세에게 이르시되 백성 앞을 지나서 이스라엘 장로들을 데리고 나일 강을 치던 네 지팡이를 손에 잡고 가라(출 17:5). 이는 그들이 결코 모세를 치지 않을 것이며, 하나님은 당신의 종을 끝까지 보호하신다는 것을 보여주시기 위함입니다. 하나님은 심하게 항의하는 백성들은 남겨 놓고 이적의 증인이 될 장로들만 동행하게 하십니다. 모세의 지팡이는 하나님께서 함께 하고 계심을 보여주는 증표로 또다시 하나님의 큰 역사가 일어날 것임을 암시합니다.

하나님께서 기적을 베푸십니다. 내가 호렙 산에 있는 그 반석 위 거기서 네 앞에 서리니 너는 그 반석을 치라 그것에서 물이 나오리니 백성이 마시리라 모세가 이스라엘 장로들의 목전에서 그대로 행하니라(출 17:6). 본문에서 "네 앞에 서리니"란 하나님께서 그 바위에 서시겠다는 말씀입니다. 그 지정된 바위에서 물이 나왔습니다. 하나님께서 모세에게 "반석을 치라"고 하신 것은, 이 기적이 만나 사건과 마찬가지로 예수님의 구원 사역을 상징하는 사건임을 알게 합니다. 바울은 반석으로부터 흘러나온 물을 신령한 음료라고 말하면서, 이 물이 흘러나온 반석을 그리스도라고 가르칩니다. "다 같은 신령한 음료를 마셨으니 이는 그들을 따르는 신령한 반석으로부터 마셨으매 그 반석은 곧 그리스도시라"(고전 10:4). 주님은 사마리아 여인에게 영원토록 목마르지 아니한 생수를 주시겠다고 말씀하셨으며, 또한 누구든지 목마르거든 내게로 와서 마시라고 하셨습니다. "내가 주는 물을 마시는 자는 영원히 목마르지 아니하리니 내가 주는 물은 그 속에서 영생하도록 솟아나는 샘물이 되리라"(요 4:14), "예수께서 서서 외쳐 이르시되 누구든지 목마르거든 내게로 와서 마시라"(요 7:37). 반석이 때림을 당함으로 물을 낸 것은 예수님께서 매를 맞고 십자가에서 죽으심으로 구원 사역을 이루실 것을 예표합니다.

모세가 이곳을 므리바라 하였습니다. 그가 그곳 이름을 맛사 또는 므리바라 불렀으니 이는 이스라엘 자손이 다투었음이요 또는 그들이 여호와를 시험하여 이르기를 여호와께서 우리 중에 계신가 안 계신가 하였음이더라(출 17:7). "맛사"란 '시험' 이라는 뜻이며, "므리바"는 '다툼' 이라는 뜻입니다. 이는 이스라엘이 "여호와께서 우리 중에 계신가 아닌가"라고 불평하며 하나님을 시험하였기 때문에 그들의 불신앙을 기억하기 위해 붙여진 이름입니다. "너희는 므리바에서와 같이 또 광야의 맛사에서 지냈던 날과 같이 너희 마음을 완악하게 하지 말지어다"(시 95:8). 지금까지 이스라엘은 애굽 군대의 추격을 받을 때, 마라에서 물을 마시지 못할 때, 신 광야에서 먹을 것이 없을 때, 그리고 이곳에서 하나님을 대적하였습니다. 이스라엘은 어려움을 당할 때마다 하나님을 원망하지만 하나님은 한결같은 사랑으로 그들의 요구를 들어주셨습니다. "여호와께서 그들을 사막으로 통과하게 하시던 때에 그들이 목마르지 아니하게 하시되 그들을 위하여 바위에서 물이 흘러나게 하시며 바위를 쪼개사 물이 솟아나게 하셨느니라"(사 48:21). 이같이 이스라엘이 하나님을 잘 알지 못할 때에는 그들의 투정을 받아주셨습니다.

하나님의 많은 기적을 체험하고도 계속 불신하는 이스라엘은 강퍅하여 끝까지 거역했던 바로와 같습니다. 이렇듯 이스라엘은 끊임없이 실패하지만 하나님의 은혜와 인도하심은 변함이 없습니다. 그들은 만나와 반석의 물을 통해 하나님이 언제나 자기들과 함께 계시며 생존을 책임지시는 분임을 깨닫게 되었습니다.

아말렉과의 전쟁

출애굽 이후 이스라엘이 처음으로 적과 싸우게 됩니다. 그 때에 아말렉이 와서 이스라엘과 르비딤에서 싸우니라(출 17:8). "그 때"란 이스라엘이 반석에서 물을 얻어 갈증을 해소했을 때를 말합니다. "아말렉"은 에서의 손자인 아말렉의 후손들로 약탈을 일삼던 매우 호전적인 족속입니다. "에서의 아들 엘리바스의 첩 딤나는 아말렉을 엘리바스에게 낳았으니"(창 36:12). 유목생활을 하는 아말렉은 우기인 하반기에는 팔레스틴 남방이나 시내 반도 저지대에 거주하다가 건기인 봄과 여름에는 목초지가 많은 고원지대로 이주하는데, 이스라엘이 자신들의 목초지를 차지하지 않을까 우려하여 공격한 것입니다. 그들은 더위와 긴 여행으로 지친 이스라엘을 쳤는데, 힘없는 노인들과 여자들이 밀집되어 있는 후미를 공격하였습니다. "너희는 애굽에서 나오는 길에 아말렉이 네게 행한 일을 기억하라 곧 그들이 너를 길에서 만나 네가 피곤할 때에 네 뒤에 떨어진 약한 자들을 쳤고 하나님을 두려워하지 아니하였느니라"(신 25:17-18). 하나님은 후에 이 사건으로 인해 비열한 그들을 도말하라고 명령하십니다.[68] "너는 천하에서 아말렉에 대한 기억을 지워버리라"(신 25:19).

모세가 그의 수종자 눈의 아들 여호수아에게 명합니다. 모세가 여호수아에게 이르되 우리를 위하여 사람들을 택하여 나가서 아말렉과 싸우라 내일 내가 하나님의 지팡이를 손에 잡고 산꼭대기에 서리라(출 17:9). "여호수아"는 '여호와는 구원이시라'는 뜻이며, 모세가 '호세아'를 여호수아로 개명하였습니다. "모세가 눈의 아들 호세아를 여호수아라 불렀더라"(민 13:16). 지금 광야생활의 시작에 여호수아가 선봉에 선 것은 그가 모세의 신임을 받고 있다는 것을 나타냅니다. 본문의 "사람들을 택하여"란 이스라엘이 출애굽한 지 얼마 되지 않아 적과 싸울 준비가 전혀 안 되어 있지만, 하나님을 의지하는 믿음으로 아말렉과 싸울 전사들을 무리 가운데서 택하라는 말입니다. 모세가 "하나님의 지팡이"를 언급합니다. 그 지팡이는 비록 모세가 잡고 있지만 모세의 지팡이가 아니라 하나님의 지팡이로 하나님께서 그들과 함께 하신다는 표현입니다. 그리고 "산꼭대기에 서리라"는 산 위에서 기도하겠다는 의미로,

68) 사울 시대에도 아말렉과 싸웠는데, 사울이 진멸을 명한 하나님의 명령을 어기고 아각 왕과 좋은 짐승들을 살린 것이 하나님께로부터 그가 버림받은 이유 중 하나입니다. "사울과 백성이 아각과 그의 양과 소의 가장 좋은 것 또는 기름진 것과 어린 양과 모든 좋은 것을 남기고 진멸하기를 즐겨 아니하고"(삼상 15:9). 히스기야 때 시므온 자손이 아말렉 사람들을 거의 진멸하였습니다. "시므온 자손 중에 오백 명이 ~ 세일 산으로 가서 피신하여 살아남은 아말렉 사람을 치고 오늘까지 거기에 거주하고 있더라"(대상 4:42-43). 에스더서의 하만은 아말렉의 마지막 후손이었습니다. "아각 사람 하만이 ~ 유다인을 살해하려 하므로 나무에 매달렸고"(에 8:3, 7).

모세가 여호수아를 전장에 내보내는 동시에 자신은 영적 전선에 나서겠다는 선언입니다.

모세의 기도가 계속될 동안은 하나님께서 이기게 하셨지만 기도가 잠시 중단되면 이스라엘이 패하게 되었습니다. 여호수아가 모세의 말대로 행하여 아말렉과 싸우고 모세와 아론과 훌은 산꼭대기에 올라가서 모세가 손을 들면 이스라엘이 이기고 손을 내리면 아말렉이 이기더니(출 17:10-11). 이는 기도의 능력을 보여주며 모든 일에 기도하는 일이 가장 귀한 것임을 알게 합니다. "너희 중의 두 사람이 땅에서 합심하여 무엇이든지 구하면 하늘에 계신 내 아버지께서 그들을 위하여 이루게 하시리라"(마 18:19). "훌"은 '존귀함'이라는 뜻으로 유다의 증손이며 갈렙의 아들입니다. 유대 전승에 의하면 모세의 누이인 미리암의 남편이었다고 합니다.[69] 후에 그는 모세가 율법을 수여받기 위해 시내 산으로 향할 때 아론과 함께 백성을 돌보게 됩니다. 또한 훌은 성막 건축에 크게 기여한 브살렐의 할아버지입니다. 위의 "손을 들면"이란 혼신을 다하여 드리는 기도를 의미하는데, 성경에는 기도의 표현으로 손을 들어 간구하는 것이 언급되고 있습니다. "이 성전을 향하여 손을 펴고 무슨 기도나 무슨 간구를 하거든"(대하 6:29). 본문은 기도를 잠시 쉬는 것이 영적 생활에 얼마나 치명적인지를 깨닫게 하며, 하나님을 의지하는 것만이 승리의 유일한 조건임을 분명히 알게 합니다.

아론과 훌이 모세의 팔을 부축하였습니다. 모세의 팔이 피곤하매 그들이 돌을 가져다가 모세의 아래에 놓아 그가 그 위에 앉게 하고 아론과 훌

69) William Whiston tr., *Josepus: Complete Works*, Antiquities of the Jews III. ii., 68.

이 한 사람은 이쪽에서, 한 사람은 저쪽에서 모세의 손을 붙들어 올렸더니 그 손이 해가 지도록 내려오지 아니한지라(출 17:12). "내려오지 아니한지라"는 아론과 훌이 계속 모세의 팔을 받쳐 세우고 있었음을 의미합니다. 모세가 기도하는 자세로 손을 들면 이스라엘이 이기고, 내리면 패하는 상황을 통해 승리는 오직 하나님께만 있음을 깨닫게 하셨습니다. "또 여호와의 구원하심이 칼과 창에 있지 아니함을 이 무리에게 알게 하리라 전쟁은 여호와께 속한 것인즉 그가 너희를 우리 손에 넘기시리라"(삼상 17:47). 마침내 이스라엘이 승리합니다. 여호수아가 칼날로 아말렉과 그 백성을 쳐서 무찌르니라(출 17:13). 여호수아의 활약상이 분명히 드러나고 있습니다. 그러나 원문에는 12절에 이어지는 13절 초두에 '그리고'라는 접속사가 있어 여호수아가 아말렉을 파한 것이 그의 능력이 아니라 모세의 기도의 결과로 된 것임을 나타냅니다.

이 전쟁은 출애굽 후 이스라엘의 첫 전투이며 첫 승리입니다. 여호와께서 모세에게 이르시되 이것을 책에 기록하여 기념하게 하고 여호수아의 귀에 외워 들리라 내가 아말렉을 없이하여 천하에서 기억도 못 하게 하리라(출 17:14). 하나님은 전쟁에 익숙치 못한 그들이 하나님의 능력으로 아말렉을 이겼기 때문에 이를 기념하라고 하셨습니다. "책에 기록하여"란 이스라엘의 승리의 비결은 하나님의 도우심에 있다는 것을 기억하여서 후대에도 전하게 하라는 말씀입니다. "여호수아의 귀에 외워 들리라"고 하신 것은 여호수아에게 자신의 능력으로 승리를 얻은 것이 아니라 오직 하나님의 도우심에 의한 것임을 알리고, 가나안 전쟁에서도 승리의 확신을 갖도록 하기 위함입니다. 이처럼 여호수아는 모세의 후계자로서 준비되어 가고 있습니다. 여기서 "없이하여"란 아말렉 족속을 철저히 멸망시키시겠다는 뜻입니다. 이는 그들이 하나님을 경홀히 여겨 하나님의 백성 곧 장기간 여행으로 지친 형제 족속을 비겁하게 공격하였기 때문입니다. 이를 통해 하나님은 이스라엘을 위해 싸우신다는 사실을 그들로 확신케 하셨으며, 언제나 이스라엘과 함께 하실 뿐만 아니라 그들을 지키고 보호하신다는 사실을 분명히 깨닫게 하셨습니다. 이와 같이 이스라엘은 하나님에 대한 지식을 쌓아가며 조금씩 성장하여 하나님을 올바르게 섬기는 훈련을 받고 있습니다.

이전에 모세는 하나님께 찬양으로 영광을 돌렸는데, 지금은 감사제사를 드리며 승리의 영광을 하나님께 돌립니다. 모세가 제단을 쌓고 그 이름을 여호와 닛시라 하고 이르되 여호와께서 맹세하시기를 여호와가 아말렉과 더불어 대대로 싸우리라 하셨다 하였더라(출 17:15-16). "여호와 닛시"란 '여호와는 나의 깃발'이라는 뜻으로, 이스라엘이 여호와를 깃발로 삼았기 때문에 하나님께서 이스라엘에게 승리를 주셨다는 의미입니다. 깃발은 군대의 소집이나 행진과 전령을 전할 때 주로 사용되었습니다. "이스라엘 자손이 ~ 각기 종족과 조상의 가문에 따르며 자기들의 기를 따라 진 치기도 하며 행진하기도 하였더라"(민 2:34). 본문의 '깃발'은 하나님의 구원과 인도, 궁극적으로는 그리스도를 의미합니다. "그 날에 이새의 뿌리에서 한 싹이 나서 만민의 기치로 설 것이요 열방이 그에게로 돌아오리니"(사 11:10). 또한 "대대로 싸우리라"는 말씀은 아말렉을 완전히 멸하시겠다는 의미입니다.

전쟁은 하나님께 속한 것으로 하나님께서 승리하게 하십니다. 이스라엘을 공격한 아말렉은 하나님의 형벌을 피할 수 없게 되었는데, 후에 사무엘과 시므온 지파에 의해 실행됩니다. "사무엘이 ~ 여호와 앞에서 아각을 찍어 쪼개니라"(삼상 15:33), "또 시므온 자손 중에 오백 명이 ~ 아말렉 사람을 치고"(대상 4:42-43).

이드로의 방문

이드로가 모세의 소식을 들었습니다. 모세의 장인이며 미디안 제사장인 이드로가 하나님이 모세에게와 자기 백성 이스라엘에게 하신 일 곧 여호와께서 이스라엘을 애굽에서 인도하여 내신 모든 일을 들으니라(출 18:1). "미디안"은 아브라함의 후처인 그두라의 아들 미디안의 후손이며, 이드로는 겐 족속으로 시내 반도에서 유목 생활을 하던 한 무리의 제사장입니다. "모세의 장인은 겐 사람이라"(삿 1:16). 이드로가 모세의 가족들을 데리고 왔습니다. 모세의 장인 이드로가 모세가 돌려보냈던 그의 아내 십보라와 그의 두 아들을 데리고 왔으니 그 하나의 이름은 게르솜이라 이는 모세가 이르기를 내가 이방에서 나그네가 되었다 함이요 하나의 이름은 엘리에셀이라 이는 내 아버지의 하나님이 나를 도우사 바로의 칼에서 구원하셨다 함이더라(출 18:2-4). 모세의 아들들의 이름에는 하나님의 언약을 의지하는 모세의 신앙고백이 내포되어 있습니다. 여기서 "도우사"는 하나님께서 감싸시듯 빈틈없이 보호하시는 것을 의미합니다.

모세가 그들을 맞이합니다. 모세가 나가서 그의 장인을 맞아 절하고 그에게 입 맞추고 그들이 서로 문안하고 함께 장막에 들어가서 모세가 여호와께서 이스라엘을 위하여 바로와 애굽 사람에게 행하신 모든 일과 길에서 그들이 당한 모든 고난과 여호와께서 그들을 구원하신 일을 다 그 장인에게 말하매(출 18:7-8). "문안하고"란 '평안을 묻다' 라는 뜻으로, 하나님 안에서 평화를 원하는 이스라엘 사람들의 통상적 인사인 '샬롬' 입니다. 모세는 장인에게 출애굽하고 2개월이 지나는 동안 겪었던 많은 사건들에 대하여 이야기합니다. 곧 애굽에 내린 열 가지 재앙으로부터 아말렉을 물리치기까지 하나님께서 이스라엘을 위해 행하신 은혜와 능력을 증거합니다. 이에 이드로가 하나님을 찬양합니다. 이드로가 이르되 여호와를 찬송하리로다 너희를 애굽 사람의 손에서와 바로의 손에서 건져내시고 백성을 애굽 사람의 손 아래에서 건지셨도다 이제 내가 알았도다 여호와는 모든 신보다 크시므로 이스라엘에게 교만하게 행하는 그들을 이기셨도다 하고(출 18:10-11). "찬송하리로다"(בָּרַךְ, 바라크)는 무릎 꿇고 하나님께 경배하며 송축하는 행위를 말합니다.[70] 본문에서 "이제"란 이드로가 이전에는 하나님을 여러 다른 신들 가운데 한 분으로 이해했었지만, 지금은 하나님만이 세상의 주관자가 되시는 유일한 분이심을 깨닫게 되었다는 의미입니다.

이드로가 하나님께 제사를 드립니다. 모세의 장인 이드로가 번제물과 희생 제물들을 하나님께 가져오매 아론과 이스라엘 모든 장로가 와서 모세의 장인과 함께 하나님 앞에서 떡을 먹으니라(출 18:12). "번제물과 희생제물들"은 번제만이 아니라 다른 감사 제사도 함께 드렸다는 것을 말합니다. 번제는 제물을 온전히 태워서 드리는 제사로 드리는 이의 헌

70) Francis Brown ed., *BDB*, 138.

신을 상징하며, 예수 그리스도의 대속 사역을 예표하는 희생 제사입니다. 아직 이스라엘에는 제사장이 없으므로, 비록 이드로가 이방의 제사장이었지만 하나님을 섬기기로 작정하고 자신이 제사장이 되어 경배와 감사의 제사를 드립니다. 마치 이방인인 멜기세덱이 하나님의 대제사장으로 인정을 받은 것과 같습니다. "살렘 왕 멜기세덱이 떡과 포도주를 가지고 나왔으니 그는 지극히 높으신 하나님의 제사장이었더라"(창 14:18). 이드로가 희생 제사 후에 사람들과 음식을 함께 나누어 먹은 것은 하나님 안에서의 친교를 상징합니다.

이드로는 모세를 통하여 여호와 신앙을 갖게 된 이방인으로, 비록 이방인이라 하더라도 하나님 백성의 반열에 설 수 있다는 것을 보여줍니다. 이는 오늘날 유대인이나 이방인이나 모든 사람이 예수 그리스도를 믿기만 하면 영생을 얻게 되는 구원의 교리를 보여줍니다.

이스라엘의 조직제도

모세가 처리해야 할 문제가 산적해 있습니다. 이튿날 모세가 백성을 재판하느라고 앉아 있고 백성은 아침부터 저녁까지 모세 곁에 서 있는지라(출 18:13). 당시는 이스라엘에 행정조직이 갖추어지기 이전이므로 종교 문제만이 아니라 사사로운 민사 소송까지도 모세 혼자 감당해야 했습니다. 이를 지켜본 이드로가 묻습니다. 모세의 장인이 모세가 백성에게 행하는 모든 일을 보고 이르되 네가 이 백성에게 행하는 이 일이 어찌 됨이냐 어찌하여 네가 홀로 앉아 있고 백성은 아침부터 저녁까지 네 곁에 서 있느냐(출 18:14). 당시 그토록 많은 백성들의 문제를 홀로 처리해야 했던 모세의 고충을 엿볼 수 있습니다. 모세의 대답입니다. 모세가 그의 장인에게 대답하되 백성이 하나님께 물으려고 내게로 옴이라 그들이 일이 있으면 내게로 오나니 내가 그 양쪽을 재판하여 하나님의 율례와 법도를 알게 하나이다(출 18:15-16). 여기서 "물으려고"란 백성들이 모세를 하나님의 대언자로 생각하였기 때문에 그로부터 하나님의 판결을 듣기 위해 온다는 의미입니다. 모세 이후 이러한 역할은 선지자들이 담당하여 하나님께로부터 계시를 받아 백성에게 전하였습니다. "율례와 법도"란 당시 율법이 수여되기 전이므로 모세가 하나님 법의 전달자로서 사항에 따라 원리를 가르쳤으나, 율법이 주어진 후에는 지도자들이 이 법을 각각의 경우에 적용하였습니다.

이드로가 방법을 제시합니다. 이제 내 말을 들으라 내가 네게 방침을 가르치리니 하나님이 너와 함께 계실지로다 너는 하나님 앞에서 그 백성을 위하여 그 사건들을 하나님께 가져오며 그들에게 율례와 법도를 가르쳐서 마땅히 갈 길과 할 일을 그들에게 보이고(출 18:19-20). "하나님이 너와 함께 계실지로다"란 하나님께서 모세를 감동시켜 자신의 제안에 따르기를 원한다는 의미입니다. "하나님께 가져오며"란 혼자 판결하기 어려운 사건은 하나님께 그 뜻을 물어 해결하라는 말입니다. 그 예로 모세가 슬로브핫 딸들의 상속 문제로 하나님께 여쭌 것입니다. "모세가 그 사연을 여호와께 아뢰니라 여호와께서 모세에게 말씀하여 이르시되 슬로브핫 딸들의 말이 옳으니 ~ 사람이 죽고 아들이 없으면 그의 기업을 그의 딸에게 돌릴 것이요 ~ 나 여호와가 너 모세에게 명령한 대로 이스라엘 자손에게 판결의 규례가 되게 할지니라"(민 27:5-11). 이드로는 모세에게 먼저 백성들에게 율례와 법도를 가르치라고 권면하며, 백성들에게 "마땅히 갈 길" 곧 그들의 의무와, "할 일" 곧 각 개인의 임무를 가르치게 하였습니다.

이드로가 재판관들의 자격과 조직의 구성을 제안합니다. 너는 또 온 백성 가운데서 능력 있는 사람들 곧 하나님을 두려워하며 진실하며 불의한 이익을 미워하는 자를 살펴서 백성 위에 세워 천부장과 백부장과 오십부장과 십부장을 삼아 그들이 때를 따라 백성을 재판하게 하라 큰 일은 모두 네게 가져 갈 것이요 작은 일은 모두 그들이 스스로 재판할 것이니 그리하면 그들이 너와 함께 담당할 것인즉 일이 네게 쉬우리라(출 18:21-22). "능력 있는 사람들"이란 재주와 덕망을 갖춘 자로서 하나님의 권위에 복종하는 자들입니다. "두려워하며"란 하나님을 공경하며 겸손히 섬기는 자를 말하며, "진실하며"란 거짓이 없고 신뢰감을 줄 수 있는 자를 말합니다. 또한 "불의한 이익"이란 협박해서 빼앗는 것을 뜻하며, 이를 "미워하는 자"란 청렴결백하고 청빈한 자를 말합니다. 이드로는 이러한 자들로 백성의 재판관을 삼으라고 조언합니다. "천부장과 백부장과 오십부장과 십부장"이란 행정 조직으로 1,000명, 100명, 50명, 10명에 한 사람씩 임명하는 책임자를 말합니다. 이 조직은 행정과 사법만이 아니라 전투를 위한 군사조직 체제이기도 합니다. 이같이 하나님은 필요한 때에 적절한 사람을 보내어 모세를 돕게 하십니다.

이드로의 신앙을 엿볼 수 있습니다. 네가 만일 이 일을 하고 하나님께서도 네게 허락하시면 네가 이 일을 감당하고 이 모든 백성도 자기 곳으로 평안히 가리라(출 18:23). 이드로는 이 일에 반드시 하나님의 승인이 있어야 한다고 하며 하나님의 권위를 인정합니다. 또한 이같이 한다면 이스라엘이 약속의 땅인 가나안에 이르도록 큰 어려움이나 불편이 없을 것이라고 말합니다. 모세가 이드로의 충고를 받아들입니다. 이에 모세가 자기 장인의 말을 듣고 그 모든 말대로 하여 모세가 이스라엘 무리 중에서 능력 있는 사람들을 택하여 그들을 백성의 우두머리 곧 천부장과 백부장과 오십부장과 십부장을 삼으매(출 18:24-25). 모세가 하나님의 허락하심을 받고 이드로의 제안대로 행정 체계를 세워 40년 동안 광야생활을 이끌어 가게 됩니다. 본문의 "능력"이란 공적인 일을 감당할 수 있는 경제적, 도덕적, 지적인 힘을 말합니다. "택하여"란 모세가 직접 그들을 임명한 것이 아니라 각 지파나 족속이 추천한 자들을 모세가 승인한 것을 의미합니다. "너희의 각 지파에서 지혜와 지식이 있는 인정 받는 자들을 택하라 내가 그들을 세워 너희 수령을 삼으리라 한즉"(신 1:13). 그들은 재판관이자 백성의 두령으로, 행군이나 전투 시 백성들을 책임지고 통솔하는 군대장관이기도 하였습니다. "모세가 군대의 지휘관 곧 싸움에서 돌아온 천부장들과 백부장들에게 노하니라"(민 31:14).

이에 백성들이 중요한 사안들만을 모세에게 가져옴으로써 그의 수고를 덜어주게 되었습니다. 그들이 때를 따라 백성을 재판하되 어려운 일은 모세에게 가져오고 모든 작은 일은 스스로 재판하더라(출 18:26). 후에 이드로는 자기 고향으로 돌아갔습니다. 이후 겐 족속은 이드로의 후예로 특별한 보호를 받게 됩니다. "사울이 겐 사람에게 이르되 아말렉 사람 중에서 떠나 가라 그들과 함께 너희를 멸하게 될까 하노라 이스라엘 모든 자손이 애굽에서 올라올 때에 너희가 그들을 선대하였느니라"(삼상 15:6).

하나님은 이드로를 통하여 모세로 하여금 이스라엘의 행정조직을 체계적으로 확립하게 하셨습니다. 백성의 지도자로서 가장 중요한 자질은 무엇보다 하나님을 두려워하는 것이었습니다. 이제 백성들은 신속하고 능률적인 행정조직의 혜택을 누릴 수 있게 되었으며, 이스라엘 공동체는 점차 안정되어 가고 있었습니다.

시내 산에서 받은 율법

제10장

십계명

시내 산에 도착한 이스라엘

하나님께서 이스라엘을 애굽에서 구해 내신 후 시내 산[71]으로 인도하셨는데, 이는 이스라엘과 언약을 맺어 여호와는 이스라엘의 하나님이 되고 이스라엘은 여호와의 백성이 되는 관계로 들어가기 위한 것입니다. 이스라엘은 출애굽한 지 두 달 만에 시내 광야에 도착하여 약 1년을 머물면서 하나님의 백성으로 살아가는 훈련을 받게 됩니다. 그리하여 하나님의 율법을 받고 하나님의 처소인 성막을 짓게 됩니다.

71) 시내 산과 호렙 산을 하나님의 산으로 동일시하는 것처럼 보이는 곳이 있지만 그렇지 않는 경우도 많이 있습니다. 이스라엘이 신 광야를 떠난 후(17:1) 르비딤에서 반석의 물이 나게 한 곳이 호렙 산으로(17:5-6) 아직 시내 산이 있는 시내 광야에는 도착하지 않았기 때문에(19:1,2), 호렙 산과 시내 산을 다른 두 산으로 보기도 합니다. 그러나 '호렙'은 히브리어로 '메마른, 황폐한'이라는 의미를 가지며, '시내(Sinai)'와 번갈아 쓰입니다. 성경에서는 두 지명 사이에 지리적인 차이는 보이지 않으며, 두 곳이 같은 곳일 수도 있습니다. 그럴 경우에 호렙은 시내 산의 광야지역을 가리키는 말이거나 산맥의 이름이고, 시내는 그 중의 어느 한 봉우리인 것으로 해석할 수 있습니다. Nahum M. Sarna, *Exploring Exodus*, 38.

이스라엘 역사의 시작인 시내 산 언약에 대한 내용입니다. 이스라엘이 시내 산 앞 광야에 장막을 쳤습니다. 이스라엘 자손이 애굽 땅을 떠난 지 삼 개월이 되던 날 그들이 시내 광야에 이르니라 그들이 르비딤을 떠나 시내 광야에 이르러 그 광야에 장막을 치되 이스라엘이 거기 산 앞에 장막을 치니라(출 19:1-2). "삼 개월이 되던 날"이란 이스라엘이 출애굽한 날로부터 3개월째 되는 날을 말합니다. 유대력은 출애굽한 1월 15일을 해의 시작으로 보므로, 태양력으로는 6, 7월경에 해당됩니다. 이스라엘이 시내 산 곧 오늘날 '모세의 산'(Gebel Musa) 남동쪽 10km 지점인 '세바예'(Sebayeh) 계곡에 진을 쳤습니다. 이스라엘은 이곳에서 언약을 통해 하나님의 백성이 되며 율법을 수여받아 신정국가의 기반을 다지게 됩니다. 그들은 시내에서 11개월을 넘게 살게 되는데, 이 기간 동안에 그들은 언약을 세우고 율법을 받으며 성막을 짓게 됩니다.[72]

모세가 하나님께로 갑니다. 모세가 하나님 앞에 올라가니 여호와께서 산에서 그를 불러 말씀하시되 너는 이같이 야곱의 집에 말하고 이스라엘 자손들에게 말하라(출 19:3). 원문에 보면 이 문장의 맨 앞에 '그리고'란 접속사가 있는데, 이는 이스라엘이 시내 산에 도착한 바로 그날 모세가 하나님께로 올라간 것을 나타냅니다. "하나님 앞에 올라가니"란 모세가 출애굽 전부터 이곳에서 하나님을 섬기게 될 것임을 알고 있었

72) 출애굽기 1-18장은 이스라엘이 출애굽(주전 1446년, 1월 15일)하여 시내 산에 이르는(3월 15일) 2달 간의 기록이며, 19-40장은 율법이 제정되고 성막 건립 후 시내 산을 떠날 때(주전 1445년 2월 20일)까지 약 11개월 5일 동안의 기록입니다. "둘째 해 둘째 달 스무날에 구름이 증거의 성막에서 떠오르매 이스라엘 자손이 시내 광야에서 출발하여 사기 길을 가더니"(민 10:11 12).

다는 사실을 보여주는 것으로, 이는 하나님께서 모세를 부르셨을 때 주셨던 예언이 성취되는 첫 단계입니다. "네가 그 백성을 애굽에서 인도하여 낸 후에 너희가 이 산에서 하나님을 섬기리니 이것이 내가 너를 보낸 증거니라"(출 3:12). 모세가 이곳에 장막을 친 뒤 산으로 올라간 것은 이스라엘이 어떻게 하나님을 경배해야 할 것인지 계시 받기 위해서입니다. 본문의 "야곱의 집"이란 하나님께서 율법을 수여하시기 전에 이스라엘이 하나님의 언약 백성임을 다시 상기시키는 말입니다.

하나님께서 이스라엘을 향한 사랑을 나타내십니다. 내가 애굽 사람에게 어떻게 행하였음과 내가 어떻게 독수리 날개로 너희를 업어 내게로 인도하였음을 너희가 보았느니라(출 19:4). "독수리 날개로 너희를 업어"란 하나님께서 사랑과 능력으로 이스라엘을 구속하셨음을 나타내는 표현으로, 이스라엘을 해방시키신 하나님의 권능을 실감하게 합니다. "마치 독수리가 자기의 보금자리를 어지럽게 하며 자기의 새끼 위에 너풀거리며 그의 날개를 펴서 새끼를 받으며 그의 날개 위에 그것을 업는 것 같이 여호와께서 홀로 그를 인도하셨고 그와 함께 한 다른 신이 없었도다"(신 32:11-12). "보았느니라"는 말씀은 단순히 보는 것만이 아니라 실제로 경험을 통해 깨달아 아는 것을 의미합니다. 곧 이스라엘이 여러 이적과 기사들을 체험하고 살아계신 하나님의 존재를 눈으로 본 것같이 생생하게 느꼈다는 말씀입니다.

하나님께서 이스라엘과 맺으신 약속입니다. 세계가 다 내게 속하였나니 너희가 내 말을 잘 듣고 내 언약을 지키면 너희는 모든 민족 중에서 내 소유가 되겠고(출 19:5). "내 언약"이란 하나님께서 주실 율법을 말합니다. '언약'이란 약속을 뜻하는데, 이를 어길 경우 죽음이 따른다는 사실을 각인시키기 위해 동물을 자르는 의식이 수반되었습니다.[73] "송아지를 둘로 쪼개고 그 두 조각 사이로 지나매 내 앞에 언약을 맺었으나 그 말을 실행하지 아니하여 내 계약을 어긴 그들을 ~ 내가 그들의 원수의 손과 그들의 생명을 찾는 자의 손에 넘기리니 그들의 시체가 공중의 새와 땅의 짐승의 먹이가 될 것이며"(렘 34:18-20). 하나님의 백성이 될 수 있는 조건은 그들이 하나님의 법에 순종하느냐의 여부에 달려 있습니다. 본문의 "소유"란 매우 값진 보물을 말하는 것으로 세상 모든 민족이 다 하나님의 것이지만, 특별히 이스라엘은 하나님께서 선택하셨으므로 그들이 언약을 지키면 하나님께서 저들을 아끼고 보호해 주시겠다는 의미입니다. 선지자 말라기는 신약의 성도들을 가리켜 '나의 특별한 소유'라고 말합니다. "만군의 여호와가 이르노라 나는 내가 정한 날에 그들을 나의 특별한 소유로 삼을 것이요 또 사람이 자기를 섬기는 아들을 아낌같이 내가 그들을 아끼리니"(말 3:17).

하나님은 율법을 주시기 전에 이스라엘과 언약하심으로 세상의 어떤 민족도 누리지 못한 영광을 부여하셨습니다. 시내 산 언약은 그리스도의 길을 예비하는 것으로 출애굽기의 핵심이며, 이스라엘에게 역사적 사건입니다. 하나님은 이곳에서 이스라엘이 하나님을 예배하는 백성이 되기 위한 훈련을 받게 하십니다.

---

73) 성경에서 '언약(בְּרִית, 베리트)'이란 '쪼개다'라는 말에서 파생되었으며, 당사자 간의 엄숙한 언약의 표시로 짐승을 잡아 둘로 쪼갠 후 그 사이를 지나면서 맹세를 합니다. 여기에는 언약의 불이행시 희생된 짐승처럼 죽음을 담보한다는 의미가 담겨져 있습니다.

하나님의 언약 백성

이스라엘은 제사장 나라입니다. 너희가 내게 대하여 제사장 나라가 되며 거룩한 백성이 되리라 너는 이 말을 이스라엘 자손에게 전할지니라(출 19:6). "제사장"은 하나님께 봉헌하는 자로 하나님과 사람들 사이에서 중보자 역할을 하며, "제사장 나라"란 하나님을 섬기고 그 앞에 나아가며 다른 민족을 위한 중보적 기능을 수행합니다. 이는 이스라엘이 선택된 민족으로서 하나님과 열방 사이를 중재하는 제사장이 되며 그들을 다스리는 왕권을 가지게 된다는 말입니다. 하나님께서 이스라엘을 선택하신 궁극적 목적은 온 세상을 향한 것으로 아브라함에게 주신 말씀과 일치합니다. "내가 너로 큰 민족을 이루고 네게 복을 주어 네 이름을 창대하게 하리니 너는 복이 될지라"(창 12:2). 본문에서 하나님이 거룩한 "백성"을 말씀하실 때 일반적으로 백성을 칭하는 עַם(암)을 사용하시지 않고, 아브라함에게 큰 민족으로 만들어 주신다고 약속하실 때 사용하신 גּוֹי(고이)를 쓰신 것은 이 언약이 바로 아브라함에게 하신 약속의 성취임을 분명히 하신 것입니다. 따라서 "거룩한 백성이 되리라"는 말씀은 이스라엘이 이방인과 구별되는 선민이 되어 하나님께 헌신하고 봉사하는 백성이 될 것이라는 의미입니다. 이스라엘을 제사장 나라로 택하신 것은 이스라엘을 통하여 온 세상이 거룩해지도록 하기 위함입니다.

하나님은 이스라엘이 제사장 나라가 되기 위해서 언약을 지킬 것을 명하셨습니다. 이스라엘이 제사장 나라가 된다는 것은 세상의 온 백성을 대신하여 하나님께 제사를 드리고, 온 세상이 여호와의 구원의

복을 받는 통로가 될 것이라는 뜻입니다. “오직 너희는 여호와의 제사장이라 일컬음을 받을 것이라 사람들이 너희를 우리 하나님의 봉사자라 할 것이며 너희가 이방 나라들의 재물을 먹으며 그들의 영광을 얻어 자랑할 것이니라”(사 61:6). 그러나 이스라엘이 하나님의 말씀에 불순종하여 이 특권을 상실하게 되었습니다. 오늘날 이 특권은 영적 이스라엘인 성도에게 주어졌습니다. “그들은 믿지 아니하므로 꺾이고 너는 믿으므로 섰느니라”(롬 11:20), “너희는 택하신 족속이요 왕 같은 제사장들이요 거룩한 나라요 그의 소유가 된 백성이니”(벧전 2:9). 이 언약이 예수님으로 말미암아 성취되었으므로, 하나님은 대제사장이신 그리스도를 통해 우리에게 하나님의 제사장이라는 자격을 부여하셨습니다. “그러므로 우리에게 큰 대제사장이 계시니 승천하신 이 곧 하나님의 아들 예수시라”(히 4:14). 그리하여 모든 성도들이 하나님의 백성이 되고 제사장이 되며 하늘나라의 왕이 될 것입니다. “그들이 하나님과 그리스도의 제사장이 되어 천 년 동안 그리스도와 더불어 왕 노릇 하리라”(계 20:6), “그들이 세세토록 왕 노릇 하리로다”(계 22:5).

모세는 하나님의 말씀을 백성들에게 전달하는 중재자였습니다. 모세가 내려와서 백성의 장로들을 불러 여호와께서 자기에게 명령하신 그 모든 말씀을 그들 앞에 진술하니(출 19:7). “진술하니”란 모세가 하나님의 말씀을 그대로 백성에게 전했다는 의미입니다. “또 살아 있는 말씀을 받아 우리에게 주던 자가 이 사람이라”(행 7:38). 모세는 하나님의 말씀을 백성에게 전하고 백성의 말을 하나님께 아뢰었습니다. 백성이 일제히 응답하여 이르되 여호와께서 명령하신 대로 우리가 다 행하리이다 모세가 백성의 말을 여호와께 전하매(출 19:8). 이처럼 모세는 양쪽을 대변하였습니다.

하나님은 모세가 당신의 대언자임을 모든 사람들에게 밝히십니다. 여호와께서 모세에게 이르시되 내가 빽빽한 구름 가운데서 네게 임함은 내가 너와 말하는 것을 백성들이 듣게 하며 또한 너를 영영히 믿게 하려 함이니라 모세가 백성의 말을 여호와께 아뢰었으므로(출 19:9). "빽빽한 구름"이란 앞을 분간할 수 없을 정도로 짙은 구름을 말합니다. 하나님은 인간이 가까이 할 수 없는 영광스러운 빛에 거하시므로 당신의 눈부신 모습을 짙은 구름으로 가리우십니다. "주께서 옷을 입음 같이 빛을 입으시며"(시 104:2), "가까이 가지 못할 빛에 거하시고 어떤 사람도 보지 못하였고"(딤전 6:16). 위에서 "믿게 하려 함이니라"는 하나님께서 백성 앞에 임재하셔서 모세와 대화하신 것은 그를 통해 주신 율법이 하나님께로부터 비롯된 것임을 알리시기 위한 것입니다. "영영히 믿게 하려"한다고 하심은 이스라엘이 모세를 영원히 신뢰할 것이라는 말씀입니다. "하나님의 종 모세의 노래, 어린 양의 노래를 불러 이르되"(계 15:3).

시내 산 언약에서 이스라엘은 신약 교회의 예표가 됩니다. 곧 이스라엘이 이 언약으로 하나님의 선민이 된 것은 신약 성도가 믿음으로 예수님의 새 언약에 동참하여 교회의 일원이 되는 것을 예표합니다. 이처럼 구약의 이스라엘과 신약의 교회는 예표와 실체로서 연속성을 갖게 됩니다.

언약을 위한 준비

하나님은 죄로부터 정결케 하는 표시로 백성들의 옷을 빨게 하셨습니다. 여호와께서 모세에게 이르시되 너는 백성에게로 가서 오늘과 내일 그들을 성결하게 하며 그들에게 옷을 빨게 하고 준비하게 하여 셋째 날을 기다리게 하라 이는 셋째 날에 나 여호와가 온 백성의 목전에서 시내 산에 강림할 것임이니(출 19:10-11). "오늘과 내일"이란 유대 전승에 의하면 종교력으로 3월(시반 월) 넷째 날과 다섯째 날이며, 십계명은 여섯째 날에 주어졌다고 합니다. 또한 "성결하게 하며"란 물로 씻는 행위를 말하는 것으로, 육체적 · 영적으로 정결한 마음을 가져야 한다는 의미입니다. 이틀 동안이나 준비하도록 하신 것은 매우 성결해야 될 것을 강조하신 것으로, 죄 된 인간이 성결함 없이 하나님께 가까이 할 수 없다는 사실을 가르치기 위함입니다. "우리가 마음에 뿌림을 받아 악한 양심으로부터 벗어나고 몸은 맑은 물로 씻음을 받았으니 참 마음과 온전한 믿음으로 하나님께 나아가자"(히 10:22). 본문의 "셋째 날에"란 하나님께서 율법을 수여하시기 위해 시내 산에 강림하시는 날로, 이틀 동안 언약의 귀중함을 깨우치고 준비하여야 합니다. "온 백성의 목전에서"란 이스라엘 전체가 하나님의 임재를 분명히 목도할 것임을 말합니다.

하나님께서 강림하신 곳은 거룩한 처소가 되기 때문에 인간의 부주의로 인한 죽음을 방지하십니다. 너는 백성을 위하여 주위에 경계를 정하고 이르기를 너희는 삼가 산에 오르거나 그 경계를 침범하지 말지니 산을 침범하는 자는 반드시 죽임을 당할 것이라(출 19:12). "주위에 경계를 정하고"란 시내 산과 백성들의 장막 사이에 울타리를 치라는 말씀입니다. 이러한 율법적 경계는 후에 예수님의 십자가 피 공로에 의지하여 하나님과 직접 교통할 수 있는 새 길로 대체됩니다. "그 길은 우리를 위하여 휘장 가운데로 열어 놓으신 새로운 살 길이요 휘장은 곧 그의 육체니라" (히 10:20). 본문의 "침범하지 말지니"란 시내 산 경계에 가까이 접근하거나 그 경계의 어떤 것이라도 손을 대지 말라는 의미입니다. 그리고 "반드시 죽임을 당할 것이라"고 말씀하신 것은 인간이 하나님의 영역을 침범하는 것은 하나님과 인간을 동일시하는 불경건한 행위이므로 죽음을 면할 수 없다는 사실을 분명히 알게 하십니다.

불경건한 자들에 대한 처벌입니다. 그런 자에게는 손을 대지 말고 돌로 쳐죽이거나 화살로 쏘아 죽여야 하리니 짐승이나 사람을 막론하고 살아남지 못하리라 하고 나팔을 길게 불거든 산 앞에 이를 것이니라 하라(출 19:13). "손을 대지 말고"라고 하신 것은 죽음이 죄의 결과이기 때문에 시체를 만진 자 역시 부정한 자로 간주되므로, 접촉하지 말고 멀리서 돌이나 화살로 죽이라고 명하신 것입니다. 또한 "짐승이나 사람을 막론하고"란 경계를 넘어 하나님의 영역에 침범하는 것은 모두 죽이라는 하나님의 준엄한 명령입니다. 이는 인간 타락 후 짐승에게도 죄의 영향이 미쳤기 때문에 하나님의 거룩함은 어떠한 이유로도 침해되어서는 안 된다는 사실을 가르쳐 주십니다. 그러나 모세만은 시내 산 정상까지 오르게 하시므로 율법의 전달자로서 그의 권위와 중보의 역할을 신뢰하게 하십니다. 이는 모세가 하나님과 이스라엘의 중보자로서 장차 오실 영원한 중보자 예수 그리스도를 예표하기 때문입니다. 본문에서 신호를 위해서 불던 "나팔"은 양각 나팔을 말합니다.[74]

---

74) 양각 나팔은 어린 양의 뿔이나 다른 종류의 뿔로 만든 나팔로, 금속 공명 종을

하나님은 백성들이 육체적 쾌락을 절제하고 성결하며 온전히 하나님만 바라보게 하십니다. 모세가 산에서 내려와 백성에게 이르러 백성을 성결하게 하니 그들이 자기 옷을 빨더라 모세가 백성에게 이르되 준비하여 셋째 날을 기다리고 여인을 가까이 하지 말라 하니라(출 19:14-15). "가까이 하지 말라"는 것은 율법을 수여받기 위해 성결케 하는 이 기간 동안에 인간의 어떠한 즐거움도 삼가고 오직 하나님만 의식하라는 말입니다. 이는 신약시대에 기도를 위하여 부부가 잠시 분방하는 것과 같습니다. "서로 분방하지 말라 다만 기도할 틈을 얻기 위하여 합의상 얼마 동안은 하되 다시 합하라"(고전 7:5). 이스라엘이 출애굽부터 지금까지 시내 산에서 준비한 모든 것들은 셋째 날에 하나님을 뵈옵기 위한 것이었습니다.

이상과 같이 성결이 주는 교훈은, 어린 양의 피에 자신의 옷을 씻어 희게 하지 않은 자는 마지막 날에 하나님 앞에 설 수 없다는 것을 깨닫게 합니다. "내가 말하기를 내 주여 당신이 아시나이다 하니 그가 나에게 이르되 이는 큰 환난에서 나오는 자들인데 어린 양의 피에 그 옷을 씻어 희게 하였느니라"(계 7:14).

부착하여 소리를 크게 확성하였다고 합니다. John I. Durham, *Exodus: Word Biblical Commentary Vol. 3*, 265.

시내 산에 강림하신 하나님

하나님은 시내 산에 임재하실 때 그 영광과 위엄을 나타내 보이셨습니다. 셋째 날 아침에 우레와 번개와 빽빽한 구름이 산 위에 있고 나팔 소리가 매우 크게 들리니 진중에 있는 모든 백성이 다 떨더라 모세가 하나님을 맞으려고 백성을 거느리고 진에서 나오매 그들이 산 기슭에 서 있는데(출 19:16-17). "우레와 번개"란 하나님의 영화롭고 권위에 찬 임재를 청각적, 시각적으로 나타낸 초자연적 현상입니다. "빽빽한 구름"이란 하나님의 영광스러운 현존을 상징하며, "나팔 소리"는 하나님의 강림을 예고하는 신호입니다. 천둥과 뇌성이 치는 가운데 엄위하신 하나님의 임재를 알리는 이 나팔 소리를 듣는 순간 백성들은 두려워하였습니다. "너희는 만질 수 있고 불이 붙는 산과 침침함과 흑암과 폭풍과 나팔 소리와 말하는 소리가 있는 곳에 이른 것이 아니라 그 소리를 듣는 자들은 더 말씀하지 아니하시기를 구하였으니 이는 짐승이라도 산에 들어가면 돌로 침을 당하리라 하신 명령을 그들이 견디지 못함이라 그 보이는 바가 이렇듯 무섭기로 모세도 이르되 내가 심히 두렵고 떨린다 하였느니라"(히 12:18-21). 하나님은 보이지 않는 영이시므로 당신의 내려오심을 여러 현상들을 통해 나타내셨으며, 이 장엄한 광경을 목도한 이스라엘로 하여금 순종케 하셨습니다. 이러한 현현(顯現)은 인간이 함부로 범접할 수 없는 하나님의 초월적 임재를 보여주는 것이었습니다. 본문의 "산 기슭에 서 있는데"란 시내 산 주위의 울타리 밖에 서 있다는 것으로, 울타리와 장막 사이에 모세가 백성의 대표자들인 장로들과 함께 이곳에 있다는 의미입니다.

모세가 하나님의 말씀을 기다립니다. 시내 산에 연기가 자욱하니 여호와께서 불 가운데서 거기 강림하심이라 그 연기가 옹기 가마 연기 같이 떠오르고 온 산이 크게 진동하며 나팔 소리가 점점 커질 때에 모세가 말한즉 하나님이 음성으로 대답하시더라(출 19:18-19). "옹기 가마 연기 같이"란 많은 연기가 도기를 굽는 가마에서 뿜어 나오듯이 솟아오르는 것을 의미하는데, 이는 하나님의 현현을 상징합니다. 하나님께서 불 속에 강림하심으로 산이 연기로 휩싸이게 되었는데, 이 연기가 너무 짙어 백성들이 앞을 분간할 수 없을 정도입니다. "너희가 가까이 나아와서 산 아래에 서니 그 산에 불이 붙어 불길이 충천하고 어둠과 구름과 흑암이 덮였는데 여호와께서 불길 중에서 너희에게 말씀하시되 음성뿐이므로 너희가 그 말소리만 듣고 형상은 보지 못하였느니라"(신 4:11-12).

하나님께서 모세를 부르십니다. 여호와께서 시내 산 곧 그 산꼭대기에 강림하시고 모세를 그리로 부르시니 모세가 올라가매 여호와께서 모세에게 이르시되 내려가서 백성을 경고하라 백성이 밀고 들어와 나 여호와에게로 와서 보려고 하다가 많이 죽을까 하노라(출 19:20-21). "경고하라"는 '단단히 일러서 주의를 주라'는 의미로 호기심 많은 인간에 대한 하나님의 배려입니다. "밀고 들어와"란 하나님의 임재를 보려는 자들이 시내 산 경계의 울타리를 무너뜨리는 행위를 말합니다. 이는 하나님의 명령에도 불구하고 많은 백성들이 하나님의 현현에 대한 호기심으로 시내 산에 오르려 하였다는 것을 알게 합니다. 후에 하나님의 궤를 들여다 본 많은 사람들이 죽음을 당한 경우가 있습니다. "벧세메스 사람들이 여호와의 궤를 들여다 본 까닭에 그들을 치사 (오만) 칠십 명을 죽이신지라 여호와께서 백성을 쳐서 크게 살륙하셨으므로 백성이 슬피 울었더라"(삼상 6:19).

하나님께서 말씀하십니다. 또 여호와께 가까이 하는 제사장들에게 그 몸을 성결히 하게 하라 나 여호와가 그들을 칠까 하노라 모세가 여호와께 아뢰되 주께서 우리에게 명령하여 이르시기를 산 주위에 경계를 세워 산을 거룩하게 하라 하셨사온즉 백성이 시내 산에 오르지 못하리이다(출 19:22-23). "제사장들"이란 아직 제사제도가 확립되기 이전이므로 아론과 그 자손들이라기보다는 백성의 지도자로서 제사를 담당한 자들을 가리키는 것으로 볼 수 있습니다.[75] 또한 "칠까 하노라"는 말씀은 그 자리에서 즉각 심판하신다는 의미입니다. 그 예로 하나님의 궤를 붙잡다 죽임을 당한 웃사가 있습니다. "그들이 나곤의 타작 마당에 이르러서는 소들이 뛰므로 웃사가 손을 들어 하나님의 궤를 붙들었더니 여호와 하나님이 웃사가 잘못함으로 말미암아 진노하사 그를 그 곳에서 치시니 그가 거기 하나님의 궤 곁에서 죽으니라"(삼하 6:6-7).

하나님은 모세에게 백성들이 산에 오르지 못하도록 다시 경고하라고 하십니다. 여호와께서 그에게 이르시되 가라 너는 내려가서 아론과 함께 올라오고 제사장들과 백성에게는 경계를 넘어 나 여호와에게로 올라오지 못하게 하라 내가 그들을 칠까 하노라(출 19:24). 이는 백성들 가운데 하나님의 현현을 목도하려는 자들이 순식간에 죽임을 당할 수 있기 때문입니다. 본문에는 모세와 아론의 중보자적인 역할이 부각되어 오직 그들만이 하나님께 올라오도록 허용되었습니다. 모세가 하나님의 명령을 전합니다. 모세가 백성에게 내려가서 그들에게 알리니라(출 19:25). 율법에 나타나 있는 금지와 경고가 백성들을 위한 것인 것처럼, 오늘날도 하

75) 제사장 제도는 이스라엘이 시내 산에서 하나님의 율법을 받은 후에 생겨났기 때문에(출 28-29장), 백성의 지도자들이 레위인들을 대신하여 제사장 역할을 감당한 것으로 보입니다.

나님께서 성경에 계시해 주신 것 이상으로 성도들이 알려고 해서는 안 됩니다. 유대 전승에 의하면, 이스라엘이 시내 광야에 도착한 것은 시반 월 제1일이었으며, 율법이 주어진 것은 오순절 기간 동안이었다고 합니다. 오순절은 시반 월 제6일과 7일에 있습니다.

하나님의 시내 산 현현은 하나님의 자기계시이며 약속의 성취입니다. 하나님의 영화로운 강림은 이스라엘로 하여금 율법을 주신 하나님의 위엄과 율법의 절대권위를 깨닫도록 하기 위함입니다.

십계명 서론

이제 이스라엘 역사의 시작인 시내 산 언약에 관한 내용입니다. 하나님은 이스라엘이 선민의 삶을 살도록 십계명을 주셨습니다. 율법은 하나님의 백성이 어떻게 거룩하게 살아야 하는 지 가르쳐 주신 규범이며, 십계명은 율법의 요약입니다. 십계명은 하나님께서 모세를 통하여 이스라엘에게 직접 주신 말씀으로, '열 말씀'(the Ten Words)이라는 뜻이며, '언약의 말씀'이라고도 합니다. "여호와께서는 언약의 말씀 곧 십계명을 그 판들에 기록하셨더라"(출 34:28), "여호와께서 그 언약을 너희에게 반포하시고 너희에게 지키라 명하셨으니 곧 십계명이며"(신 4:13). 하나님은 이를 친히 두 돌판에 기록하셔서 모세에게 주셨습니다. 십계명은 하나님과의 관계에 대한 계명(1-4계명)과 사람과의 관계에 대한 계명(5-10계명)으로 이루어져 있습니다. 이를 기본으로 모세오경, 즉 율법이 완성되었습니다. 율법은 하나님께서 천사들을 통하여 주신 것입니다. "그런즉 율법은 무엇이냐 범법함으로 더하여진 것이라 천사들을 통하여 한 중보자의 손으로 베푸신 것인데 약속하신 자손이 오시기까지 있을 것이라"(갈 3:19).

시내 산 율법은 십계명(출 20:1-17)과 언약서(출 20:22-23:33)로 구분되는데, 십계명은 도덕적 원칙을 다룬 율법의 총론이며, 뒤에 70여 항목으로 구성된 언약서의 기본 골격을 이루고 있습니다. "언약서를 가져다가 백성에게 낭독하여 듣게 하니"(출 24:7). 후에 십계명 정신은 하나님 나라의 왕으로 강림한 그리스도에 의해 산상수훈에서 제정되어 나타납니다. "심령이 가난한 자는 복이 있나니 천국이 그들의 것임이요 애통하는 자는 복이 있나니 그들이 위로를 받을 것임이요 온유한 자는 복이 있나니 그들이 땅을 기업으로 받을 것임이요 의에 주리고 목마른 자는 복이 있나니 그들이 배부를 것임이요 긍휼히 여기는 자는 복이 있나니 그들이 긍휼히 여김을 받을 것임이요 마음이 청결한 자는 복이 있나니 그들이 하나님을 볼 것임이요 화평하게 하는 자는 복이 있나니 그들이 하나님의 아들이라 일컬음을 받을 것임이요 의를 위하여 박해를 받은 자는 복이 있나니 천국이 그들의 것임이라 나로 말미암아 너희를 욕하고 박해하고 거짓으로 너희를 거슬러 모든 악한 말을 할 때에는 너희에게 복이 있나니 기뻐하고 즐거워하라 하늘에서 너희의 상이 큼이라 너희 전에 있던 선지자들도 이같이 박해하였느니라"(마 5:3-12).

하나님께서 십계명의 주체가 누구인지 알려 주십니다. 하나님이 이 모든 말씀으로 말씀하여 이르시되 나는 너를 애굽 땅, 종 되었던 집에서 인도하여 낸 네 하나님 여호와니라(출 20:1-2). "말씀하여 이르시되"란 십계명이 하나님께서 제정하시고 친히 말씀하신 율법임을 분명히 합니다. 하나님은 율법을 명하시기 전에 당신이 이스라엘을 애굽에서 구해내신 구속자이며, 언약의 신 여호와이심을 알게 하십니다. 이는 이스라엘로 하나님의 은혜에 감사하며 그의 계명을 지킬 의무가 있음을 주지시키기 위함입니다. 하나님께서 그들을 구속하신 목적은 그들의 하나님이 되시며 영광 받으시기 위함입니다. "나는 여호와 너의 하나님이라 나는 너희의 하나님이 되려고 너희를 애굽 땅에서 인도해 내었느니라 나는 여호와 너희의 하나님이니라"(민 15:41). 또한 하나님은 거룩하시기 때문에 성결한 삶을 요구하시는데, 백성들은 억지로가 아니라 감사함으로 이 계명에 순종하여야 합니다. 하나님께서 창세로부터 이처럼 혁혁하게 그 능력을 나타내신 일이 없었는데, 이는 십계명의 위상을 확실하게 알리시기 위함입니다. "네가 있기 전 하나님이 사람을 세상에 창조하신 날부터 지금까지 지나간 날을 상고하여 보라 하늘 이 끝에서 저 끝까지 이런 큰 일이 있었느냐 이런 일을 들은 적이 있었느냐 어떤 국민이 불 가운데에서 말씀하시는 하나님의 음성을 너처럼 듣고 생존하였느냐"(신 4:32-33).

십계명은 하나님께서 인간에게 직접 말씀으로 주신 유일한 계명으로 두 돌판 위에 친히 새겨 주셨습니다. 이는 하나님의 백성이 하나님과의 관계가 어떠해야 하며 또 이웃과 어떤 관계를 가져야 하는지 알게 합니다. 십계명은 영원한 도덕적 기준으로, 하나님은 이스라엘이 이를 준수하여 영육간에 풍요를 누리게 하셨습니다.

제1계명과 제2계명

십계명 중 처음 네 계명은 하나님께 대한 우리의 의무를 규정한 것으로 첫 돌판이라고 부릅니다. 곧 인간이 하나님을 어떻게 섬겨야 하는지에 관한 대신(對神) 계명입니다. 첫 번째 계명입니다. 너는 나 외에는 다른 신들을 네게 두지 말라(출 20:3). 제1계명은 나머지 아홉 계명의 대전제가 되는 것으로 여호와께 대한 바른 신관을 정의합니다. 곧 우리의 유일한 경배 대상이신 여호와 유일신 사상으로, 하나님만이 하늘과 땅 위에 유일한 참 신이심을 선언하신 것입니다. "나 외에"라는 말씀은 '내 앞에, 나에게 덧붙여서' 라는 의미이며, "다른"이란 '이상한, 헛된' 이라는 뜻으로 하나님을 대신하여 경배를 받는 모든 이방 신들을 말합니다. "말라"(לֹא, 로)는 '결코 ~ 하지 말라' 는 뜻으로 강한 금지를 의미합니다. 십계명에 나타나는 금지는 모두 '로' (לֹא)로 시작되는 절대금지입니다. 이같이 하나님은 온전히 하나님 한 분만을 섬기라고 명령하십니다. "다른 신들의 이름은 부르지도 말며 네 입에서 들리게도 하지 말지니라"(출 23:13). 이는 이스라엘 공동체의 가장 근본적이며 절대적인 계명입니다.

두 번째 계명입니다. 너를 위하여 새긴 우상을 만들지 말고 또 위로 하늘에 있는 것이나 아래로 땅에 있는 것이나 땅 아래 물 속에 있는 것의 어떤 형상도 만들지 말며(출 20:4). 제2계명은 하나님을 예배하는 방법에 관한 것으로, 영이신 하나님을 이방 우상들처럼 형상화하지 말고 영과 진리로 섬겨야 한다는 것입니다. 곧 타락하여 하나님과의 관계가 단절된 인간이 보이지 않는 하나님에 대하여 만족하지 못하고 가시적 형상들을 만들어 섬기는 것을 엄격히 금하셨습니다. 위의 "새긴 우상"이란 나무나 돌을 조각하여 만든 우상을 말하는데, 하나님은 새나 짐승이나 물고기 등 그 어떤 것도 형상화하여 경배의 대상으로 삼지 말라고 명령하십니다. "여호와께서 호렙 산 불길 중에서 너희에게 말씀하시던 날에 너희가 어떤 형상도 보지 못하였은즉 너희는 깊이 삼가라"(신 4:15), "네 하나님 여호와께서 금하신 어떤 형상의 우상도 조각하지 말라"(신 4:23). 하나님이 만드신 우주 만물 중에 그 무엇도 하나님을 묘사할 수 없으며, 피조물 중 그 어떤 것도 하나님을 나타내지 못합니다. "그런즉 너희가 하나님을 누구와 같다 하겠으며 무슨 형상을 그에게 비기겠느냐"(사 40:18).

하나님께서 우상 숭배자에 대하여 경고하십니다. 그것들에게 절하지 말며 그것들을 섬기지 말라 나 네 하나님 여호와는 질투하는 하나님인즉 나를 미워하는 자의 죄를 갚되 아버지로부터 아들에게로 삼사 대까지 이르게 하거니와(출 20:5). "절하지 말며"란 우상에게 어떠한 숭배의 몸짓도 하지 말라는 것이며, "섬기지 말라"란 우상에게 예속되지 말라는 의미입니다. "나는 여호와이니 이는 내 이름이라 나는 내 영광을 다른 자에게, 내 찬송을 우상에게 주지 아니하리라"(사 42:8). 그리고 "질투"란 결혼에서 비롯된 표현으로 하나님께서 신부인 이스라엘에게 절대적 정절을 요구하시는 것을 의미합니다. 하나님은 자신이 택한 백성들을 지극히 사랑하시기 때문에 그들을 우상에게 빼앗길 때 철저히 응징하십니다. "너희 중에 계신 너희의 하나님 여호와는 질투하시는 하나님이신즉 너희의 하나님 여호와께서 네게 진노하사 너를 지면에서 멸절시키실까 두려워하노라"(신 6:15). 본문의 "나를 미워하는 자의 죄"란 하나님을 거역하고 섬기지 않는 완고한 죄를 말하며, "삼사 대까지"라는 말씀은 부모의 죄 값을 3, 4대 후손에게까지 갚으시겠다는 것이 아니라 그 죄의 결과나 영향이 3, 4대에 미칠 정도로 심각하다는 뜻입니다. 즉 자손들이 하나님을 공경하는데도 그 조상의 죄 값을 당한다는 의미는 아닙니다.

하나님을 사랑하는 자는 천 대까지 복을 받습니다. 나를 사랑하고 내 계명을 지키는 자에게는 천 대까지 은혜를 베푸느니라(출 20:6). "사랑하고"란 변치 않고 사랑해야 한다는 뜻이며, "지키는"이란 하나님의 계명에 주의를 기울여 지켜야한다는 의미입니다. 이는 하나님을 사랑하는 것과 그 계명을 지키는 것이 밀접하게 연관되어 있음을 나타냅니다. "너희가 나를 사랑하면 나의 계명을 지키리라 ~ 나의 계명을 지키는 자라야 나를 사랑하는 자니"(요 14:15, 21). "천 대"란 하나님을 사랑하고 그 명령을 준행하는 자에게 주시는 하나님의 무제한적인 축복을 말하며, 삼, 사 대로 제한된 심판과 대조를 이룹니다. 삼, 사 대까지 죄를 갚는 것은 하나님의 공의로운 성품을 말하며, 천대까지 은혜를 베푸는 것은 하나님의 공의를 능가하는 사랑의 성품을 보여 주십니다. 하나님의 축복이 하나님의 진노에 비해 훨씬 더 지속적임을 알 수 있습니다. "주 여호와의 말씀이니라 내가 어찌 악인이 죽는 것을 조금인들 기뻐하랴 그가 돌이켜 그 길에서 떠나 사는 것을 어찌 기뻐하지 아니하겠느냐"(겔 18:23), "하나님은 모든 사람이 구원을 받으며 진리를 아는 데에 이르기를 원하시느니라"(딤전 2:4).

하나님은 제1계명에서 경배의 대상인 참 신에 대하여, 그리고 제2계명에서 영이신 하나님을 예배하는 방법에 대하여 가르쳐 주셨습니다. 하나님을 눈에 보이는 형상에 담으려 하거나 어떤 모양으로든 고안하는 자체가 신성모독입니다. 어떠한 형상도 하나님을 올바르게 묘사할 수 없으며, 창조주 하나님을 그가 창조하신 피조세계의 것들로 표현하는 자체가 있을 수 없습니다.

제3계명

십계명 중 세 번째 계명입니다. 너는 네 하나님 여호와의 이름을 망령되게 부르지 말라 여호와는 그의 이름을 망령되게 부르는 자를 죄 없다 하지 아니하리라(출 20:7). 이는 하나님께 대한 바른 자세를 강조하신 계명으로 이스라엘은 항상 하나님과 자신들의 차이를 의식해야 합니다. 이 계명은 앞의 두 계명과 밀접히 연관되는데, 피조물인 인간은 창조주이신 하나님의 성호을 함부로 부르는 경솔한 행동을 해서는 안 됩니다. "이름"이란 상대방의 인격을 대변하는 것으로, "여호와의 이름"은 하나님의 본질과 속성을 의미합니다.[76] 따라서 하나님은 당신의 임재를 상징하는 성호를 개인적인 목적과 이익을 위해 사용하지 말라고 하십니다. 특히 하나님의 이름을 남용하는 것과 법정에서의 위증을 금하십니다.

76) 하나님의 이름은 그의 본성과 성품(시20:1; 눅24:47; 요1:12), 올바른 삶을 위한 교리(시22:22; 요17:6, 26)와 표준(미4:5)을 내포합니다. Walter C. Kaiser, Peter H. Davids, F. F. Bruce and Manfred T. Brauch, *Hard Saying of the Bible* (Downers Grove, Illinois: InterVarsity Press, 1996), 155.

본문의 "망령되게 부르지 말라"[77]는 말씀은 '헛되이 짊어지고 다니지 말라'는 뜻으로, 언약으로 인하여 이제 이스라엘은 여호와의 이름을 짊어지고 다니는 백성이 되었으므로 여호와의 이름을 존귀하게 여기고 영광스럽게 해야 할 의무가 있다는 말입니다. "여호와의 이름을 모독하면 그를 반드시 죽일지니 온 회중이 돌로 그를 칠 것이니라"(레 24:16). 위의 "망령되게"란 '헛되이' 혹은 '무질서하게'라는 뜻입니다. 신명기 5장 20절의 "네 이웃에 대하여 거짓 증거하지 말지니라"에서 '거짓'(שָׁוְא, 솨웨)은 '망령'과 같은 단어입니다. 그러므로 "망령되게 부르지 말라"는 말씀은 하나님의 거룩하신 이름에 대한 불필요한 언급과 하나님께 대한 경건치 못한 언행을 금한 것입니다. "너희는 내 이름으로 거짓 맹세함으로 네 하나님의 이름을 욕되게 하지 말라"(레 19:12). 하나님은 지극히 존엄하시므로 그 성호를 경외감 없이 경솔하게 사용해서는 안 되며, 오직 예배와 찬양에만 사용되어야 합니다.

출애굽 이전까지 하나님은 당신의 언약적 이름을 가르쳐 주시지 않으셨습니다. 이름을 여쭈었던 이스라엘의 조상 야곱에게도 대답하지 않으셨는데, 출애굽을 통해 비로소 '여호와'라는 이름을 가르쳐 주셨습니다. 이는 곧 자신을 계시하신 것으로, 세상 사람들은 하나님을 신으로 알지만 이스라엘은 하나님을 여호와로 아는 특권을 가졌습니다. 위 본문의 "죄 없다 하지 아니하리라"는 말씀은 하나님의 이름

77) 웨스트민스터 대요리문답 113문의 해설에서 '망령되게'란 하나님의 성호를 무지하고 헛되게, 미신적이고 불경스럽게 부르는 행위를 말한다고 하며, 오직 하나님의 성호는 기도 찬송 예배에 사용해야 한다고 합니다. Johannes G. Vos, *The Westminster Larger Catechism: A Commentary* (Phillipsburg, New Jersey: Presbyterian and Reformed Publishing Company, 2002), 304-305.

을 남용한 대가를 반드시 치르도록 하시겠다는 강력한 경고의 말씀입니다.[78] 왜냐하면 이 계명이 다른 계명들에 비해 상대적으로 범하기 쉬운 계명이기 때문입니다.

제3계명은 하나님의 성호를 잘못 사용함으로 이스라엘 속에서 살아 역사하시는 하나님을 만홀히 여기는 것을 금합니다. 하나님의 이름을 합당하게 사용하지 않는 것은 하나님께서 살아계심을 조롱하는 것이기 때문입니다. 하나님은 그 이름을 통해 이스라엘로 하여금 하나님의 사랑과 구원을 기억하길 원하십니다.

제4계명

십계명 중 네 번째 계명입니다. 안식일을 기억하여 거룩하게 지키라 엿새 동안은 힘써 네 모든 일을 행할 것이나(출 20:8-9). 안식일(שַׁבָּת, 솨바트)은 하나님께서 천지를 창조하신 후 쉬셨던 것을 기념하는 날로, 일상생활을 멈추고 하나님께 예배드리며 쉬는 날입니다. "하나님이 그 일곱째 날을 복되게 하사 거룩하게 하셨으니 이는 하나님이 그 창조하시며 만드시던 모든 일을 마치시고 그 날에 안식하셨음이니라"(창 2:3). 이는 하나님이 모든 만물의 주인이심을 인식하며 하나님의 구원의 은혜를 찬양하기 위함입니다. 곧 제4계명은 예배를 받으시기에 합당한 여호와의 권리를

78) 십계명 중 '~하지 말라'가 사용된 금지 계명은 8가지 계명인데, 그 중 처벌 규정이 명시되어 있는 계명은 제2계명과 제3계명입니다.

말하는 계명으로, 안식일은 다른 날과 구분하여 거룩한 일을 하며 하나님을 섬기라는 명령입니다. 위의 "기억하여"란 안식일을 망각하기 쉬우니 표시하여 마음에 새기라는 뜻이며, "거룩하게 지키라"는 말씀은 하나님께 속하여 하나님과 더불어 지내면서 안식일을 구별하여 하나님께 영광을 돌리라는 의미입니다. "엿새 동안은 힘써 네 모든 일을 행할 것이나"라는 말씀은 6일 동안에 자신에게 맡겨진 일에 충실하는 것이 안식일을 거룩하게 지키는 방법인 것을 알게 하십니다. "일"이란 생계유지를 위한 모든 종류의 일을 말합니다. 안식일은 다른 날들과 달리 거룩한 목적을 위한 날로 지켜져야 합니다.

안식일 계명은 이스라엘 뿐만 아니라 외국인, 종, 심지어 가축들에게도 적용됩니다. 일곱째 날은 네 하나님 여호와의 안식일인즉 너나 네 아들이나 네 딸이나 네 남종이나 네 여종이나 네 가축이나 네 문안에 머무는 객이라도 아무 일도 하지 말라(출 20:10). "네 문안에 머무는"이란 이스라엘 영토 내에 거주하는 외국인을 가리킵니다. 그들은 나그네가 아니라 영주권자들로서 이스라엘인과 동등한 권리와 의무를 갖게 되므로 율법을 지킬 의무가 있습니다. 본문의 "아무 일도 하지 말라"는 말씀은 노동을 포함하여 개인의 모든 사소한 일도 금해야 한다는 의미입니다. 하지만 이 계명이 사랑에 근거한 선한 행동까지 금한 것은 아닙니다. "한쪽 손 마른 사람이 있는지라 사람들이 예수를 고발하려 하여 물어 이르되 안식일에 병 고치는 것이 옳으니이까 예수께서 이르시되 너희 중에 어떤 사람이 양 한 마리가 있어 안식일에 구덩이에 빠졌으면 끌어내지 않겠느냐 사람이 양보다 얼마나 더 귀하냐 그러므로 안식일에 선을 행하는 것이 옳으니라 하시고"(마 12:10-12). 예수님은 형식적인 안식일 제도에 매이는 것을 경계하셨습니다. "또 이르시되 안식일이 사람을 위하여 있는 것이요 사람이 안식일을 위하여 있는 것이 아니니"(막 2:27).

안식일은 장차 하나님 안에서 누리게 될 영원한 안식의 예표입니다. 이는 엿새 동안에 나 여호와가 하늘과 땅과 바다와 그 가운데 모든 것을 만들고 일곱째 날에 쉬었음이라 그러므로 나 여호와가 안식일을 복되게 하여 그 날을 거룩하게 하였느니라(출 20:11). 본래 인간 타락 이전의 노동은 신성하고 복된 의무이자 권리였습니다. "하나님이 그들에게 복을 주시며 하나님이 그들에게 이르시되 생육하고 번성하여 땅에 충만하라, 땅을 정복하라, 바다의 물고기와 하늘의 새와 땅에 움직이는 모든 생물을 다스리라 하시니라"(창 1:28). 그러나 타락 이후 노동은 인간에게 피곤한 짐이 되었습니다. "땅이 네게 가시덤불과 엉겅퀴를 낼 것이라 네가 먹을 것은 밭의 채소인즉 네가 흙으로 돌아갈 때까지 얼굴에 땀을 흘려야 먹을 것을 먹으리니"(창 3:18-19). 그럼에도 불구하고 노동은 하나님의 문화명령을 수행하는 방편입니다. 하나님은 긍휼하심을 따라 우리를 위하여 노동을 통한 기쁨과 성취감을 어느 정도 남겨두셨습니다. 안식일은 천지창조가 완료되면서 시작되었으며, 구속 사역이 완성될 때 영원한 안식이 있게 될 것입니다.[79] 그러므로 본문의 "안식일을 복되게 하여"라는 말씀은

79) 신명기서는 안식일에 쉬어야 하는 이유를 하나님께서 창조 사역 후 쉬신 것에 근거한 것이 아니라, 애굽의 노예 상태에서 출애굽한 것에 기인한다고 말씀합니다. "네가 애굽 땅에서 종이 되었더니 네 하나님 여호와가 강한 손과 편 팔로 거기서 너를 인도하여 내었나니 그러므로 네 하나님 여호와가 네게 명령하여 안식일을 지키라 하느니라"(신 5:15). 곧 이스라엘이 안식일을 지키는 것은 그들이 선택되고 구원받았다는 증거로, 그들이 애굽에서 종살이 할 때에는 휴식하는 날이 없었지만 이제 하나님께서 그들을 그곳에서 건져내셨기 때문에 안식일을 쉬는 날로 기념하라고 명하셨습니다. 예수님의 부활 이후 신약에서는 예수님의 부활 안에 새로운 창조와 구원의 확증과 영원한 안식이 주어짐을 알고 안식 후 첫날인 주일을 안식일로 지키게 된 것입니다(참고, 요20:19-23; 행 20:7).

창조 때의 안식을 기념하면서 천국에서의 영원한 안식을 바라보라는 의미입니다. 하나님은 안식일을 축복하시며 안식일을 거룩히 지킴으로 그 축복을 받으라고 말씀하십니다. "그런즉 안식할 때가 하나님의 백성에게 남아 있도다 이미 그의 안식에 들어간 자는 하나님이 자기의 일을 쉬심과 같이 자기의 일을 쉬느니라"(히 4:9-10).

그리스도의 부활은 안식일에 대한 새로운 의미를 부여합니다. 하나님께서 창조 후 안식하신 것과 마찬가지로 그리스도께서 부활하심으로 새로운 세계를 창조하시고 영원한 안식에 들어가셨습니다. 안식일의 주인 되신 그리스도께서 새 창조를 하시고 새로운 안식을 하심으로 그리스도를 믿는 모든 백성에게 영원한 안식이 주어졌습니다.[80] 이같이 성도들은 그리스도의 부활로 말미암아 영원한 안식에 들어가게 되었으므로, 부활하신 날 곧 안식 후 첫 날을 주일로 정하고 하나님을 예배합니다.

안식일의 근거는 하나님의 창조 사역 완수입니다. 또 다른 근거는 출애굽의 구속 사역 완수입니다. 그리고 마지막 근거는 새 창조와 영원한 안식의 실재이신 예수님의 부활입니다. 이러한 근거에 의해 구약의 안식일이 신약의 주일로 승화되었습니다.

80) Geehardus Vos, *Biblical Theology : Old and New Testaments* (Eugene, Oregon: Wift and Stock Publishers, 2003), 141-142.

제5계명

십계명의 둘째 돌판은 5계명부터 10계명까지 여섯 계명으로, 인간 관계에 대한 명령입니다. 이는 생활의 근본 원리를 설명하는 것으로 자신과 이웃 상호간의 의무에 관한 원칙들입니다. 십계명 중 다섯 번째 계명입니다. 네 부모를 공경하라 그리하면 네 하나님 여호와가 네게 준 땅에서 네 생명이 길리라(출 20:12). 이는 대인(對人)계명 가운데 가장 먼저 언급되는 계명으로 부모에 대한 의무입니다. 이 계명은 하나님과의 관계가 언약의 시작인 것과 같이 부모와의 관계는 사회의 시작이며 모든 인간 관계의 출발이라는 것을 보여줍니다. "만일 어떤 과부에게 자녀나 손자들이 있거든 그들로 먼저 자기 집에서 효를 행하여 부모에게 보답하기를 배우게 하라 이것이 하나님 앞에 받으실 만한 것이니라"(딤전 5:4). 성경은 '주 안에서' 부모를 공경하라고 하며 하나님께 그 근거를 둡니다. "자녀들아 주 안에서 너희 부모에게 순종하라 이것이 옳으니라"(엡 6:1). 우리는 부모를 공경해야 하는데, 이는 세상에 살면서 부모를 통하여 하나님께서 얼마나 우리를 사랑하시는지 어렴풋이 깨달을 수 있기 때문입니다.

위 본문의 "공경하라"(כַּבֵּד, 카베드)는 '무겁게 여기다'라는 뜻으로, 부모를 가볍게 또는 소홀히 대하지 않는다는 의미이며 하나님께 대한 경외를 말할 때 사용된 단어입니다. "네 재물과 네 소산물의 처음 익은 열매로 여호와를 공경하라"(잠 3:9). 그러므로 "부모를 공경하라"는 말씀은 곧 하나님을 경외하는 것처럼 존중하며 사랑하라는 것입니다. 실제로 이 단어가 인간 관계에 적용되는 경우는 부모와의 관계에서 뿐입니다. 이는 부모가 하나님께서 주시는 생명의 선물을 받는 경로가 되기 때문입니다. 하나님께서 부모를 통하여 세상에 보내셨기 때문에 자식은 부모를 하나님의 대리인으로서 공경하고 섬겨야 합니다.[81] 그러므로 하나님은 보이는 육신의 부모 공경을, 보이지 않는 하나님을 공경하는 한 방법으로 삼으셨습니다.

또한 "네 생명이 길리라"는 말씀은 가나안에서 지속적인 평안을 누리며 오래 살 것을 말합니다. 이 계명은 약속이 있는 첫 번째 계명으로 하나님께서 약속하신 장수의 근거입니다. 곧 하나님이 명하신대로 부모를 공경하는 자는 하나님이 그들에게 허락하시는 땅에서 오래 살 것입니다. "네 아버지와 어머니를 공경하라 이것은 약속이 있는 첫 계명이니 이로써 네가 잘되고 땅에서 장수하리라"(엡 6:2-3). 하나님은 부모에게 반항하는 것은 죽음에 해당하는 죄악이라고 말씀하셨습니다. 부모에 대한 반항은 곧 하나님께 대한 불순종을 의미하기 때문입니다. "하나님이 이르셨으되 네 부모를 공경하라 하시고 또 아버지나 어머니를 비방하는 자는 반드시 죽임을 당하리라 하셨거늘"(마 15:4), "아비를 조롱하며 어미 순종하기를 싫어하는 자의 눈은 골짜기의 까마귀에게 쪼이고 독수리 새끼에게 먹히리라"(잠 30:17).

81) 루터는 "부모"를 하나님의 대리자로 이해합니다. C. F. Keil and F. Delitzsch, *Commentary on the Old Testament in Ten Volumes, 1: The Pentateuch Vol. II* (Grand Rapids, Michigan: William B. Eerdmans Publishing Company, 1980), 122.

제1계명이 제2계명으로부터 제4계명까지의 기초가 되고 있는 것과 마찬가지로, 제5계명은 제6계명으로부터 제10계명까지의 기초가 됩니다. "너는 네 하나님 여호와께서 명령한 대로 네 부모를 공경하라 그리하면 네 하나님 여호와가 네게 준 땅에서 네 생명이 길고 복을 누리리라"(신 5:16).

제6계명과 제7계명

제6계명부터 제10계명까지는 이웃과의 관계에서 발생할 수 있는 문제를 다루는데, 이는 구속(拘束)이 아니라 사회의 안녕과 질서를 위해 주신 것입니다. 여섯 번째 계명입니다. 살인하지 말라(출 20:13). 이는 인간의 생명이 하나님께 속한 것이기 때문에 생명을 존중하라는 의미입니다. 생명이 존귀한 이유는 인간이 하나님의 형상을 따라 지음 받았으며 모든 생명이 하나님께 속한 것이기 때문입니다. 생명의 주인은 하나님이시기 때문에 사람이 사람의 생명을 멸할 수 없으며 자기 자신의 생명을 취하여도 안 됩니다. "다른 사람의 피를 흘리면 그 사람의 피도 흘릴 것이니 이는 하나님이 자기 형상대로 사람을 지으셨음이니라"(창 9:6). 살인(תִּרְצָח, 티르차)은 하나님의 형상을 파괴하는 죄입니다. 곧 살인은 생명을 창조하시고 모든 생명을 주관하시는 하나님의 권한을 침범하는 행동이며, 궁극적으로 생명의 주이신 하나님의 주권을 멸시하는 죄악입니다.

또한 이 계명은 살인만을 금한 것이 아니라 포괄적인 살인금지 규례로, 살인에 이르게 하는 원인들까지 금지하는 법입니다. 즉 폭력과 미워하는 마음, 그리고 사고 방지에 등한히 하는 것 등을 비롯하여 아무에게도 해를 끼쳐서는 안 된다는 것입니다. "네가 새 집을 지을 때에 지붕에 난간을 만들어 사람이 떨어지지 않게 하라 그 피가 네 집에 돌아갈까 하노라"(신 22:8). 예수님은 형제를 미워하거나 욕하는 것도 살인 행위로 간주하셨습니다. "옛 사람에게 말한 바 살인하지 말라 누구든지 살인하면 심판을 받게 되리라 하였다는 것을 너희가 들었으나 나는 너희에게 이르노니 형제에게 노하는 자마다 심판을 받게 되고 형제를 대하여 라가라 하는 자는 공회에 잡혀가게 되고 미련한 놈이라 하는 자는 지옥 불에 들어가게 되리라"(마 5:21-22). 이와 같이 어떠한 이유로나 환경에서든지 살인은 허용될 수 없습니다. "사람이 그의 이웃을 고의로 죽였으면 너는 그를 내 제단에서라도 잡아내려 죽일지니라"(출 21:14).

십계명 중 일곱 번째 계명입니다. 간음하지 말라(출 20:14). 이는 남녀의 순결과 결혼생활의 소중함을 강조하는 계명입니다. 결혼은 하나님이 세우신 거룩한 제도로 인간에게 주신 가장 귀한 축복입니다. 반면에 간음(תִּנְאַף, 틴아프)은 결혼의 신성함을 파괴하는 행위로 정상적인 부부 관계를 벗어난 모든 불법적인 성 접촉을 말합니다. "모든 사람은 결혼을 귀히 여기고 침소를 더럽히지 않게 하라 음행하는 자들과 간음하는 자들을 하나님이 심판하시리라"(히 13:4). 예수님은 불건전한 육체의 접촉만이 아니라 마음속의 음욕조차도 죄가 됨을 가르쳐 주셨습니다. "나는 너희에게 이르노니 음욕을 품고 여자를 보는 자마다 마음에 이미 간음하였느니라"(마 5:28). 이는 하나님의 자녀는 하나님과 같이 전인격적으로 온전해야 한다는 것을 알게 하십니다. "그러므로 하늘에 계신 너희 아버지의 온전하심과 같이 너희도 온전하라"(마 5:48). 하나님 앞에서 순결은 자신의 생명만큼이나 귀한 것이므로 영적으로나 육적으로 순결하여 가정의 신성함을 유지해야 합니다.

하나님은 창조 시 한 남자와 한 여자가 합하여 한 몸이 되는 일부일처제를 확립하셨는데, 이는 그리스도와 교회의 연합을 예표하신 것이기도 합니다. "그러므로 사람이 부모를 떠나 그의 아내와 합하여 그 둘이 한 육체가 될지니 이 비밀이 크도다 나는 그리스도와 교회에 대하여 말하노라"(엡 5:31-32). 위 본문의 "간음"은 남녀만이 아니라 우상을 섬기는 일, 곧 하나님과 맺은 언약 관계를 파기하는 경우에도 사용되는 단어입니다. 신약의 성도에게 가정은 그리스도와 교회의 관계를 상징하는 실체입니다. "이는 남편이 아내의 머리 됨이 그리스도께서 교회의 머리 됨과 같음이니 그가 바로 몸의 구주시니라"(엡 5:23). 성도의 몸은 하나님의 영이 거하시는 거룩한 성전이므로 깨끗한 성윤리를 준수하여 가정의 거룩을 지켜야합니다. "너희는 너희가 하나님의 성전인 것과 하나님의 성령이 너희 안에 계시는 것을 알지 못하느냐"(고전 3:16).

살인은 하나님의 형상을 파괴하는 죄이며, 간음은 하나님과 맺은 언약 관계를 깨뜨리는 죄악입니다. 이러한 죄로부터 하나님의 자녀들은 영과 육을 깨끗케 해야 합니다. "그런즉 사랑하는 자들아 이 약속을 가진 우리는 하나님을 두려워하는 가운데서 거룩함을 온전히 이루어 육과 영의 온갖 더러운 것에서 자신을 깨끗하게 하자"(고후 7:1).

제8계명과 제9계명 및 제10계명

십계명의 여덟 번째 계명입니다. 도둑질하지 말라(출 20:15). 이 계명은 재산의 사유권을 인정하고 서로의 재산권을 인정해야 한다는 것으로, 이웃의 재산권 보호에 관한 규정입니다. "도둑질"이란 자기의 소유가 아닌 것을 자기 것으로 삼는 모든 행위를 말하는데, 물질만이 아니라 지식, 기술, 정보 등의 지적 소유권과 같은 무형의 재산도 포함하여 남의 재산을 불의하게 취하는 것이나 이웃을 속이는 모든 속임수를 말합니다. 제8계명은 이러한 모든 행위를 포괄적으로 금합니다. "너는 네 이웃을 억압하지 말며 착취하지 말며 품꾼의 삯을 아침까지 밤새도록 네게 두지 말며"(레 19:13). 재물을 도적질하는 행동은 주로 가난한 자들이 저지르는 생계형 범죄이므로 사형 같은 엄벌이 내려지지 않지만, 유괴와 납치처럼 사람을 도적질하는 것은 하나님이 창조하신 생명을 손상시키고 인간의 존엄성을 파괴하는 중대한 범죄에 해당합니다. "사람이 자기 형제 곧 이스라엘 자손 중 한 사람을 유인하여 종으로 삼거나 판 것이 발견되면 그 유인한 자를 죽일지니"(신 24:7). 이 계명에는 하나님의 것 곧 십일조를 드리지 않는 것도 포함됩니다. "사람이 어찌 하나님의 것을 도둑질하겠느냐 그러나 너희는 나의 것을 도둑질하고도 말하기를 우리가 어떻게 주의 것을 도둑질하였나이까 하는도다 이는 곧 십일조와 봉헌물이라"(말 3:8).

십계명 중 아홉 번째 계명입니다. 네 이웃에 대하여 거짓 증거 하지 말라(출 20:16). "거짓 증거"는 혀로 범하는 모든 죄, 곧 중상모략이나 험담 등 근거 없이 하는 말을 포함합니다. 이 계명은 이웃에 대한 거짓

말 뿐 아니라 위증에 대한 금지 규정입니다. 즉 법적인 절차에서 거짓 증거를 하지 말아야 하는데, 이는 상대방에게 돌이킬 수 없는 해를 가하는 행위가 되기 때문입니다. "자기의 이웃을 쳐서 거짓 증거하는 사람은 방망이요 칼이요 뾰족한 화살이니라"(잠 25:18). 거짓된 행위는 사탄에게 속한 것으로 거룩하신 하나님 성품에 위배됩니다. 성경은 거짓이 마귀로부터 나오는 행위임을 분명히 합니다. "너희는 너희 아비 마귀에게서 났으니 ~ 그는 처음부터 살인한 자요 진리가 그 속에 없으므로 진리에 서지 못하고 거짓을 말할 때마다 제 것으로 말하나니 이는 그가 거짓말쟁이요 거짓의 아비가 되었음이라"(요 8:44).

율법은 이러한 거짓 증거나 거짓 증인을 매우 엄격하게 다스렸습니다. 나봇의 포도원 사건은 위증죄의 가장 대표적인 사건입니다. "때에 불량자 두 사람이 들어와 그의 앞에 앉고 백성 앞에서 나봇에게 대하여 증언을 하여 이르기를 나봇이 하나님과 왕을 저주하였다 하매 무리가 그를 성읍 밖으로 끌고 나가서 돌로 쳐죽이고"(왕상 21:13). 예수님도 거짓 증거로 고소당하셨습니다. "어떤 사람들이 일어나 예수를 쳐서 거짓 증언하여 이르되 우리가 그의 말을 들으니 손으로 지은 이 성전을 내가 헐고 손으로 짓지 아니한 다른 성전을 사흘 동안에 지으리라 하더라 하되"(막 14:57-58). 율법은 위증죄를 범한 거짓 증인은 그가 거짓 증거로 다른 사람에게 해를 주려고 했던 것과 똑같은 형벌을 받도록 규정하였습니다. "재판장은 자세히 조사하여 그 증인이 거짓 증거하여 그 형제를 거짓으로 모함한 것이 판명되면 그가 그의 형제에게 행하려고 꾀한 그대로 그에게 행하여 너희 중에서 악을 제하라"(신 19:18-19).

십계명의 열 번째 계명입니다. 네 이웃의 집을 탐내지 말라 네 이웃의 아내나 그의 남종이나 그의 여종이나 그의 소나 그의 나귀나 무릇 네 이웃의 소유를 탐내지 말라(출 20:17). 본문의 "탐내지 말라"(לֹא תַחְמֹד, 로 타흐모드)는 집착하여 욕심내지 말라는 뜻으로, 자기의 유익을 위하여 어떤 사람이나 물건을 탐내는 것을 의미합니다. 이는 인간의 감정을 묘사하는 단어로 행동이 아니라 마음 상태에 대해 말합니다. "오직 각 사람이 시험을 받는 것은 자기 욕심에 끌려 미혹됨이니 욕심이 잉태한즉 죄를 낳고 죄가 장성한즉 사망을 낳느니라"(약 1:14-15). 위에서 "집"이란 아내를 포함하여 그 집에 속한 모든 소유물, 곧 노예나 전답이나 가축 등 가정의 모든 것을 포괄합니다. 이 계명은 도적질만이 아니라 남의 소유에 대한 탐욕과 탐심 자체를 금지합니다. 제6-9계명은 이웃에게 해를 끼치는 행동을 금한 것이지만, 제10계명은 하나님께서 인간의 내면, 곧 마음을 관찰하고 계신다는 것을 분명히 알게 합니다. "음행과 온갖 더러운 것과 탐욕은 너희 중에서 그 이름조차도 부르지 말라"(엡 5:3), 또한 이 계명은 자신을 만족시키려는 욕망 곧 악한 생각과 정욕 등을 금합니다. "그러므로 땅에 있는 지체를 죽이라 곧 음란과 부정과 사욕과 악한 정욕과 탐심이니 탐심은 우상숭배니라"(골 3:5).

도둑질은 이웃의 권리를 침해하는 모든 행위를 말하고, 거짓증거는 혀로 범할 수 있는 모든 죄를 말하며, 탐심은 과도한 욕망을 말합니다. 하나님은 율법을 통해 인간 내면의 모습을 보게 하십니다. "율법으로 말미암지 않고는 내가 죄를 알지 못하였으니 곧 율법이 탐내지 말라 하지 아니하였더라면 내가 탐심을 알지 못하였으리라" (롬 7:7).

❖십계명을 주신 목적❖

십계명은 하나님께서 친히 당신의 백성에게 주신 유일한 계명으로 출애굽기의 핵심입니다. 십계명은 절대적 권위를 지닌 하나님의 명령으로 단순한 율법이 아니라 하나님의 구원과 축복을 약속한 언약이며, 예수님의 산상수훈과 그 영적 의미를 같이 합니다. 하나님께서 이스라엘에게 십계명을 주신 것은 하나님의 거룩하심과 그 뜻을 알리시며, 이를 어떻게 생활에 적용할 것인지 가르치시기 위함입니다. 십계명 이후의 모든 율법은 하나님이 이스라엘에게 직접 선포하신 것이 아니라 모세의 중보를 통해 주어집니다. 율법은 인간의 무능함과 부패를 자각하여 스스로는 자신을 구원할 수 없으며, 오직 그리스도만이 참 구원자이심을 깨닫게 하기 위한 것입니다. "이는 예수 그리스도를 믿음으로 말미암는 약속을 믿는 자들에게 주려 함이라"(갈 3:22). 또한 모든 불신자들을 율법의 저주 아래 두어 최후심판 때 핑계치 못하게 하기 위함입니다. "그러므로 율법의 행위로 그의 앞에 의롭다 하심을 얻을 육체가 없나니 율법으로는 죄를 깨달음이니라"(롬 3:20).

십계명은 하나님의 구원 은총을 경험한 자들이 그 은혜에 감사하는 마음으로 어떻게 살아야 하는지에 대한 실천적 삶을 제시합니다. 예수님은 이를 요약하여 하나님을 섬기고 사람에게는 사랑으로 대하라고 가르쳐 주셨습니다. "예수께서 이르시되 네 마음을 다하고 목숨을 다하고 뜻을 다하여 주 너의 하나님을 사랑하라 하셨으니 이것이 크고 첫째 되는 계명이요 둘째도 그와 같으니 네 이웃을 네 자신 같이 사랑하라 하셨으니 이 두 계명이 온 율법과 선지자의 강령이니라"(마 22:37-40). 사람이 자신과 밀접한 형제를 사랑하지 않으면서 눈에 보이지 않는 하나님을 사랑한다고 말할 수 없기 때문입니다. "누구든지 하나님을 사랑하노라 하고 그 형제를 미워하면 이는 거짓말하는 자니 보는 바 그 형제를 사랑하지 아니하는 자는 보지 못하는 바 하나님을 사랑할 수 없느니라"(요일 4:20). 하나님은 자발적인 순종으로 아버지와 자식의 관계와 같이 친밀하고 경외가 담긴 순종을 원하시며, 또한 남편과 아내의 관계처럼 절대적인 사랑을 원하십니다.

제11장
율법과 언약 계시 I

하나님의 임재

하나님은 천둥과 번개 가운데 율법을 주셨습니다. 뭇 백성이 우레와 번개와 나팔 소리와 산의 연기를 본지라 그들이 볼 때에 떨며 멀리 서서 (출 20:18). 여기서 "우레"란 자연현상의 천둥이 아닌 하나님의 강림으로 인한 특별한 소리입니다. "번개"란 번갯불의 불꽃을 의미하는데, 이 단어는 아브라함이 하나님과 언약을 맺을 때 하나님의 임재를 상징한 '횃불'과 동일한 단어(לַפִּיד, 라피드)입니다. "해가 져서 어두울 때에 연기 나는 화로가 보이며 타는 횃불이 쪼갠 고기 사이로 지나더라"(창 15:17). 이는 율법이 이스라엘 모든 백성 앞에서 인준되었다는 의미로, 입법자이신 하나님께서 율법의 권위를 입증하신 것입니다. 시내 산에 임하신 여호와는 아브라함과 선조들과 약속하신 대로 언약을 체결하신 것임을 보여 주셨습니다. 백성들은 하나님의 강림에 수반되는 현상들을 경험한 후 음성을 듣게 되자 더욱 두려워하였습니다. 본문의 "산의 연기"란 산 전체에 하나님의 영광이 충만히 임했음을 나타냅니다. 이는 하나님께서 전에 아브라함과 언약하실 때와, 후에 이사야가 하나님을 보았을 때 성전에 연기가 가득한 것과 같습니다. "이같이 화답하는 자의 소리로 말미암아 문지방의 터가 요동하며 성전에 연기가 충만한지라"(사 6:4). 마찬가지로 예수님의 능력이 나타날 때 사람들은 두려워하였습니다. "예수께서 깨어 바람을 꾸짖으시며 바다더러 이르시되 잠잠하라 고요하라 하시니 바람이 그치고 아주 잔잔하여지더라 이에 제자들에게 이르시되 어찌하여 이렇게 무서워하느냐 너희가 어찌 믿음이 없느냐 하시니 그들이 심히 두려워하여 서로 말하되 그가 누구이기에 바람과 바다도 순종하는가 하였더라"(막 4:39-41).

백성들이 겁에 질려 모세에게 요청합니다. 모세에게 이르되 당신이 우리에게 말씀하소서 우리가 들으리이다 하나님이 우리에게 말씀하시지 말게 하소서 우리가 죽을까 하나이다(출 20:19). "당신이 ~ 말씀하소서"란 두려움에 사로잡힌 백성들이 하나님의 말씀을 모세를 통해 듣게 해달라는 요구입니다. "우리가 죽을까 하나이다"란 아담이 범죄하여 하나님의 음성을 듣고 숨은 이후로 인간은 누구도 감히 하나님 앞에 설 수 없게 되었음을 의미합니다. "아담과 그의 아내가 여호와 하나님의 낯을 피하여 동산 나무 사이에 숨은지라 여호와 하나님이 ~ 네가 어디 있느냐 이르되 내가 동산에서 하나님의 소리를 듣고 내가 벗었으므로 두려워하여 숨었나이다"(창 3:8-10). 백성들은 모세를 중재자로 하여 하나님의 말씀을 받으려 하는데, 이같이 자신이 죄인임을 알게 되면 중보가 필요하다는 사실을 깨닫게 됩니다. 시내 산의 두려움은 은혜의 필요성을 보여줍니다. 여기서 모세는 중보자이신 예수님을 예표합니다. 예수님은 십자가에서 하나님과 인간 사이를 가로막는 죄 문제를 해결하셨기 때문에, 이제 우리는 더 이상 하나님을 두려워하지 않게 되었습니다. "그러므로 자기를 힘입어 하나님께 나아가는 자들을 온전히 구원하실 수 있으니 이는 그가 항상 살아 계셔서 그들을 위하여 간구하심이라"(히 7:25).

하나님께서 강림하신 이 장엄한 광경은 이스라엘로 하나님의 존재를 확신하며 율법에 순종하도록 하기 위함입니다. 모세가 백성에게 이르되 두려워하지 말라 하나님이 임하심은 너희를 시험하고 너희로 경외하여 범죄하지 않게 하려 하심이니라(출 20:20). 하나님은 이러한 경험을 통하여 백성들이 변함없이 하나님을 경외하며 하나님이 기뻐하시는 삶을 살기 원하셨습니다. 여기서 "시험하고"는 '증명하다, 관찰하다'라는 뜻으로, 하나님께서 사람의 마음속에 감춰진 것을 드러내기 위한 것임을 알게 합니다. "경외하여"란 하나님께 대하여 존경과 두려움을 갖는 마음 상태를 의미합니다. 모세가 하나님께로 갑니다. 백성은 멀리 서 있고 모세는 하나님이 계신 흑암으로 가까이 가니라(출 20:21). "흑암으로"란 하나님의 현현을 상징하는 구름 기둥을 의미하는 것으로 볼 수 있습니다.

시내 산에서 백성들은 하나님의 임재를 생생하게 체험하였습니다. 이같이 하나님 임재의 권위와 위엄을 강조한 것은 이 율례들이 인간에게서 말미암은 것이 아니라 하나님께서 주신 것임을 분명히 하며, 이스라엘로 마음을 다하여 여호와를 경외하며 범죄하지 않도록 하기 위한 것입니다.

언약서

십계명을 주신 후 하나님은 모세에게 70여 항목의 율법들을 주십니다. 모세가 받은 여호와의 모든 말씀과 모든 율법들은 책에 기록되어 '언약서'(סֵפֶר הַבְּרִית, 쉐페르 하베리트: 출 20:22-23:33)로 불립니다.[82] 이는 원리들을 적용하신 내용으로 우상숭배에 대한 경고로 시작하여 그것에 대한 경고로 끝이 납니다. 언약서는 하나님이 직접 백성에게 선포하신 십계명과 달리, 모세가 중보적으로 하나님께로부터 받은 말씀입니다. "언약서를 가져다가 백성에게 낭독하여 듣게 하니 그들이 이르되 여호와의 모든 말씀을 우리가 준행하리이다"(출 24:7). 십계명을 오늘날의 헌법에 비유한다면, 언약서는 종교 · 사회 · 민사에 관한 법규로서 백성들의 삶의 구체적인 부분을 다루고 있습니다.

언약서의 시작입니다. 여호와께서 모세에게 이르시되 너는 이스라엘 자손에게 이같이 이르라 내가 하늘로부터 너희에게 말하는 것을 너희 스스로 보았으니 너희는 나를 비겨서 은으로나 금으로나 너희를 위하여 신상을 만들지 말고(출 20:22-23). 하나님께서 친히 음성으로 말씀하신 것은 자신의 현존을 백성들에게 분명히 나타내 보이셔서 그 말씀에 순종하게 하려 함입니다. 위의 "나를 비겨서"란 하나님의 모습을 상상해서 각종 우상을 만드는 것, 곧 사람이 어떤 형상을 만들어 하나님과 동일시하려

82) 언약서는 맨 처음 율법으로 하나님을 경배하는 것에 관하여(20:23-26), 다음은 인권에 관하여 종의 권리로부터 가축의 피해보상까지 20여 가지 항목입니다(21:1-32). 그리고 셋째 부분은 재산권에 대한 10-12개의 항목이 하나님과 인간, 국가의 조직과 연관되어 있으며(21:33-22:15), 넷째 부분은 약 25항목으로 분리되어 있습니다.

고 하는 것을 말합니다. 본문은 둘째 계명의 반복으로 하나님을 형상화하는 것을 엄격히 금합니다. 하나님을 피조물 중 하나로 형상화하는 것은 하나님을 자신이 만들어 놓으신 것으로 제한하는 모독 행위입니다. 만약 누군가가 소 형상을 만들어 놓고 그것을 가리켜 우리 자신이라고 한다면 어이가 없을 것입니다. 하물며 이 모든 것을 창조하신 하나님을 그 무엇에 비유한다는 것은 어불성설입니다.

하나님은 백성들이 십계명 중 특히 처음 두 계명을 확실히 지키도록 요구하십니다. 당시 우상숭배가 만연한 상황에서 이 두 계명은 이스라엘이 가장 범하기 쉬운 계명이었습니다. 이방인들은 금이나 은으로 사람이나 짐승의 형상을 만들어 그것을 신이라 부르며 섬겼습니다. 이는 모세가 율법을 받기 위해 40일 간 시내 산에 머무는 동안 이스라엘이 금송아지 우상을 만든 것에서도 잘 드러납니다. 이 같은 이유로 하나님은 이스라엘이 이러한 이방 풍습을 좇지 못하도록 화염 중에 말씀하셨습니다. "여호와께서 호렙 산 불길 중에서 너희에게 말씀하시던 날에 너희가 어떤 형상도 보지 못하였은즉 너희는 깊이 삼가라"(신 4:15). 하나님께서 음성으로만 자신을 나타내신 것은 그들이 어떤 형상도 만들어서는 안 되며, 오직 말씀으로 하나님과 교제해야 한다는 것을 분명히 보여 주신 것입니다.

제단에 대한 말씀입니다. 내게 토단을 쌓고 그 위에 네 양과 소로 네 번제와 화목제를 드리라 내가 내 이름을 기념하게 하는 모든 곳에서 네게 임하여 복을 주리라(출 20:24). "토단"이란 흙으로 쌓은 단으로, 족장시대부터 성막이 세워지기 전까지 사용한 임시제단입니다. 이는 손으로 만든 정교한 단이 아니라 원형 그대로의 단으로, 본래의 순수성을 유지하여 백성들이 그 새겨진 형상에 유혹받지 않게 하기 위함입니다.[83] 단은 하나님께 분향하고 제사드리며 하나님의 율법을 새기기도 하는 거룩한 곳입니다. "너는 분향할 제단을 만들지니"(출 30:1), "너는 이 율법의 모든 말씀을 그 돌들 위에 분명하고 정확하게 기록할지니라"(신 27:8). "번제"란 하나님께 대한 온전한 헌신을 다짐하는 제사이며, "화목제"는 화목과 친교를 상징하는 제사입니다. 이 제사들은 죄 없는 짐승이 죄 있는 사람을 대신하여 죽는 것으로, 제물로 희생 당하신 예수 그리스도를 예표합니다. "하나님이 우리를 사랑하사 우리 죄를 속하기 위하여 화목 제물로 그 아들을 보내셨음이라"(요일 4:10). 본문 말씀 중 "내 이름을 기념하게 하는 모든 곳"이란 하나님의 구원과 은혜를 기억하고 감사하며 경배드리는 것을 말합니다. 이는 특정 장소의 제단이나 예루살렘 성전만이 아니라 어디서나 하나님께 경배와 찬양을 드리기 위해 마련된 제단에 강림하여 축복하시겠다는 약속입니다. 예수님도 이렇게 말씀하셨습니다. "두세 사람이 내 이름으로 모인 곳에는 나도 그들 중에 있느니라"(마 18:20).

하나님께서 금하신 내용입니다. 네가 내게 돌로 제단을 쌓거든 다듬은 돌로 쌓지 말라 네가 정으로 그것을 쪼면 부정하게 함이니라(출 20:25). "다듬은 돌로 쌓지 말라"고 하신 것은 인위적인 요소를 배격하고 외형적인 것에 집착하는 것을 방지하기 위함입니다. "정"이란 날이 선 예리한 도

83) Calvin은, 하나님께서 제단을 흙으로 만들라고 하신 것은 그들이 떠난 뒤 저절로 무너지고 자취를 남기지 않도록 하기 위한 것이며, 돌일 경우 다듬지 않고 자연 그대로 더미를 이루게 하셨는데, 이는 돌을 다듬어서 영구적인 제단의 모형으로 남겨둘 경우 후손들이 단에 미신적인 의미를 부여할 것을 미리 막으신 것이라고 합니다. John Calvin, *Calvin's Old Testament Commentaries: Harmony of Exod., Lev., Deut., Numb Vol. II* (Grand Rapids, Michigan: William B. Eerdmans Publishing Company, nd.), 139.

구를 의미합니다. "부정하게 함이니라"는 하나님의 제단을 인위적으로 조각하는 것은 우상적 요소가 첨가되어 하나님의 거룩함을 훼손시키는 죄악이라는 뜻입니다. "우주와 그 가운데 있는 만물을 지으신 하나님께서는 천지의 주재시니 손으로 지은 전에 계시지 아니하시고 또 무엇이 부족한 것처럼 사람의 손으로 섬김을 받으시는 것이 아니니" (행 17:24-25).

이어지는 금지 사항입니다. 너는 층계로 내 제단에 오르지 말라 네 하체가 그 위에서 드러날까 함이니라(출 20:26). 하나님은 제사장들이 직무를 수행할 때 성결이 훼손되지 않게 하십니다. "하체"란 '벌거벗음'의 의미로, 인류가 타락하고 옷을 입게 되면서 하체를 드러내는 것이 부도덕하게 여겨졌습니다. "이에 그들의 눈이 밝아져 자기들이 벗은 줄을 알고 무화과나무 잎을 엮어 치마로 삼았더라"(창 3:7). 제사장이 제단을 오르내리게 될 때에 하체가 드러날 수 있는데, 이는 하나님 앞에서 부정한 행위가 되기 때문에 제단에 층계를 사용하지 못하게 하셨습니다. 따라서 제단은 계단을 대신하여 경사지게 하였으며, 이후 성막이나 성전 시대에는 제사장이 속바지인 고의를 입어 하체를 가렸습니다. "또 그들을 위하여 베로 속바지를 만들어 허리에서부터 두 넓적다리까지 이르게 하여 하체를 가리게 하라"(출 28:42).

창조주이신 하나님은 영이시므로, 하나님을 그가 만드신 피조물의 형상으로 표현하는 것은 하나님의 영광을 모독하는 것이 됩니다. 하나님과 바른 관계를 유지하기 위해서는 먼저 우상을 철저히 배격하고 올바른 예배를 드리는 것입니다. "하나님은 영이시니 예배하는 자가 영과 진리로 예배할지니라"(요 4:24).

❖율법에 관하여❖

출애굽 사건을 체험한 이스라엘은 하나님의 뜻에 순종하는 삶을 살아야 한다는 것을 알게 되었습니다. 하나님은 이미 그들의 선조 때부터 이스라엘을 구별하셔서 당신의 백성으로 삼으시고 언약을 체결하시며, 그들이 어떻게 신앙 생활을 하고 사회 생활을 해야 하는지 율법으로 규정해 주셨습니다(출 19-24장). 이 율법은 언약의 조건으로, 율법에 규정된 제사를 실행할 수 있도록 성막 규례를 주셨습니다(출 25-40장). 성막은 이스라엘이 하나님의 백성으로 사는 방법을 계시하신 것이지만, 성막의 궁극적 목적은 이스라엘 뿐 아니라 훗날 예수님을 통하여 모든 민족이 구원 받을 원리를 예표한 것입니다.

하나님은 이스라엘이 택한 백성으로 합당하게 살아가도록 모든 생활에 규범이 되는 율법을 주셨습니다. 율법에는 도덕법, 의식법, 시민법이 있습니다. '도덕법'은 하나님과 사람에 대한 기본 규범으로, 의식법이나 시민법의 근거이며 영원불변한 진리인 십계명(출 20:3-17; 신 5:7-21)을 말합니다. "진실로 너희에게 이르노니 천지가 없어지기 전에는 율법의 일점일획도 결코 없어지지 아니하고 다 이루리라"(마 5:18). '의식법'[84]은 하나님의 구원 사역을 기념하며 하나님 중심의 삶을 살아가기 위해 이스라엘이 행해야 할 절기, 제사 의식, 성막 등에 관한 규범

84) 의식법의 두 기능은 상징적이고 모형적입니다. 상징(symbol)이란 가시적 형상의 실제나 원리의 영적 본질을 묘사하며, 모형(type)이란 실제가 될 미래에 적용됩니다. 신약에 '모형'이란 단어는 "아담은 오실 자의 모형이라"(롬5:14)에 오직 한 번 사용되었으며, 후에 '형상'이나 '표상'의 의미로 발전되어 구속의 낮은 단계에서 더 높은 단계로 나아감을 말합니다. Geehardus Vos, *Biblical Theology : Old and New Testaments*, 144.

으로(출 23:10-19, 25장-31장, 35장-40장; 레 1장-27장), 예수 그리스도를 통해 성취되었지만 그 정신은 남아 있습니다. '시민법'은 신정국가 이스라엘에서 사람과 사람 사이의 법(21:1-23:9)으로, 일반국가의 민법이나 형법과는 달리 외형적으로 드러난 죄를 벌하기 위한 것이 아니라 인간 내면의 도리를 따라 살도록 한 법입니다. 율법은 궁극적으로 하나님 나라의 완성을 위한 기본 역할을 하는데, 율법이 가르치고 있는 의식법과 시민법은 예수 그리스도에 의해 이미 성취되어 그 기능이 정지되었습니다. 하지만 도덕법은 오늘날도 그리스도인들이 생활 규범으로서 실천하여야 하는 윤리입니다.

하나님께서 율법을 주신 것은 약하고 소외된 자들을 보호하며 정의에 의하여 사회가 유지되게 하기 위함입니다. 하나님의 법은 의롭고 신실하며 공평하여 빈부와 귀천의 구별이 없습니다. 하나님이 율법을 주신 것은 이를 준수함으로써 구원에 이른다는 것이 아니라 오히려 하나님의 언약 백성의 생활 규범으로 주어졌으며 그리스도에게로 눈을 돌리게 하는데 있습니다. "그러므로 율법의 행위로 그의 앞에 의롭다 하심을 얻을 육체가 없나니 율법으로는 죄를 깨달음이니라"(롬 3:20), "그런즉 율법은 무엇이냐 범법함으로 더하여진 것이라 천사들을 통하여 한 중보자의 손으로 베푸신 것인데 약속하신 자손이 오시기까지 있을 것이라 ~ 이같이 율법이 우리를 그리스도께로 인도하는 초등교사가 되어 우리로 하여금 믿음으로 말미암아 의롭다 함을 얻게 하려 함이라"(갈 3:19, 24). 하나님은 자신의 아들로 이 율법을 다 지키게 하셨습니다. "때가 차매 하나님이 그 아들을 보내사 여자에게서 나게 하시고 율법 아래에 나게 하신 것은 율법 아래에 있는 자들을 속량하시고 우리로 아들의 명분을 얻게 하려 하심이라"(갈 4:4-5).

그리스도께서는 모든 율법의 요구를 다 이루심으로 율법을 완성하셨습니다. "예수께서 신 포도주를 받으신 후에 이르시되 다 이루었다 하시고 머리를 숙이니 영혼이 떠나가시니라"(요 19:30). 십자가의 구속 이후 그리스도에 의해 완성이 된 율법은 그 기능이 종결되었습니다. "그리스도는 모든 믿는 자에게 의를 이루기 위하여 율법의 마침이 되시니라"(롬 10:4).

히브리 종에 관한 법

출애굽 후 하나님께서 이스라엘에게 율법을 주십니다. 본장은 하나님의 백성이 어떻게 살아야 하는지 일상생활에 관한 규범입니다. 네가 백성 앞에 세울 법규는 이러하니라(출 21:1). 여기서 "세울"이란 모세가 하나님께로부터 받은 말씀을 백성들에게 확실하게 전해야 한다는 것을 의미합니다. "법규"(מִשְׁפָּטִים, 미쉬파팀)란 언약서에 들어있는 모든 규례들을 말하는 것으로, 재판의 기준이 되고 시민법의 기초가 되는 조항들을 말합니다. 이는 십계명에 의해 천명된 도덕적 원칙들을 생활 속에 적용하도록 세부적으로 설명한 것들로 하나님께서 모세에게 주신 율례에 의해 판결합니다. "모세가 그의 장인에게 대답하되 백성이 하나님께 물으려고 내게로 옴이라 그들이 일이 있으면 내게로 오나니 내가 그 양쪽을 재판하여 하나님의 율례와 법도를 알게 하나이다"(출 18:15-16). 지금까지는 사건이 발생하면 모세가 하나님께 여쭈었지만, 이제 하나님께서 일반적인 원칙을 주셨으므로 모세는 유사한 사례에 이러한 원칙과 율례를 적용합니다.

하나님께서 노예가 된 동족들을 어떻게 다루어야 하는지 말씀하십니다. 먼저 남종에 대한 율례입니다. 네가 히브리 종을 사면 그는 여섯 해 동안 섬길 것이요 일곱째 해에는 몸값을 물지 않고 나가 자유인이 될 것이며(출 21:2). "히브리 종"이란 이스라엘 사람인 종을 말합니다. 히브리인이 동족의 노예가 되는 경우는 가난하여 빚을 갚을 능력이 없을 때와 훔친 물건을 배상할 능력이 없을 때입니다. "너와 함께 있는 네 형제가 가난하게 되어 네게 몸이 팔리거든 너는 그를 종으로 부리지 말고"(레 25:39), "도둑은 반드시 배상할 것이나 배상할 것이 없으면 그 몸을 팔아 그 도둑질한 것을 배상할 것이요"(출 22:3). 위의 "일곱째 해"란 종이 된 지 7년째 되는 해를 의미합니다. 히브리 율법은 7년째 된 종을 반드시 해방시켜 주도록 규정합니다. 만약 7년이 되기 전에 희년을 맞이할 경우, 그 해에 해방되어 더 빨리 자유로워질 수 있었습니다. "품꾼이나 동거인과 같이 함께 있게 하여 희년까지 너를 섬기게 하라"(레 25:40). 이때 주인은 종을 빈손으로 보내지 않고 양과 곡식과 포도주를 넉넉하게 주어 보내야 했습니다. "네 동족 히브리 남자나 히브리 여자가 네게 팔렸다 하자 만일 여섯 해 동안 너를 섬겼거든 일곱째 해에 너는 그를 놓아 자유롭게 할 것이요 그를 놓아 자유하게 할 때에는 빈손으로 가게 하지 말고 네 양 무리 중에서와 타작마당에서와 포도주 틀에서 그에게 후히 줄지니 곧 네 하나님 여호와께서 네게 복을 주신대로 그에게 줄지니라"(신 15:12-14). 이는 그 종이 새로운 생활을 시작할 수 있도록 기반을 마련해 주시는 하나님의 배려입니다. 또한 본문의 "몸값을 물지 않고 나가"란 노예의 몸값을 받지 않고 해방시켜 주는 것을 말합니다. 율법은 노예로 팔린 자를 그 친족이 몸값을 지불하고 해방시켜 주도록 규정하고 있습니다. 그러나 친족이 없는 자는 6년이 지나고 7년째 되는 해에 몸값 없이 놓임을 받게 됩니다. 이는 6년 동안의 노동의 대가가 몸값으로 계산되었기 때문입니다. 이방인 종의 경우는 주인의 소유가 되어 후손에게 상속될 수 있었습니다. "네 종은 남녀를 막론하고 네 사방 이방인 중에서 취할지니 남녀 종은 이런 자 중에서 사올 것이며 또 너희 중에 거류하는 동거인들의 자녀 중에서도 너희가 사올 수 있고 또 그들이 너희와 함께 있어서 너희 땅에서 가정을 이룬 자들 중에서도 그리 할 수 있은 즉 그들이 너희의 소유가 될지니라 너희는 그들을 너희 후손에게 기업으로 주어 소유가 되게 할 것이라 이방인 중에서는 너희가 영원한 종을 삼으려니와 너희 동족 이스라엘 자손은 너희가 피차 엄하게 부리지 말지니라"(레 25:44-46).

제7년에 발생할 수 있는 경우입니다. 만일 그가 단신으로 왔으면 단신으로 나갈 것이요 장가들었으면 그의 아내도 그와 함께 나가려니와 만일 상전이 그에게 아내를 주어 그의 아내가 아들이나 딸을 낳았으면 그의 아내와 그의 자식들은 상전에게 속할 것이요 그는 단신으로 나갈 것이로되(출 21:3-4). 주인이 종을 해방시킬 때 종이 되기 전 이미 아내가 있는 경우에는 같이 해방되었으나, 종이 된 후 주인으로부터 아내를 얻은 경우 종은 해방되지만 아내와 자녀는 해방될 수 없었습니다. 종이 주인의 여종을 아내로 맞아 자녀를 낳았으면 그 아내와 자식들은 상전에게 속하므로 그 종은 혼자 나가야 했습니다. 만일 종이 이스라엘인이 아닌 여자 종에게서 난 경우는 계속 남게 됩니다.

종이 주인의 집에 남고자 하는 경우 이같이 행합니다. 만일 종이 분명히 말하기를 내가 상전과 내 처자를 사랑하니 나가서 자유인이 되지 않겠노라 하면 상전이 그를 데리고 재판장에게로 갈 것이요 또 그를 문이나 문설주 앞으로 데리고 가서 그것에다가 송곳으로 그의 귀를 뚫을 것이라 그는 종신토록 그 상전을 섬기리라(출 21:5-6). "자유인이 되지 않겠노라"는 말은 평생 종으로서 주인을 섬기겠다는 의미입니다. 그리하면 그 종은 주인에게서 얻은 아내와 자식과 함께 살 수 있게 됩니다. 본문의 "재판장[85]에게로"란 하나님의 이름으로 재판이 행해지는 장소라는 의미입니다. "문설주"는 문의 양쪽 기둥을 말하는데, 노예의 귀를 뚫는 문이나 문설주는 성소의 문을 가리킨다고 합니다.[86] 그 종은 성전이나 장막의 기둥에 가서 증인들 앞에서 귀를 뚫어야 하는데, 유대인 전승에 의하면 오른쪽 귀를 뚫었다고 합니다. 이러한 경우 종들은 품군이나 우거하는 자와 같은 대우를 받았습니다. 이 규례는 평생 종의 신분과 인격을 보장하는 합리적인 제도입니다.

그러나 딸의 경우는 다릅니다. 사람이 자기의 딸을 여종으로 팔았으면 그는 남종 같이 나오지 못할지며 만일 상전이 그를 기뻐하지 아니하여 상관하지 아니하면 그를 속량하게 할 것이나 상전이 그 여자를 속인 것이 되었으니 외국인에게는 팔지 못할 것이요(출 21:7-8). 종이 된 남자와 여자는 7년째에 해방될 수 있지만, 여종이 결혼을 전제로 팔리게 되었을 경우에는 계속 주인을 섬겨야 합니다. 만일 그 여종이 6년 후에 히브리인 여종의 경우처럼 나오게 된다면 이는 부당한 일이 될 것입니다. 고대 사회에서는 여자 홀로 살기가 매우 힘들었기 때문에 이 경우 여종

---

85) 여기의 재판장이 히브리어 성경에는 '하나님'으로 기록되어 있습니다. 그러므로 아마도 그를 성전에 데리고 가서 여러 증인들 앞에서 하나님의 이름으로 맹세하게 했을 것입니다.

86) F. C. Fensham, *Exodus* (Nijkerk : Uitgeverij G. F. Callenbach N. V., 1970), 148.; John I. Durham, *Exodus: Word Biblical Commentary Vol. 3*, 321.

은 자신의 지위를 확실히 보장받을 수 없었습니다. 본문의 "상관하지 아니하면"이란 결혼할 생각이 없는 것을 말하며, "속량하게"란 결혼을 전제로 팔려간 여종이 주인의 미움을 받을 경우 주인은 그 여종의 몸값에 해당하는 보상을 해야 한다는 의미입니다. 히브리인 노예는 결코 이방인에게 팔려서는 안 되는데, 이는 외국으로 팔려 가면 7년째에 해방될 수 없기 때문입니다. 그러므로 히브리인이 이방인의 종이 되었을 경우, 그의 가까운 친척이 속전을 지불하고 해방시켜 주어야 할 책임이 있었습니다.

다음과 같은 경우에는 이렇게 합니다. 만일 그를 자기 아들에게 주기로 하였으면 그를 딸 같이 대우할 것이요 만일 상전이 다른 여자에게 장가 들지라도 그 여자의 음식과 의복과 동침하는 것은 끊지 말 것이요 이 세 가지를 시행하지 아니하면, 여자는 속전을 내지 않고 거저 나가게 할 것이니라(출 21:9-11). "딸같이 대우할 것이요"라는 말은 주인이 장차 며느리가 될 그 여종을 자신의 가족으로 대해야 함을 의미합니다. 주인이 다른 여종을 취한 경우라도 이전의 여종에 대해 의식주와 동침에 대한 권리는 계속 보장해 주어야 합니다. 일단 주인과 결혼한 여종은 일생동안 의복과 음식과 동침하는 권리를 갖게 됩니다. 본문의 "음식과 의복"은 특별히 좋은 음식과 의복을 말하는 것으로, 그 여종에게도 주인과 같은 수준의 음식과 옷이 제공되어야 함을 의미합니다. 만일 이 세 가지 곧 음식과 의복과 동침의 의무를 시행하지 아니하면 그녀는 몸값을 내지 않고 자유의 몸이 될 수 있으며, 다른 남자와 결혼도 할 수 있습니다. 이는 여종의 인격과 권리를 보장해 주시는 하나님의 배려입니다.

이와 같이 종에 관한 법이 먼저 언급된 것은 하나님께서 인간을 귀중하게 여기신다는 것을 보여주신 것입니다. 하나님은 당신의 형상으로 지음 받은 인간을 존귀한 존재로 인정하시고 그들 모두에게 법 앞에 평등하며 자유와 권리를 보장받게 하셨습니다.

사형에 관한 법

사형에 해당하는 죄입니다. 사람을 쳐죽인 자는 반드시 죽일 것이나 만일 사람이 고의적으로 한 것이 아니라 나 하나님이 사람을 그의 손에 넘긴 것이면 내가 그를 위하여 한 곳을 정하리니 그 사람이 그리로 도망할 것이며 사람이 그의 이웃을 고의로 죽였으면 너는 그를 내 제단에서라도 잡아내려 죽일지니라(출 21:12-14). 본문의 "쳐죽인"이란 살인 행위를 강조하는 말이며, "한 곳을 정하리니"란 우발적으로 살인한 자를 보호하기 위해 한 장소를 정할 것이라는 말씀입니다. 이 도피 장소는 처음에는 하나님의 제단이 있는 성소 한 곳 뿐이었으나 후에는 요단강 양편에 세 곳씩, 도합 여섯 성읍이 정해졌습니다. "너희가 줄 성읍 중에 여섯을 도피성이 되게 하되 세 성읍은 요단 이쪽에 두고 세 성읍은 가나안 땅에 두어 도피성이 되게 하라"(민 35:13-14). 이는 살인이 또 다른 살인을 부르는 보복의 악순환을 막기 위한 하나님의 뜻입니다. 그렇지만 "내 제단에서라도 잡아내려"라는 명령에서도 볼 수 있듯이 우발적이 아니라 계획적인 살인 행위는 어떤 경우에도 용서받을 수 없음을 분명히 하십니다. 하나님께서 생명을 얼마나 존엄하게 여기시는지 알 수 있습니다. "사람이 만일 온 천하를 얻고도 제 목숨을 잃으면 무엇이 유익하리요 사람이 무엇을 주고 제 목숨과 바꾸겠느냐"(마 16:26).

부모에 대한 악행 역시 사형에 해당합니다. 자기 아버지나 어머니를 치는 자는 반드시 죽일지니라(출 21:15). 십계명 중 인간에 관계된 첫 계명은 "네 부모를 공경하라"입니다. 부모 공경은 하나님의 절대 명령으로 인간에게 주어진 제일의 계명입니다. 본문에서 "치는"이란 자녀들이 자기 부모를 학대하여 치기만 하여도 사형에 해당된다는 것입니다. 하나님께서 부모를 공경케 하신 것은 부모가 자식을 낳고 기르며 가정에서 하나님의 대리자 역할을 하기 때문입니다. 그렇기 때문에 부모에게 반항하거나 육체적이거나 정신적인 폭행을 가하는 것은 자기의 존재 근원을 불신하는 것으로, 곧 하나님 권위에 대한 도전입니다. 하나님은 질서와 권위를 업신여긴 자에게 반드시 하나님의 공의와 심판을 내리십니다. 유괴에 관한 법입니다. 사람을 납치한 자가 그 사람을 팔았든지 자기 수하에 두었든지 그를 반드시 죽일지니라(출 21:16). "반드시 죽일지니라"는 죽여야 될 것을 강조하신 말씀으로, 유괴와 인신매매는 하나님의 형상대로 지음 받은 인간의 존엄성을 범하는 아주 중한 범죄이기 때문입니다. 그러므로 다른 사람을 유괴하거나 강제로 감금한 자는 자기 생명으로 배상하여야 합니다.

부모에 대한 저주도 사형에 해당합니다. 자기의 아버지나 어머니를 저주하는 자는 반드시 죽일지니라(출 21:17). "저주하는"이란 부모의 권위를 인정하지 아니하고 부모를 욕하거나 멸시하는 것과 같은 불손한 행동을 의미합니다. 이런 자는 비록 살인죄는 범하지 않았을지라도 반드시 죽이라고 하셨으니 이 죄가 얼마나 극악한 것인지를 알게 합니다.

부모를 저주한 자는 하나님을 저주한 자와 마찬가지로 사형에 해당합니다. "만일 누구든지 자기의 아버지나 어머니를 저주하는 자는 반드시 죽일지니 그가 자기의 아버지나 어머니를 저주하였은즉 그의 피가 자기에게로 돌아가리라"(레 20:9), "여호와의 이름을 모독하면 그를 반드시 죽일지니 온 회중이 돌로 그를 칠 것이니라"(레 24:16). 이는 부모의 권위가 얼마나 존중되고 있는지를 보여줍니다. 후에 예수님은 이 율례를 부모만이 아니라 형제에게도 적용하심으로 율법의 참 정신을 깨닫게 해주셨습니다. "나는 너희에게 이르노니 형제에게 노하는 자마다 심판을 받게 되고 형제를 대하여 라가라 하는 자는 공회에 잡혀가게 되고 미련한 놈이라 하는 자는 지옥 불에 들어가게 되리라"(마 5:22).

생명의 창조자요 사랑의 하나님께서 사형 제도를 명하신 것은 위의 범죄가 얼마나 악한 것인지 깨닫게 합니다. 사형 제도는 악인의 처벌이 목적이 아니라 범죄를 예방하고 선한 영혼들을 보존하려는 것입니다. 하나님의 형상대로 지음 받은 인간을 죽이는 것은 생명의 주인이신 하나님의 권한을 침범하는 중대한 범죄입니다.

피해 보상에 관한 법 (1)

이웃에게 신체의 손상을 가한 경우에 대한 처벌 기준입니다. 사람이 서로 싸우다가 하나가 돌이나 주먹으로 그의 상대방을 쳤으나 그가 죽지 않고 자리에 누웠다가 지팡이를 짚고 일어나 걸으면 그를 친 자가 형벌은 면하되 그간의 손해를 배상하고 그가 완치되게 할 것이니라(출 21:18-19). 여기서 "싸우다가"란 사소한 말다툼이 살인으로 번지는 경우를 규정한 것입니다. "돌이나 주먹"은 우발적인 살인이었음을 의미하지만, 철 연장을 사용한 것은 계획적 살인으로 인정되어 사형에 해당합니다. "만일 철 연장으로 사람을 쳐죽이면 그는 살인자니 그 살인자를 반드시 죽일 것이요"(민 35:16). 돌은 어디서나 구할 수 있으므로 돌이나 주먹은 우발적 행위로 간주되어 가해자가 도피처로 피할 수 있었습니다. 이 경우 피해자가 입은 상처에 상당한 배상만 하면 되었는데, 가해자가 보상금을 지불할 능력이 없을 경우에는 도적질한 자의 경우와 마찬가지로 그 몸을 팔아 종이 되어서라도 배상해야 했습니다.

종의 매질에 관한 규례입니다. 사람이 매로 그 남종이나 여종을 쳐서 당장에 죽으면 반드시 형벌을 받으려니와 그가 하루나 이틀을 연명하면 형벌을 면하리니 그는 상전의 재산임이라(출 21:20-21). 종에 대한 주인의 훈계 차원의 매질은 허용되지만, 매질 과정에서 종이 죽게 되면 주인은 형벌을 받게 됩니다. 고대 근동에서 종은 주인의 소유물로 간주되어 생사여탈권이 주인에게 있었던 것과는 달리, 율법은 종을 단순히 재산으로 취급하는 것이 아니라 인격체로 존중합니다. 자신의 종을 죽인 주인이 살인죄의 형벌을 받을 수 있다는 사실은 종의 인권을 말살해서는 안 된다는 것을 강조한 것입니다. 매 맞은 종이 바로 죽으면 주인의 의도적인 살인으로 보아 살인죄가 적용되었지만, 하루나 이틀이 지난 후에 종이 죽으면 고의성이 없는 것으로 보았습니다. 이 경우 종의 죽음은 주인의 재산적 손실로 여겨져 주인이 죄 값을 치룬 것으로 인정되었습니다. 이 제도는 종의 인권을 보호하며 주인의 재산권도 인정해

준 것입니다.

임산부의 경우입니다. 사람이 서로 싸우다가 임신한 여인을 쳐서 낙태하게 하였으나 다른 해가 없으면 그 남편의 청구대로 반드시 벌금을 내되 재판장의 판결을 따라 낼 것이니라(출 21:22). 본문의 "싸우다가"란 말다툼이나 논쟁이 아니라 신체적 접촉이 있는 싸움을 말합니다. "낙태하게 하였으나"란 태아의 죽음에 대한 배상을 말하는 것으로, 가해자는 재판장의 판결에 따라 벌금형을 치러야 한다는 의미입니다. 이외에 임산부에게 다른 피해가 없을 경우 가해자는 그 남편이 요구하는 배상금을 지불해야 하지만, 그 액수가 많다고 생각될 경우 가해자는 재판장에게 호소하여 배상금 액수를 조정할 수 있습니다. 이는 율법이 어느 한 편만이 아니라 공의에 근거하여 쌍방의 권리를 보호한다는 것을 보여줍니다.

조산 외에 다른 해가 있는 경우, 동해보복법(同害報復法, lex talionis)이 적용되었습니다. 그러나 다른 해가 있으면 갚되 생명은 생명으로, 눈은 눈으로, 이는 이로, 손은 손으로, 발은 발로, 덴 것은 덴 것으로 상하게 한 것은 상함으로, 때린 것은 때림으로 갚을지니라(출 21:23-25). "해"란 임신한 여인이 입은 상처만이 아니라 조산하여 태어난 아기에게도 해당되는 말입니다. 이는 과다한 복수를 방지하며 보복의 악순환을 막기 위한 것으로, 가해자에게 자신의 잘못을 정확히 인식하게 하며 이웃의 재산과 인권을 보호하는 법입니다. "만일 사람을 쳐죽인 자는 반드시 죽일 것이요 짐승을 쳐죽인 자는 짐승으로 짐승을 갚을 것이며 사람이 만일 그의 이웃에게 상해를 입혔으면 그가 행한 대로 그에게 행할 것이니 상처에는 상처로, 눈에는 눈으로, 이에는 이로 갚을지라 남에게 상해를 입힌 그대로 그에게 그렇게 할 것이며"(레 24:17-20).

이 법들은 하나님 공의가 실현되기 위해 주어진 것으로, 하나님의 형상으로 지음 받은 인간은 존귀한 존재이므로 계급과 신분을 초월하여 모두 법 앞에서 평등하게 지배받고 보호받습니다. 예수님은 이를 승화시키셔서 선으로 악을 갚는 사랑과 희생의 법을 가르쳐 주셨습니다. "너희 원수를 사랑하며 너희를 박해하는 자를 위하여 기도하라"(마 5:44).

피해 보상에 관한 법 (2)

주인의 책임에 관한 규례로 종을 보호하는 법입니다. 사람이 그 남종의 한 눈이나 여종의 한 눈을 쳐서 상하게 하면 그 눈에 대한 보상으로 그를 놓아 줄 것이며 그 남종의 이나 여종의 이를 쳐서 빠뜨리면 그 이에 대한 보상으로 그를 놓아 줄지니라(출 21:26-27). 종은 주인의 소유이므로 동해보복법이 적용되지 않았지만 종의 인격이 무시되지는 않았습니다. 주인이 종을 훈계할 목적으로 매질할 수 있었지만, 종의 신체 중 어느 부위라도 상해하면 그 대가로 종을 해방시켜야 했습니다. "눈"은 우리 신체 중 가장 귀중한 부분이며, "이"는 사소한 부위에 대한 상징적 표현입니다. 율법은 종의 신체 중 일부라도 상실하게 되면 그 종을 자유케 해주어야 한다고 명시하여, 당시 빈번했던 상전의 방만을 엄격히 규제하고 있습니다. 이같이 하나님은 종들의 생명과 육체를 보호받게 하시어 인권을 보장해 주셨습니다.

소가 사람을 죽인 경우입니다. 소가 남자나 여자를 받아서 죽이면 그 소는 반드시 돌로 쳐서 죽일 것이요 그 고기는 먹지 말 것이며 임자는 형벌을 면하려니와 소가 본래 받는 버릇이 있고 그 임자는 그로 말미암아 경고를 받았으되 단속하지 아니하여 남녀를 막론하고 받아 죽이면 그 소는 돌로 쳐 죽일 것이고 임자도 죽일 것이며(출 21:28-29). 소가 사람을 죽인 경우 그 소를 돌로 쳐 인간이 당한 만큼의 고통을 받고 죽게 했습니다. 비록 짐승이지만 사람의 피를 흘리게 했으므로 반드시 피 값을 치러야 했는데, 이는 사람의 생명이 존엄하기 때문입니다. 또한 동물에게 율법을 어겼을 때의 사형 방법을 적용하므로 동물도 율법 아래 있다는 것을 알게 하셨습니다. 본문에서 "그 고기는 먹지 말 것"이라고 하신 것은 소가 사람을 죽이고 피를 흘림으로써 부정해졌기 때문입니다. 히브리인들은 돌에 맞아 죽은 짐승은 저주받은 동물로 간주하여 먹지 않았습니다. 후에 랍비들은 이 고기를 이방인들에게 파는 것조차 금지시켰습니다. "본래 받는 버릇이 있고"란 '습관적으로 들이받는다'는 의미입니다. 이처럼 자신의 소가 사람을 해칠 위험성이 있음을 알고도 방치하여 살인이 발생했을 경우에는 소와 그 태만한 주인이 함께 사형에 처해졌습니다.

소의 주인은 속죄금으로 죄 값을 대신할 수 있었습니다. 만일 그에게 속죄금을 부과하면 무릇 그 명령한 것을 생명의 대가로 낼 것이요(출 21:30). "속죄금"이란 '몸값, 보석금'을 말합니다. 구약 시대 일반 성인 남자의 몸값은 50세겔이었습니다. "네가 정한 값은 스무 살로부터 예순 살까지는 남자면 성소의 세겔로 은 오십 세겔로 하고"(레 27:3). 소가 종을 받았을 경우입니다. 소가 만일 남종이나 여종을 받으면 소 임자가 은 삼십 세겔을 그의 상전에게 줄 것이요 소는 돌로 쳐서 죽일지니라(출 21:32). 당시 이스라엘에서 종의 몸값은 남종이나 여종의 구분 없이 은 30세겔이었던 것으로 추정됩니다. 소가 종을 받았을 경우 이 속전은 소에게 받혀 죽은 종의 주인에게 지급되었습니다. 후에 예수님은 자유인이 아닌 종의 몸값으로 은 30세겔에 팔리셨습니다. "내가 예수를 너희에게 넘겨주리니 얼마나 주려느냐 하니 그들이 은 삼십을 달아 주거늘"(마 26:15). 하나님의 아들이신 예수님은 종의 신분으로 우리를 섬기기 위해 오셨습니다.

이와 같이 율법은 사소한 부분까지 공평하고 정확하게 해결하도록 합니다. 즉 나태와 부주의로 이웃에게 손해를 끼쳐서는 안 된다는 것과, 어떠한 경우든지 손해를 끼쳤을 때에는 합당하게 그 책임을 감당해야 한다는 것입니다. 이는 최선을 다하여 다른 사람에게 해를 끼치지 않도록 주의하게 하기 위함입니다.

손해 보상에 관한 법

다음은 제8계명과 관련된 재산권 손실에 관한 법으로, 이웃의 재산권을 침해했을 경우 어떻게 배상할 것인지를 다룬 규정입니다. 이웃의 가축에 관한 법입니다. 사람이 구덩이를 열어두거나 구덩이를 파고 덮지 아니하므로 소나 나귀가 거기에 빠지면 그 구덩이 주인이 잘 보상하여 짐승의 임자에게 돈을 줄 것이요 죽은 것은 그가 차지할 것이니라(출 21:33-34). "구덩이"란 우물이나 샘을 말하는데, 물이 귀한 팔레스틴에서 우물은 사유재산으로 인정되었습니다. 깊이 판 웅덩이는 사람이나 짐승에게 위험할 수 있기 때문에 주인은 항상 그것을 덮어 사고를 미연에 방지할 의무가 있었습니다. 그런데 우물의 주인이 덮개를 준비하지 않아 소나 나귀가 빠져 죽었을 경우, 그 우물의 주인은 짐승의 값을 지불해야 했습니다. 죽은 짐승의 고기는 그 우물 주인의 소유가 되었습니다.

소끼리 싸워 죽은 경우입니다. 이 사람의 소가 저 사람의 소를 받아 죽이면 살아 있는 소를 팔아 그 값을 반으로 나누고 또한 죽은 것도 반으로 나누려니와 그 소가 본래 받는 버릇이 있는 줄을 알고도 그 임자가 단속하지 아니하였으면 그는 소로 소를 갚을 것이요 죽은 것은 그가 차지할지니라(출 21:35-36). 우발적으로 소와 소가 싸워 한 소가 죽은 경우, 살아 있는 소를 팔아 반으로 나누고 죽은 소도 반분합니다. 이는 모든 사람으로 이웃의 유익에 대해서 관심을 갖도록 하신 것입니다. 그러나 만약 성질이 사나운 소를 방치하여 발생했을 경우, 부주의했던 주인의 과실이 인정되어 죽은 소에 대해 배상해야 합니다. 위의 "단속하지 아니하였으면"이란 울타리 안에 넣어두지 않았다는 의미로, 가해를 가한 소의 주인이 피해를 당한 소의 주인에게 산 소로 갚고 피해자의 죽은 소를 가져야 합니다. 이같이 하나님의 법은 모든 사람에게 공평하게 적용되는데, 태만에서 비롯된 사고를 용납하지 않고 엄중히 책임을 묻습니다.

다음은 도적질을 금한 제8계명의 세부 사항에 관한 규정입니다. 남의 재산에 손해를 입힌 경우 철저하게 배상하여 그 책임을 묻게 했습니다. 사람이 소나 양을 도둑질하여 잡거나 팔면 그는 소 한 마리에 소 다섯 마리로 갚고 양 한 마리에 양 네 마리로 갚을지니라(출 22:1). 당시 이스라엘에서 소나 양 등은 주요 재산이었으며, 가축의 절도는 흔한 범죄였습니다. 이 경우 절도범은 자기가 훔친 물건의 4배 또는 5배를 변상해야 했습니다. 도둑질은 건전한 노동을 하지 않고 소득을 얻으려는 악한 행위로, 하나님은 타인의 것에 탐욕을 품은 자는 오히려 자신의 것조차 잃어버리게 된다는 사실을 깨닫게 하셨습니다. "도둑질하는 자는 다시 도둑질 하지 말고 돌이켜 가난한 자에게 구제할 수 있도록 자기 손으로 수고하여 선한 일을 하라"(엡 4:28). 하나님께서 타락한 인간에게 주신 명령은 땀 흘려 일한 대가로 생활하라는 것입니다. "네가 흙으로 돌아갈 때까지 얼굴에 땀을 흘려야 먹을 것을 먹으리니 네가 그것에서 취함을 입었음이라"(창 3:19). 본문에서 소에 대한 배상이 양보다 높은 것은 소의 주인이 그 소의 노역을 잃었기 때문입니다. 그러나 도둑이 양심의 가책을 받아 자백하면 배상이 훨씬 가벼워집니다. "그 훔친 것이나 착취한 것이나 ~ 그 거짓 맹세한 모든 물건을 돌려보내되 곧 그 본래 물건에 오분의 일을 더하여 돌려보낼 것이니"(레 6:4-5).

도둑이 침입한 경우입니다. 도둑이 뚫고 들어오는 것을 보고 그를 쳐죽이면 피 흘린 죄가 없으나 해 돋은 후에는 피 흘린 죄가 있으리라 도둑은 반드시 배상할 것이나 배상할 것이 없으면 그 몸을 팔아 그 도둑질한 것을 배상할 것이요(출 22:2-3). 밤에 침입한 도둑에 대한 살인은 정당방위로 인정되었지만, 해가 돋은 후 침입한 도둑을 죽이는 것은 과잉방어로 규정되었습니다. 이는 낮에 침입한 경우 그 도둑에게 살인 의도가 없었던 것으로 여겨지지만 날이 밝은 후에는 이웃의 도움을 받을 수 있었을 것으로 생각되기 때문에 피 흘린 죄가 있는 것으로 여겨집니다.

이 율례는 어떠한 경우에도 인간 생명의 존엄성과 인권이 보장되어야 한다는 것을 알게 합니다. 본문에서 "몸을 팔아"란 도둑이 그 물건을 이미 처분하여 배상할 능력이 없을 경우, 자신을 종으로 팔아서라도 배상해야 했습니다.[87)]

도둑질한 것을 가지고 있을 경우 형벌은 훨씬 가볍습니다. 도둑질한 것이 살아 그의 손에 있으면 소나 나귀나 양을 막론하고 갑절을 배상할지니라 사람이 밭에서나 포도원에서 짐승을 먹이다가 자기의 짐승을 놓아 남의 밭에서 먹게 하면 자기 밭의 가장 좋은 것과 자기 포도원의 가장 좋은 것으로 배상할지니라(출 22:4-5). 도둑질한 것이 있을 경우, 두 배로 보상케 한 것은 불의한 탐욕으로 얻으려했던 만큼 반드시 자신이 손해를 져야 한다는 것을 깨닫게 합니다. 이는 도둑질이 계획적인지 우발적인 지를 판단할 수 있는 객관적 근거로, 이미 짐승을 훔쳐 도살하였거나 다른 사람에게 판 경우는 계획적인 것으로 보고 4배 혹은 5배를 배상하게 하였지만, 우발적인 경우에는 2배의 보상만 하도록 하였습니다. 그런데 자기 짐승이 남의 밭 농작물을 먹게 되었을 경우에는 손해를 입힌 농작물의 질과는 관계없이 자기 밭의 제일 좋은 경작물로 동일한 양만큼 배상하게 했습니다.

남의 곡식단에 불을 냈을 경우입니다. 불이 나서 가시나무에 댕겨 낟가리나 거두지 못한 곡식이나 밭을 태우면 불 놓은 자가 반드시 배상할지니라(출 22:6). "가시나무"란 가시 돋은 나무를 총칭하는데, 밭이나 과수원을 경계 짓는 울타리로 이용되며 그것을 태운 재는 비료로 사용됩

87) 그를 종으로 파는 일은 재판장이 했으며, 그의 몸값은 도둑맞은 사람이 받았을 것으로 추정합니다. Matthew Henry, *Matthew Henry's Commentary on the Whole Bible Vol. I*, 369.

니다. "낟가리"란 낟알이 붙어 있는 곡식을 쌓아 놓은 더미를 말합니다. 만일 다음 해 농사를 위해 가시나무를 태워 밭에 불을 낸 자가 이웃의 곡식단에 피해를 주었을 경우 그는 이웃에게 배상해야 합니다. 이는 고의가 아니라 부주의로 발생한 사건에 대해서도 처벌받음을 보여주는 규례로, 실수로 남에게 피해를 입힌 경우에 대해서도 책임을 져야 한다는 것을 가르쳐 주십니다. 율법은 적절한 조치를 취하지 않아 초래된 사고는 더 크게 보상하도록 합니다. 이는 하나님께서 결과만이 아니라 동기와 과정도 보신다는 것을 알게 합니다.

이러한 조항들은 사회의 존속을 위한 것으로 서로의 인격과 재산을 존중하며 공동체 질서를 유지해 나가기 위한 것입니다. 이는 하나님께서 공의로우시며 인간의 내면과 상황들에 대하여 세심하게 배려하신다는 것을 알게 합니다. 이 언약서는 이스라엘이 가나안 땅에 거주할 때를 위한 것입니다.

신용에 관한 법

위탁한 물건에 관한 규정입니다. 사람이 돈이나 물품을 이웃에게 맡겨 지키게 하였다가 그 이웃집에서 도둑을 맞았는데 그 도둑이 잡히면 갑절을 배상할 것이요 도둑이 잡히지 아니하면 그 집주인이 재판장 앞에 가서 자기가 그 이웃의 물품에 손 댄 여부의 조사를 받을 것이며 어떤 잃은 물건 즉 소나 나귀나 양이나 의복이나 또는 다른 잃은 물건에 대하여 어떤 사람이 이르기를 이것이 그것이라 하면 양편이 재판장 앞에 나아갈 것이요 재판장이 죄 있다고 하는 자가 그 상대편에게 갑절을 배상할지니라(출 22:7-9). "물품"이란 모든 가재도구를 말합니다. 맡은 물건을 도난당했는데 도적이 잡히지 않는 경우, 위탁받은 자는 재판장 앞에 가서 여호와의 이름으로 물건을 빼돌리지 않았다고 맹세해야 합니다. 이때 그는 여호와의 이름으로 자신의 정직성을 맹세하기만 하면 자신의 혐의를 벗을 수 있었습니다. 이는 이스라엘이 거짓 맹세하는 자는 하나님께로부터 직접 심판을 당하리라고 굳게 믿는 신앙공동체라는 것을 보여줍니다. 위탁받은 물건은 비록 남의 것일지라도 자신의 것과 똑같이 주의를 기울여야 합니다. 그리고 맡은 물건 중 일부를 자기 것이라 하여 분쟁이 생겼을 경우 승소한 자에게 갑절을 배상해야 합니다. 이처럼 율법은 심리적인 피해에 대해서도 보상하게 합니다.

위탁받은 짐승에 대한 사항입니다. 사람이 나귀나 소나 양이나 다른 짐승을 이웃에게 맡겨 지키게 하였다가 죽거나 상하거나 끌려가도 본 사람이 없으면 두 사람 사이에 맡은 자가 이웃의 것에 손을 대지 아니하였다고 여호와께 맹세할 것이요 그 임자는 그대로 믿을 것이며 그 사람은 배상하지 아니하려니와(출 22:10-11). 맡긴 짐승에게 사고가 났을 경우, 위탁받은 자의 부주의로 인한 것이 아니라 어쩔 수 없는 경우라면 짐승의 주인이 손해를 감수해야 합니다. 이때 위탁받은 자는 자신이 사고와 무관하다는 것을 여호와 앞에 맹세해야 합니다. 하지만 짐승이 위탁받은 자의 집이나 외양간에서 도난당하였다면 위탁받은 자는 그 짐승의 임자에게 배상해야 합니다. 이는 관리를 허술하게 한 책임을 져야하기 때문입니다. 그러나 짐승이 맹수에 찢겼거나 물려 죽은 증거가 있을 경우 배상의 의무가 없었습니다. 만일 자기에게서 도둑맞았으면 그 임자에게 배상할 것이며 만일 찢겼으면 그것을 가져다가 증언할 것이요 그 찢긴 것에 대하여 배상하지 아니할지니라(출 22:12-13). 여기서 "찢겼으면"이란 맹수에게 물려 죽은 경우를 말합니다. 이 경우 하나님은 배상하지 않도록 하심으로 가진 자들의 횡포로부터 갖지 못한 자들을 보호해 주셨습니다.

빌려 온 경우는 다릅니다. 만일 이웃에게 빌려온 것이 그 임자가 함께 있지 아니할 때에 상하거나 죽으면 반드시 배상하려니와 그 임자가 그것과 함께 있었으면 배상하지 아니할지니라 만일 세 낸 것이면 세로 족하니라(출 22:14-15). 빌려 온 가축이 주인이 없을 때 맹수나 사고로 인해 죽거나 다치면 반드시 배상해야 합니다. 이를 통해 남의 짐승이나 물건을 빌려 쓰는 일에 있어서도 자신의 것처럼 아끼고 관리해야 한다는 것을 가르쳐 주십니다. 만약 사고 발생 시 주인이 함께 있었을 경우 사고의 책임이 주인에게 있기 때문에 배상할 필요가 없습니다. 그러나 빌리는 자가 임대료를 지불한 물건이나 짐승은 상하거나 죽더라도 배상할 의무가 없습니다.

이스라엘 백성에게 있어서 여호와께 대한 맹세는 하나님이 증인이심을 상징하므로, 다른 어떤 것보다 확실한 보증이 되었습니다. 히브리인들은 여호와의 이름으로 한 맹세를 그 어떤 물적 증거보다 더욱 신뢰하였습니다. 하나님의 자녀는 하나님의 말씀을 신뢰하며 거짓 맹세를 두려워할 줄 알아야 합니다.

제12장
율법과 언약 계시 II

인간관계에 대한 법

하나님께서 가증하게 여기시는 영적, 육적으로 문란한 죄에 관한 율례입니다. 처녀와 동침한 경우입니다. 사람이 약혼하지 아니한 처녀를 꾀어 동침하였으면 납폐금을 주고 아내로 삼을 것이요 만일 처녀의 아버지가 딸을 그에게 주기를 거절하면 그는 처녀에게 납폐금으로 돈을 낼지니라(출 22:16-17). "납폐금"이란 일종의 결혼 지참금으로, 신랑이 신부를 취하는 대가로 장인에게 드리는 돈이나 예물을 말합니다. 여자의 몸값은 결혼으로 인한 신부 가족의 노동력 상실에 대한 보상입니다.[88] 정혼하지 않은 여자와 동침하였고 후에 여자의 아버지가 결혼을 승낙하면 남자는 납폐금을 주고 아내로 삼게 되는데, 이 경우 남자는 그 처녀를 아내로 맞이하여 평생을 살아야 합니다. 납폐금은 일반적으로 은 50세겔이었습니다. "그 동침한 남자는 그 처녀의 아버지에게 은 오십 세겔을 주

88) 송병현, 『엑스포지멘터리 출애굽기』, 361.

고 그 처녀를 아내로 삼을 것이라 그가 그 처녀를 욕보였은즉 평생에 그를 버리지 못하리라"(신 22:29). 그러나 처녀의 아버지가 결혼을 반대할 경우 남자는 배상해야합니다.

무당이나 수간(獸姦)과 우상숭배는 엄격히 금지되었습니다. 너는 무당을 살려두지 말라 짐승과 행음하는 자는 반드시 죽일지니라 여호와 외에 다른 신에게 제사를 드리는 자는 멸할지니라(출 22:18-20). 무당이란 악한 영에 사로 잡혀 점을 치고 예언하며 백성들을 현혹하는 자입니다. 하나님은 신앙을 타락시키고 이스라엘을 하나님에게서 멀어지게 하는 복술가나 강신술자들을 반드시 죽이도록 명령하셨습니다. "남자나 여자가 접신하거나 박수무당이 되거든 반드시 죽일지니 곧 돌로 그를 치라"(레 20:27). 또한 짐승과 행음하는 자를 사형으로 엄히 다스리게 하신 것은 하나님의 형상대로 지음 받은 인간의 존엄성을 격하시키며 창조질서를 파괴하는 행동이기 때문입니다. "남자가 짐승과 교합하면 반드시 죽이고 너희는 그 짐승도 죽일 것이며 여자가 짐승에게 가까이 하여 교합하면 너는 여자와 짐승을 죽이되 그들을 반드시 죽일지니"(레 20:15-16). 하나님의 백성은 하나님께서 거룩하시므로 정결하게 살아야 합니다. 또한 이방신에게 희생 제물을 바친다는 것은 하나님께 대한 반역으로 하나님께서 가장 혐오하시는 행위입니다. "다른 신들의 이름은 부르지도 말며 네 입에서 들리게도 하지 말지니라"(출 23:13). 이러한 행위들은 이방인들의 풍습으로 이스라엘의 신앙을 변질시킬 수 있기 때문에 하나님께서 엄히 경고하십니다. 하나님의 백성은 하나님만 바라보며 신앙의 순수성을 잃지 말아야 합니다.

하나님은 이스라엘이 영적으로나 육적으로 순결하기를 원하셨습니다. 이에 그들을 부패하게 하고 타락하게 하는 범죄는 엄히 금하셨습니다. 오늘날 우리도 하나님 앞에서 영적이나 육적으로 정결치 못한 부분이 있지 않은지 살펴보아야 합니다. "악은 어떤 모양이라도 버리라"(살전 5:22).

약자에 대한 보호법

다음은 나그네에 관한 법입니다. 너는 이방 나그네를 압제하지 말며 그들을 학대하지 말라 너희도 애굽 땅에서 나그네였음이라(출 22:21). "나그네"란 외국인으로서 히브리 사회에 거주하게 된 자를 말합니다. 이들은 이방인으로 혈연이나 지연 관계가 없고 법적 신분도 불확실하여 소외된 사람들로서 하나님의 배려의 대상이었습니다. "거류민이 너희의 땅에 거류하여 함께 있거든 너희는 그를 학대하지 말고"(레 19:33). 위의 "학대하지 말라"란 애굽에서 겪었던 나그네의 설움을 기억하고 이스라엘 가운데 있는 나그네들을 압제하지 말고 서럽게 하지 말라는 의미입니다. 이러한 규정들은 이스라엘이 광야 여정만이 아니라 가나안에 들어가 살 것을 염두에 둔 것입니다.[89]

성경에서 나그네와 고아와 과부는 지속적으로 하나님의 관심의

89) 이스라엘의 광야 여정은 그들이 여호와를 온전히 의지하며 사는 법을 배우고, 약속의 땅에서 어떻게 살아가야 할지에 대해 하나님의 가르침을 배우는 최종 준비 기간이었습니다. James L. Mays ed., *Harper's Bible Commentary* (New York: HarperSanFrancisco, 1988), 131.

대상입니다. 하나님은 그들에게 친절을 베풀고 억압하지 말라고 명령하시며, 이를 어길 경우 그에 따른 벌을 말씀하심으로 소외된 자들에 대한 관심과 보호가 필연적인 것임을 분명히 하셨습니다. 너는 과부나 고아를 해롭게 하지 말라 네가 만일 그들을 해롭게 하므로 그들이 내게 부르짖으면 내가 반드시 그 부르짖음을 들으리라 나의 노가 맹렬하므로 내가 칼로 너희를 죽이리니 너희의 아내는 과부가 되고 너희 자녀는 고아가 되리라 (출 22:22-24). 여기서 "부르짖으면"이란 '반드시 부르짖다'의 강조형이며, "내가 반드시 그 부르짖음을 들으리라" 하신 것은 하나님께서 그 부르짖음에 반드시 응답하시고 보복하실 것이라는 경고입니다. "칼로 너희를 죽이리니"라는 말씀은 하나님의 철저한 응징에 대한 구체적 표현으로, 전쟁으로 장정들을 다 죽게 하여 아내와 자녀들을 고아와 과부가 되게 하시겠다는 의미입니다. 본문에서 하나님은 "내가"라고 하심으로 적극적으로 개입하실 것임을 강조하십니다.

성경 전체를 통하여 우리는 하나님께서 고아와 과부에 대하여 각별한 애정과 깊은 관심을 가지고 계심을 알 수 있습니다. "네 성중에 거류하는 객과 및 고아와 과부들이 와서 먹고 배부르게 하라 그리하면 네 하나님 여호와께서 네 손으로 하는 범사에 네게 복을 주시리라"(신 14:29), "그의 거룩한 처소에 계신 하나님은 고아의 아버지시며 과부의 재판장이시라"(시 68:5). 성경은 고아와 과부를 돌보는 것을 참된 경건과 구제의 표식으로 보며, 이들을 학대하는 것을 가장 잔인한 범죄로 간주하였습니다. "하나님 아버지 앞에서 정결하고 더러움이 없는 경건은 곧 고아와 과부를 그 환난중에 돌보고"(약 1:27).

채주에 관한 법입니다. 네가 만일 너와 함께 한 내 백성 중에서 가난한 자에게 돈을 꾸어 주면 너는 그에게 채권자 같이 하지 말며 이자를 받지 말 것이며(출 22:25). "채권자"란 높은 이자를 정하여 채무자를 강탈하는 자를 말합니다. 실제로 채권자는 가난하고 형편이 어려운 자들을 착취하여 비난을 받았는데, 하나님은 가난한 자들을 돌보는 것이 곧 하나님을 사랑하는 방법임을 가르쳐 주셨습니다. "가난한 자를 불쌍히 여기는 것은 여호와께 꾸어 드리는 것이니 그의 선행을 그에게 갚아 주시리라"(잠19:17). 성경은 이스라엘 백성이 가난한 자에게서 이자 받는 것을 금합니다. "네가 형제에게 꾸어주거든 이자를 받지 말지니 곧 돈의 이자, 식물의 이자, 이자를 낼만한 모든 것의 이자를 받지 말 것이라"(신 23:19). 그러나 이방인에게서 이자를 받는 것은 인정되었습니다. "타국인에게 네가 꾸어주면 이자를 받아도 되거니와 네 형제에게 꾸어주거든 이자를 받지 말라"(신 23:20).

전당 잡은 옷에 관한 법입니다. 네가 만일 이웃의 옷을 전당 잡거든 해가 지기 전에 그에게 돌려보내라 그것이 유일한 옷이라 그것이 그의 알몸을 가릴 옷인즉 그가 무엇을 입고 자겠느냐 그가 내게 부르짖으면 내가 들으리니 나는 자비로운 자임이니라(출 22:26-27). 유대인들은 속옷과 겉옷만 입었는데, 일교차가 큰 팔레스틴에서 겉옷은 매우 중요하였습니다. 낮에는 뜨거운 햇볕으로부터 몸을 보호해 주고 밤에는 추위를 막아주는 이불의 역할을 하였습니다. 이 옷을 전당 잡혔다는 것은 그들이 극빈자임을 뜻하기 때문에, 하나님은 밤이 되기 전에 전당잡은 옷을 돌려주라고 하십니다. 이는 아무리 가난할지라도 인간으로서의 최소한의 품위는 유린당하지 않도록 하신 것입니다. "그가 가난한 자이면 너는 그의 전당물을 가지고 자지 말고 해 질 때에 그 전당물을 반드시 그에게 돌려줄 것이라 그리하면 그가 그 옷을 입고 자며 너를 위하여 축복하리니 그 일이 네 하나님 여호와 앞에서 네 공의로움이 되리라"(신 24:12-13). 이러한 기본 생활권을 보장하는 규정이 또 있습니다. "사람이 맷돌이나 그 위짝을 전당 잡지 말지니 이는 그 생명을 전당 잡음이니라"(신 24:6). 맷돌로써 생계를 유지하는 자는 이스라엘에서 극빈 계층에 속합니다. 긍휼하신 하나님은 가난한 자들의 생계와 관련되는 것을 담보로 취하는 것을 금하십니다. 예수님께서도 소외되고 도움이 필요한 자에게 선행을 베푸는 것이 곧 자신을 위한 헌신이라고 말씀하셨습니다. "여기 내 형제 중에 지극히 작은 자 하나에게 한 것이 곧 내게 한 것이니라"(마 25:40).

하나님은 약한 자들을 특별히 배려하시고 억압을 금하시며 보호와 사랑을 규정하셨습니다. 하나님은 그들에 대한 사랑을 당신에 대한 섬김으로 여기시며, 하나님을 향한 사랑이 그들을 보살피는 것으로 표현되길 원하십니다. "선행을 배우며 정의를 구하며 학대 받는 자를 도와주며 고아를 위하여 신원하며 과부를 위하여 변호하라 하셨느니라"(사 1:17).

하나님의 주권을 인정하는 율례

이스라엘이 하나님께 이행하여야 할 종교적 의무입니다. 너는 재판장을 모독하지 말며 백성의 지도자를 저주하지 말지니라 너는 네가 추수한 것과 네가 짜 낸 즙을 바치기를 더디하지 말지며 네 처음 난 아들들을 내게 줄지며 네 소와 양도 그와 같이 하되 이레 동안 어미와 함께 있게 하다가 여드레만에 내게 줄지니라(출 22:28-30). 재판장과 지도자는 하나님의 뜻에 따라 세움을 입은 하나님의 대리자이므로, 이들을 욕하고 저주하는 것은 하나님의 권위를 거스르는 것이 됩니다. 여기서 "재판장"은 엘로힘 곧 신을 의미합니다.[90] 본문의 "추수한 것"이란 풍성한 수확을 의미하는데, 이러한 수확물을 주신 하나님께 감사드리며 곡물과 열매의 첫 수확을 하나님께 즐거이 드려야 한다는 것을 가르쳐 주십니다. 또한 장자봉헌의 의무를 철저히 준수해야 합니다. 모든 동물은 태어난 지 1주일이 지나야 면역성을 가지게 되므로 하나님은 짐승의 초태생을 1주간의 수유 기간이 지난 후 바치도록 명하셨습니다. "수소나 양이나 염소가 나거든 이레 동안 그것의 어미와 같이 있게 하라 여덟째 날 이후로는 여호와께 화제로 예물을 드리면 기쁘게 받으심이 되리라"(레 22:27).

이스라엘 백성들은 성별된 삶을 살아야 합니다. 너희는 내게 거룩한 사람이 될지니 들에서 짐승에게 찢긴 동물의 고기를 먹지 말고 그것을 개에게 던질지니라(출 22:31). "거룩한"이란 '분리하다' 라는 뜻으로 세상의 풍습에서 벗어나 성결한 사람이 되라는 의미입니다. 하나님께서 이스라엘을 구원하신 목적은 그들로 거룩한 백성이 되게 하기 위함인데, 율법이 그러한 거룩한 삶을 살게 하는 방편이 됩니다. 율법의 핵심은 백성들의 성결한 삶입니다. "이로 보건대 율법은 거룩하고 계명도 거룩하

90) 한글 개역 성경에는 '재판장' 으로 번역되었지만, 흠정역(KJV)이나 70인역은 '신' 으로 번역하였습니다. 예수님께서도 시편 82편 6절의 말씀 곧 "내가 말하기를 너희는 신들이며 다 지존자의 아들들이라 하였으니"라는 말씀을 요한복음 10장 34절에서 "너희 율법에 기록된 바 내가 너희를 신이라 하였노라 하지 아니하였느냐"라고 인용하시므로 이를 설명해 주셨습니다.

고 의로우며 선하도다"(롬 7:12). 하나님께서는 피를 뺀 짐승의 고기를 허용하셨지만, 들에서 야생 동물에게 찢긴 짐승의 고기는 피가 빠지지 않았기 때문에 금하셨습니다. 율법은 피를 금함으로 생명을 존귀히 여기는 원칙을 가르치며 짐승을 잡을 때 피를 모두 제하고 나서야 고기를 먹게 하였습니다. 백성들은 부정한 고기를 금하여 자신의 몸을 거룩하게 구분해야 하는데, 하나님은 부정한 고기가 남용되는 것을 방지하기 위하여 그것을 개에게 던지도록 하셨습니다.

하나님께서 이스라엘을 애굽에서 구원하여 하나님의 백성으로 삼으신 것은 그들로 하나님의 거룩하심을 좇아 성결한 삶을 살게 하기 위함입니다. 이는 예수 그리스도의 구속의 은총으로 하나님 앞에서 택함 받은 족속이요 왕 같은 제사장이 된 우리 성도들의 궁극적 목표이기도 합니다.

재판에 관한 법

다음은 제9계명에 관련된 내용으로, 각종 시비를 가려주는 재판의 공정성에 관한 법입니다. 너는 거짓된 풍설을 퍼뜨리지 말며 악인과 연합하여 위증하는 증인이 되지 말며 다수를 따라 악을 행하지 말며 송사에 다수를 따라 부당한 증언을 하지 말며 가난한 자의 송사라고 해서 편벽되이 두둔하지 말지니라(출 23:1-3). "거짓된 풍설"이란 유언비어를 말하며, "다수를 따라"란 군중심리를 말합니다. 이는 죄 있는 편에 서서 권세 있는 자들에게 유리한 증언을 하지 말며, 군중심리에 휩쓸려 거짓 증거 하지 말라는 명령입니다. 정의가 실현되기 위해서는 공정한 재판이 이루어져야 하며 권력이나 다수의 압력에 의해 판결이 왜곡되어도 안 됩니다. 또한 하나님께서 가난한 자들을 특별히 배려하시지만, 그들에 대한 동정심 때문에 편파적인 판결을 내려서는 안 된다는 것을 강조합니다. 어떠한 사건에서든 정의가 승리하고 악은 처벌되어야 합니다.

원수일지라도 그들이 곤궁에 처했을 때는 반드시 도와주어야 합니다. 네가 만일 네 원수의 길 잃은 소나 나귀를 보거든 반드시 그 사람에게로 돌릴지며 네가 만일 너를 미워하는 자의 나귀가 짐을 싣고 엎드러짐을 보거든 그것을 버려두지 말고 그것을 도와 그 짐을 부릴지니라(출 23:4-5). 이는 혼자서 쓰러진 나귀를 일으키기 위해 애쓰는 원수를 내버려 두지 말고 그를 도와 나귀를 일으켜 세워주라는 말씀입니다. 곧 쓰러져 있는 동물을 돕는 행동으로 서로의 감정을 부드럽게 하여 화해하라는 것입니다. 이러한 정신은 네 원수를 사랑하라고 하신 예수님의 가르치심에서 더욱 밝히 드러납니다. "나는 너희에게 이르노니 너희 원수를 사랑하며 너희를 박해하는 자를 위하여 기도하라"(마 5:44).

재판관에게 해당되는 교훈입니다. 너는 가난한 자의 송사라고 정의를 굽게 하지 말며 거짓 일을 멀리 하며 무죄한 자와 의로운 자를 죽이지 말라 나는 악인을 의롭다 하지 아니하겠노라(출 23:6-7). 법정은 힘없고 약한 자들을 공정하게 대해야 합니다. 곧 가난한 자를 과도하게 보호해도 안 되며 부당하게 대우해도 안 됩니다. 여기서 "굽게"란 재판관이 돈과 권력에 결탁하여 거짓된 재판을 하지 말아야 하며 무고한 자를 죽이지 않도록 지혜롭게 판결해야 한다는 것입니다. 또한 뇌물을 받지

말아야 합니다. 너는 뇌물을 받지 말라 뇌물은 밝은 자의 눈을 어둡게 하고 의로운 자의 말을 굽게 하느니라(출 23:8). 본문의 "밝은 자"란 날카롭게 사리를 판단하는 자를 말하며, "의로운 자"란 부당한 판결에 이의를 제기하여 시정을 촉구하는 자를 의미합니다. 뇌물은 재판관의 판결을 굽게 하여 억울함을 당한 자가 또다시 억울함을 당하게 하기 때문입니다. 재판관은 지 · 정 · 의를 겸비하고 바른 인격을 갖추어 하나님의 뜻을 충실히 이행해야 합니다.

나그네를 핍박하지 말아야 합니다. 너는 이방 나그네를 압제하지 말라 너희가 애굽 땅에서 나그네 되었은즉 나그네의 사정을 아느니라(출 23:9). "이방 나그네"란 이스라엘에 거주하는 외국인을 말하는데, 하나님은 만민의 하나님이시므로 모두가 하나님 앞에서 평등해야 합니다. 이스라엘이 애굽에서 나그네 되었을 때 하나님의 크신 은혜를 입었기 때문에 그들도 이방 나그네를 따뜻하게 대해 주어야 합니다. 이스라엘은 애굽에서 나그네 되었던 자신들을 구원해 내신 하나님의 은혜를 기억하며 하나님의 공의에 따라 그들을 공정하게 대해야 합니다. "너희는 나그네를 사랑하라 전에 너희도 애굽 땅에서 나그네 되었음이니라"(신 10:19).

하나님의 법은 거짓 증거를 금하며 원수라 할지라도 상대방의 재산을 보호해 주도록 규정합니다. 또한 재판관은 보이지 않는 하나님을 두려워하며 엄정한 재판을 하므로 하나님의 법이 공평하고 정의롭게 실현되도록 노력해야 합니다. "재판은 하나님께 속한 것인즉 너희는 재판할 때에 ~ 사람의 낯을 두려워하지 말 것이며"(신 1:17).

안식년과 안식일에 대한 법

안식년에 대한 규례입니다. 너는 여섯 해 동안은 너의 땅에 파종하여 그 소산을 거두고 일곱째 해에는 갈지 말고 묵혀두어서 네 백성의 가난한 자들이 먹게 하라 그 남은 것은 들짐승이 먹으리라 네 포도원과 감람원도 그리 할지니라(출 23:10-11). "묵혀두어서"란 안식년 제도가 토지를 쉬게 하며 사람까지 안식하게 하는 제도임을 알게 합니다. 포도와 올리브는 히브리인들의 주식인데[91] "포도원과 감람원"까지도 안식년 규정에 포함된 것은 안식년에는 이스라엘 국토 전체를 경작하지 않고 묵혀두어야 한다는 것을 의미합니다. 제6일의 만나가 이틀 분의 식사를 제공했듯이 제6년의 수확은 2년간의 생계를 유지해 주었습니다. 안식년에 스스로 자라난 밭의 소산과 모든 과수원의 실과는 그 땅의 가난한 자들에게 돌아갔습니다. 안식년의 규례는 가꾸지 않은 땅에서 자라난 것은 가난한 자들로 먹게 하고 나머지는 짐승들이 먹게 하며, 주인은 아무것도 취하지 않는 것입니다. 하나님께서 안식년을 제정하신 것은 토지의 영원한 주인이 하나님이심을 가르치시기 위함입니다. 또한 한 해를 쉬는 동안 육체의 일을 멈추고 영적인 일에 힘쓰며, 땅의 휴식을 통해 토질을 회복시키고, 가난한 이웃과 짐승들의 생계를 위한 방편을 마련하기 위함입니다.

안식일 준수 규례입니다. 너는 엿새 동안에 네 일을 하고 일곱째 날에

91) 팔레스틴의 주요 농작물은 포도, 올리브, 밀보리입니다. 그러므로 본문의 포도와 올리브는 팔레스틴의 모든 작물을 대표한다고 할 수 있습니다. H. D. M. Spence and Joseph S. Exell eds. *The Pulpit Commentary 3: Exodus Vol. II* (New York: Funk & Wagnalls Company, nd), 201.

는 쉬라 네 소와 나귀가 쉴 것이며 네 여종의 자식과 나그네가 숨을 돌리리라(출 23:12). 여종은 히브리 사회에서 가장 비천한 신분에 속한 자입니다. 여기서 "숨을 돌리리라"는 혹독한 노동으로부터 휴식을 얻게 된다는 뜻으로 원기를 회복하고 재충전한다는 의미입니다. 소와 나귀가 힘든 논밭 일에 시달리고 여종과 나그네 역시 집안일로 쉴 틈이 없는데, 안식일에 그들은 육체적 휴식을 누릴 수 있었습니다. 안식일은 인간의 기본 권리와 존엄성을 배려한 것으로 이스라엘 백성들만이 아니라 짐승과 이방인들도 함께 쉬도록 하셨습니다. "엿새 동안에 네 일을 하고"라는 말씀에서 보듯이 안식일을 지키기 위해서는 6일 동안 맡겨진 일에 최선을 다해야 합니다. 실제로 6일 동안 하는 일 없이 지낸다면 안식일은 아무 의미가 없을 것이지만, 6일 동안 자신의 일에 충실할 때 진정한 안식을 누릴 수 있게 됩니다.

이스라엘 백성들은 이 모든 율례를 지켜야 합니다. 내가 네게 이른 모든 일을 삼가 지키고 다른 신들의 이름은 부르지도 말며 네 입에서 들리게도 하지 말지니라(출 23:13). "삼가 지키고"란 하나님의 율례를 깨뜨리지 않고 그 법을 잘 지키는 것을 의미하며, "이름은 부르지도 말며"라는 말씀은 이방신에 대한 숭배를 엄히 경고하신 것입니다. 이 율례는 장차 온갖 우상들로 가득 찬 가나안에서 살아가게 될 이스라엘에게 가장 중요한 계명으로, 가나안 땅의 이방 문화에 오염되지 않고 여호와 신앙을 보존케 하시려는 규례입니다.

안식년은 땅에 대한 하나님의 소유권을 인정하는 것입니다. "토지를 영구히 팔지 말 것은 토지는 다 내 것임이니라"(레 25:23). **그리고 안식일은 창조주 하나님과 예수님의 구속의 은총을 기억하면서 천국의 영원한 안식을 미리 맛보는 복된 날입니다. 안식일의 주인은 예수 그리스도이십니다.** "인자는 안식일의 주인이니라"(마 12:8).

절기에 관한 법

이스라엘이 가나안에 정착하여 농경 생활을 하게 될 때, 각종 절기에 관한 규정입니다. 땅은 하나님이 주신 선물이기 때문에 하나님의 축복에 감사해야 합니다. 너는 매년 세 번 내게 절기를 지킬지니라(출 23:14). "매년 세 번"이란 유대인이 지켜야 할 삼대 절기 곧 무교절, 맥추절, 수장절을 말합니다. 이 때 모든 남자들은 예루살렘으로 가서 절기를 지켜야 했습니다. 이는 백성들이 특별한 날을 정하여 지킴으로 영적 생활에 활력을 주기 위한 것입니다. 또한 그들이 과거에 하나님에 의해 구원을 받았고, 현재 하나님의 은혜로 살아가며, 앞으로도 하나님의 인도하심으로 살아갈 것임을 깨닫게 하기 위함입니다. 이러한 절기들은 장래 일의 모형으로서 그리스도를 통하여 완성되게 됩니다. "이것들은 장래 일의 그림자이나 몸은 그리스도의 것이니라"(골 2:17).

먼저 무교절(חַג הַמַּצּוֹת, 학 함마초트)에 관한 말씀입니다. 너는 무교병의 절기를 지키라 내가 네게 명령한 대로 아빕월의 정한 때에 이레 동안 무교병을 먹을지니 이는 그 달에 네가 애굽에서 나왔음이라 빈 손으로 내 앞에 나오지 말지니라(출 23:15). "무교병의 절기" 곧 무교절(Feast of Unleavened Bread)은 이스라엘이 애굽에서 나온 것을 기념하기 위한 절기입니다. 이스라엘이 출애굽 직전 급박한 상황에서 무교병을 구워 먹은 것을 기념하는 무교절은 유월절 밤[92]부터 7일 동안 지속되어 21일에 끝나게 됩니다. 곧 아빕월 15일부터 21일까지 7일 동안 누룩 없는 떡과 쓴 나물을 먹으면서 하나님의 구속에 대하여 감사드리는 축제입니다. 본문의 "빈손으로 내 앞에 나오지 말지니라"는 말씀은 절기 때 하나님께 예물을 가지고 나오라는 의미입니다. 이 절기를 통해 이스라엘은 애굽에서 그들을 이끌어 내신 하나님의 은혜를 기념해야 합니다. 곧 보리 수확이 시작되는 봄 절기에 땅의 모든 소출로써 하나님께 감사드려야 합니다.

다음은 맥추절(חַג הַקָּצִיר, 학 학카치르)입니다. 맥추절을 지키라 이는 네가 수고하여 밭에 뿌린 것의 첫 열매를 거둠이니라(출 23:16上). 맥추절(Feast of the Harvest)은 밀 수확을 기념하여 드리는 봄 작물의 추수감사제로, 수확한 첫 열매 중 제일 좋은 것을 하나님께 드리는 날입니다. 이는 양력 5, 6월 경 첫 보리 수확 때부터 밀 수확을 마칠 때까지 50일간의 곡물 수확 기간 중 하루를 정하여 지키는데, 보리단을 드린 날 곧 무교절의 안식일로부터 50일째 되는 날에 지키는 절기이므로 오순절이라고도 합니다. 맥추절은 모두 함께 먹고 마시는 즐거운 분위기 속에서 이루어지며 모든 사람들과 함께 기뻐합니다. "네 하나님 여호와 앞에 칠칠절을 지키되 ~ 너와 네 자녀와 노비와 네 성중에 있는 레위

92) de Vaux는 이 날이 음력으로 일월 보름날이라고 하였습니다. 유월절은 원래 광야의 축제요, 유목민들의 야간 축제였기 때문에 보름달이 밝을 때에 축제를 거행하였다고 합니다. Roland de Vaux, 『구약시대의 종교풍속』(서울: 도서출판 나단, 1993), 224.

인과 및 너희 중에 있는 객과 고아와 과부가 함께 네 하나님 여호와께서 자기의 이름을 두시려고 택하신 곳에서 네 하나님 여호와 앞에서 즐거워할지니라"(신 16:10-11). 맥추절은 칠칠절, 초실절 등으로 불리는데, 칠칠절이라 부른 것은 유월절에 첫 이삭을 드리고 49일째에 해당하기 때문입니다. "칠칠절 곧 맥추의 초실절을 지키고"(출 34:22).

마지막으로 수장절(חַג הָאָסִף, 학 하아시프)입니다. 수장절을 지키라 이는 네가 수고하여 이룬 것을 연말에 밭에서부터 거두어 저장함이니라(출 23:16下). 수장절(Feast of Ingathering)은 초막절, 장막절로도 불리우며 유대 종교력으로 7월 15일에 시작되어 일주일간 계속됩니다. "일곱째 달 열닷샛날은 초막절이니 여호와를 위하여 이레 동안 지킬 것이라"(레 23:34). 이는 포도와 올리브 등 모든 농산물의 수확이 끝나는 가을에 큰 기쁨으로 하나님의 은혜에 감사하는 절기입니다. 초기에는 추수를 끝내고 감사의 의미로 지키던 농경절기였는데, 후에 초막을 짓고 거기에 거하면서 출애굽 후 40년간의 광야생활을 기념하여 초막절[93]이라고 불리게 되었습니다. 위 본문의 "연말"은 한 해의 마지막이 아니라 한 해의 수확을 마무리 짓는 양력 9, 10월경을 말합니다. 첫 추수가 시작되는 오순절에는 처음 익은 열매 중 첫 것을 하나님께 바침으로 모든 수확물을 성별하며, 마지막 추수가 끝난 수장절에는 거둬들인 수확의 축복에 대해 하나님께 감사를 드렸습니다. 곧 맥추절은 밭의 첫 열매를 거두며 하나님께 감사드리는 날이며, 수장절은 밭에서 수고하여 추수한 것을 저장하며 즐기는 절기입니다.

93) 추수기간 동안 거두어들인 작물과 과일을 험한 날씨로부터 지키기 위하여 나뭇가지들과 덩굴로 초막을 세운 것이 초막절(Feast of Tabernacle)의 기원입니다. Nahum M. Sarna, *The JPS Torah Commentary Exodus*, 146.

다음은 이스라엘 남자의 의무 조항입니다. 네 모든 남자는 매년 세 번씩 주 여호와께 보일지니라(출 23:17). "남자"는 인구조사의 대상이 되는 20세 이상의 남자를 말합니다. "이스라엘 중 이십 세 이상으로 싸움에 나갈 만한 모든 자를 너와 아론은 그 진영별로 계수하되"(민 1:3). "세 번씩"이란 무교절, 맥추절, 수장절의 세 절기를 말하는데, 이때 남자들뿐만 아니라 여자와 아이들도 참여할 수 있습니다. "절기를 지킬 때에는 너와 네 자녀와 노비와 네 성중에 거주하는 레위인과 객과 고아와 과부가 함께 즐거워하되"(신 16:14).

유월절 제물에 관한 두 가지 금기 율례입니다. 너는 네 제물의 피를 유교병과 함께 드리지 말며 내 절기 제물의 기름을 아침까지 남겨두지 말지니라(출 23:18). 첫째, 유월절 어린 양의 피를 누룩 넣은 떡과 함께 드리지 말라는 것입니다. 모든 제사 중에서 유월절 양은 그리스도를 예표하기 때문에 가장 중요하며, 이 유월절 어린 양의 피는 그리스도의 보혈을 상징합니다. 그런데 누룩은 악을 상징하기 때문에 구속 사역을 기념하는 유월절에 유교병을 사용하는 것은 합당하지 않습니다. "예수께서 이르시되 삼가 바리새인과 사두개인들의 누룩을 주의하라 하시니"(마 16:6). 이는 거룩한 것과 부정한 것이 함께 할 수 없다는 것을 가르치신 것입니다. 둘째, 유월절 희생 제물의 기름을 다음날 아침까지 남겨두지 말라는 것입니다. 위 본문의 "제물의 기름"이란 어린 양을 태워 하나님께 바칠 때 흘러나오는 기름을 말합니다. 유월절 제물을 아침까지 남겨두는 것은 거룩한 제물을 경시하는 것이 되기 때문에 날이 밝기 전에 불태워야 합니다. "아침까지 남겨두지 말며 아침까지 남은 것은 곧 불사르라"(출 12:10).

하나님께 드리는 산물에 관한 규례입니다. 네 토지에서 처음 거둔 열매의 가장 좋은 것을 가져다가 너의 하나님 여호와의 전에 드릴지니라 너는 염소 새끼를 그 어미의 젖으로 삶지 말지니라(출 23:19). "처음 거둔 열매"란 첫 열매라는 의미와 더불어 최상품을 뜻합니다. "그들이 여호와께 드리는 첫 소산 곧 제일 좋은 기름과 제일 좋은 포도주와 곡식을 네게 주었은즉"(민 18:12). 따라서 본문의 "처음"이란 모든 소산물의 대표격으로, 이것을 드린다는 것은 하나님께 모든 산물을 돌려드린다는 의미를 내포합니다. "여호와의 전"이란 하나님께서 이스라엘 12지파 가운데 특별히 지정해 주신 유일한 중앙 성소를 가리킵니다. 또한 "염소 새끼를 그 어미의 젖으로 삶지 말지니라"는 말씀은, 어미가 새끼를 양육하는 젖으로 새끼를 삶아 죽이는 것은 어미와 새끼 사이의 사랑을 파괴하는 잔인한 행동이므로 이를 금하신 것입니다.[94] "암소나 암양을 막론하고 어미와 새끼를 같은 날에 잡지 말지니라"(레 22:28).

하나님은 이러한 절기들을 통하여 이스라엘 백성들이 하나님의 구속과 사랑에 감사하며 기념하게 하셨습니다. 이는 하나님께서 베풀어 주신 은혜를 기억하며 하나님과의 관계를 유지하게 하기 위함입니다. 또한 하나님께 더 가까이 나아가며 경건에 힘쓰므로 하나님과 더불어 살도록 하기 위한 것입니다.

---

94) 염소 새끼를 어미의 젖으로 삶는 것은 가나안 사람들의 잔인한 풍습이었기 때문에 하나님은 이를 금하셨습니다. 이 율례는 오경에서 세 번이나 강조되며(출 23:19, 24:26; 신 14:21), 후에 랍비들에 의하여 고기와 유제품을 함께 먹는 것을 금지하는 명령으로 일반화되었습니다. Nahum M. Sarna, *The JPS Torah Commentary Exodus*, 147.

가나안에서 지켜야 할 규례들

다음은 약속의 땅 가나안에 들어간 후에 이스라엘 백성들이 지켜야 할 율례들입니다. 내가 사자를 네 앞서 보내어 길에서 너를 보호하여 너를 내가 예비한 곳에 이르게 하리니 너희는 삼가 그의 목소리를 청종하고 그를 노엽게 하지 말라 그가 너희의 허물을 용서하지 아니할 것은 내 이름이 그에게 있음이니라(출 23:20-21). 구약에서 "사자"는 현현(顯現)하신 성육신 이전의 그리스도를 지칭합니다. "허물"이란 '반항, 반역'의 뜻으로 하나님의 말씀에서 벗어난 모든 행위를 말하며, "내 이름이 그에게 있음이니라"는 말씀은 하나님이 보내신 사자에게 하나님께서 임재해 계신다는 것을 의미합니다. 히브리 문화에서 '이름'은 상대방의 인격을 상징하는 것으로, 하나님의 이름이 그 사자에게 있다는 것은 그 사자가 하나님의 속성을 지닌 하나님과 동일한 존재임을 뜻합니다. 그러므로 본문의 사자는 하나님과 동일한 위격(位格)을 가진 존재임을 의미합니다. 하나님은 그리스도 안에서, 그리스도를 통하여 자신을 드러내십니다. "예수께서 이르시되 빌립아 내가 이렇게 오래 너희와 함께 있으되 네가 나를 알지 못하느냐 나를 본 자는 아버지를 보았거늘 어찌하여 아버지를 보이라 하느냐"(요 14:9), "곧 하나님께서 그리스도 안에 계시사 세상을 자기와 화목하게 하시며"(고후 5:19).

하나님께서 말씀하십니다. 네가 그의 목소리를 잘 청종하고 내 모든 말대로 행하면 내가 네 원수에게 원수가 되고 네 대적에게 대적이 될지라(출 23:22). 이는 하나님께서 아브라함 이후 지속적으로 말씀하신대로 이스라엘이 가나안의 우상들을 제거하고 하나님만 섬기면, 하나님께서 직접 가나안을 대적하고 이스라엘을 보호하시겠다는 것입니다. 하나님께서 가나안 족속들을 멸하려 하신 것은 그들의 죄악을 끊어 이스라엘로 신앙의 순수성을 보존하도록 하기 위함입니다. 내 사자가 네 앞서 가서 너를 아모리 사람과 헷 사람과 브리스 사람과 가나안 사람과 히위 사람과 여부스 사람에게로 인도하고 나는 그들을 끊으리니(출 23:23). **"끊으리니"**란 하나님께로부터 재앙을 받아 죽는다는 의미입니다. 그러나 이스라엘이 가나안 정복 시 가나안 족속을 완전히 멸절시키지 못하므로 남은 가나안 족속에게 괴로움을 당하게 됩니다. "확실히 알라 너희의 하나님 여호와께서 이 민족들을 너희 목전에서 다시는 쫓아내지 아니하시리니 그들이 너희에게 올무가 되며 덫이 되며 너희의 옆구리에 채찍이 되며 너희의 눈에 가시가 되어서 너희가 마침내 너희의 하나님 여호와께서 너희에게 주신 이 아름다운 땅에서 멸하리라"(수 23:13).

하나님께서는 가나안의 우상을 반드시 멸하라고 명령하셨습니다. 너는 그들의 신을 경배하지 말며 섬기지 말며 그들의 행위를 본받지 말고 그것들을 다 깨뜨리며 그들의 주상을 부수고(출 23:24). "그들의 신"이란 가나안의 우상들인 바알, 아스다롯, 림몬 등을 말하며, "그들의 행위"란 가나안 원주민들이 행하는 우상숭배, 인신제사, 음행 등을 말하는 것으로 이를 철저하게 배격해야 합니다. "주상"이란 기둥 모양으로 만든 가나안의 우상을 말합니다. 그런데 본문의 "본받지 말고"와 "깨뜨리며", "부수고"라는 단어의 원문에는 '결코 본받지 말고' (לֹא, 로)와, 강조 명령형의 '반드시 깨뜨리며', '반드시 부수고' 라는 표현이 있어 의미를 더욱 강조하고 있습니다.[95]

---

95) 본문의 "깨뜨리며"(הָרֵס תְּהָרְסֵם, 하레스 테하레셈)와 "부수고"(וְשַׁבֵּר תְּשַׁבֵּר, 웨

하나님의 명령에 순종하는 한 이스라엘은 끊어지지 않고 대대로 영원할 것입니다. 네 하나님 여호와를 섬기라 그리하면 여호와가 너희의 양식과 물에 복을 내리고 너희 중에서 병을 제하리니 네 나라에 낙태하는 자가 없고 임신하지 못하는 자가 없을 것이라 내가 너의 날 수를 채우리라(출 23:25-26). 가나안 땅에서 우상 숭배를 근절하라는 명령과 함께 하나님을 섬길 것이 다시 명령되고 있습니다. 이러한 명령이 거듭 반복되고 있는 것은 당시 사람들이 각 지역마다 그 지역의 신이 다스린다는 지역신 사상을 갖고 있었으므로, 이스라엘도 그 같은 사상에 물들어 가나안 신들을 숭배할 소지가 있었기 때문입니다. 그리고 "내가 너의 날 수를 채우리라"고 말씀하시므로 인간의 생사화복을 하나님께서 주관하신다는 것을 깨닫게 하십니다.

하나님께서 이스라엘보다 먼저 행하십니다. 내가 내 위엄을 네 앞서 보내어 네가 이를 곳의 모든 백성을 물리치고 네 모든 원수들이 네게 등을 돌려 도망하게 할 것이며 내가 왕벌을 네 앞에 보내리니 그 벌이 히위 족속과 가나안 족속과 헷 족속을 네 앞에서 쫓아내리라(출 23:27-28). "위엄"이란 하나님께서 이스라엘을 위해 베푸신 기사와 이적의 소문이 그들보다 앞서 가나안에 들어가 그곳 사람들이 심히 두려워 떨게 될 것이라는 의미입니다. 이는 실로 훗날 모압 족속과 라합의 고백을 통해 그대로 성취되었음을 알 수 있습니다. "모압이 심히 두려워하였으니~모압이 이스라엘 자손 때문에 번민하더라"(민 22:3). "우리가 듣자 곧 마음이 녹았고 너희로 말미암아 사람이 정신을 잃었나니 너희의 하나님 여호와는 위로는 하

솨벨 테솨벨)는 둘 다 피엘의 부정사 절대형과 미완료형이 나란히 사용되어 '철저히 파괴하라', '완전히 분쇄하라' 라는 의미입니다.

늘에서도 아래로는 땅에서도 하나님이시니라"(수 2:11). "왕벌"이란 가나안 전쟁 시 때를 따라 간섭하시는 하나님의 자연적 혹은 초자연적 역사를 의미합니다. 하나님께서 모든 상황을 감찰하십니다. 그러나 그 땅이 황폐하게 됨으로 들짐승이 번성하여 너희를 해할까 하여 일 년 안에는 그들을 네 앞에서 쫓아내지 아니하고 네가 번성하여 그 땅을 기업으로 얻을 때까지 내가 그들을 네 앞에서 조금씩 쫓아내리라(출 23:29-30). 전쟁과 자연의 재앙으로 가나안을 치신 후에는 들짐승이 번성하여 그 피해가 우려되기 때문에, 하나님은 그들이 가나안에 정착하여 사는데 불편하지 않도록 가나안 족속들을 조금씩 쫓아내겠다고 하십니다. 이렇듯 하나님께서 백성들을 세심하게 배려해 주십니다.

하나님께서 이스라엘의 지경을 말씀하십니다. 내가 네 경계를 홍해에서부터 블레셋 바다까지, 광야에서부터 강까지 정하고 그 땅의 주민을 네 손에 넘기리니 네가 그들을 네 앞에서 쫓아낼지라(출 23:31). 이 언약은 아브라함에게 주신 것으로 장차 이스라엘이 차지하게 될 가나안 땅의 경계인데, 다윗과 솔로몬의 시대에 이르러 성취됩니다. "그 날에 여호와께서 아브람과 더불어 언약을 세워 이르시되 내가 이 땅을 애굽 강에서부터 그 큰 강 유브라데까지 네 자손에게 주노니"(창 15:18), "솔로몬이 유브라데 강에서부터 블레셋 땅과 애굽 지경까지의 모든 왕을 다스렸으며"(대하 9:26). 본문의 가나안 땅의 경계는 동쪽으로 홍해(아카바 만)를, 서쪽으로 블레셋 바다(지중해)를, 남쪽으로 광야(수르 광야)를, 북쪽으로 강(유프라테스 강)을 말합니다. "네 앞에서 쫓아낼지라"는 말씀은 '네 얼굴 앞에서 보이지 않게 확실히 몰아내라'는 뜻으로, 이스라엘 민족을 유혹하게 할 소지를 완전히 제거하라는 의미입니다.

하나님께서 가나안 족속들을 한꺼번에 내쫓지 않으신 것은 땅이 황폐해지는 것을 막고, 또한 그들 중 일부를 남겨 놓아 이스라엘이 우상을 숭배하지 않고 오직 여호와만을 섬기는지 시험하기 위해서입니다. "이는 이스라엘이 그들의 조상들이 지킨 것 같이 나 여호와의 도를 지켜 행하나 아니하나 그들을 시험하려 함이라 하시니라"(삿 2:22).

언약서의 결론

언약서[96]는 처음 시작과 마찬가지로 우상숭배에 대한 엄중한 경고로 끝을 맺습니다. 너는 그들과 그들의 신들과 언약하지 말라 그들이 네 땅에 머무르지 못할 것은 그들이 너를 내게 범죄하게 할까 두려움이라 네가 그 신들을 섬기면 그것이 너의 올무가 되리라(출 23:32-33). 본문의 "그들의 신들과 언약하지 말라"고 하심은 당시 국가나 부족 간에 평화조약을 맺을 때 상대방의 신에게 예배하는 순서가 있었기 때문입니다. 하나님께서 이방인들과의 동맹이나 결혼을 금지시킨 것은 이방인과 교류하는 사이에 그들의 가증한 풍습이 들어와 이스라에을 미혹하여 우상숭배에 빠지게 하는 것을 미연에 방지하시기 위함입니다. "너희가 만일 그 땅의 원주민을 너희 앞에서 몰아내지 아니하면 너희가 남겨둔 자들이 너희의 눈에 가시와 너희의 옆구리에 찌르는 것이 되어 너희가 거주하는 땅에

96) 하나님은 이 율법을 이스라엘에게 가르치시기 위해 7년마다 반포하도록 명하셨습니다. "모세가 그들에게 명령하여 이르기를 매 칠 년 끝 해 곧 면제년의 초막절에 온 이스라엘이 네 하나님 여호와 앞 그가 택하신 곳에 모일 때에 이 율법을 낭독하여 온 이스라엘에게 듣게 할지니"(신 31:10-11).

서 너희를 괴롭게 할 것이요"(민 33:55). 본문 중 "올무"란 자신도 모르게 악의 수렁에 빠져들어 멸망하는 것을 의미합니다. 성경에서 올무는 악인의 흉계나 함정을 비유하는데 가나안 족속의 종교와 문화가 이스라엘을 그릇가게 하는 올무가 될 수 있다는 것입니다.

이스라엘 백성들은 출애굽 이후 3개월 만에 하나님께로부터 십계명과 각종 규례들을 받았습니다. 이는 하나님과 이스라엘의 관계를 보증하기 위한 것으로, 여호와 하나님을 어떻게 섬겨야 하는 지에 관한 것입니다. 그리고 시내 산에서 약 11개월간 머무르면서 성막을 완성한 후 가나안으로의 행진을 시작합니다. 하지만 가데스 바네아에서의 반란과 불순종으로 인하여 40년 동안 광야를 방황하게 됩니다. 원래 가나안 정복전쟁을 수행하고 곧바로 가나안의 주인이 될 수 있었지만 백성들의 불순종으로 인하여 그 모든 약속이 연기된 것입니다. 이는 하나님의 손길이 미치지 못해서가 아니라 이스라엘의 거듭된 불순종으로 인한 것입니다. 하나님의 말씀에 대한 순종과 불순종이 축복과 저주의 척도가 되는데, 하나님께 순종하고 하나님만 섬기며 사는 자에게는 하나님의 축복과 승리가 약속되어 있습니다.

> **언약서는 하나님의 백성으로서 사는 삶을 위한 규범으로, 그 시작과 끝은 우상 숭배에 대한 경고입니다. 하나님께서 우상 숭배를 금하신 것은 하나님 이외에 다른 신이 존재하지 않기 때문입니다.** "다른 이로써는 구원을 받을 수 없나니 천하사람 중에 구원을 받을 만한 다른 이름을 우리에게 주신 일이 없음이라"(행 4:12).

언약의 체결

제13장
시내 산 언약 체결

언약 체결식

지금까지(출 19-23장) 언약의 내용인 율법에 관해 살펴보았습니다. 이제 시내 산 언약의 마지막 부분(출 24:1-11)으로 하나님께서 언약을 체결하기 위해 모세를 부르십니다. 또 모세에게 이르시되 너는 아론과 나답과 아비후와 이스라엘 장로 칠십 명과 함께 여호와께로 올라와 멀리서 경배하고(출 24:1). 하나님께서 다시 모세를 부르신 것은 시내 산 위에서 주어진 '언약의 말씀'(20:22-23:33)에 이어 이스라엘과 공식적으로 언약을 체결하기 위함입니다. "나답과 아비후"는 아론의 네 아들 중 첫째와 둘째 아들로 장차 아론의 뒤를 이어 제사장의 직무를 수행할 자들이기 때문에 시내 산에 오르는 것이 허용되었습니다. 그러나 이들은 제사장으로 위임 받은 지 얼마 되지 않아 하나님이 명하시지 아니한 다른 불로 분향하다가 죽임을 당하게 됩니다. "아론의 아들 나답과 아비후가 각기 향로를 가져다가 여호와께서 명령하시지 아니하신 다른 불을 담아 여호와 앞에 분향하였더니 불이 여호와 앞에서 나와 그들을 삼키매 그들이 여호와 앞에서 죽은지라"(레 10:1-2). 본문의 "장로 칠십 명"이란 나답과 아비후를 포함하여 이스라엘 12지파에서 각기 6명씩 선출된 지파의 우두머리를 말합니다.[97] 그러므로 언약의 체결을 위해 시내 산 기슭까지 나아간 자는 모세와 아론을 포함하여 모두 74명이었습니다.

하나님께서 모세만 나아오게 하십니다. 너 모세만 여호와께 가까이 나아오고 그들은 가까이 나아오지 말며 백성은 너와 함께 올라오지 말지니라(출 24:2). 모든 인간은 죄인이므로 거룩하신 하나님 앞에 설 수 없습니다. "모든 사람이 죄를 범하였으매 하나님의 영광에 이르지 못하더니"(롬 3:23). 그러나 모세는 하나님께서 백성의 중보자로 삼으셨기 때문에 하나님께로 나아갈 수 있었는데, 그는 하나님과 인간 사이의 유일한 중보자요 죄인을 대신하여 십자가를 지신 예수 그리스도를 예표합니다. "하나님은 한 분이시오 또 하나님과 사람 사이에 중보자도 한 분이시니 곧 사람이신 그리스도 예수라"(딤전 2:5). 그러므로 이제 우리는 그리스도의 피 공로로 누구나 자유롭게 하나님께 나아갈 수 있게 되었는데, 이를 신학적으로 '만인제사장직'(Priesthood of all believers)이라고 합니다. "그러나 너희는 택하신 족속이요 왕 같은 제사장들이요 거룩한 나라요 그의 소유가 된 백성이니 이는 너희를 어두운 데서 불러내어 그의 기이한 빛에 들어가게 하신 이의 아름다운 덕을 선포하게 하려 하심이라"(벧전 2:9).

97) Calvin은 이스라엘이 시내 산에 오기 전부터 각 부족마다 부족을 대표하는 6명의 통치자들이 있었으며, 모세가 후에 이들에게 자신의 통치권의 일부를 양도하는 것으로 봅니다. John Calvin, *Calvin's Old Testament Commentaries: Harmony of Exod., Lev., Deut., Numb Vol. III* (Grand Rapids, Michigan: William B. Eerdmans Publishing Company, nd.), 317.

언약 체결 의식입니다. 모세가 와서 여호와의 모든 말씀과 그의 모든 율례를 백성에게 전하매 그들이 한 소리로 응답하여 이르되 여호와께서 말씀하신 모든 것을 우리가 준행하리이다(출 24:3). 십계명은 모세와 모든 백성이 하나님께로부터 직접 들었으나, 이후에 주신 각종 율례는 모세 홀로 하나님께 나아갔기 때문에 그가 들은 말씀들을 백성에게 전달해야 했습니다. 모세가 시내 산에서 내려와 백성들에게 여호와의 율례를 전합니다. 위의 "한 소리로 응답하여"란 백성들이 만장일치로 하나님의 계명을 준행하겠다고 다짐한 것을 말합니다. 이것은 하나님과 언약을 체결하겠다는 동의입니다. 본문의 "말씀"(דָּבָר, 다바르)과 "율례"(מִשְׁפָּטִים, 미쉬파팀)는 제정된 법보다 상위법인 율법의 각기 다른 두 유형을 구분합니다. 먼저 "말씀"은 십계명과 22:17-23:19까지의 본문을 지칭하며, 간결하고 명백하게 규례들을 공식화합니다. 그리고 말씀의 준수 여부는 개인의 양심에 맡겨집니다. 한편 "율례"는 21:1-22:16까지의 내용을 담고 있는데, 정부의 구속력이 발휘되며 사법부의 재판 관할에 속합니다.[98]

모세가 의식을 행합니다. 모세가 여호와의 모든 말씀을 기록하고 이른 아침에 일어나 산 아래에 제단을 쌓고 이스라엘 열두 지파대로 열두 기둥을 세우고(출 24:4). 모세는 의식에 앞서 율례를 낭독하기 위해 하나님의 말씀을 문서로 기록하였는데, 파피루스나 양피지 등에 기록하여 두루마리로 보관하였습니다. 이는 백성들이 여호와의 말씀을 준행하겠다고 맹세했지만 보다 확실한 언약을 세우기 위해서입니다. 언약의 내용은 하나님이 이스라엘을 통치하시고 이스라엘은 그의 백성이 되

98) Nahum M. Sarna, *The JPS Torah Commentary Exodus*, 151.

는 것입니다. 모세가 하나님의 말씀을 기록하는 동안 성령님께서 그에게 초자연적으로 간섭하심으로 그 기록에는 오류가 전혀 없었습니다. "모든 성경은 하나님의 감동으로 된 것으로 교훈과 책망과 바르게 함과 의로 교육하기에 유익하니"(딤후 3:16), "예언은 언제든지 사람의 뜻으로 낸 것이 아니요 오직 성령의 감동하심을 받은 사람들이 하나님께 받아 말한 것임이라"(벧후 1:21). 위 본문의 "제단을 쌓고"란 율법 준수를 위한 언약을 체결할 때, 피 흘림이 없이는 하나님과의 언약 관계가 공식 체결될 수 없으므로 하나님께 희생 제사를 드리기 위함입니다. "제단"은 하나님의 임재를 상징하며, "열두 기둥"은 이스라엘 열두 지파를 상징합니다. 이를 세운 것은 이 언약을 기념하여 이스라엘 자손들로 하여금 대대로 기억하게 하기 위함입니다.

모세가 청년들로 제사를 드리게 합니다. 이스라엘 자손의 청년들을 보내어 여호와께 소로 번제와 화목제를 드리게 하고(출 24:5). "청년들"이란 모세를 보좌하던 자들로 제사를 드릴 때 짐승들을 다룰 수 있는 순전한 청년들을 말합니다. "번제"는 하나님께 충성과 헌신을 다짐하면서 드렸고, "화목제"는 하나님과의 언약을 체결한 후 감사와 찬양을 목적으로 드린 제사입니다. 이 두 제사는 족장시대 때부터 드려온 제사로 하나님께 대한 헌신과 언약에 대한 기쁨을 의미합니다.

모세가 제단에 피를 뿌립니다. 모세가 피를 가지고 반은 여러 양푼에 담고 반은 제단에 뿌리고(출 24:6). "피"는 생명을 상징하므로 제사에서 희생 제물의 피는 필수 요소입니다. "육체의 생명은 피에 있음이라 내가 이 피를 너희에게 주어 제단에 뿌려 너희의 생명을 위하여 속죄하게 하였나니 생명이 피에 있으므로 피가 죄를 속하느니라"(레 17:11), "율법을 따라 거의 모든 물건이 피로써 정결하게 되나니 피흘림이 없은즉 사함이 없느니라"(히 9:22). 모세가 피의 반은 단에 뿌리고 반은 백성들에게 뿌렸는데, 이는 죄의 장벽을 없애는 속죄의 의미를 가집니다. 피를 제단과 백성에게 뿌려서 백성의 죄를 소멸한 뒤에 그들이 하나님께 가까이 나아올 수 있었습니다. 이는 제물의 피를 통해 백성들이 하나님 앞에서 하나의 공동체로 연합됨을 의미합니다. 뿐만 아니라 이 피는 언약 위반 시 죽음에 의한 처벌을 의미하기도 합니다. 이와 같이 하나님은 언약의 책을 근거로 하여 이스라엘과 언약을 체결하셨습니다.

모세가 율법을 낭독합니다. 언약서를 가져다가 백성에게 낭독하여 듣게 하니 그들이 이르되 여호와의 모든 말씀을 우리가 준행하리이다(출 24:7). "언약서"란 모세가 백성들과 함께 십계명을 받은 이후에, 시내 산에서 이스라엘을 대표하여 하나님께로부터 받은 말씀과 율례를 말합니다(출 20:22-23:33). 이전에 모세는 백성들에게 하나님의 말씀을 들려주었는데(출 24:3), 이 모든 말씀을 책에 기록하고 다시 그것을 백성에게 읽어준 것입니다. 이는 성경이 단번에 기록된 것이 아니라 성경의 저자가 때마다 하나님의 말씀을 받아 기록하면서 점차 완성되어졌다는 사실을 알게 합니다. 또한 "낭독하여 듣게 하니"란 모세가 백성에게 율법을 잘 이해할 수 있도록 자세하게 가르쳤다는 것을 의미합니다. 이에 백성들은 하나님께 그 모든 말씀을 준행하겠다고 약속합니다.

모세가 백성에게 피를 뿌립니다. 모세가 그 피를 가지고 백성에게 뿌리며 이르되 이는 여호와께서 이 모든 말씀에 대하여 너희와 세우신 언약의 피니라(출 24:8). 이는 하나님께서 이스라엘 백성들과 언약을 체결하시는 장면입니다. "언약의 피"란 하나님과 이스라엘이 희생 제물의 피로써 맺은 언약을 말합니다. 마치 예수님께서 최후의 만찬에서 자신의 피를 언약의 피라고 하신 것과 같습니다. "이것은 죄 사함을 얻게 하려고 많은 사람을 위하여 흘리는 바 나의 피 곧 언약의 피니라"(마 26:28). 히브리서는 언약서에도 피를 뿌렸다는 사실을 말합니다. "모세가 율법대로 모든 계명을 온 백성에게 말한 후에 송아지와 염소의 피 및 물과 붉은 양털과 우슬초를 취하여 그 두루마리와 온 백성에게 뿌리며"(히 9:19).

모세가 율법 준수를 위해 희생 제물의 피를 취했다는 것은 생명을 걸고 율법을 지키겠다는 서약을 의미합니다. 시내 산 언약에 있어서 언약의 피는 죄인인 인간이 하나님 앞에 담대히 설 수 있게 한 예수님의 십자가 보혈에 대한 예표입니다.

❖새 언약의 예표인 시내 산 언약❖

언약 의식에 있어서 피를 뿌리는 것은 백성들의 죄를 속죄하기 위한 것으로 양털과 우슬초에 적셔서 뿌렸는데, 사람만이 아니라 거의 모든 물건이 이런 방법을 통하여 깨끗해졌습니다. 그런데 이 피는 짐승의 피이기 때문에 완전한 것이 되지 못하며, 장차 예수님께서 자신을 희생하심으로 세우실 영원하고 온전한 언약의 피를 상징합니다. 첫 언약은 모세가 중보자이고 짐승이 제물이었으나, 새 언약은 예수님 자신이 중보자시요 희생 제물이 되셨습니다. "황소와 염소의 피가 능히 죄를 없이 하지 못함이라"(히 10:4), "그는 새 언약의 중보자시니 이는 첫 언약

때에 범한 죄에서 속량하려고 죽으사 부르심을 입은 자로 하여금 영원한 기업의 약속을 얻게 하려 하심이라"(히 9:15). 이는 장차 인간의 모든 죄가 예수 그리스도의 피를 통해 깨끗해짐을 예표합니다. "그 아들 예수의 피가 우리를 모든 죄에서 깨끗하게 하실 것이요"(요일 1:7).

성경에서 피는 생명을 상징합니다. "다만 크게 삼가서 그 피는 먹지 말라 피는 그 생명인즉"(신 12:23). 고대 근동에서는 계약을 체결할 때 계약 당사자들이 상대방 희생 제물의 피를 마셨는데, 이는 계약을 위반한다면 반드시 피로써 갚는다는 의미가 내포되어 있습니다. 하나님과 이스라엘이 맺은 언약에서도 언약의 피를 흘림으로 언약 준수의 절대성을 강조합니다. 언약의 피는 타락한 아담과 하와에게 하나님께서 가죽옷을 지어 입히신 사건, 대홍수 심판 후에 노아가 하나님과 체결한 언약, 아브라함의 횃불 언약에서 볼 수 있습니다. 특히 유월절 어린 양의 피는 대속을 통한 언약의 성취로서 예수 그리스도의 보혈을 분명하게 예표합니다.

우리는 예수님의 피로 세운 새 언약 곧 예수님의 죽음으로 하나님과 화목하게 되었습니다. "곧 우리가 원수 되었을 때에 그의 아들의 죽으심으로 말미암아 하나님과 화목하게 되었은즉"(롬 5:10). 이스라엘이 희생의 피를 뿌리고 하나님의 말씀에 대한 순종을 약속함으로써 하나님의 백성이 된 것처럼, 그리스도의 구속의 피로 하나님과 원수 되었던 우리도 그리스도 안에서 회복되어 하나님과 화목하게 되었습니다. "허물로 죽은 우리를 그리스도와 함께 살리셨고"(엡 2:5). 십자가의 피가 세상 사람들에게는 무의미하게 보일지 몰라도 우리에게는 구원의 능력이 됩니다. "십자가의 도가 멸망하는 자들에게는 미련한 것이요 구원을 받는 우리에게는 하나님의 능력이라"(고전 1:18).

언약 체결 후 하나님과의 교제

모세와 백성의 지도자들이 하나님의 산에 올라갑니다. 모세와 아론과 나답과 아비후와 이스라엘 장로 칠십 인이 올라가서 이스라엘의 하나님을 보니 그의 발 아래에는 청옥을 편 듯하고 하늘 같이 청명하더라(출 24:9-10). 지금까지 백성들은 하나님을 '조상의 하나님'으로 알고 있었지만, 이제 이 언약 의식을 통해 "이스라엘의 하나님"으로 알게 되었습니다. "너는 이스라엘 자손에게 이같이 이르기를 너희 조상의 하나님 여호와 곧 아브라함의 하나님, 이삭의 하나님, 야곱의 하나님께서 나를 너희에게 보내셨다 하라"(출 3:15). 이제 그들이 희생 제사의 음식을 하나님과 가까운 곳에서 먹으므로 하나님과 좀 더 친밀한 교제를 나누게 되었으며, 하나님께서도 그들에게 자신의 권위와 영광을 보여 주시며 언약의 중요성을 확인시키려 하십니다. 본문의 "하나님을 보니"라는 말은 그들이 하나님의 영광스런 임재에 참여하였다는 상징적인 표현입니다. 그들이 본 것은 하나님의 영광스런 보좌의 일부분인데, 이를 순결을 상징하는 "청옥"과 "청명한 하늘"에 비유한 것은 하나님의 성결하심과 거룩하심을 나타내기 위함입니다. 언약을 체결하신 후 하나님은 자신을 이스라엘의 하나님이라 칭하십니다. 이제 하나님께서 이스라엘의 하나님이 되시고, 이스라엘은 하나님의 백성이 된 것입니다.[99]

99) 성경에 "이스라엘의 하나님"이라는 표현이 159번 나오는데, 출애굽기 5장 1

백성의 지도자들이 하나님 앞에서 먹고 마십니다. 하나님이 이스라엘 자손들의 존귀한 자들에게 손을 대지 아니하셨고 그들은 하나님을 뵙고 먹고 마셨더라(출 24:11). 본문에서 "존귀한 자들"이란 모세, 아론, 나답과 아비후, 70인의 장로 등 74명을 가리킵니다. 여기서 "손을 대지 아니하셨고"란 죽이지 않으셨다는 뜻입니다. 하나님은 지극히 거룩하시므로 누구도 직접 볼 수 없으며 하나님을 본 자는 죽게 됩니다. "또 이르시되 네가 내 얼굴을 보지 못하리니 나를 보고 살 자가 없음이니라"(출 33:20), "오직 그에게만 죽지 아니함이 있고 가까이 가지 못할 빛에 거하시고 어떤 사람도 보지 못하였고"(딤전 6:16). 고대 근동에서는 언약 체결 후 상호신뢰의 표현으로 언약 당사자가 함께 식사하는 것이 관례였습니다. 그들이 하나님을 보고도 죽지 않고 먹고 마신 것은 그들이 하나님의 거룩한 백성이 되었다는 증거입니다. 이같이 언약이 이루어지므로 이스라엘 지도자들은 이전보다 훨씬 더 친밀한 하나님의 임재를 경험하게 되었습니다. 언약을 맺기 이전에는 하나님이 계신 산에만 가도 죽임을 당했는데, 이제 하나님의 거룩한 백성이 되었기 때문에 하나님 앞에 당당히 나아가게 된 것입니다.

하나님과 이스라엘 간에 피로 맺은 시내 산 언약은 그리스도와 교회 간에 피로 맺은 성만찬 언약의 모형입니다. 곧 그리스도의 새 언약으로 말미암아 그리스도와 성도가 한 몸이 되는 주님의 성만찬을 예표

절에 처음 언급되었고, 이전 말씀의 실현으로 지금 두 번째 사용되고 있습니다(출 24:10). "그 후에 모세와 아론이 바로에게 가서 이르되 이스라엘의 하나님 여호와께서 이렇게 말씀하시기를 내 백성을 보내라"(출 5:1). 이는 신약에 두 번, 구약에 157번 사용되고 있습니다. "맹인이 보는 것을 무리가 보고 놀랍게 여겨 이스라엘의 하나님께 영광을 돌리니라"(마 15:31), "찬송하리로다 주 이스라엘의 하나님이여"(눅 1:68).

합니다. "그들이 먹을 때에 예수께서 떡을 가지사 축복하시고 떼어 제자들에게 주시며 이르시되 받아서 먹으라 이것은 내 몸이니라 하시고 또 잔을 가지사 감사 기도하시고 그들에게 주시며 이르시되 너희가 다 이것을 마시라 이것은 죄 사함을 얻게 하려고 많은 사람을 위하여 흘리는바 나의 피 곧 언약의 피니라"(마 26:26-28). 선지자 이사야는 여호와께서 만민들을 위한 만찬을 이 산에 마련하시고 초대하시며 휘장을 제거하시며 사망을 멸하시고 백성의 수치를 제한다고 하였습니다. "만군의 여호와께서 이 산에서 만민을 위하여 기름진 것과 오래 저장하였던 포도주로 연회를 베푸시리니 곧 골수가 가득한 기름진 것과 오래 저장하였던 맑은 포도주로 하실 것이며 또 이 산에서 모든 민족의 얼굴을 가린 가리개와 열방 위에 덮인 덮개를 제하시며 사망을 영원히 멸하실 것이니라 주 여호와께서 모든 얼굴에서 눈물을 씻기시며 자기 백성의 수치를 온 천하에서 제하시리라 여호와께서 이같이 말씀하셨느니라"(사 25:6-8). 이 만찬은 성도들이 천국에서 먹고 마실 어린 양 혼인잔치의 상징입니다. "천사가 내게 말하기를 기록하라 어린 양의 혼인 잔치에 청함을 받은 자들은 복이 있도다 하고 또 내게 말하되 이것은 하나님의 참되신 말씀이라 하기로"(계 19:9).

언약이 체결되므로 이제 이스라엘은 언약 백성이요 신정국가가 되었습니다. 곧 이스라엘이 하나님 나라 곧 제사장 나라로서 하나님의 거룩한 뜻을 이루기 위해 성별된 것입니다. 그러므로 하나님은 더 이상 아브라함과 이삭과 야곱의 하나님이 아니라 제사장 나라요 거룩한 백성이 된 이스라엘의 하나님이 되신 것입니다.

시내 산에 오른 모세

시내 산 언약이 체결되자 하나님께서 모세를 부르십니다. 여호와께서 모세에게 이르시되 너는 산에 올라 내게로 와서 거기 있으라 네가 그들을 가르치도록 내가 율법과 계명을 친히 기록한 돌판을 네게 주리라(출 24:12). 하나님께서 모세를 다시 부르신 것은 하나님 임재의 처소인 성막에 대한 율법을 주시며 언약의 돌판을 주시기 위함입니다. 본문의 "친히 기록한 돌판"이란 하나님께서 율법과 계명을 직접 돌판에 기록하신 것을 말하며, 이는 백성들을 보다 강하게 교육하시며 그 말씀을 영원토록 지키게 하기 위함입니다. 이 돌판은 '증거판' 또는 '언약의 돌판'이라고 하는데, 첫 번째 돌판은 금송아지 숭배사건 때 깨뜨려졌고, 후일 언약궤 안에 보관된 십계명 돌판은 두 번째 돌판입니다. 두 번째 돌판은 처음 것과는 달리 모세에 의해 판이 만들어졌으며, 하나님께서 그 판 위에 글을 새겨주셨습니다. 본문에서 "율법과 계명"중 율법(תּוֹרָה, 토라)은 십계명과 율례를 포함한 모든 규정으로 생활과 행위의 규범을 일컫는 말이고, 계명(מִצְוָה, 미츠와)은 명령 곧 십계명을 뜻합니다. 여기서 모세 혼자 가까이 나아간 것은 대제사장으로서 홀로 지성소에 들어가신 그리스도를 예표합니다.

모세가 여호수아와 함께 시내 산으로 올라갑니다. 모세가 그의 부하[100] 여호수아와 함께 일어나 모세가 하나님의 산으로 올라가며 장로들에게 이르되 너희는 여기서 우리가 너희에게로 돌아오기까지 기다리라 아론과

100) 여호수아가 모세의 '부하', '수종자', '섬기는 자' 등으로 언급된 곳은 구약에 네 군데(출 24:13, 33:11, 민 11:28, 수1:1)입니다. 그는 나중에 '여호와의 종'으로 언급됩니다(수24:29).

훌이 너희와 함께 하리니 무릇 일이 있는 자는 그들에게로 나아갈지니라 하고 모세가 산에 오르매 구름이 산을 가리며 (출 24:13-15). 모세는 아론과 훌로 하여금 자신이 없는 동안 백성들을 다스리도록 하였습니다. 본문 중 "일이 있는 자"란 분쟁으로 인하여 공식적인 판결을 받아야 할 자를 말합니다. 모세가 여호수아와 함께 산 중턱에 올라 6일 동안 대기하면서 하나님의 명령을 기다립니다. 이에 여호수아가 백성들 앞에서 장로들보다 더 존귀하게 여겨지게 되었습니다. 본문의 "구름"은 애굽에서부터 지금까지 이스라엘을 보호하고 인도한 구름 기둥으로 하나님의 현현이며 영광의 상징입니다. 성경에는 하나님의 임재를 나타내는 방법으로 구름이 자주 등장합니다. "여호와께서 구름 가운데 강림하사 모세에게 말씀하시고"(민 11:25), "구름과 흑암이 그를 둘렀고 공의와 정의가 그의 보좌의 기초로다"(시 97:2).

하나님께서 모세를 부르십니다. 여호와의 영광이 시내 산 위에 머무르고 구름이 엿새 동안 산을 가리더니 일곱째 날에 여호와께서 구름 가운데서 모세를 부르시니라(출 24:15-16). "영광"이란 구름이나 불과 뇌성 등 백성이 가까이 하기를 두려워했던 장엄한 광경을 말합니다. 구름이 온 산을 덮고 있는 것은 하나님의 영광이 시내 산 위에 머무르고 있다는 증거입니다. 이는 백성들로 하여금 율법이 하나님께로부터 나온 것임을 분명히 알게 하기 위함입니다. "머무르고(שָׁכַן, 솨칸)"란 '거주하다, 정착하다'의 뜻인데, 이에 해당하는 신약의 헬라어 '스케노오'(σκηνόω) 역시 '텐트를 치다, 거주하다'라는 의미로, 성육신하신 하나님이 인간 가운데 거하심을 나타내는 말로 사용되었습니다. "말씀이 육신이 되어 우리 가운데 <u>거하시매</u> 우리가 그의 영광을 보니 아버지의 독생자의 영광이요 은혜와 진리가 충만하더라"(요 1:14). 본문의 "구름이 엿새 동안 산을 가리더니"란 하나님께서 모세를 산으로 부르신 후 6일간 침묵하셨다는 의미입니다. 하나님께서 친히 새기신 언약의 말씀을 받기 위해서는 이러한 준비 기간이 필요합니다. 이는 하나님께서 침묵하실 때 인내하며 기다리는 신앙 훈련이 필요하다는 것을 알게 합니다.

하나님 영광의 현현입니다. 산 위의 여호와의 영광이 이스라엘 자손의 눈에 맹렬한 불 같이 보였고 모세는 구름 속으로 들어가서 산 위에 올랐으며 모세가 사십 일 사십 야를 산에 있으니라(출 24:17-18). 하나님의 임재와 능력이 크고 강렬한 불의 모양으로 나타났습니다. "보라 여호와께서 불에 둘러싸여 강림하시리니"(사 66:15). "맹렬한"이란 '삼키는, 소멸하는' 이라는 뜻이며, "불같이 보였고"란 빽빽한 구름 가운데 내비친 하나님의 영광의 광채를 의미합니다. 이는 하나님의 영광이 어떠하다는 것을 가히 짐작하게 합니다. "40일 40야"란 모세가 돌판을 받기 위해 시내 산에 머문 기간을 말하며, 이 기간 동안 성막과 제사 제도, 그리고 예배에 관한 규례 등을 받게 됩니다. "그 때에 내가 돌판들 곧 여호와께서 너희와 세우신 언약의 돌판들을 받으려고 산에 올라가서 사십 주 사십 야를 산에 머물며 떡도 먹지 아니하고 물도 마시지 아니하였더니"(신 9:9). 성경에서 40이란 숫자는 특별한 의미를 지닙니다. 모세가 두 번째로 십계명을 받을 때도 40일을 머물렀고, 이스라엘이 출애굽 후 40년간 광야에서 유리했으며, 엘리야가 호렙 산까지 여행한 기간도 40일이고, 예수님께서 광야에서 금식하며 시험 받으신 기간도 40일입니다. 이는 시험과 시련의 기간이며, 또한 새로운 힘을 얻는 기간이기도 합니다.

하나님께서 율법과 계명을 주시므로 모세가 백성들을 가르칠 수 있도록 하셨는데, 백성에게 하나님의 말씀을 가르치는 것은 하나님과의 교제를 위한 유일한 방법입니다. 모세는 시내 산에 머무는 동안 금식하며 하나님과 교제를 나누었습니다. 모세는 우리를 구원하기 위해 오신 언약의 중보자 그리스도를 예표합니다.

제3부

성막과 도구들

성막에 관한
규례

제14장
성소 규례

성막 자재로 사용될 예물들

지금까지 하나님은 이스라엘 백성들의 생활에 관한 규례를 말씀해 주셨습니다. 출애굽기 25장에서 31장(25:1-31:18)까지는 성막 제도에 대한 규례입니다. 하나님께서 이스라엘과 언약을 맺으심으로 이스라엘의 하나님이 되시고, 이스라엘은 하나님의 백성이 되었습니다. 이러한 친밀한 관계를 나타내기 위해 하나님은 마치 신랑과 신부가 결혼하여 함께 살 듯이 백성과 함께 거하시게 됩니다. 그러나 하나님은 보이지 아니하시므로 하나님이 함께 거하심을 알 수 있도록 이스라엘 가운데 성막[101]을 짓게 하십니다. 하나님께서 거하실 장막을 성막 또는 성소라고

101) 성막은 지상에 현존하시는 하나님의 상징으로 그의 백성 가운데 거하시는 하나님의 장막입니다. Longman III은 요한계시록 21-22장에서 새 예루살렘의 이미지를 상징적으로 묘사한다고 합니다. 첫째, 새 예루살렘에는 성전이 없다고 합니다(계21:22). "전능하신 하나님과 어린 양이 성전되시니" 곧 하나님의 현존이 전 도시에 가득 차서 더 이상 성전이 필요 없다는 것입니다. 둘째, 새 예루살렘은 도시를 통과하여 흐르는 강이 있고(계22:1-2), 강의 좌우편에 생명나무가

하는데, 하나님께서 언약의 징표로 임재의 상징인 성막을 주십니다. 성막은 하나님께서 제사를 통하여 이스라엘과 교제하시는 장소이며, 이스라엘 백성들의 삶의 중심지입니다. 모세가 하나님의 지시대로 하늘 장막을 본받아 세운 성막과 제사 제도들은 그리스도를 중심한 것입니다. 그렇기 때문에 바울은 성막과 제사직을 언급하면서 하늘에 있는 것들의 모형으로 해석합니다. "그들이 섬기는 것은 하늘에 있는 것의 모형과 그림자라 모세가 장막을 지으려 할 때에 지시하심을 얻음과 같으니"(히 8:5). 이같이 성막은 모형이고 상징이기 때문에 그 이면의 영적 의미에 주목해야 합니다. 모형에는 반드시 원형(原型)이 있기 때문입니다.

성막 건립에 필요한 각종 예물에 대한 말씀입니다. 여호와께서 모세에게 말씀하여 이르시되 이스라엘 자손에게 명령하여 내게 예물을 가져오라 하고 기쁜 마음으로 내는 자가 내게 바치는 모든 것을 너희는 받을지니라(출 25:1-2). "예물"이란 '들어 올림'을 뜻하며, 하나님께 기쁜 마음으로 바친 모든 제물을 말합니다. 백성들은 성막 건축을 위해 금과 은과 놋 등 각종 귀금속과 짐승의 가죽 등을 예물로 드렸습니다. "기쁜 마음"이란 예물을 드리는 자의 자발적이고 즐거운 마음을 의미합니다. 하나님은 백성에게 예물을 가져오도록 명하시고 즐거운 마음으로 내는 것을 기뻐하십니다. "각각 그 마음에 정한 대로 할 것이요 인색함으로나 억지로 하지 말지니 하나님은 즐겨 내는 자를 사랑하시느니라"(고후 9:7). 이는 하나님의 일을 하는데 무엇보다 자원하는 마음이 가장 중요한 것

있는데, 이 두 생명나무는 우리가 에덴으로 회복된다는 것을 보여줄 뿐만 아니라 에덴 이상의 회복임을 시사한다고 합니다. Tremper Longman III, *How to read Exodus* (Downers Grove, Illinois: InterVarsity Press, 2009), 163, 173-174.

임을 알게 합니다.

백성들이 헌납할 예물들입니다. 너희가 그들에게서 받을 예물은 이러하니 금과 은과 놋과 청색 자색 홍색 실과 가는 베 실과 염소 털과(출 25:3-4). 지금 백성들은 광야 생활 중이지만 야곱과 요셉 등 조상들로부터 물려받은 유산과, 출애굽 직전 애굽 사람들로부터 받은 많은 금은보화와, 아말렉과의 전투에서 취한 전리품 등 많은 재산을 소유하고 있습니다. 본문의 "금과 은과 놋"이란 각종 귀금속과 패물 등을 말하는데, 이러한 패물과 보석들은 이때를 위하여 하나님께서 그들에게 주신 것으로 백성들은 그것들을 다시 자원하는 마음으로 헌납할 수 있게 된 것입니다. 위의 "청색 자색 홍색 실"이란 염색한 양털로 짠 실들로 장막에 사용되며, "가는 베실"이란 아마나 무명천에서 빼낸 흰색 고급실로 성막의 휘장과 제사장의 옷을 만드는데 사용됩니다. "염소털"은 습기에 강하며, 성막 덮개 곧 제2휘장을 만드는 데 사용됩니다.

헌납할 예물들의 목록이 이어집니다. 붉은 물들인 숫양의 가죽과 해달의 가죽과 조각목과 등유와 관유에 드는 향료와 분향할 향을 만들 향품과 호마노며 에봇과 흉패에 물릴 보석이니라(출 25:5-7). "붉은 물들인 숫양의 가죽"이란 출애굽 시 가지고 나온 것으로 당시 애굽의 뛰어난 염색 기술로 인해 그들이 물들인 짐승의 가죽은 귀중품으로 인정받았다고 합니다.[102] 또한 해달은 오늘날의 바다소, 돌고래 등으로 추정되는데, 이 가죽 역시 매우 귀한 물품으로 장막의 덮개 곧 제4휘장을 만드는데 사용됩니다. 싯딤나무라고도 하는 "조각목"은 나무결이 곱고 가벼우며 재질이 단단

102) A. D. Godeey tr., *Herodotus, Book IV* (Cambridge, MA.: Harvard University Press, 1971), 280. ; H. D. M. Spence and Joseph S. Exell eds. *The Pulpit Commentary 3: Exodus, Vol. II*, 240.

하고 내구성이 있어 증거궤, 채, 진설병상 등의 재료가 됩니다. "등유"는 감람열매에서 추출한 기름으로 성소의 등불에 사용되는데, 성소의 촛대에는 항상 등불을 켜두어야 합니다. "관유"는 성소의 기구나 제사장을 성별할 때 사용되는 기름이며, "분향할 향"이란 분향단에서 사를 향을 말합니다. "호마노"란 녹주석, 얼룩마노라고도 하며 대제사장의 에봇과 흉패에 사용됩니다. "에봇"은 제사장이 제일 겉에 입는 옷이며, "흉패"는 에봇의 앞가슴에 달린 일종의 주머니입니다.

성막에 사용될 예물은 백성들이 자원하여 드리는 감사와 즐거움의 표현으로, 하나님께 예물을 드릴 수 있음은 지극히 복되고 거룩한 특권입니다. 이러한 예물들은 가장 귀한 보석들과 천들, 가장 좋은 나무와 가죽들, 그리고 가장 보배로운 기름과 향 등입니다.

성소에 대한 계시

하나님께서 성소[103]를 지으라고 명하십니다. 내가 그들 중에 거할 성소를 그들이 나를 위하여 짓되(출 25:8). 하나님께서 백성들에게 당신의 거할 곳을 세우도록 하신 것은 영원한 하늘 나라를 다소간 이해시켜주기 위한 것입니다. "하늘에 있는 하나님의 성전이 열리니 성전 안에 하나

103) "성소"란 '성막', '회막', '증거의 장막', '여호와의 집'으로 표현됩니다. "성막 문을 위하여 휘장을 만들고"(출 26:36), "여호와 앞 회막 문에서 늘 드릴 번제라"(출 29:42), "모세가 그 지팡이들을 증거의 장막 안 여호와 앞에 두었더라"(민 17:7), "매년 한나가 여호와의 집에 올라갈 때마다"(삼상 1:7).

님의 언약궤가 보이며"(계 11:19), "내가 보니 하늘에 증거 장막의 성전이 열리며"(계 15:5). 본문의 "거할"이란 하나님께서 이스라엘과 함께 하시며 그들을 돌보시겠다는 의미입니다. 성소는 하나님께서 지정하신 이스라엘과 만나실 장소입니다. 성소(מִקְדָּשׁ, 미크다쉬)는 장막(מִשְׁכָּן, 미쉬칸)보다 폭넓은 의미로, 성소는 성막 곧 장막을 포함하며 하나님의 현현이 이루어지는 모든 장소를 뜻합니다.

나중에 솔로몬 성전 건축 이후 이스라엘은 하나님께서 성전에만 계신다고 생각하여 편재하시는 하나님을 제한하고 성전 자체에 큰 의미를 부여하며 성전을 숭배하기에 이르렀습니다. 이에 이사야는 하나님께서 사람의 손으로 만든 집에 거하시지 않음을 선포했으며, 스데반도 이를 강조했습니다. "하늘은 나의 보좌요 땅은 나의 발판이니 너희가 나를 위하여 무슨 집을 지으랴 내가 안식할 처소가 어디랴"(사 66:1), "지극히 높으신 이는 손으로 지은 곳에 계시지 아니하시나니 선지자가 말한 바 주께서 이르시되 하늘은 나의 보좌요 땅은 나의 발등상이니 너희가 나를 위하여 무슨 집을 짓겠으며 나의 안식할 처소가 어디냐"(행 7:48-49). 예수님은 참된 예배란 예배드리는 장소가 중요한 것이 아니라 예배드리는 자가 영과 진리로 예배하는 것이 중요하다는 점을 분명히 가르쳐 주셨습니다. "하나님은 영이시니 예배하는 자가 영과 진리로 예배할지니라"(요 4:24). 하나님은 특정 장소에 머무르시는 것이 아니라, 그의 백성과 함께 계시며 성전된 신자 안에 거하십니다. "우리는 살아 계신 하나님의 성전이라 이와 같이 하나님께서 이르시되 내가 그들 가운데 거하며 두루 행하여 나는 그들의 하나님이 되고 그들은 나의 백성이 되리라"(고후 6:16).

성막은 하나님께서 계획하신 것입니다. 무릇 내가 네게 보이는 모양대로 장막을 짓고 기구들도 그 모양을 따라 지을지니라(출 25:9). "모양"이란 실체의 그림자와 같은 청사진을 가리키는 것으로, "내가 네게 보이는 모양대로"라는 말씀은 하나님께서 모세에게 성막의 모형이나 그림을 보여 주셨다는 의미입니다. "모세가 여호와께 자기에게 보이신 양식을 따라 이 등잔대를 만들었더라"(민 8:4). 에스겔도 환상 중에 이와 같은 성전의 형태와 양식을 보았습니다. "너는 이 성전의 제도와 구조와 그 출입하는 곳과 그 모든 형상을 보이며"(겔 43:11). 하나님은 성막에 필요한 모든 계획과 부품들을 직접 지시하심으로 성막에 신적 권위를 부여하셨습니다. 곧 성막은 인간이 고안한 것이 아니라 하나님께서 지시하신 대로 지어진 것입니다. "이 장막은 주께서 세우신 것이요 사람이 세운 것이 아니니라"(히 8:2). 솔로몬도 성막을 건축할 때 다윗이 하나님께로부터 받은 설계도대로 건축하였습니다. "다윗이 이르되 여호와의 손이 내게 임하여 이 모든 일의 설계를 그려 나에게 알려 주셨느니라"(대상 28:19). 궁극적으로 구약의 성막제도는 참 실체이신 예수 그리스도께서 오심으로 말미암아 완성되었습니다. "그러나 예수는 성전된 자기 육체를 가리켜 말씀하신 것이라"(요 2:21), "성 안에서 내가 성전을 보지 못하였으니 이는 주 하나님 곧 전능하신 이와 및 어린 양이 그 성전이심이라"(계 21:22).

성막은 인간의 산물이 아니라 하나님의 계시에 의한 것으로 하나님께서 우리와 함께 하시는 그리스도의 몸된 교회를 상징합니다. 성막의 재료와 각종 기구는 그리스도의 성품과 사역을 예표하며, 그리스도를 통해 구원을 받는다는 진리를 깨닫게 합니다. "율법은 장차 올 좋은 일의 그림자일 뿐이요 참 형상이 아니므로"(히 10:1).

성소에 관한 규례 (1) - 언약궤

❖언약궤

하나님의 임재를 상징하는 언약궤는 성소에서 가장 중요한 부분으로 모든 성물 중 제일 먼저 기록되었습니다. 이는 언약궤가 유일하게 지성소에 놓이며 하나님께서 언약궤 위에서 말씀하시기 때문입니다. 언약궤에 대한 말씀입니다. 그들은 조각목으로 궤를 짜되 길이는 두 규빗 반, 너비는 한 규빗 반, 높이는 한 규빗 반이 되게 하고(출 25:10). 하나님께서 모세에게 만들라고 하신 첫 번째 성물은 언약궤입니다. "조각목"이란 중동 지역에 널리 퍼져있는 아카시아 나무의 일종으로, 조각목으로 만들어진 성막 기구들은 언약궤와 진설병상, 성막의 널판과 휘장의 기둥, 번제단과 분향단 등입니다. 또한 "궤"란 언약궤를 말하는데, 궤 안에 하나님의 언약의 판인 십계명의 두 돌판을 보관합니다. 언약궤는 증거궤라고도 합니다.[104] 성소의 기물들 가운데 가장 신성한 언약궤는 길이 2.5규빗(112.5cm), 너비 1.5규빗(67.5cm), 높이 1.5규빗(67.5cm)의 직사각형 상자입니다. 규빗은 팔꿈치에서 가운데 손가락 끝까지의 길이에 손바닥의 넓이를 더한 길이로, 1규빗은 약 45cm에 해당합니다.

104) '언약궤'는 또한 '법궤', '여호와의 궤', '하나님의 궤', '주의 권능의 궤' 등으로도 불립니다. "성소의 휘장 안 법궤 위 속죄소 앞에"(레 16:2), "여호와의 궤가 진영에 들어온 줄을 깨달은지라"(삼상 4:6), "사무엘은 하나님의 궤 있는 여호와의 전 안에 누웠더니"(삼상 3:3), "여호와여 일어나사 주의 권능의 궤와 함께 평안한 곳으로 들어가소서"(시 132:8).

언약궤는 정금으로 쌉니다. 너는 순금으로 그것을 싸되 그 안팎을 싸고 위쪽 가장자리로 돌아가며 금테를 두르고 금 고리 넷을 부어 만들어 그 네 발에 달되 이쪽에 두 고리 저쪽에 두 고리를 달며(출 25:11-12). 성경에서 금은 고귀한 것을 상징합니다. "너희 믿음의 확실함은 불로 연단하여도 없어질 금보다 더 귀하여"(벧전 1:7). 언약궤를 금으로 두른 것은 궤의 귀중함을 나타내며, 궤 속에 있는 두 돌판은 더욱 고귀한 것임을 알게 합니다. "여호와의 법도 진실하여 다 의로우니 금 곧 많은 순금보다 더 사모할 것이며"(시 19:9-10). 본문의 "금 고리"란 언약궤를 운반할 때 채를 끼우기 위해 준비된 고리를 말하며, "발"이란 아래 모서리를 말합니다.

채는 조각목으로 만듭니다. 조각목으로 채를 만들어 금으로 싸고 그 채를 궤 양쪽 고리에 꿰어서 궤를 메게 하며 채를 궤의 고리에 꿴 대로 두고 빼내지 말지며(출 25:13-15). "채"란 언약궤를 운반할 때 고리에 끼우는 2개의 긴 막대기를 말합니다. 이 막대기를 언약궤의 고리에 꿰어 어깨에 메고 이동하므로 거룩한 언약궤에 부정한 인간의 손을 대지 않고 운반할 수 있습니다. 언약궤의 네 고리에 채를 꿰고 나면 다시 뺄 수 없었는데, 이는 언약궤를 운반할 때 채 외에는 아무 것도 곧 고리조차 만지지 못하기 때문입니다. 언약궤에 금 고리를 붙인 것은 이스라엘로 하여금 하나님의 거룩하심과 성결하심을 깨닫도록 하기 위함입니다. 채도 금으로 쌌는데, 이같이 언약궤와 관련된 모든 것은 하나님의 지극한 거룩하심을 상징하는 성물에 속하여 극히 존엄하게 여겨졌습니다. 이처럼 하나님은 언약궤에 접촉함으로 죽임을 당하지 않도록 미리 조치해 주셨습니다. 그럼에도 불구하고 다윗 시대(주전 1010-970년)에 웃사가 언약궤를 만져 죽임을 당하게 됩니다. 언약궤는 하나님 임재의 상징이었기 때문에 웃사가 하나님의 궤 곁에서 죽은 것을 역대상에서 "하나님 앞에서" 죽은 것으로 기록하고 있습니다. "웃사가 손을 펴서 궤를 붙듦을 인하여 여호와께서 진노하사 치시매 웃사가 거기 하나님 앞에서 죽으니라"(대상 13:10).

하나님은 언약궤 속에 두 돌판을 넣도록 하셨습니다. 내가 네게 줄 증거판을 궤 속에 둘지며(출 25:16). "증거판"은 십계명의 두 돌판을 가리키며, 언약궤는 십계명의 두 돌판을 보관하기 위한 것입니다. 이는 두 돌판에 새겨진 십계명이 하나님의 속성을 증거해 주며, 언약의 핵심이기 때문입니다. "이 율법책을 가져다가 너희 하나님 여호와의 언약궤 곁에 두어 너희에게 증거가 되게 하라"(신 31:26).

언약궤는 하나님의 임재의 상징으로 성막에서 가장 중요한 의미를 지닙니다. 성막의 다른 모든 것들은 언약궤를 떠나서는 아무런 가치가 없게 됩니다. 이 언약궤에는 하나님의 공의를 나타내는 십계명의 두 돌판과, 예수님을 상징하는 만나와 그의 부활을 예표하는 아론의 싹난 지팡이가 담기게 됩니다.

성소에 관한 규례 (2) - 속죄소

속죄소에 대한 말씀입니다. 순금으로 속죄소를 만들되 길이는 두 규빗 반, 너비는 한 규빗 반이 되게 하고(출 25:17). 속죄소(כַּפֹּרֶת, 카포렛)[105)]

105) 속죄소는 하나님께서 이스라엘과 만나고 말씀하시는 곳으로, 성소에서 가장 거룩한 장소입니다.

란 '덮는 곳'이라는 뜻으로 언약궤를 덮는 뚜껑을 말하며, 피로 죄를 덮는 곳이라는 의미를 지닙니다. 조각목에 금을 씌운 언약궤와는 달리 순전히 금으로만 만들어지는 속죄소는 언약궤보다 더욱 중요한 상징성을 가집니다. 속죄소 양쪽에는 두 천사가 고개를 조금 숙인채로 마주보며 날개로 속죄소의 바닥과 언약궤를 덮습니다. "그 위에 속죄소를 덮는 영광의 그룹들이 있으니 이것들에 관하여는 이제 낱낱이 말할 수 없노라"(히 9:5). 두 그룹이 날개를 마주하여 드리운 이 언약궤의 뚜껑이 바로 시은좌(mercy seat), 곧 은혜를 베푸는 자리입니다. 하나님의 음성은 이 속죄소의 바닥과 두 천사 사이에서 들려옵니다. "모세가 회막에 들어가서 여호와께 말하려 할 때에 증거궤 위 속죄소 위의 두 그룹 사이에서 자기에게 말씀하시는 목소리를 들었으니 여호와께서 그에게 말씀하심이었더라"(민 7:89). 이처럼 속죄소는 하나님 임재의 처소인 것을 알 수 있습니다. 속죄소의 크기는 길이 2.5규빗(112.5cm), 너비 1.5규빗(67.5cm)입니다.

하늘에서 천사들이 좌우에 서서 왕이신 하나님을 모시듯이 하나님의 보좌를 상징하는 속죄소 좌우에 두 천사가 있습니다. 그러므로 언약궤는 보좌에 앉으신 왕께서 발을 올려놓는 발등상을 상징한다고 할 수 있습니다. 백성들이 예배를 드릴 때 하나님의 임재가 이곳에 나타납니다. "그룹 사이에 계신 이스라엘 하나님 만군의 여호와여"(사 37:16). 또한 속죄소는 하나님께서 죄를 사해 주시는 장소로 그

❖속죄소

리스도의 화해 사역을 예표합니다. 곧 속죄소 위에 희생의 피를 뿌림으로 백성들을 위한 대속 사역이 이루어졌습니다. "그는 또 수송아지의 피를 가져다가 손가락으로 속죄소 동쪽에 뿌리고 또 손가락으로 그 피를 속죄소 앞에 일곱 번 뿌릴 것이며"(레 16:14). 이 속죄는 완전한 화목 제물이신 그리스도에 의해 성취되었습니다. "그는 우리 죄를 위한 화목 제물이니 우리만 위할 뿐 아니요 온 세상의 죄를 위하심이라"(요일 2:2).

속죄소에 그룹을 연결합니다. 금으로 그룹 둘을 속죄소 두 끝에 쳐서 만들되(출 25:18). "그룹"(cherubim)이란 하나님의 보좌를 둘러싸고 있는 영적 존재 곧 천사로서 하나님의 거룩과 영광을 선포하고 지키는 역할을 합니다. "스랍들이 모시고 섰는데 각기 여섯 날개가 있어 그 둘로는 자기의 얼굴을 가리었고 그 둘로는 자기의 발을 가리었고 그 둘로는 날며"(사 6:2), "각 그룹에 두 얼굴이 있으니 하나는 사람의 얼굴이라 이쪽 종려나무를 향하였고 하나는 어린 사자의 얼굴이라 저쪽 종려나무를 향하였으며"(겔 41:18–19). 속죄소와 그룹이 하나가 되도록 합니다. 한 그룹은 이 끝에, 또 한 그룹은 저 끝에 곧 속죄소 두 끝에 속죄소와 한 덩이로 연결할지며(출 25:19). 이는 속죄소와 그룹이 떨어지지 않도록 고정시키라는 의미로 하나님의 거룩함을 훼손하지 않기 위함입니다. 또한 그룹이 순금으로 만들어졌다는 사실에서 그것이 얼마나 거룩하고 귀한 것인지를 알 수 있습니다.

그룹이 속죄소를 덮고 있습니다. 그룹들은 그 날개를 높이 펴서 그 날개로 속죄소를 덮으며 그 얼굴을 서로 대하여 속죄소를 향하게 하고(출 25:20). 그룹이 날개로 속죄소를 덮고 있다는 것은 하나님의 임재의 상징인 속죄소를 보호한다는 의미입니다. 본문의 "속죄소를 향하게" 한다는 것은 두 그룹이 마주서서 날개로 언약궤를 가리고 속죄소를 지켜보고 있는 모습입니다. "그룹들이 그 궤 처소 위에서 날개를 펴서 궤와 그 채를 덮었는데"(왕상 8:7). 속죄소가 십계명의 돌판을 덮고 있습니다. 속죄소를 궤 위에 얹고 내가 네게 줄 증거판을 궤 속에 넣으라(출 25:21). 하나님의 공의를 상징하는 십계명 위에 하나님의 자비와 사랑을 상징하는 속죄소가 덮고 있다는 것은, 인간에 대한 하나님의 자비와 사랑이 하나님의 율법과 공의를 능가한다는 복음의 진리를 깨닫게 합니다. "허물의 사함을 받고 자신의 죄가 가려진 자는 복이 있도다"(시 32:1). 이와 같이 언약궤와 속죄소는 율법과 복음을 예시합니다.

하나님께서 성막의 목적을 말씀하십니다. 거기서 내가 너와 만나고 속죄소 위 곧 증거궤 위에 있는 두 그룹 사이에서 내가 이스라엘 자손을 위하여 네게 명령할 모든 일을 네게 이르리라(출 25:22). 속죄소는 하나님의 임재의 처소로, 이스라엘에게 속죄의 은총을 베푸시며 그들과 대면하시기 위한 장소입니다. 이로써 이스라엘은 어디서나 하나님이 늘 함께하심을 확신하게 되었습니다. 또한 속죄소는 화해의 장소로 불리는데, 이는 그 앞에서 거행되는 속죄 의식과 관련된 것입니다. 이스라엘 백성들이 속죄소를 통해서만 하나님과 만나고 구속의 은총을 받았다는 사실은, 우리 역시 속죄소의 원형이신 예수 그리스도를 통해서만 구원의 은혜를 받을 수 있다는 진리를 깨닫게 합니다. "예수께서 이르시되 내가 곧 길이요 진리요 생명이니 나로 말미암지 않고는 아버지께로 올 자가 없느니라"(요 14:6).

십계명의 돌판을 덮고 있는 속죄소는 인간의 죄악을 덮어 주시는 그리스도의 구속의 은총에 대한 예표입니다. 이 속죄소로 인하여 우리는 하나님 앞에 담대히 나아갈 수 있게 되었습니다. "그러므로 우리는 긍휼하심을 받고 때를 따라 돕는 은혜를 얻기 위하여 은혜의 보좌 앞에 담대히 나아갈 것이니라"(히 4:16).

성소에 관한 규례 (3) - 진설병상

성소 안에 진설병(showbread)[106]을 놓는 상에 대한 말씀입니다. 너는 조각목으로 상을 만들되 길이는 두 규빗, 너비는 한 규빗, 높이는 한 규빗 반이 되게 하고 순금으로 싸고 주위에 금 테를 두르고(출 25:23-24). 진설병상은 백성들이 감사와 헌신의 표로 바치는 거룩한 떡을 진열한 곳입니다. 진설병상은 조각목으로 만들어 금으로 입히는데 길이 2규빗(90cm), 너비 1규빗(45cm), 높이 1.5규빗(67.5cm)으로 언약궤보다 조금 작습니다. 이 상 위에 하나님의 말씀을 상징하는 떡 곧 진설병이 놓입니다. 이 12개의 떡은 이스라엘 12지파를 상징하는 것으로, 상 위에 올린다는 것은 이스라엘 전체를 바치는 행위입니다. 이 떡은 대제사장과 그의 자손들이 하나님의 은혜에 감사하며 성막 뜰에서 먹습니다. "이 떡은 아론과 그의 자손에게 돌리고 그들은 그것을 거룩한 곳에서 먹을지니"(레 24:9). 진설병은 궁극적으로 예수 그리스도를 상징합니다. 예수

106) 진설병의 각 떡은 1/5에바의 가장 고운 밀가루로 빚는데, 1에바는 대략 22리터로 총 52.8리터의 곡물가루가 사용되었습니다(레 24:5-9). 참고로, 이스라엘 사람들은 광야에서 매일 일인당 1/10에바의 만나를 먹었습니다.

❖진설병상

님께서 자신을 '하늘 떡'이라고 하실 때, 이는 자신의 몸의 희생을 염두에 두고 하신 말씀입니다. "나는 하늘에서 내려온 살아 있는 떡이니 사람이 이 떡을 먹으면 영생하리라 내가 줄 떡은 곧 세상의 생명을 위한 내 살이니라 하시니라"(요 6:51).

진설병상에 턱을 만듭니다. 그 주위에 손바닥 넓이만한 턱을 만들고 그 턱 주위에 금으로 테를 만들고(출 25:25). "턱"이란 상의 네 면 가장자리에 붙인 틀(frame)로 상 위의 떡이 떨어지지 않도록 하기 위한 것입니다. "손바닥 넓이"란 대략 7.6cm입니다. 그리고 상이 손상되는 것을 막기 위하여 턱 주위에 금으로 테(crown)를 만들었는데, 이는 왕관 모양으로 최후의 승리와 영원한 왕권을 상징합니다. 이처럼 하나님은 성소 기구의 작은 부분까지도 세심한 주의를 기울이게 하셨습니다. 진설병상에도 고리를 답니다. 그것을 위하여 금 고리 넷을 만들어 그 네 발 위 네 모퉁이에 달되 턱 곁에 붙이라 이는 상을 멜 채를 꿸 곳이며(출 25:26–27). 상의 네 다리와 턱이 맞닿는 곳에 고리를 달았습니다. 이는 고리에 채를 꿰어 상 위에 진열된 성물에 손을 대지 않고 안전하게 상을 이동시키기 위함입니다. 이 외에 번제단과 분향단도 고리와 채를 사용하여 운반하였습니다. 채는 조각목으로 만들어 맵니다. 또 조각목으로 그 채를 만들고 금으로 싸라 상을 이것으로 멜 것이니라(출 25:28). 성소 안 언약궤와 진설병상과 분향단, 그리고 번제단을 채로 운반하는 이유는 이 거룩한 기물들에 부정한 인간의 손이 닿지 않게 하기 위함입니다.

다음 기물들도 금으로 만듭니다. 너는 대접과 숟가락과 병과 붓는 잔을 만들되 순금으로 만들며(출 25:29). 진설병상 위에는 빵과 함께 네 가지 순금으로 만든 도구들 곧 대접, 숟가락, 병, 붓는 잔이 놓입니다. "대접"이란 진설병을 담아 나르거나 보관할 때 쓰는 용기이고, "숟가락"은 분향하는 데 사용됩니다. "병"은 목이 좁고 긴 병으로 유향을 보관하며, "붓는 잔"은 포도주를 따르는 데 사용됩니다.

진설병상 위에는 항상 진설병을 둡니다. 상 위에 진설병을 두어 항상 내 앞에 있게 할지니라(출 25:30). "진설병"이란 '얼굴 앞에 놓인 떡'이라는 뜻으로 하나님께 바치는 거룩한 떡을 말합니다. "진설병의 상에 청색 보자기를 펴고 대접들과 숟가락들과 주발들과 붓는 잔들을 그 위에 두고 또 항상 진설하는 떡을 그 위에 두고"(민 4:7). 진설병은 누룩 없는 떡으로, 지성소 앞의 상 위에 6개씩 두 줄로 12개의 떡을 진설했으며 유향도 함께 두었습니다.[107] "너는 또 정결한 유향을 그 각 줄 위에 두어 기념물로 여호와께 화제를 삼을 것이며"(레 24:7). 이 떡은 안식일마다 새 것으로 바꾸어 놓았으며, 물려 나온 떡은 제사장의 몫이 되었습니다. "너는 고운 가루를 가져다가 떡 열두 개를 굽되 각 덩이를 십분의 이 에바로 하여 여호와 앞 순결한 상 위에 두 줄로 한 줄에 여섯씩 진설하고 ~ 안식일마다 이 떡을 여호와 앞에 항상 진설할지니"(레 24:5-8). 진설병은 이스라엘을 먹이시는 하나님을 기억하게 하며, 생명의 떡인 그리스도를 예표합니다. 이 진설병은 이스라엘이 이동할 때에도 함께 했습니다. "항상 진

107) Josephus에 의하면 진설된 두 떡 덩어리 위에 유향을 가득 채운 두 유리병을 두었다고 합니다. William Whiston tr., *Josephus: Complete Works*, Antiquities of the Jews III. vi., 73.

설하는 떡을 그 위에 두고 홍색 보자기를 그 위에 펴고 그 것을 해달의 가죽 덮개로 덮은 후에 그 채를 꿰고 ~ 진영을 떠날 때에 ~ 고핫 자손들이 와서 멜 것이니라"(민 4:7-15).

진설병상은 매 안식일마다 이스라엘 12지파를 상징하는 12개의 떡을 올려놓는 거룩한 상입니다. 이 떡은 생명의 양식인 예수님을 상징합니다. "예수께서 이르시되 나는 생명의 떡이니 내게 오는 자는 결코 주리지 아니할 터이요"(요 6:35). **이같이 성소의 성물들은 후에 계시의 완성으로 임하실 예수님을 예표합니다.**

성소에 관한 규례 (4) - 등잔대

등잔대에 관한 말씀입니다. 너는 순금으로 등잔대를 쳐 만들되 그 밑판과 줄기와 잔과 꽃받침과 꽃을 한 덩이로 연결하고 가지 여섯을 등잔대 곁에서 나오게 하되 다른 세 가지는 이쪽으로 나오고 다른 세 가지는 저쪽으로 나오게 하며(출 25:31-32). 진설병상과 함께 성소에 배치될 등잔대는 일곱 가지를 이루고 있지만 전체가 한 덩어리로 금을 쳐서 만듭니다. 등잔대가 중심 줄기에서 양 옆으로 세 가지씩 뻗어서 나온 일곱 가지로 구성되어 있다는 것은 나무를 연상시키는데, 그 모양은 활짝 핀 아몬드나무 같다고 합니다.[108] 이 상징에 대한 스가랴의 환상입니다. "그가

108) Umberto Cassuto, *A Commentary on the Book of Exodus* (Jerusalem: The Magnes Press, 1997), 342-344.

내게 묻되 네가 무엇을 보느냐 내가 대답하되 내가 보니 순금 등잔대가 있는데 그 위에는 기름 그릇이 있고 또 그 기름 그릇 위에 일곱 등잔이 있으며 그 기름 그릇 위에 있는 등잔을 위해서 일곱 관이 있고 ~ 이 일곱은 온 세상에 두루 다니는 여호와의 눈이라 하니라"(슥 4:2, 10). 성소 안은 낮에는 출입구를 통하여 빛이 들어와 밝지만 밤에는 어둡기 때문에 제사장은 매일 밤에 불을 켜고 아침에 불을 껐습니다. 이 등잔대는 세상에 참 빛으로 오셔서 사람들에게 생명을 주신 예수님을 상징합니다. "그 안에 생명이 있었으니 이 생명은 사람들의 빛이라"(요 1:4).

❖등잔대

가지에는 잔이 있습니다. 이쪽 가지에 살구꽃 형상의 잔 셋과 꽃받침과 꽃이 있게 하고 저쪽 가지에도 살구꽃 형상의 잔 셋과 꽃받침과 꽃이 있게 하여 등잔대에서 나온 가지 여섯을 같게 할지며(출 25:33). "살구"의 히브리어 어근 שָׁקַד(솨카드)는 '깨다, 파수하다'에서 파생하여 '지키다'라는 의미를 가집니다. 곧 살구나무는 하나님이 깨어 이스라엘을 지키시고 도우시는 뷰윔을 상징합니다. 등잔대가 발하는 빛과 불은 하나님의 현현의 상징입니다. "잔"은 각 줄기에 붙어 있는 살구꽃 형상의 장신구이며, 하나님께서 영원토록 깨어서 함께 계신다는 것을 알게 합니다.[109] "이스라엘을 지키시는 자는 졸지도 아니하고 주무시지도 아니하시리

109) 살구나무(שָׁקֵד, 솨케드)는 아몬드 나무(Almond tree)를 말합니다. Francis Brown ed., *BDB*, 1052.

로다"(시 121:4). 또한 이 등잔대는 어두운 세상에 빛이 되어야 할 교회를 상징합니다. "네가 본 것은 ~ 일곱 금 촛대라 ~ 일곱 촛대는 일곱 교회니라"(계 1:20).

등잔과 불집게에 관한 내용입니다. 등잔 일곱을 만들어 그 위에 두어 앞을 비추게 하며 그 불집게와 불똥 그릇도 순금으로 만들지니(출 25:37–38). "등잔"은 중앙 줄기 위에와 좌우로 뻗은 여섯 가지 위에 하나씩 설치된 7개의 등잔을 말합니다. 등잔대는 남쪽에 위치하며 진설병상이 놓인 북쪽 벽을 비추어 빛이 등잔대의 앞쪽을 비치게 합니다. "등불을 켤 때에는 일곱 등잔을 등잔대 앞으로 비추게 할지니라"(민 8:2). 요한계시록에 하나님의 일곱 등불이 나오는데, 이 등불은 구약의 일곱 등잔에서 유래한 것으로 하나님의 일곱 영 곧 성령을 상징합니다. "보좌로부터 번개와 음성과 우렛소리가 나고 보좌 앞에 켠 등불 일곱이 있으니 이는 하나님의 일곱 영이라"(계 4:5). "불집게"는 등잔의 다 타버린 심지를 자르는 가위를 말하며, "불똥 그릇"은 타고 남은 심지를 모아 두는 그릇을 가리킵니다.

위의 기물들 모두 금으로 만듭니다. 등잔대와 이 모든 기구를 순금 한 달란트로 만들되(출 25:39). 등잔대와 그에 부속되는 모든 기물을 금 한 달란트로 만듭니다. 하나님은 자신의 거룩함을 나타내시기 위해 성막의 모든 성물을 변하지 않는 금으로 만들게 하셨습니다. 달란트란 구약 시대에 금, 은의 무게를 측정하던 단위로 1달란트는 3,000세겔, 약 34.5kg입니다.

성소는 인간에 의해 고안된 것이 아니라 하나님의 계시에 의한 것입니다. 너는 삼가 이 산에서 네게 보인 양식대로 할지니라(출 25:40). 그러므로 등잔대나 그 부속물까지 모두 산 위에서 모세에게 보이신 모양과 달라지지 않도록 그 모형에 각별히 주의해야 합니다. 이는 성소의 성물들이 장차 오실 예수님의 사역을 예시하며, 또한 각 성물들이 그리스도의 성품과 사역을 부분적으로 예표하기 때문입니다. "율법은 장차 올 좋은 일의 그림자일 뿐이요 참 형상이 아니므로 ~ 이 뜻을 따라 예수 그리스도의 몸을 단번에 드리심으로 말미암아 우리가 거룩함을 얻었노라"(히 10:1, 10). 곧 제단은 그리스도의 표상인 생축을 제물로 바치는 곳이고, "그는 우리를 위하여 자신을 버리사 향기로운 제물과 희생제물로 하나님께 드리셨느니라"(엡 5:2), 지성소와 성소 사이를 막는 휘장은 그리스도를 가리키며, "그러므로 형제들아 우리가 예수의 피를 힘입어 성소에 들어갈 담력을 얻었나니 그 길은 우리를 위하여 휘장 가운데로 열어 놓으신 새로운 살 길이요 휘장은 곧 그의 육체니라"(히 10:19-20), 등잔대의 빛은 그리스도의 영을 상징합니다. "내가 또 보니 보좌와 네 생물과 장로들 사이에서 한 어린 양이 서 있는데 일찍이 죽임을 당한 것 같더라 그에게 일곱 뿔과 일곱 눈이 있으니 이 눈들은 온 땅에 보내심을 받은 하나님의 일곱 영이더라"(계 5:6).

성경이 천지창조에 대해서는 개괄적으로 간결하게 말하지만 성소에 관해서 이같이 상세하고 정확하게 기술하고 있는 것은, 하나님께서 세우신 성소가 세상의 모든 것보다 더 중요하기 때문입니다. 구속사적인 관점에서 성소의 각 성물은 그리스도의 속성의 한 부분을 예표하며 이 모두가 조화를 이루어 하나가 됩니다.

제15장
성막 규례

휘장에 관한 규례 (1) - 첫 번째 휘장

성막을 중심으로 한 이스라엘 공동체를 광야교회라고 합니다. "시내 산에서 말하던 그 천사와 우리 조상들과 함께 광야교회에 있었고" (행 7:38). 성막은 하나님께서 친히 설계하신 하나님의 임재의 처소이며, 성막의 기구들은 그리스도와 그의 대속 사역을 예표하고 있습니다. 성막은 네 겹의 휘장으로 덮여 있습니다. 맨 안쪽 휘장은 성막(tabernacle),[110] 그 위의 휘장은 막(tent), 그 다음 휘장은 덮개(covering), 그리고 맨 위 바깥쪽의 휘장은 웃덮개(covering above)라고 부릅니다. 하나님은 성막을 거룩한 장소로서 특별히 보호하시는데, 성막 덮개는 성소 안의 언약궤, 진설병상, 등잔대 등의 성물들을 안전하게 보호합니다.

110) '성막' (מִשְׁכָּן, 미쉬칸)이란 단어는 성막 전체를 가리키지만, 또한 성막의 지붕 역할을 하는 네 가지의 막 중 가장 안쪽 막을 가리키기도 합니다.

성막 휘장에 대한 규례입니다. 성막의 내부를 덮는 막입니다. 너는 성막을 만들되 가늘게 꼰 베 실과 청색 자색 홍색 실로 그룹을 정교하게 수놓은 열 폭의 휘장을 만들지니(출 26:1). 성막은 하나님이 이스라엘과 함께 거주하심을 나타내는 장소로 네 겹의 휘장으로 이루어져 있습니다. 휘장은 네 가지 다른 색의 실로 짜는데, 당시 염색업이 발달하지 못하여 4색실은 아주 귀했습니다. 4색실은 이스라엘이 출애굽할 때 애굽인들에게서 얻은 것인데, 백성들이 이 귀한 색실들을 성막을 만드는 데 기쁨으로 자원하여 드렸습니다. 베실과 청색 자색 홍색실은 첫 번째 휘장을 만들고 그룹을 수 놓는데 사용되었습니다. "일하는 사람 중에 마음이 지혜로운 모든 사람이 열 폭 휘장으로 성막을 지었으니 곧 가늘게 꼰 베실과 청색 자색 홍색 실로 그룹들을 무늬 놓아 짜서 지은 것이라"(출 36:8). 이 휘장은 성막 내부에서 볼 수 있으며 가장 좋은 천 위에 그룹을 아름답게 수놓아 만듭니다. 이 휘장과 수는 따로 만들어지는 것이 아니라 휘장을 짜면서 각각 다른 4색의 실을 사용하여 그룹의 모양이 함께 짜이도록 했기 때문에, "정교하게" 곧 고도의 기술이 요구되었습니다. 성막 안쪽에서 볼 수 있는 휘장에 이같이 그룹을 수놓은 것은 천사들이 성막 내부를 보호하고 있음을 상징합니다. "열 폭의 휘장"이란 성막의 천정 곧 내부 덮개 전체를 하나로 연결하는 것을 말합니다.

이 휘장은 네 겹의 휘장 중 가장 안쪽 휘장입니다. 매 폭의 길이는 스물여덟 규빗, 너비는 네 규빗으로 각 폭의 장단을 같게 하고 그 휘장 다섯 폭을 서로 연결하며 다른 다섯 폭도 서로 연결하고(출 26:2-3). 첫 번째 휘장은 성막의 제일 안쪽을 덮는 휘장인데, 길이 28규빗(12.6m), 너비 4규빗(1.8m)의 규격으로 열 폭을 만듭니다. 이를 다섯 폭씩 두 개로 연결하여 길이 부분을 양옆 방향으로, 너비 부분을 앞뒤 방향으로 하여 성소와 지성소 위에 덮습니다. 이 휘장 10폭을 5폭씩 연결한 뒤에 그 둘을 다시 각각 50개의 고리로 연결하여 하나가 되게 만듭니다. 천장은 이 휘장을 포함해서 네 겹의 천으로 덮이기 때문에, 이 첫 번째 휘장은 성막 안쪽에서만 볼 수 있고 바깥에서는 볼 수 없습니다. 이는 광야생활 중 이동할 때 쉽게 접어서 운반하기 위함입니다.

다음은 휘장의 연결 고리입니다. 그 휘장을 이을 끝폭 가에 청색 고를 만들며 이어질 다른 끝폭 가에도 그와 같이 하고 휘장 끝폭 가에 고 쉰 개를 달며 다른 휘장 끝폭 가에도 고 쉰 개를 달고 그 고들을 서로 마주 보게 하고(출 26:4-5). "끝폭 가"란 5폭씩 연결된 두 개의 큰 휘장을 연결할 폭의 양쪽 면을 말하며, "고"란 둥근고리를 뜻합니다. 두 휘장을 하나로 연결합니다. 금 갈고리 쉰 개를 만들고 그 갈고리로 휘장을 연결하게 한 성막을 이룰지며(출 26:6). 서로 연결된 5폭의 휘장 끝 부분에 50개의 고리를 달고 다른 5폭의 휘장에도 50개의 고리를 달아 두 휘장을 마주

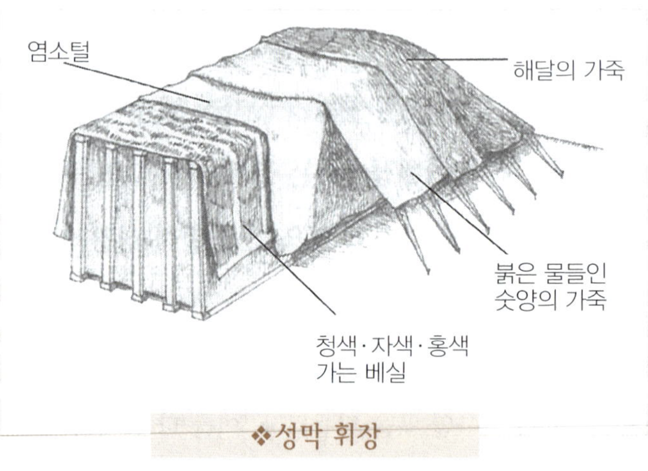

❖성막 휘장

대하고, 여기에 금 갈고리를 끼워 연결하여 하나의 큰 휘장을 만듭니다. 이 열 폭을 하나로 연결하면 길이 12.6m, 폭 18m의 큰 휘장이 됩니다. 이는 그리스도와 교회가 하나인 것을 예시하며, 성도들이 성령의 하나 되게 하심에 의하여 주 안에서 거룩한 한 성전으로 세워져 가는 것을 의미합니다. "그의 안에서 건물마다 서로 연결하여 주 안에서 성전이 되어 가고 너희도 성령 안에서 하나님이 거하실 처소가 되기 위하여 예수 안에서 함께 지어져 가느니라"(엡 2:21-22).

하나님은 출애굽 시 이스라엘에게 많은 재물을 얻게 해주셨는데, 지금 그것들이 하나님의 영광을 위해 사용되고 있습니다. 성막을 덮고 있는 4중 휘장은 성소 내부에 덮여지는 첫 번째 휘장과 염소가죽의 두 번째 휘장, 그리고 외부에 덮여지는 숫양가죽의 세 번째 휘장과, 가장 외부에 덮어지는 해달가죽의 네 번째 휘장입니다.

휘장에 관한 규례 (2) - 두, 세, 네 번째 휘장

성막의 두 번째 휘장으로 성막의 외부를 덮는 막입니다. 그 성막을 덮는 막 곧 휘장을 염소털로 만들되 열한 폭을 만들지며 각 폭의 길이는 서른 규빗, 너비는 네 규빗으로 열한 폭의 길이를 같게 하고(출 26:7-8). "성막을 덮는 막"이란 첫 번째 휘장을 덮는 두 번째 휘장을 말하며 염소털로 만듭니다. 이 휘장은 구조를 튼튼히 하고 습기와 비바람에 대비하기 위한 것으로, 가공은 되었지만 무두질하지 아니한 염소 가죽으로 만듭니다. 염소털은 방습과 보온 효과가 탁월하여 유목민들 사이에 널리 사용된 천막재료입니다. 두 번째 휘장은 길이 13.5m, 폭 19.8m로 모두 11폭으로 만드는데, 처음 휘장보다 길이가 90cm, 폭이 1.8m 더 넓어 처음 것을 완전히 덮을 수 있습니다.

두 번째 휘장을 만드는 방법입니다. 그 휘장 다섯 폭을 서로 연결하며 또 여섯 폭을 서로 연결하고 그 여섯째 폭 절반은 성막 전면에 접어 드리우고(출 26:9). 두 번째 휘장은 첫 번째 휘장과 만드는 법이 동일합니다. 단지 첫 휘장은 전체가 10폭인데 두 번째 휘장은 11폭이므로, 5폭과 6폭의 두 부분으로 나누는 것만 다릅니다. 두 번째 휘장을 연결시킵니다. 휘장을 이을 끝폭 가에 고 쉰 개를 달며 다른 이을 끝폭 가에도 고 쉰 개를 달고 놋 갈고리 쉰 개를 만들고 그 갈고리로 그 고를 꿰어 연결하여 한 막이 되게 하고(출 26:10-11). 각각 5폭과 6폭으로 이어진 두 부분의 휘장을 하나로 연결시키기 위하여 양쪽 휘장 폭의 각 가장자리에 고리가 50개씩 부착됩니다. 첫 번째 휘장은 금 갈고리인데, 이 두 번째 휘장은 놋 갈고리입니다. 이는 첫 번째 휘장이 성소 내부에서 눈에 보이는 덮개인 반면, 두 번째 휘장은 첫 번째 휘장을 덮고 있어 눈에 띄지 않으며 놋이 금보다 더 단단하고 실용적이기 때문입니다. 여섯째 폭에 관한 내용입니다. 그 막 곧 휘장의 그 나머지 반 폭은 성막 뒤에 늘어뜨리고 막 곧 휘장의 길이의 남은 것은 이쪽에 한 규빗, 저쪽에 한 규빗씩 성막 좌우 양쪽에 덮어 늘어뜨리고(출 26:12-13). 여기서 "덮어 늘어뜨리고"란 해달이나 숫양의 가죽을 땅에 줄로 매어 고정시킨 제3, 4 휘장과는 달리, 덮어서 그냥 내리운 것을 말합니다. 이는 첫 번째 휘장보다 한 폭 넓은 휘장 중 성막의 앞에 드리운 반폭을 제외한 나머지를 성막 뒤에서 아래쪽으로 늘어뜨리라는 것입니다.

세 번째 휘장과 네 번째 휘장에 관한 말씀입니다. 붉은 물 들인 숫양의 가죽으로 막의 덮개를 만들고 해달의 가죽으로 그 웃덮개를 만들지니라 (출 26:14). "막의 덮개"란 성막을 세 번째로 덮는 휘장을 말합니다. 이는 숫양의 가죽으로 만들며 크기는 언급되어 있지 않지만, 두 번째 휘장을 충분히 덮을 수 있을 것으로 여겨집니다. 붉게 물들인 숫양의 가죽으로 만든 덮개는 인류 구속을 위한 그리스도의 희생을 상징합니다. 마지막으로 "웃덮개"란 성막의 가장 바깥을 덮는 제4휘장을 말합니다. 이 네 번째 휘장은 성막의 맨 바깥을 가리는 덮개로서 붉은 빛을 띤 회색입니다. 이 휘장은 사막의 모래와 먼지, 비와 폭풍 등에 노출되는 부분이었으므로 질긴 해달의 가죽으로 만듭니다. 본문의 "해달"은 물소나 돌고래, 상어 등의 바다짐승 가운데 하나로 추정됩니다.

이러한 네 겹의 휘장은 성소를 바람이나 이슬과 비로부터 보호합니다. 성막 본체는 길이 13.5m 너비 4.05m 높이 4.5m로 휘장들보다 작은데, 이는 휘장들의 남는 부분을 성막 좌우와 서쪽면으로 늘어뜨려 덮기 위함입니다. 휘장은 성소 입구인 동쪽에 휘장이 쳐진 부분을 제외하고 삼면으로 조금씩 늘어뜨려 성소와 지성소 위를 덮습니다.

널판에 관한 규례

널판은 성막 본체를 세우는데 필요한 긴 나무판자로, 성막의 형체를 유지하기 위한 것입니다. 너는 조각목으로 성막을 위하여 널판을 만들어 세우되 각 판의 길이는 열 규빗, 너비는 한 규빗 반으로 하고(출 26:15-16). 휘장들이 성막 전체의 외형을 이룬다면, 널판은 성막의 골격을 이루며 바람이나 비로부터 성막이 흔들리는 것을 막아 성소의 내부를 보호하는 역할을 합니다. 널판의 크기는 길이 10규빗(4.5m), 너비 1.5규빗(67.5cm)이며, 이러한 널판이 성막의 남편에 20개, 북편에 20개, 그리고 뒤쪽 서편에 8개로, 모두 48개가 필요합니다. 성막은 널판들을 조각목으로 만들어 이를 연결하여 세운 뒤, 그 위에 휘장을 씌우면 성막의 외형이 형성됩니다.

각 널판은 두 촉에 의해 은 받침에 견고하게 부착되어 있습니다. 각 판에 두 촉씩 내어 서로 연결하게 하되 너는 성막 널판을 다 그와 같이 하라 너는 성막을 위하여 널판을 만들되 남쪽을 위하여 널판 스무 개를 만들고(출 26:17-18). "촉"(tenon)이란 한쪽 끝을 다른 쪽에 맞추도록 널판 아래쪽 바닥에 나온 돌기를 말합니다. 널판은 땅에 직접 세우지 않는데, 널판마다 아래쪽에 두 개씩 돌출된 촉을 만들고 이 부분을 받침 위에 놓아 널판 자체가 땅에 닿지 않고 뜨게 세웁니다. 이는 은 받침과 함께 요철 형식으로 되어 있어 널판 양끝을 단단히 고정시키는 역할을 합니다. 널판 하나의 너비가 1.5규빗(67.5cm)이므로, 성소 입구에서 지성소 끝까지 성막의 전체 길이는 30규빗(13.5m)입니다. 요세푸스는 널판

이 손가락 4개 정도의 두께였다고 합니다.[111)]

은 받침에 대한 설명입니다. 스무 널판 아래에 은 받침 마흔 개를 만들지니 이쪽 널판 아래에도 그 두 촉을 위하여 두 받침을 만들고 저쪽 널판 아래에도 그 두 촉을 위하여 두 받침을 만들지며(출 26:19). "은 받침"이란 널판의 촉에 끼워 널판을 견고히 고정시키는 데 사용하는 은으로 된 널판 받침입니다. 널판 하나에 은 받침 둘로 널판을 고정시킵니다. 은 받침의 생김새는 정확히 알 수 없지만 은 받침 하나마다 은 한 달란트가 사용되어 널판을 고정시키기에 충분합니다. "은 백 달란트로 성소의 받침과 휘장 문의 기둥 받침을 모두 백 개를 부어 만들었으니 각 받침마다 한 달란트씩 모두 백 달란트요"(출 38:27). 성막의 남편 20개의 각 널판 아래 촉을 고정시킬 수 있는 밑받침을 2개씩 만들어야 합니다.

북쪽 벽면도 동일합니다. 성막 다른 쪽 곧 그 북쪽을 위하여도 널판 스무 개로 하고 은 받침 마흔 개를 이쪽 널판 아래에도 두 받침, 저쪽 널판 아래에도 두 받침으로 하며(출 26:20-21). 이같이 성막 본체의 남쪽과 북쪽 벽면이 완성되게 됩니다. 성막의 출입구인 동편은 벽이 필요 없으므로, 성막 뒤편 서쪽 벽으로 널판 8개가 필요합니다. 성막 뒤 곧 그 서쪽을 위하여는 널판 여섯 개를 만들고 성막 뒤 두 모퉁이 쪽을 위하여는 널판 두 개를 만들되(출 26:22-23). 널판 하나의 너비가 1.5규빗(67.5cm)이므로 성막 전체의 폭은 널판 6개로 9규빗(4.05m) 입니다. 즉 성막은 길이 30규빗(13.5m), 너비 9규빗(4.05m), 높이 10규빗(4.5m)의 직육면체 모양임을 알 수 있습니다. 그리고 "모퉁이"란 남쪽과 북쪽 벽 널판이

111) William Whiston tr., *Josepus: Complete Works*, Antiquities of the Jews III. vi., 72.

서쪽의 널판과 만나는 지점으로, 좌우에 널판 하나씩을 덧대어 견고하게 합니다.

다음은 이 여덟 널판에 관련된 은 받침에 대한 설명입니다. 그 여덟 널판에는 은 받침이 열 여섯이니 이쪽 판 아래에도 두 받침이요 저쪽 판 아래에도 두 받침이니라(출 26:25). 은 받침은 여기 16개와 좌우 널판 밑에 각 40개씩 합 80개, 네 기둥 밑의 4개, 도합 100개입니다. 성소와 지성소의 휘장들과 덮개들은 은 받침대에 세워진 기둥들 곧 널판들에 의해 고정되며, 띠들과 두 개의 모퉁이 기둥들에 의해 결합됩니다. 옆 기둥들도 은 받침대로 지탱되며 열 기둥과 나란히 연결되어져 세 면을 지지해 줍니다.

띠에 관한 규례입니다. 너는 조각목으로 띠를 만들지니 성막 이쪽 널판을 위하여 다섯 개요 성막 저쪽 널판을 위하여 다섯 개요 성막 뒤 곧 서쪽 널판을 위하여 다섯 개이며(출 26:26-27). "띠"란 널판을 가로로 연결하는 긴 장대로, 널판을 세울 때 각 널판의 바깥쪽 상하에 네 개의 고리를 부착하여 이 띠로 여러 널판을 꿰어 움직이지 않게 합니다. 이 띠는 널판을 서로 단단히 연결시키며 널판 사이에 틈이 생기지 않게 하려고 만든 것입니다. 띠는 성막의 입구인 동쪽을 제외한 3면에 각 5개씩 모두 15개가 사용됩니다. 이 띠는 널판의 바깥쪽에 부착된 금 고리에 꿰어져 성막 뒤쪽의 양편 모서리에 있는 윗 고리에 연결되는 방식으로 널판들을 고정시킵니다.

널판을 연결하기 위한 띠가 필요합니다. 널판 가운데에 있는 중간 띠는 이 끝에서 저 끝에 미치게 하고(출 26:28). "중간 띠"란 성막의 벽 전체 널판을 하나로 묶기 위해 가로 방향으로 연결하는 띠를 말합니다.

이는 널판을 담장처럼 연이어 세울 때 각 널판의 중앙에 구멍을 뚫고 이곳에 꿰어 널판을 고정시키는 긴 막대입니다. 이를 '중간띠' 라고 이름한 데에서 성막 전체를 세 줄의 띠로 둘렀을 것으로 추정합니다. 이는 신약에서 교회를 이루는 성도들을 온전히 연결하여 하나 되게 하는 성령님의 사역을 예시합니다. "평안의 매는 줄로 성령이 하나 되게 하신 것을 힘써 지키라"(엡 4:3).

널판과 띠를 금으로 쌉니다. 그 널판들을 금으로 싸고 그 널판들의 띠를 꿸 금 고리를 만들고 그 띠를 금으로 싸라(출 26:29). 성막 본체의 벽면을 이루는 널판과 이들을 서로 연결시키는 띠는 모두 조각목으로 만들어 금으로 입힙니다. 조각목으로 만들어 금으로 입힌 성물은 지성소 안의 증거궤와 성소의 진설병상과 분향단입니다. 위의 "금 고리"란 띠를 꿸 수 있도록 널판에 부착시킨 금으로 된 고리를 말합니다. 이 금 고리에 꿰어진 띠는 성막 뒤쪽 모서리의 윗 고리에 다시 연결되어 성막을 더욱 견고하게 합니다. 이같이 성막의 벽은 서로 연결하여 튼튼하게 세우도록 되어 있으며, 성막의 전체적인 구조는 운반이 쉽고 조립하기에 용이하도록 되어 있습니다.

성막에 관한 모든 것은 하나님께서 지시하신 대로 만들어야 합니다. 너는 산에서 보인 양식대로 성막을 세울지니라(출 26:30). 하나님께서 이 말씀을 반복하신 것은 성막과 그 모든 기구 하나 하나가 장차 오실 예수 그리스도의 성품과 사역에 대한 예표이기 때문입니다. 또한 하나님의 임재의 상징인 성막을 인간이 임의로 만들어 하나님의 영광을 가리지 않게 하기 위함입니다. 본문에서 성막의 구조가 다시 언급된 것은 백성들로 하여금 눈에 보이는 성막을 바라보는 것으로 만족할 것이 아니라 모형 너머의 영적인 원형을 사모하게 하기 위함입니다. 성막은 교회의 모형입니다. 성막의 규모는 길이와 너비가 각각 30규빗(13.5m)과 10규빗(4.5m)이며, 후에 솔로몬 성전은 60규빗(27m)과 20규빗(9m)입니다. "솔로몬 왕이 여호와를 위하여 건축한 성전은 길이가 육십 규빗이요 너비가 이십 규빗이요"(왕상 6:2). 따라서 이 성막의 면적은 솔로몬 성전의 1/4 입니다.

> **성막의 널판과 받침의 견고한 연결은 성도의 연합을 상징하며, 교회가 얼마나 굳게 연결되어야 하는가를 예표합니다.** "너희는 사도들과 선지자들의 터 위에 세우심을 입은 자라 그리스도 예수께서 친히 모퉁잇돌이 되셨느니라 그의 안에서 건물마다 서로 연결하여 주 안에서 성전이 되어 가고 너희도 성령 안에서 하나님이 거하실 처소가 되기 위하여 예수 안에서 함께 지어져 가느니라"(엡 2:20-22).

성막 내의 두 휘장

성막에는 외형을 이루는 4개의 휘장과 다른 두 종류의 휘장(curtain)이 있습니다. 곧 성소와 지성소를 가르는 '성소 휘장'과 성소의 입구에 드리워진 '성소 입구 휘장'입니다. 먼저 성소 휘장입니다. 너는 청색 자색 홍색 실과 가늘게 꼰 베 실로 짜서 휘장을 만들고 그 위에 그룹들을 정교하게 수 놓아서 금 갈고리를 네 기둥 위에 늘어뜨리되 그 네 기둥을 조각목으로 만들고 금으로 싸서 네 은 받침 위에 둘지며(출 26:31-32). 이 휘장은 성소에서 지성소를 구분하는 휘장으로 하나님의 거룩하심을 강조합니다. 본문의 "금 갈고리를 네 기둥 위에 늘어뜨리되"라는 말씀은 기둥에 달린 금 갈고리에 휘장을 걸어서 아래로 늘어뜨리는 것을 말합니다. 성소와 지성소 사이에는 조각목에 도금을 한 4개의 기둥이 있는데, 이 기둥에 그룹들이 정교하게 수놓인 성소 휘장이 걸리게 됩니다. 성소와 지성소 사이의 네 기둥도 널판처럼 촉을 만들어 은 받침에 고정시킵니다. 위 본문의 "정교하게 수놓아서"(מַעֲשֵׂה חֹשֵׁב, 마아세 호쉡)란 성막에서 가장 귀한 것들을 제작하는 기법으로, 곧 성소 휘장과 제1휘장, 대제사장의 에봇과 가슴받이를 만드는데 사용됩니다.

성소 휘장이 성소와 지성소를 구분합니다. 그 휘장을 갈고리 아래에 늘어뜨린 후에 증거궤를 그 휘장 안에 들여 놓으라 그 휘장이 너희를 위하여

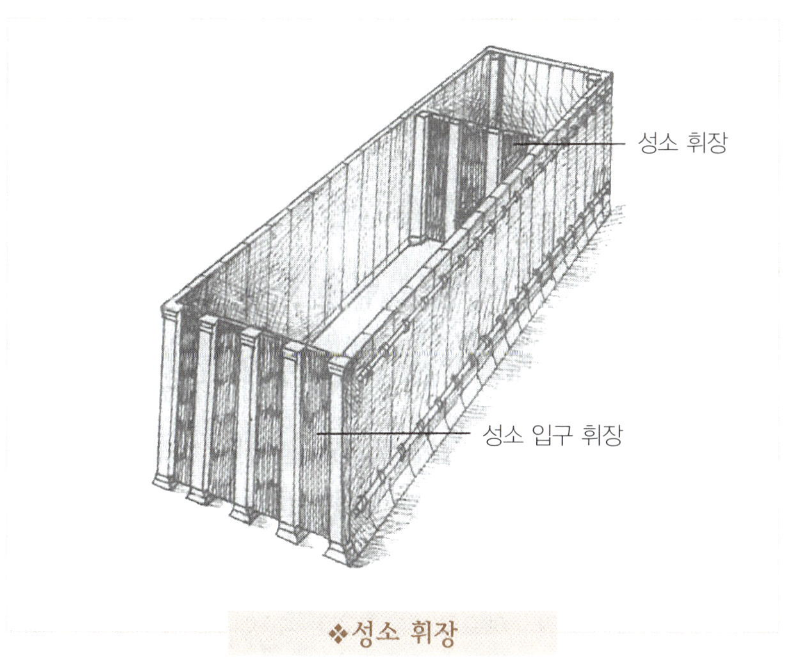

❖성소 휘장

성소와 지성소를 구분하리라(출 26:33). 성소 휘장을 드리운 후, 지성소에 증거궤를 놓습니다. 휘장이 성소와 지성소를 구별한 것은 지성소가 매우 거룩한 처소이기 때문에 함부로 출입하다가 당할 하나님의 진노를 피하기 위함입니다. 성소(מִקְדָּשׁ, 미크다쉬)는 '거룩한 곳' 이란 뜻이며, 지성소(קֹדֶשׁ הַקֳּדָשִׁים, 코데쉬 하카다쉼)는 '거룩한 곳들 중의 거룩한 곳' 이라는 뜻입니다. 지성소는 하나님께서 임재하여 계시는 곳으로 일 년에 단 한 번 대제사장만이 7월 10일 속죄일에 피를 가지고 들어갈 수 있었습니다. "이 모든 것을 이같이 예비하였으니 제사장들이 항상 첫 장막에 들어가 섬기는 예식을 행하고 오직 둘째 장막은 대제사장이 홀로 일 년에 한 번 들어가되 자기와 백성의 허물을 위하여 드리는 피 없이는 아니하나니"(히 9:6-7). 성막의 길이와 너비는 30규빗(13.5m)과 10규빗(4.5m)으로, 지성소는 10규빗(4.5m)과 10규빗(4.5m)이며, 성소는 20규빗(9m)과 10규빗(4.5m)입니다.

성소와 지성소를 가로막는 성소의 휘장은 하나님과 인간 사이의 중보자이신 예수 그리스도의 몸을 상징합니다. "그 길은 우리를 위하여 휘장 가운데로 열어 놓으신 새로운 살 길이요 휘장은 곧 그의 육체니라"(히 10:20). 이는 예수님께서 십자가에 달려 돌아가실 때 이 휘장이 찢어져 성소와 지성소가 하나 된 사실에서 분명히 알 수 있습니다. "이에 성소 휘장이 위로부터 아래까지 찢어져 둘이 되고 땅이 진동하며 바위가 터지고"(마 27:51). 성소 휘장은 그리스도의 십자가 사건으로 찢어져 더 이상 필요 없게 되었습니다. 그리하여 이제 그리스도의 피 공로에 의지하는 사람은 누구든지 다 하나님 앞에 나아갈 수 있게 된 것입니다. "그러므로 형제들아 우리가 예수의 피를 힘입어 성소에 들어갈 담력을 얻었나니"(히 10:19). 예수님은 자신의 몸을 성전에 비유하셨는데, 이는 신성의 충만함이 예수님 안에 거하시기 때문입니다. "예수께서 대답하여 이르시되 너희가 이 성전을 헐라 내가 사흘 동안에 일으키리라"(요 2:19), "아버지여, 아버지께서 내 안에, 내가 아버지 안에 있는 것 같이"(요 17:21).

성막 안 성물들의 위치에 관한 규례입니다. 너는 지성소에 있는 증거궤 위에 속죄소를 두고 그 휘장 바깥 북쪽에 상을 놓고 남쪽에 등잔대를 놓아 상과 마주하게 할지며(출 26:34-35). 지성소에는 하나님의 보좌인 언약궤가 있으며, 속죄소가 그 위에 놓입니다. 여기가 하나님이 거하시는 곳입니다. 성소 입구의 정면 휘장 앞에는 분향단이 있습니다. 위의 "북쪽에 상을 놓고"란 성소 입구에서 오른쪽(북)에는 진설병상을, 왼쪽(남)에는 등잔대를 놓아 이 둘이 서로 마주 보게 한다는 의미입니다.

성소 입구 휘장에 대한 규례입니다. 청색 자색 홍색 실과 가늘게 꼰 베 실로 수놓아 짜서 성막 문을 위하여 휘장을 만들고 그 휘장 문을 위하여 기둥 다섯을 조각목으로 만들어 금으로 싸고 그 갈고리도 금으로 만들지며 또 그 기둥을 위하여 받침 다섯 개를 놋으로 부어 만들지니라(출 26:36-37). 본문의 "수놓아 짜서"(מַעֲשֵׂה רֹקֵם, 마아세 로켐)란 31절의 "정교하게" 수놓는 작업보다 좀 더 수월한 작업으로 성막 문과 뜰 문의 휘장과 제사장 의복의 허리띠에 사용되었습니다. "휘장 문"이란 성소의 입구를 가리는 성소 입구 휘장을 말합니다. 성막의 동쪽은 장(curtain)을 만들어서 닫게 되어 있으며, 성소 휘장이나 첫째 휘장과 동일한 재료로 만들지만 그룹은 수놓지 않습니다. 또한 4개의 기둥에 은 받침을 사용한 성소 휘장의 기둥과 달리 성소 입구의 휘장은 놋 받침에 고정된 5개의 기둥이 사용됩니다. 성소 휘장에는 은 받침이 사용되었지만 성소

입구 휘장에는 놋 받침이 사용된 것은 '거룩함의 차등성'(gradation of holiness)[112]을 나타내기 위함입니다.

성소와 지성소의 휘장은 하나님의 거룩하심을 보존하며 인간의 잘못된 호기심과 접근을 방지합니다. 그러나 예수님의 십자가 사건 이후, 누구나 그리스도를 통해 하나님께 나아갈 수 있게 되었습니다. "이에 성소 휘장이 위로부터 아래까지 찢어져 둘이 되니라"(막 15:38).

번제단에 관한 규례

지금까지 성막 내부의 성물들과 성막 외형에 관한 계시였으며, 이제부터 성막 바깥뜰의 기구에 대한 계시입니다. 성막 문에 들어서면 보이는 기구가 번제단입니다. 이곳에서 제물이 태워지기 때문에 번제단이라고 합니다. 제물을 바친다는 의미에서 단은 십자가를 상징합니다. 제사장은 놋 단 위에서 제물을 바쳤으나 예수 그리스도는 십자가 위에서 자신의 몸을 제물로 바치셨습니다. 단에서 제사장이 속죄하기 위하여 제물을 바치므로 사람이 하나님과 화목하게 되는 것은, 십자가상에서 그리스

112) 성막은 일차적으로 다가오시는 하나님, 접근 가능한 하나님(an approachable God)을 표현해 줍니다. 하지만 '거룩성의 차등 현상'은 다가갈 수 없는 하나님(an inapproachable God)을 상징적으로 나타내 줍니다. 성막의 각 영역마다 다가갈 수 있는 사람과 시기가 제한되어 있었던 것처럼 재료의 차등 현상들도 하나님의 이런 속성을 상징합니다. 이것이 성막의 이율배반성입니다. 박철현, 『출애굽기산책』(서울: 도서출판 목양, 2011), 211.

도가 모든 죄인을 대신하여 속죄한 것을 의미합니다. 번제단이 문 앞에 위치하는 것은 인간이 하나님 앞에 나아가기 위해서는 먼저 속죄가 필요하다는 것을 보여줍니다. "피흘림이 없은즉 사함이 없느니라"(히 9:22).

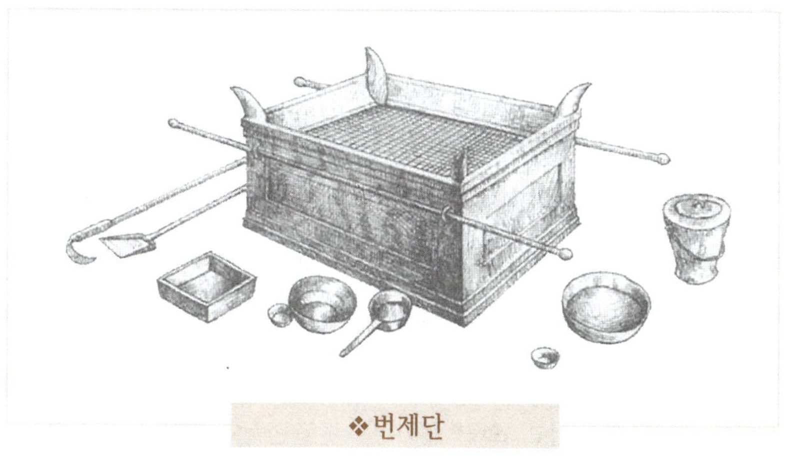

❖번제단

번제단에 관한 말씀입니다. 너는 조각목으로 길이가 다섯 규빗, 너비가 다섯 규빗의 제단을 만들되 네모반듯하게 하며 높이는 삼 규빗으로 하고 그 네 모퉁이 위에 뿔을 만들되 그 뿔이 그것에 이어지게 하고 그 제단을 놋으로 싸고(출 27:1-2). "제단"은 '오름'(ascending)이라는 뜻으로, 하나님께 제사드릴 때 제물을 태우거나 예물을 드리는 장소입니다. 번제단은 조각목으로 만들어 불에 강한 놋을 입히므로 '놋 제단'이라고도 하며 성소 앞에 위치합니다. "놋 제단과 그 놋 그물과 그 채들과"(출 39:39). 번제단은 길이와 너비가 5규빗(2.25m), 높이가 3규빗(1.35m)으로 성막 안에서 제일 큰 기구이며 정사각형의 판판한 구조입니다.[113] 번제단은 고

113) 후에 솔로몬 성전에서는 제단의 크기가 성전의 규모에 맞게 길이와 너비가

정된 것이 아니라 이동식이므로 성막이 고정되면 제물이 단 위에서 태워집니다. 본문의 "뿔"이란 제물을 붙들어 매기 위하여 번제단의 네 모퉁이에 만든 것입니다. "밧줄로 절기 제물을 제단 뿔에 맬지어다"(시 118:27). 뿔은 단의 거룩한 부분으로 각 제사로 드려지는 짐승의 피가 이곳에 발라집니다. 뿔은 성경에서 힘과 구원을 상징하며, 하나님과 그리스도가 '구원의 뿔'로 비유되기도 합니다. "여호와는 ~ 나의 방패시요 나의 구원의 뿔이시요"(시 18:2), "우리를 위하여 구원의 뿔을 그 종 다윗의 집에 일으키셨으니"(눅 1:69). 번제단이 성소 내에 있었기 때문에 범죄자가 이 뿔을 잡고 도피성으로 삼기도 했습니다. "아도니야도 솔로몬을 두려워하여 일어나 가서 제단 뿔을 잡으니"(왕상 1:50).

번제단과 관련된 기구들은 모두 놋으로 만듭니다. 재를 담는 통과 부삽과 대야와 고기 갈고리와 불 옮기는 그릇을 만들되 제단의 그릇을 다 놋으로 만들지며(출 27:3). "재를 담는 통"이란 번제단 위의 제물이 타고 남은 찌꺼기를 담는 통입니다. 재는 그 제물이 하나님께 열납되었다는 것을 보여줍니다. 이는 십자가 위에서 주님의 마지막 말씀 곧 "다 이루었다"는 말씀의 예시로, 속죄를 이루었다는 의미입니다. 하나님의 의는 그리스도의 대속 죽음에서 나타납니다. "부삽"은 재를 통에 담는 삽이며, "대야"는 제물의 피를 받는 그릇입니다. "고기 갈고리"는 각 뜬 고기를 제단 위에 가지런히 펴는데 사용되며, 세 고리로 만들어졌을 것으로 추정합니다. "제사장의 사환이 손에 세 살 갈고리를 가지고 와서"(삼상 2:13). "불 옮기는 그릇"이란 분향을 위해 번제단의 불씨를

9m, 높이가 4.5m로 확대되었습니다. "솔로몬이 또 놋으로 제단을 만들었으니 길이가 이십 규빗이요 너비가 이십 규빗이요 높이가 십 규빗이며"(대하 4:1).

향단으로 옮기는 기구로 '불똥 그릇' 또는 '향로'라고도 합니다. "등잔 일곱과 그 불 집게와 불 똥 그릇을 순금으로 만들었으니"(출 37:23). 제사장은 매일 조석으로 번제단의 불을 이 그릇에 담아 분향단에서 향을 불살랐습니다. "아론이 아침마다 그 위에 향기로운 향을 사르되 등불을 손질할 때에 사를지며 또 저녁 때 등불을 켤 때에 사를지니"(출 30:7-8). 성경에서 금향로는 성도들의 기도와 예배가 향기로써 하나님께 열납되어짐을 상징합니다.

제물 얹는 망도 놋으로 만듭니다. 제단을 위하여 놋으로 그물을 만들고 그 위 네 모퉁이에 놋 고리 넷을 만들고 그물은 제단 주위 가장자리 아래 곧 제단 절반에 오르게 할지며(출 27:4-5). 번제단은 위 아래가 뚫려 있고 가운데 놋그물이 있는데, 이는 제물을 얹도록 단 중간에 걸쳐놓은 철망입니다. 번제단의 높이는 135cm이며, 그물의 높이는 67.5cm입니다. 그물은 불이 잘 타게 하며 재나 기름이 아래로 떨어지기 쉽게 합니다. 제단 중앙 오른쪽 그물 위에 나무와 제물을 놓고 태우면 재가 그물 밑에 놓인 그릇에 떨어지는데, 이는 재가 땅에 떨어져 밟히지 않도록 하기 위한 것입니다. 곧 거룩한 것의 찌꺼기까지도 신중하게 다루도록 하기 위함입니다. 제물은 가죽만 남겨서 당일의 담당 제사장에게 돌아갑니다. "놋 고리"는 채를 꿰어 번제단을 운반하기 위한 것으로, 그물의 네 모퉁이에 달려 그물을 번제단의 중간에 고정시킵니다.

번제단의 채는 놋으로 쌉니다. 또 그 제단을 위하여 채를 만들되 조각목으로 만들고 놋으로 쌀지며 제단 양쪽 고리에 그 채를 꿰어 제단을 메게 할지며(출 27:6-7). 언약궤와 진설병상의 채는 금으로 입히지만, 번제단의 채는 불에 잘 견딜 수 있어야 하기 때문에 놋으로 입힙니다. 제단 역시 하나님께서 보여주신 대로 만들어야 합니다. 제단은 널판으로 속이 비게 만들되 산에서 네게 보인 대로 그들이 만들게 하라(출 27:8). 제단의 속은 비어 있으므로 성막을 이동할 때 먼저 토단을 쌓고 그 위에 놓았을 것입니다. 하나님께서 받으시는 제사는 하나님께서 정해 주신 방식에 따라야 합니다.

번제단은 제물이 인간의 죄를 대신하여 죽는 곳으로 하나님은 이 제물의 향기를 흠향하시고 죄를 용서해 주십니다. 이는 인류의 모든 죄를 대신 지시고 희생하신 예수님의 십자가 대속 사역을 예표합니다. "그가 찔림은 우리의 허물 때문이요 그가 상함은 우리의 죄악 때문이라 ~ 여호와께서는 우리 모두의 죄악을 그에게 담당시키셨도다"(사 53:5-6).

성막 포장에 관한 규례

성막의 뜰은 세상과 구별하는 곳으로 울타리를 치도록 하였습니다. 너는 성막의 뜰을 만들지니 남쪽을 향하여 뜰 남쪽에 너비가 백 규빗의 세마포 휘장을 쳐서 그 한쪽을 당하게 할지니(출 27:9). "뜰"(חָצֵר, 하체르)은 '괴로움'이라는 뜻인데, 이는 성막 뜰이 제물의 짐승을 잡는 곳으로서 인간의 죄가 처리되는 괴로운 장소임을 상징합니다. "성막의 뜰"이란 백성들을 위한 뜰로, 희생 제물을 성별하고 기도를 드리며 하나님과 화해하는 뜰입니다.[114] 성소는 제사장만이 들어갈 수 있지만 뜰은 누구나 들어갈 수 있습니다. 이에 백성들은 자신들이 거룩한 백성임을 알게 되었습니다. 성막 둘레에는 사람들이 함부로 접근하지 못하도록 장방형의 형태로 울타리를 쳤습니다. 본문의 "세마포 휘장"이란 아마(亞麻)로 만든 흰색의 천으로, 성소 외곽을 두르는 막을 말합니다. "그 한쪽을 당하게 할지니"란 100규빗의 세마포장을 쳐서 남쪽 벽을 구성하라는 의미입니다. 뜰은 남편과 북편 곧 동서로 100규빗(45m), 동편과 서편 곧 남북으로 50규빗(22.5m), 높이 5규빗(2.25m)인 포장으로 사면이 둘러 싸여 있으며, 동편에는 20규빗(9m) 너비의 문이 있습니다. 울타리의 둘레는 300규빗(135m)입니다.

세마포 휘장의 기둥입니다. 그 기둥이 스물이며 그 받침 스물은 놋으로 하고 그 기둥의 갈고리와 가름대는 은으로 할지며(출 27:10). "기둥"이란 세마포 포장을 묶어 고정시키기 위해 놋으로 만든 기둥입니다. 세마포를 칠 수 있는 기둥을 성막 남편과 북편에 20개씩, 동편과 서편에 10개씩 세웁니다. 이같이 입구를 제외한 뜰의 테두리에 60개의 기둥이 세워지고 세마포장이 쳐져 벽을 이루는데, 각 기둥마다 놋 받침이 1개씩 있어 기둥을 단단히 고정시킵니다. 반면 성소 입구 휘장을 위한 기둥 받침은 은으로 만들며, 기둥의 갈고리와 가름대도 은으로 입힙니다. 위의 "갈고리"란 포장을 고정시키고 세마포 휘장을 걸기 위해 기둥에 설치된 고리를 말하며, "가름대"란 기둥과 기둥을 연결시키며 포장들을 팽팽하게 유지하는데 필요한 긴 장대입니다.

114) 솔로몬 성전 이전에는 성막의 뜰이 하나였지만 후에는 세분되었습니다. "또 제사장의 뜰과 큰 뜰과 뜰 문을 만들고 그 문짝에 놋을 입혔고"(대하 4:9).

북편과 서편의 세마포 휘장입니다. 그 북쪽에도 너비가 백 규빗의 포장을 치되 그 기둥이 스물이며 그 기둥의 받침 스물은 놋으로 하고 그 기둥의 갈고리와 가름대는 은으로 할지며 뜰의 옆 곧 서쪽에 너비 쉰 규빗의 포장을 치되 그 기둥이 열이요 받침이 열이며(출 27:11-12). 북쪽 역시 5규빗(22.5m) 간격으로 세워진 20개의 놋기둥 갈고리에 세마포 휘장을 치며, 남편과 북편 포장의 너비는 100규빗(45m)입니다. 서편에는 그 절반인 50규빗(22.5m)의 세마포 휘장을 칩니다. 동편 세마포 휘장입니다. 동쪽을 향하여 뜰 동쪽의 너비도 쉰 규빗이 될지며 문 이쪽을 위하여 포장이 열다섯 규빗이며 그 기둥이 셋이요 받침이 셋이요 문 저쪽을 위하여도 포장이 열다섯 규빗이며 그 기둥이 셋이요 받침이 셋이며(출 27:13-15). "동쪽"은 성소와 성막 뜰의 입구가 있는 방향입니다. 성소와 성막의 입구가 동쪽으로 난 것은 동쪽이 하나님의 영광이 임하는 방향이기 때문입니다. "그 후에 그가 나를 데리고 문에 이르니 곧 동쪽을 향한 문이라"(겔 43:1). 동쪽의 너비는 서쪽과 같이 50규빗(22.5m)이며, 입구 좌우가 각각 15규빗(6.75m)씩 도합 30규빗(13.5m)입니다. 본문의 "포장"이란 성막의 경계를 이루는 동쪽의 세마포장을 말합니다.

성막의 출입구를 이루는 성소 입구 휘장입니다. 뜰 문을 위하여는 청색 자색 홍색 실과 가늘게 꼰 베 실로 수놓아 짠 스무 규빗의 휘장이 있게 할지니 그 기둥이 넷이요 받침이 넷이며(출 27:16). 이 휘장은 제1휘장과 성소 휘장과 같이 4색으로 수놓아져 있기 때문에, 뜰 전체를 두르는 흰색의 세마포장과 대조되어 출입구임을 쉽게 분간할 수 있습니다. 이는 거룩한 것과 속된 것을 구별하는 것으로 예배자들은 이 휘장을 젖히고 성막 뜰 안으로 들어가야 합니다. "그 담은 거룩한 것과 속된

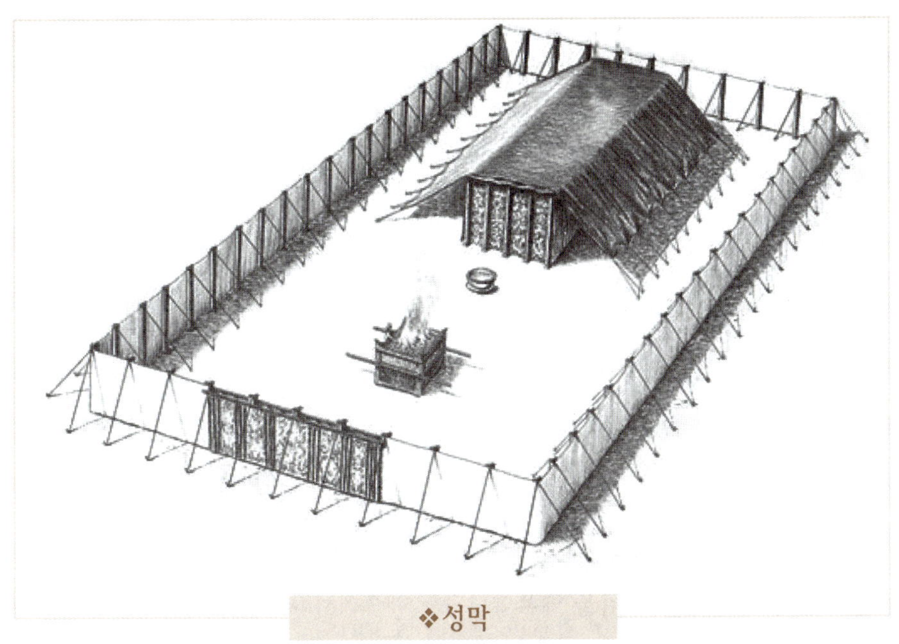

❖성막

것을 구별하는 것이더라"(겔 42:20). 세마포 휘장에 대한 설명입니다. 뜰의 길이는 백 규빗이요 너비는 쉰 규빗이요 세마포 휘장의 높이는 다섯 규빗이요 그 받침은 놋이며(출 27:18). 성막 뜰에 치는 휘장의 높이는 5규빗(2.25m)이며, 성막 본체의 높이는 10규빗(4.5m)입니다. 이같이 성막 울타리를 성막 본체보다 낮게 만든 것은 멀리서도 성막의 위치를 알고 부정한 상태로 하나님의 처소인 성막에 함부로 접근하지 못하게 하기 위함입니다.

뜰의 포장 말뚝입니다. 성막에서 쓰는 모든 기구와 그 말뚝과 뜰의 포장 말뚝을 다 놋으로 할지니라(출 27:19). 본문의 "쓰는"이란 '모든 예배에서 쓰는' 이라는 의미로, 성막의 모든 기구를 다른 목적으로는 쓸 수 없고 오직 하나님께 제사드리는 데만 쓸 수 있다는 말입니다. 성막의 말뚝은 장막을 덮는 천을 팽팽하게 지탱하기 위함이며, "뜰의 포장 말뚝" 역시 성막 울타리를 이루는 세마포 휘장을 끈으로 고정시키기 위해 땅에 박는 버팀대입니다. 이는 성막의 덮개와 윗덮개를 펼쳐서 땅에 고정시키고, 성막의 포장을 고정시키기 위한 것으로, 성막의 덮개들을 단단히 붙들어 매는 데에 사용됩니다. 성소 안의 성물들을 제외한 대부분의 성막 기물들은 놋으로 만듭니다.

성막의 울타리는 거룩한 성소와 세상을 구분하는데, 동쪽에 약 9m 너비의 유일한 출입구가 있어 그곳으로만 드나들게 되어 있습니다. 이는 죄된 인간이 거룩한 하나님께 나아갈 수 있는 유일한 통로인 예수님을 예표합니다. "예수께서 이르시되 내가 곧 길이요 ~ 나로 말미암지 않고는 아버지께로 올 자가 없느니라"(요 14:6).

등잔대 기름에 관한 규례

등잔대에 쓰일 기름에 대한 규례입니다. 너는 또 이스라엘 자손에게 명령하여 감람으로 짠 순수한 기름을 등불을 위하여 네게로 가져오게 하고 끊이지 않게 등불을 켜되(출 27:20). "감람"은 올리브나무의 열매로 식용과 약용 및 등불용으로 사용된 팔레스틴의 주요 열매입니다. "짠"(כָּתִית, 카티트)이란 '두들긴' 이란 뜻으로, 기름틀에 넣어서 짜는 것이 아니라 손으로 두들겨 짜는 것을 의미합니다. "순수한 기름"의 제조 방법은 다음과 같습니다. 먼저 최상급의 감람 열매들을 선택하여 절구에 넣고 공이로 직접 찧어서 걸쭉한 상태로 만듭니다. 그리고 이를 잎이나 가지 등 감람나무의 다른 부분들과 섞이지 않게 주의를 기울여 통에 담아 놓은 후, 한두 방울씩 떨어지는 기름을 채취합니다. 이러한 과정을 거쳐 짜낸 순수한 기름은 깨끗하며 향기가 좋고 연소할 때 연기가 나지 않습니다.[115] 위의 "순수한"(זַךְ, 자크)이란 오직 성막의 등잔대 기름과 향에만 사용되는 단어입니다(출 27:20, 30:34, 레 24:2,7). "끊이지 않게 등불을 켜되"라는 말은 저녁부터 다음날 아침까지 끊이지 말고 항상 등불을 켜서 성소 안을 밝히라는 의미입니다. "아론은 회막안 증거궤 휘장 밖에서 저녁부터 아침까지 여호와 앞에 항상 등잔불을 정리할지니"(레 24:3). 네 겹의 휘장과 포장으로 씌워진 성막의 밤은 매우 어두웠으므로 이같이 등잔대의 불을 켜서 내부를 밝게 했습니다. 이 감람유는 성막 내에서 빛을 밝히는 유일한 성물로 순수한 신앙을 상징합니다.

등불을 살피는 것은 영원한 규례입니다. 아론과 그의 아들들로 회막 안 증거궤 앞 휘장 밖에서 저녁부터 아침까지 항상 여호와 앞에 그 등불을 보살피게 하라 이는 이스라엘 자손이 대대로 지킬 규례이니라(출 27:21). "회막"은 '집회 장소'라는 뜻으로 성막의 다른 명칭이며 이곳에 처음 나타납니다. "회막 안 증거궤 앞 휘장 밖"이란 등잔대의 위치를 알려주는 말씀으로, 등잔대는 성소의 휘장 앞 남쪽 진설병상을 마주보는 곳에 위치합니다. 위의 "보살피게"란 불이 꺼지지 않도록 돌보는 행동, 곧 기름을 준비하고 심지를 정리하며, 기름 쟁반을 청결히 하고 등에 불을 켜는 일 등을 의미합니다. 이와 같이 제사장은 정성을 다하여 성소의

115) Willem H. Gispen, *Exodus* (Grand Rapids, Michigan: Zondervan Publishing House: 1982), 261. ; John I. Durham, *Exodus: Word Biblical Commentary* Vol. 3, 618.

등불을 보살피며 매일 정한 시간에 켜고 꺼야합니다. "대대로 지킬 규례"란 하나님이 제정하신 법령으로 이스라엘이 영원히 준수해야 한다는 것을 강조하는 말씀입니다. 앞 절(20절)과 본 절(21절)에서 "끊이지 않게"(תָּמִיד, 타미드)와, "항상~보살피게 하라"(יַעֲרֹךְ, 야아록)에서 지속의 의미를 나타내는 미완료형의 단어를 반복한 것은 어떠한 상황에서도 등불이 꺼지는 일이 없어야 한다는 것을 강조한 것입니다.

밤에 끊임없이 등불을 켜는 것은 하나님께서 밤에도 이스라엘을 쉬지 않고 지키신다는 상징적 표현입니다. "이스라엘을 지키시는 이는 졸지도 아니하시고 주무시지도 아니하시리로다"(시 121:4). **등잔대는 죄로 인해 어두워진 세계를 밝히시기 위해 오신 예수님을 예표합니다.** "참 빛 곧 세상에 와서 각 사람에게 비추는 빛이 있었나니"(요 1:9).

제16장
제사장 의복에 관한 규례

제사장 직분에 관한 규례

제사장 제도에 관한 말씀입니다. 제사장은 하나님과 인간의 중재자로서 그리스도를 예표합니다. 레위 계통의 제사장이 임명된 것은 그가 중보자의 모형 역할을 하도록 하기 위함입니다. 너는 이스라엘 자손 중 네 형 아론과 그의 아들들 곧 아론과 아론의 아들들 나답과 아비후와 엘르아살과 이다말을 그와 함께 네게로 나아오게 하여 나를 섬기는 제사장 직분을 행하게 하되(출 28:1). "나답과 아비후와 엘르아살과 이다말"은 아론의 네 아들로 제사장 직분을 수행하게 됩니다. 하지만 나답과 아비후는 성막이 완성된 후, 하나님께서 명하시지 않은 다른 불로 제사를 드리다 죽임을 당하게 됩니다. 그리하여 셋째 아들 엘르아살이 아론의 뒤를 이어 대제사장 직분을 계승하며 가나안 전쟁에도 참여하게 됩니다. 본문에서 "네게로 나아오게 하여"라는 말씀은 하나님을 섬기는 일은 오직 하나님의 부르심에 의해 되어지는 것임을 깨닫게 합니다.

"이 존귀는 아무도 스스로 취하지 못하고 오직 아론과 같이 하나님의 부르심을 받은 자라야 할 것이니라"(히 5:4).

지금까지는 모세가 하나님과 백성의 중보자 역할을 했고 제사도 담당하였습니다. 하지만 이제 제사장이 세워지게 되므로 종교, 사법, 행정의 분립이 이루어져 효율적으로 백성들을 통치할 수 있게 되었습니다. 구약의 제사장은 대속 제물을 드림으로 이스라엘의 중보자 역할을 하였는데, 이는 친히 자신의 몸을 드려 대속 제물이 되신 중보자 예수 그리스도를 예표합니다. "그러므로 우리에게 큰 대제사장이 계시니 승천하신 이 곧 하나님의 아들 예수시라"(히 4:14), "염소와 송아지의 피로 하지 아니하고 오직 자기의 피로 영원한 속죄를 이루사 단번에 성소에 들어가셨느니라"(히 9:12). 그러나 이 의식적인 제사장 직분은 십자가 사건과 함께 폐지되었으며, 이제 우리는 예수님의 피를 의지하여 하나님께 나아갑니다. "오직 그리스도는 죄를 위하여 한 영원한 제사를 드리시고 하나님 우편에 앉으사"(히 10:12).

구약의 제사장은 영원한 중보자이신 예수님을 예표하며, 제사장 직분은 영원한 대제사장이신 예수님의 대속으로 완성되었습니다. 그리하여 우리가 직접 하나님께 나아갈 수 있게 된 것입니다. 이스라엘을 제사장 나라로 부르셨다는 것은 하나님께서 처음부터 이방인의 구원을 염두에 두셨다는 것을 의미합니다.

제사장 의복에 관한 규례

제사장 의복에 관한 말씀입니다. 네 형 아론을 위하여 거룩한 옷을 지어 영화롭고 아름답게 할지니(출 28:2). 제사장의 옷은 하나님의 거룩한 임무를 수행하는 자라는 표식으로, 성막의 재료와 똑같은 재료를 사용하여 제작합니다. 위의 "거룩"이란 하나님의 성품을 반영한 말로, 오직 하나님과 연관된 인격과 사물에만 사용될 수 있습니다. "영화롭고"란 세상의 화려함을 말하는 것이 아니라 하나님께 속한 신령한 영광을 의미합니다. 하나님께서 만들게 하신 거룩한 옷을 입어야 제사장 직분을 행할 수 있는데, 이는 내면만이 아니라 외적으로도 거룩해야 한다는 것을 알게 합니다. 제사장은 하나님 앞에서 성별된 삶을 살아야 하기 때문에 거룩하며, 그의 의복은 하나님의 영광을 드러내야 하므로 영화롭고 아름다워야 합니다.

제사장 의복을 만드는 자도 성령의 인도하심을 받습니다. 너는 무릇 마음에 지혜 있는 모든 자 곧 내가 지혜로운 영으로 채운 자들에게 말하여 아론의 옷을 지어 그를 거룩하게 하여 내게 제사장 직분을 행하게 하라(출 28:3). "지혜로운 영"이란 하나님의 성령을 가리키며, "지혜로운 영으로 채운 자들"이란 하나님의 영에 감동되어 뛰어난 제단 기술과 바느질 솜씨를 지닌 자들을 말합니다. 구약시대에 성령은 왕, 선지자, 제사장 등과 같이 특별히 하나님의 일을 위임받은 자에게 역사하셨습니다. "사무엘이 기름 뿔병을 가져다가 ~ 그에게 부었더니 이 날 이후로 다윗이 여호와의 영에게 크게 감동되니라"(삼상 16:13). 본문의 "거룩하게 하여"란 아름답고 영화로운 의복을 지어 제사장을 성별한 후에 제사장의 직분을 행하게 하라는 말씀입니다.

제사장 의복입니다. 그들이 지을 옷은 이러하니 곧 흉패와 에봇과 겉옷과 반포 속옷과 관과 띠라 그들이 네 형 아론과 그 아들들을 위하여 거룩한 옷을 지어 아론이 내게 제사장 직분을 행하게 하라(출 28:4). 대제사장의 옷은 흉패, 에봇, 겉옷, 속옷, 속바지, 관, 띠 등으로 이루어지며, 일반 제사장은 속옷과 속바지를 입고 띠를 매고 관을 씁니다. 본문의 "흉패"란 에봇의 앞가슴에 달린 정방형 주머니이며, "에봇"은 대제사장이 제일 겉에 입는 일종의 앞치마입니다. 에봇은 앞뒤가 어깨띠와 허리띠로 연결되는데, 이 위에 흉패를 가슴에 답니다. "겉옷"은 위 아래가 분리되지 않은 통으로 짠 옷으로, 아랫자락에 수놓은 석류와 금방울이 교대로 달려 있습니다. "반포 속옷"은 흰실과 진한 청색실을 엮어 짠 속옷으로, 겉옷 밑에 받쳐 입기 때문에 '수놓은 옷'이라 합니다. 이 옷은 겉옷 안에 입기 때문에 속옷이라 부를 뿐이지 실제로 가장 먼저 입는 속옷은 아닙니다. 반포 속옷은 제사장들이 평상시에 입는 의복으로 소매가 손목에 닿고 무릎 아래까지 내려옵니다. "관"은 대제사장이 머리에 쓰는 금관 모양의 모자이며, "띠"는 에봇을 고정시키는 띠와 반포 속옷을 고정시키는 띠 두 가지가 있습니다.

제사장 의복에 사용된 실입니다. 그들이 쓸 것은 금 실과 청색 자색 홍색 실과 가늘게 꼰 베 실이니라(출 28:5). 대제사장의 의복에는 하나님의 영광과 거룩함을 상징하는 금실이 사용되었으며, 다른 재료들은 성막 첫 번째 휘장, 성소 휘장, 성소 입구 휘장과 동일합니다. 대제사장은 아름답게 수놓은 옷을 입지만, 대속죄일에는 흰옷을 입습니다. 대제사장은 우리의 영원한 대제사장으로서 죄인을 중보하실 그리스도의 사역을 예표합니다. 대속죄일에 대제사장은 성소의 휘장을 통하여 지성소에 들어가며, 그곳에 일 년에 한 번 피가 뿌려집니다. 이 피는 그리스도의 완전한 희생을 의미합니다. "대제사장이 해마다 다른 것의 피로써 성소에 들어가는 것 같이 자주 자기를 드리려고 아니하실지니 – 이제 자기를 단번에 제물로 드려 죄를 없이 하시려고 세상 끝에 나타나셨느니라" (히 9:25–26). 그리스도께서 죽으실 때 이 휘장이 찢김으로 우리가 은혜의 보좌 앞에 담대히 나아갈 수 있게 되었습니다.

하나님은 거룩하시므로 하나님을 섬기는 자에게도 거룩이 요구됩니다. 그러나 인간은 죄로 인하여 거룩할 수 없기 때문에 하나님은 제사장에게 거룩의 표로서 특별한 복장을 착용하게 하셨습니다. 하나님께서 제사장 의복까지 계시하시므로 하나님을 섬기는 일은 오직 하나님의 뜻에 따라야 한다는 것을 알게 하십니다.

제사장 의복 규례 (1) - 에봇

에봇은 제사장 직무를 위해 입는 옷들 가운데 가장 겉에 입는 옷입니다. 그들이 금실과 청색 자색 홍색 실과 가늘게 꼰 베 실로 정교하게 짜서 에봇을 짓되 그것에 어깨받이 둘을 달아 그 두 끝을 이어지게 하고(출 28:6–7). "에봇"이란 '의복'이라는 뜻이지만 여기서는 대제사장이 입는 특별한 의복을 말합니다. 에봇은 앞이 어깨에서 무릎까지 내려오며 뒤는 등 부분만 가리도록 되어있습니다. 어깨에는 가슴과 등을 연결하는 2개의 어깨띠가 있으며, 허리는 띠로 연결된 앞치마 모양입니다. 에봇은 청색, 자색, 홍색, 흰 베실에 금실을 섞어 짭니다. 이처럼 화려한 에봇은 그리스도의 영화로움을 상징합니다.[116] 에봇 짜는 법입니다. 에봇 위에 매는 띠는 에봇 짜는 법으로 금 실과 청색 자색 홍색 실과 가늘게 꼰 베 실로 에봇에 정교하게 붙여 짤지며(출 28:8). "에봇 위에 매는 띠"란 에봇의 허리춤에 부착되어 앞뒤 부분을 매어 주는 허리띠입니다. 에봇은 각 부위 곧 띠까지도 분리되지 않게 하나로 만듭니다. 에봇의 재료가 지성소의 재료와 같은 것을 볼 때 제사장의 사역이 얼마나 중요한 것인지 알 수 있습니다.

에봇에는 이스라엘 아들들의 이름이 새겨진 호마노가 부착되어 있습니다. 호마노 두 개를 가져다가 그 위에 이스라엘 아들들의 이름을 새기되 그들의 나이대로 여섯 이름을 한 보석에, 나머지 여섯 이름은 다른 보석에 새기라(출 28:9-10). "호마노 두 개"란 에봇의 양 어깨띠에 다는 보석으로, 이것에 이스라엘 12지파의 이름을 새깁니다. 호마노는 재질이 단단하여 그것에 이름을 새기기 위해서는 고도의 세공술이 필요합니다. 호마노의 오른쪽 어깨띠에는 야곱의 아들들 중 연장자 순으로 나이 많은 여섯 아들의 이름이, 왼쪽 어깨띠에는 남은 여섯 아들의 이름이 새겨졌습니다. 보석을 새기는 자가 도장에 새김 같이 너는 이스라엘 아들들의 이름을 그 두 보석에 새겨 금테에 물리고(출 28:11). 호마노에 12지파를 새

116) 그런데 기드온은 에봇을 만들어 이스라엘로 실족케 하기도 하였습니다. 그들은 에봇의 의미도 모르고 우상 섬기듯 한 것입니다. 상징에 따른 교육이 주어지지 않으면 상징주의(symbolism)라는 우상에 빠지게 됩니다. "기드온이 그 금으로 에봇 하나를 만들어 자기의 성읍 오브라에 두었더니 온 이스라엘이 그것을 음란하게 위하므로 그것이 기드온과 그의 집에 올무가 되니라"(삿 8:27).

긴 것은 대제사장이 이를 입고 하나님 앞에 나아갈 때마다 하나님께서 이스라엘을 기억하시고 자비 베푸시기를 간구한다는 뜻입니다. 또한 이스라엘 12지파로 예표된 신약교회를 하나님께서 생명책에 인을 새김 같이 새겨 보호하시고 구원하실 것임을 의미합니다. 그리고 "금테에 물리고"란 호마노를 고정시키도록 어깨띠 가장자리에 금테를 두르라는 말씀입니다.

❖에봇

호마노는 하나님께 이스라엘을 기억시키는 기능을 합니다. 그 두 보석을 에봇의 두 어깨받이에 붙여 이스라엘 아들들의 기념 보석을 삼되 아론이 여호와 앞에서 그들의 이름을 그 두 어깨에 메워서 기념이 되게 할지며 너는 금으로 테를 만들고 순금으로 노끈처럼 두 사슬을 땋고 그 땋은 사슬을 그 테에 달지니라(출 28:12-14). "기념 보석"이란 제사장의 임무를 깨우쳐 주는 보석이란 의미입니다. 대제사장이 그들의 이름이 새겨진 호마노를 어깨에 메고 하나님께 나아가는 것은 이스라엘을 양 어깨에 메고 나아가는 것과 같습니다. 이는 궁극적으로 온 인류의 죄짐을 지신 그리스도의 사역을 예시합니다. "어깨"는 '힘'을 상징합니다. 그리스도의 어깨에는 정권과 힘이 있습니다. "이는 한 아기가 우리에게 났고 한 아들을 우리에게 주신 바 되었는데 그의 어깨에는 정사를 메었고"(사 9:6). 제사장의 사역은 인류의 중보자로서 세상 모든 질고를 두 어깨에 감당하신 예수님의 사역을 예표합니다. "그는 실로 우리의 질고를 지고 우리의 슬픔을 당하였거늘"(사 53:4). "사슬을 땋고"

란 금실을 꼬아 사슬을 만든다는 의미이며, "테"는 '고리'를 말합니다. 테와 사슬은 흉패를 에봇 앞가슴에 매어 고정시키는 데 사용됩니다.

거룩한 의복을 입은 대제사장이 이스라엘 백성의 죄를 양 어깨에 지고 하나님 앞에 선 것은 세상 죄를 지고 십자가를 지신 예수 그리스도를 예표합니다. "이튿날 요한이 예수께서 자기에게 나아오심을 보고 이르되 보라 세상 죄를 지고 가는 하나님의 어린 양이로다"(요 1:29).

제사장 의복 규례 (2) - 흉패

대제사장은 에봇 위에 흉패를 부착합니다. 너는 판결 흉패를 에봇 짜는 방법으로 금 실과 청색 자색 홍색 실과 가늘게 꼰 베 실로 정교하게 짜서 만들되 길이와 너비가 한 뼘씩 두 겹으로 네모반듯하게 하고(출 28:15-16). "흉패"란 에봇의 앞가슴에 달린 주머니 모양의 장식으로, 보석을 단 천을 말합니다. 이는 에봇처럼 여러 색깔의 실로 만들어 에봇에 고정하여 거는 주머니입니다. 대제사장이 착용했던 흉패는 앞뒤 양면으로 되어 있는데, 앞면에는 12개의 보석으로 장식되어 있고 뒷면에는 따로 주머니를 만들어 하나님의 뜻을 묻는데 사용되는 '우림과 둠밈'[117]을

117) 우림과 둠밈은 하나님과 교제의 수단으로 사용되었는데, 레위인들에게 모세의 축복(신33:8-11)대로 우림과 둠밈이 위임되었습니다. 대제사장의 가슴에 다는 우림과 둠밈의 기능은 하나님의 뜻을 구하는 자들에게 응답하는 판결이나 제

보관합니다. "흉패를 붙이고 흉패에 우림과 둠밈을 넣고"(레 8:8). 위 본문에서 "판결"이란 법적 효력을 지닌 판례를 뜻하고, "판결 흉패"란 흉패 속에 들어있는 우림과 둠밈으로 하나님의 뜻을 여쭙고 하나님의 판결을 얻기 때문에 붙여진 이름입니다. 우림과 둠밈은 흉패 안에 보관되다가 백성이 결정할 수 없는 중대한 일, 곧 국가의 중대사를 결정지을 때에 제비뽑는 형식으로 판결 짓는 역할을 하였습니다. 이 판결 흉패 위에 12지파를 상징하는 12보석이 달려 있는 것은 항상 이스라엘을 마음에 지니고 있다는 뜻입니다. 곧 대제사장이 흉패를 부착한 것은 그가 이스라엘 전체를 대표하며 그들을 하나님께 인도한다는 의미입니다. 흉패의 만드는 법과 재료는 에봇과 같습니다. "한 뼘"이란 반 규빗(22.5cm)으로, 흉패는 각각 반 규빗인 정사각형 모양이며 두 겹으로 만듭니다. 흉패를 두 겹으로 한 것은 위에서 언급한 바와 같이 한 겹에는 보석을 물리고, 다른 한 겹에는 우림과 둠밈[118]을 보관하기 위해서입니다.

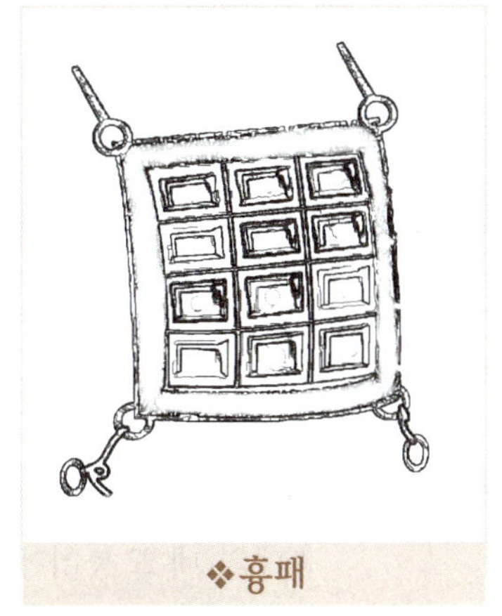
❖흉패

흉패에는 12개의 보석을 달았습니다. 그것에 네 줄로 보석을 물리되 첫 줄은 홍보석 황옥 녹주옥이요 둘째 줄은 석류석 남보석 홍마노요 셋째 줄

사장적 가르침을 주는 것으로 볼 수 있습니다. Thomas B. Dozeman, *God at War : Power in the Exodus Tradition*, 647.

118) 우림과 둠밈은 신탁(하나님의 말씀)을 드러내기 위한 제사장들의 유일한 소지품이었습니다. Brevard S. Childs, *Exodus : A Commentary* (London: SCM Press Ltd., 1982), 527.

은 호박 백마노 자수정이요 넷째 줄은 녹보석 호마노 벽옥으로 다 금테에 물리지니(출 28:17-20). 흉패에는 가로로 3개씩 4줄로 모두 12개의 보석이 달려있는데, 이는 12지파를 상징합니다. 본문의 "금테"란 12개의 각 보석을 흉패에 고정시키기 위해 보석들 둘레에 금사슬로 쳐진 테를 지칭합니다. 이 12개의 보석들이 흉패에 고정되어 에봇 위에 매어집니다. 이 보석들은 이스라엘 아들들의 이름대로 열둘이라 보석마다 열두 지파의 한 이름씩 도장을 새기는 법으로 새기고 순금으로 노끈처럼 땋은 사슬을 흉패 위에 붙이고(출 28:21-22). 호마노와 마찬가지로 흉패의 각 보석에도 각 지파의 이름을 새깁니다. 에봇의 어깨띠 위의 호마노와 흉패에 각각 12지파의 이름을 새긴 것은 하나님께서 이스라엘을 항상 기억하시겠다는 뜻입니다. 이는 구원받은 백성은 어떠한 경우에도 잊혀지지 않고 하나님의 목전에 있다는 사실을 분명히 보여주는 상징입니다. "내가 너를 내 손바닥에 새겼고 너의 성벽이 항상 내 앞에 있나니"(사 49:16). 성령으로 인침 받아 생명책에 기록된 우리의 이름도 영원할 것입니다.

흉패의 네 모퉁이에 4개의 고리가 있습니다. 또 금 고리 둘을 만들어 흉패 위 곧 흉패 두 끝에 그 두 고리를 달고 ~ 또 금 고리 둘을 만들어 흉패 아래 양쪽 가 안쪽 곧 에봇에 닿은 곳에 달고(출 28:23, 26). 흉패 위의 두 고리는 금사슬에 의해 에봇의 두 어깨띠 고리에 고정되며, 흉패 아래의 두 고리는 청색 끈에 의해 에봇의 허리띠 위의 두 고리에 고정되므로 흉패가 에봇의 앞가슴 부분에 단단히 부착됩니다. 흉패 윗부분의 고리는 바깥쪽에 있어 볼 수 있지만 아랫부분의 고리는 안쪽에 있어 볼 수 없습니다. 대제사장은 이스라엘 12지파의 이름을 어깨와 가슴

두 군데에 부착합니다. 아론이 성소에 들어갈 때에는 이스라엘 아들들의 이름을 기록한 이 판결 흉패를 가슴에 붙여 여호와 앞에 영원한 기념을 삼을 것이니라(출 28:29). “가슴”은 이스라엘을 마음에 둔다는 의미로 대제사장이 그들을 하나님께 인도하는 것을 말합니다. 이는 이스라엘이 하나님께 얼마나 소중한 존재인지 생각하게 합니다. 비록 백성들은 지성소에 가까이 할 수 없었지만, 12지파의 이름이 새겨진 에봇과 흉패를 착용한 대제사장 아론을 통하여 지성소에 들어갔던 것입니다.

대제사장 어깨띠 위의 호마노에 12지파의 이름이 새겨진 것은 대제사장이 이스라엘의 죄짐을 지고 그들을 대표해서 하나님께 나아간다는 의미입니다. 또한 대제사장 가슴 위 흉패의 12보석에 이름이 새겨진 것은 하나님께서 이스라엘을 언제나 가슴 속에 품고 사랑하신다는 의미입니다.

제사장 의복 규례 (3) - 우림과 둠밈

우림과 둠밈에 관한 규례입니다. 너는 우림과 둠밈을 판결 흉패 안에 넣어 아론이 여호와 앞에 들어갈 때에 그의 가슴에 붙이게 하라 아론은 여호와 앞에서 이스라엘 자손의 흉패를 항상 그의 가슴에 붙일지니라(출 28:30). “우림”은 ‘빛’이란 뜻이고, “둠밈”은 ‘완전’이라는 뜻입니다. 곧 우림은 빛에 의한 계시를 의미하며, 둠밈은 하나님의 계시의 완전성을 의미합니다. 우림과 둠밈의 크기나 모양은 알 수 없지만 판결을 얻기 위한 거룩한 제비뽑기로 생각됩니다.[119] 제사장은 중요한 판결이 있을 때 우림과 둠밈이 들어 있는 흉패를 입고 가부를 제비 뽑아 결정하였습니다. 이는 이스라엘의 길은 하나님에 의해 결정된다는 사실을 분명히 보여줍니다. "주의 둠밈과 우림이 주의 경건한 자에게 있도다"(신 33:8). 제사장들은 우림과 둠밈을 사용하여 하나님의 뜻을 분별하였습니다.

이같이 우림과 둠밈으로 하나님의 뜻을 분별하던 방식은 후에 선지자들의 활동으로 점차 그 필요성이 줄어들었습니다. 오늘날에 이르러서는 이러한 방식이 더 이상 필요하지 않게 되었는데, 이는 성령께서 기록된 성경 말씀으로 우리를 인도해 주시기 때문입니다. "그러나 진리의 성령이 오시면 그가 너희를 모든 진리 가운데로 인도하시리니"(요 16:13). 우림(אוּרִים)과 둠밈(תֻּמִּים)의 첫 자가 각각 히브리어 알파벳의 처음(א)과 마지막(ת) 자라는 사실은 '처음과 나중'으로 자신을 계시하신 예수님을 암시합니다. "나는 알파와 오메가요 처음과 마지막이요 시작과 마침이라"(계 22:13). 또한 예수 그리스도의 빛 되심과 완전하심을 상징합니다. "내가 세상에 있는 동안에는 세상의 빛이로라"(요 9:5), "하나님의 도는 완전하고"(시 18:30).

119) 흉패 속의 우림과 둠밈에 대해 Lipinski는 각기 다른 색깔을 지닌 두 개의 돌로, Mendelsohn은 상징들이 새겨진 금속이나 보석으로 만들어진 작은 물체들, de Vaux는 작은 조약돌들 혹은 주사위 또는 작은 막대들 등으로 설명하지만 알 수 없습니다. John I. Durham, *Exodus: Word Biblical Commentary Vol. 3*, 387-388.

우림과 둠밈은 인간의 생각과 판단으로 공정한 판결을 할 수 없다고 생각될 때 하나님의 뜻을 구하기 위해 사용되었던 도구였습니다. "엘르아살은 그를 위하여 우림의 판결로써 여호와 앞에 물을 것이며"(민 27:21). **우림과 둠밈은 하나님의 뜻이 무엇인지를 알게 하는 점에서 하나님의 주권을 상징합니다.**

제사장 의복 규례 (4) - 겉옷

겉옷은 에봇 아래 받쳐 입는 옷입니다. 너는 에봇 받침 겉옷을 전부 청색으로 하되 두 어깨 사이에 머리 들어갈 구멍을 내고 그 주위에 갑옷 깃 같이 깃을 짜서 찢어지지 않게 하고(출 28:31-32). 겉옷은 청색으로 만들어져 에봇에 들어있는 다양한 색들을 돋보이게 합니다. "아론에게 속옷을 입히며 띠를 띠우고 겉옷을 입히며 에봇을 걸쳐 입히고 에봇의 장식 띠를 띠워서 에봇을 몸에 매고"(레 8:7). 청색은 하늘의 색으로 그리스도의 신성을 상징하는 것으로 여겨집니다. "이스라엘의 하나님을 보니 그의 발 아래에는 청옥을 편 듯하고 하늘 같이 청명하더라"(출 24:10). 겉옷은 위에서 무릎 아래까지 통으로 짠 분리되지 않은 통옷으로, 머리 위쪽으로 벗게 되어 있습니다. 이 때문에 머리가 들어갈 가장자리를 이중으로 박아 옷을 입고 벗을 때 찢어지거나 실이 풀리지 않도록 하였습니다. 위의 "짜서"(מַעֲשֵׂה אֹרֵג, 마아세 오렉)란 이전의 '정교하게' 수놓는 작업(출 26:31)이나 '수놓아 짜'(출 26:36)는 작업에 비해서 상대적으로 수월한 제사장 겉옷이나 속옷의 제작에 사용된 단어입니다.

제사장의 겉옷 하단에 장식이 달려 있습니다. 그 옷 가장자리로 돌아가며 청색 자색 홍색 실로 석류를 수놓고 금방울을 간격을 두어 달되 그 옷 가장자리로 돌아가며 한 금 방울, 한 석류, 한 금 방울, 한 석류가 있게 하라(출 28:33-34). 겉옷의 아랫단에는 금방울과 석류를 수놓은 장식물이 교대로 달려 있습니다. 가장자리에 72개의 석류를 수놓고 그 사이마다 72개의 금방울을 "간격을 두어" 달았습니다. 고대근동 지방에서는 왕이 자신의 권위와 위엄을 나타내기 위해 방울 달린 옷을 입었다고 합니다.[120] 제사장의 옷에 방울이 달렸다는 것은 제사장의 왕적인 권위를 나타내며, 석류는 풍요와 생명력의 상징으로 하나님께서 풍성히 채워주시는 것을 의미합니다.[121]

제사장의 겉옷에 금방울을 매단 것은 집례 시에 제사장이 방울소리를 들음으로써 거룩하신 하나님 앞에서 한순간도 경건의 자세를 흐트러뜨리지 않게 하기 위함입니다. 아론이 입고 여호와를 섬기러 성소에 들어갈 때와 성소에서 나올 때에 그 소리가 들릴 것이라 그리하면 그가 죽지 아니하리라(출 28:35). 대제사장이 지성소에서 제사를 집전하다 하나님께 부정을 범하면 그 자리에서 죽임을 당합니다. 방울소리가 들리지 않는다는 것은 곧 대제사장의 죽음을 의미합니다. 유대 전승에 의하면 대제사장은 자신의 죽음을 대비하여 지성소에 들어올 수 없었던 제사장들이 자신의 시신을 쉽게 끌어낼 수 있도록 발목에 줄을 매고 지성소에 출입하였다고 합니다. 곧 방울소리가 울리면 대제사장이 계속 제사의식을 집례하고 있으며 하나님께서 그 제사를 열납하신다는 사실을

120) cf. H. D. M. Spence and Joseph S. Exell eds. *The Pulpit Commentary 3: Exodus Vol. II*, 290.

121) John I. Durham, *Exodus: Word Biblical Commentary Vol. 3*, 388.

보여줍니다.[122] 이와 같이 금방울 소리는 성소 밖에서 제사장의 제사의식이 끝나기를 기다리는 백성들에게 성소 안의 상황을 대충 짐작하게 하는 역할을 하였습니다. 또한 대제사장이 속죄일에 지성소로 가기 위해 성소에 들어설 때 그곳에 다른 제사장이 없어야 되기 때문에 제사장들이 방울 소리를 듣고 성소를 비우도록 하기 위함입니다. "그가 지성소에 속죄하러 들어가서 자기와 그의 집안과 이스라엘 온 회중을 위하여 속죄하고 나오기까지는 누구든지 회막에 있지 못할 것이며" (레 16:17). 이는 하나님께 제사 드리는 일이 얼마나 엄숙하고 두려운 일이었는지 알 수 있게 합니다.

❖제사장의 옷과
옷에 다는 방울과 석류 모양 장식

이러한 사실은 제사장의 직무가 얼마나 거룩하며 성결이 요구되는 일인지 알게 합니다. 그러므로 오늘날 제사장의 특권을 부여받은 우리는 하나님 앞에서 이 직분을 잘 감당하고 성결한 삶을 살기 위해 노력해야 할 것입니다.

122) 이러한 종(bell)들은 의식(ritual)에 있어 인간의 감각을 자극합니다. 성막과 기구들, 성소에서 나는 소리들과 냄새들은 영적인 각성을 위한 상징들입니다. John I. Durham, *Exodus: Word Biblical Commentary* Vol. 3, 388.

제사장 의복 규례 (5) - 관과 속옷

대제사장의 머리에 쓰는 관입니다. 너는 또 순금으로 패를 만들어 도장을 새기는 법으로 그 위에 새기되 '여호와께 성결' 이라 하고 그 패를 청색 끈으로 관 위에 매되 곧 관 전면에 있게 하라(출 28:36-37). 관 위 앞부분에 "여호와께 성결"(קֹדֶשׁ לַיהוה, 코데쉬 라도나이)이라고 새겨진 정금으로 만든 패를 매는데, 이는 '여호와를 향한 거룩' 이라는 뜻입니다. 이 띠를 두른 것은 대제사장 직분의 거룩함을 상징하며, 또한 대제사장과 그가 드리는 성물의 성결을 보존하여 하나님께서 받으시도록 하기 위함입니다. 이 띠는 길이가 귀에서 귀까지였으며, 너비는 손가락 두 개 정도였다고 합니다.[123] 본문의 "패"란 '꽃' 이라는 뜻으로, 관 앞에 매는 판을 말합니다. 여기서 꽃은 왕의 권위를 상징하는 형상으로, 제사장의 왕과 같은 권위를 나타낸 것으로 이해합니다. 실로 베드로는 성도들을 왕 같은 제사장이라고 하였습니다. "너희는 택하신 족속이요 왕 같은 제사장들이요"(벧전 2:9). "관"이란 대제사장이 집례 시 머리에 쓰는 모자인데, 터번과 유사하며 두건으로 번역되기도 합니다.[124]

❖제사장의 관

❖순금패가 달린 관

123) 송병현, 『엑스포지멘터리 출애굽기』, 431.

124) William Whiston tr., *Josephus: Complete Works*, Antiquities of the Jews III. vii., 74. / Sarna는 관이 모자처럼 생겼고 푸른색의 다른 모자와 엮여 세 층으로 구성된 왕관의 형태를 지녔다고 합니다. Nahum M. Sarna, *The JPS Torah Commentary Exodus*, 186.

"세마포로 두건을 짓고 세마포로 빛난 관을 만들고"(출 39:28). "여호와께 성결"이란 글자를 새긴 패는 아론이 하나님의 면전에 있는 것과 같이 이스라엘이 하나님의 면전에 있다는 사실을 상기시킵니다. 곧 하나님께서 은혜로 그의 백성들을 용서하신다는 사실을 암시합니다.

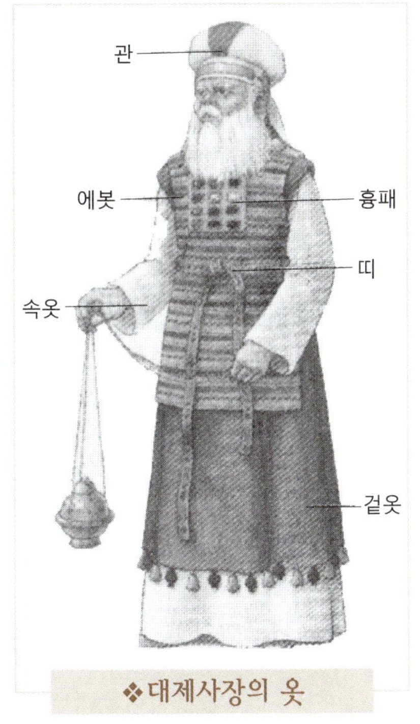

❖대제사장의 옷

하나님은 이 패에 의하여 이스라엘의 성물을 받으십니다. 이 패를 아론의 이마에 두어 그가 이스라엘 자손이 거룩하게 드리는 성물과 관련된 죄책을 담당하게 하라 그 패가 아론의 이마에 늘 있으므로 그 성물을 여호와께서 받으시게 되리라(출 28:38). "죄책"이란 죄와 허물을 의미하며, "성물과 관련된 죄책"이란 인간의 죄를 대신하여 바쳐진 희생 제물의 허물을 말합니다. 백성들이 가져오는 성물은 죄에 오염된 것이기 때문에 제사장은 그 죄책도 함께 담당해야 합니다. 본문의 "담당하게 하라"는 죄를 제거한다는 의미로, 대제사장이 죄책을 담당해도 죽지 않는 것은 '여호와께 성결'이란 성패(聖牌)가 있기 때문입니다. 곧 대제사장은 백성의 허물과 죄를 대신하여 하나님께 속죄제를 드리고 죄사함을 받는 중보자의 직무를 수행하는 자입니다. 이는 그리스도의 대속 사역에 비유되는데, 성결의 패로 인하여 백성들의 성물이 열납되듯이 성도들이 하나님 앞에서 의롭다함을 받을 수 있는 것은 오직 예수님의 대속 죽음 때문입니다.

제사장 속옷입니다. 너는 가는 베 실로 반포 속옷을 짜고 가는 베 실로 관을 만들고 띠를 수놓아 만들지니라(출 28:39). "반포 속옷"이란 고운 모시 실로 된 속옷으로 겉옷 안에 받쳐 입는 옷인데, 발등까지 내려왔기 때문에 겉옷 밖으로 옷자락이 보입니다. 이 옷은 비록 속옷이라고 불리기는 하지만 실제로 제사장들이 일상적으로 입는 평상복입니다. 제사장은 이 속옷 안에 하체를 가리기 위해 속바지를 입습니다. 제사장의 관 역시 속옷과 마찬가지로 세마포 곧 고운 모시 실로 만듭니다. "띠"란 에봇 위에 매는 허리띠와는 다른 반포 속옷 위에 매는 띠를 지칭합니다. 곧 제사장이 허리에 두르는 끈으로 옷이 내려오거나 흐트러지지 않도록 고정시키는 역할을 합니다.

"여호와께 성결"이라고 금패에 쓴 것은 대제사장 역시 죄인으로 하나님 앞에 나아갈 수 없지만, 하나님께서 그의 관에 붙은 금패를 보시고 그가 하나님 앞에 나올 수 있도록 거룩을 보장해 주십니다. 이는 영적으로, 그리스도의 보혈로 정결함을 입은 자만이 하나님 앞에 설 수 있다는 것을 깨닫게 합니다.

일반 제사장의 의복 규례

아론의 아들들인 일반 제사장을 위한 의복 규례입니다. 너는 아론의 아들들을 위하여 속옷을 만들며 그들을 위하여 띠를 만들며 그들을 위하여 관을 만들어 영화롭고 아름답게 하되(출 28:40). 제사장의 의복은 대제사장에 비해 단순하며 속옷, 띠, 관, 속바지를 입습니다. 이는 직능의 차이에 의한 것으로 신약의 대제사장이신 예수님과 제사장인 우리들과의 차이와 같다고 할 수 있습니다. 제사장의 관(מִגְבָּעוֹת, 믹바오트)은 그 어근이 올라감과 관련이 있으므로 대제사장의 관(מִצְנֶפֶת, 미츠네페트)과 달리 높이가 있는 모자를 의미하는 것으로 여겨집니다. 제사장의 복장은 4가지 색실로 만든 '띠' 만 제외하고는 모두 흰색으로 되어 있으며, 이는 제사장적 권위를 의미합니다. 본문의 "영화롭고 아름답게"라는 말씀은 예수님께서 변형이 되셨을 때의 모습을 연상케 합니다. "그 옷이 광채가 나며 세상에서 빨래하는 자가 그렇게 희게 할 수 없을 만큼 매우 희어졌더라"(막 9:3).

제사장을 세우는 방식입니다. 너는 그것으로 네 형 아론과 그와 함께 한 그의 아들들에게 입히고 그들에게 기름을 부어 위임하고 거룩하게 하여 그들이 제사장 직분을 내게 행하게 할지며(출 28:41). 성경에서 기름은 대개 감람유를 말하며, 여기서 "기름"을 붓는 행위는 하나님의 인치심을 상징합니다. 구약에서 왕과 선지자와 제사장은 기름을 부어 구별하였습니다. 왕에게 기름을 붓는 것은 왕이 하나님을 대신해서 백성을 다스린다는 표시입니다. "그들이 다윗에게 기름을 부어 이스라엘 왕으로 삼으니라"(삼하 5:3). 선지자에게 기름을 붓는 것은 엘리사가 대표적인 경우이며, "엘리사에게 기름을 부어 너를 대신하여 선지자가 되게 하라"(왕상 19:16), 제사장들은 모두 기름부음을 통해 성별되었습니다. 인류의 구세주인 '메시야' 는 '기름부음 받은 자' 라는 뜻으로, 예수 그리스도는 왕 중의 왕이시고 선지자 중의 선지자이시며 제사장 중의 제사장이십니다. 또한 기름은 성령을 상징하며, 기름부음은 신약의 신자들이 성령 받을 것을 상징합니다. "여호와께서 내게 기름을 부으사 가난한 자에게 아름다운 소식을 전하게 하려 하심이라"(사 61:1). 이 기름을 제사장 만이 아니라 장막과 성물에도 부어 성별합니다. "모세가 관유를 가져다가 성막과 그 안에 있는 모든 것에 발라 거룩하게 하고"(레 8:10).

제사장은 속바지를 입어야 합니다. 또 그들을 위하여 베로 속바지를 만들어 허리에서부터 두 넓적다리까지 이르게 하여 하체를 가리게 하라(출 28:42). "속바지"는 하체를 가리기 위해 입는 무릎에 닿는 홑바지를 말합니다. 여기서 "하체를 가리게 하라"는 제사장의 하체가 드러나지 않도록 주의해야 한다는 말씀으로, 아담의 타락 이후 벗은 몸을 드러내는 것이 수치로 여겨졌습니다. "이르되 내가 동산에서 하나님의 소리를 듣고 내가 벗었으므로 두려워하여 숨었나이다"(창 3:10). 속바지를 입는 것은 제단의 거룩함과 신성함을 유지하고자 함입니다. 아론과 그의 아들들이 회막에 들어갈 때에나 제단에 가까이 하여 거룩한 곳에서 섬길 때에 그것들을 입어야 죄를 짊어진 채 죽지 아니하리니 그와 그의 후손이 영원히 지킬 규례니라(출 28:43). "죄를 짊어진 채"란 속바지를 입지 않을 경우, 육체의 부패함으로 하나님의 거룩을 범하는 죄를 짓게 되는 것이라는 의미입니다.

하나님 앞에서 24장로들과 성도들이 입고 있는 흰옷은 제사장의 흰옷이 영적 순결의 상징임을 나타냅니다. "그 보좌들 위에 이십사 장로들이 흰 옷을 입고"(계 4:4), "큰 무리가 나와 흰 옷을 입고"(계 7:9). **예수님의 공로로 옷 입고 하나님을 섬기는 성도들이 얼마나 영화롭고 아름다운 존재인지 알 수 있습니다.**

제17장
위임식에 관한 규례

제사장 위임식

다음은 아론과 그 아들들이 사역을 시작하기 전에 제사장으로서 인준을 받게 되는 예식인 위임식에 대한 규례입니다. 위임식은 제물을 준비하고 몸을 씻고 옷을 입히며 관유를 머리에 바른 후 속죄제, 번제, 화목제를 드리는 순서로 진행됩니다. 제사장 위임식에서 물로 씻고 거룩한 옷을 입히는 것은 속죄의 은총을 받아 새로운 인격으로 태어나는 것을 의미합니다. 기름부음은 신적 권위의 부여로 성령의 충만한 은사와 능력을 제공 받음을 의미합니다. 이 위임식을 통해 제사장들은 하나님께 충성과 헌신을 맹세하며 성결한 삶을 다짐합니다. 위임식 제사는 7일 동안 매일 반복됩니다.[125)]

제사장 직분의 위임에 관한 말씀입니다. 네가 그들에게 나를 섬길 제사장 직분을 위임하여 그들을 거룩하게 할 일은 이러하니 곧 어린 수소 하

125) 실제적인 제사장 임직식은 레위기 8장과 9장에 기록되어 있습니다.

나와 흠 없는 숫양 둘을 택하고(출 29:1). "제사장 직분을 위임하여"란 모세가 가지고 있던 통치자, 선지자, 제사장적 권한 중에서 제사장적 권한을 제사장에게 돌리라는 의미입니다. 제사장의 위임식을 위하여 준비해야 할 제물로는 어린 수소 하나와 흠 없는 숫양 두 마리입니다. 이는 아론과 그 아들들에게 제사장직을 위임하기에 앞서 그들을 성별케 하는 제사 제물로, 수소는 속죄제 제물이며 숫양 둘은 번제와 화목제를 위한 제물입니다. 본문의 "흠 없는"이란 인간의 죄를 담당하실 어린 양 예수님의 완전하심을 상징합니다. "이러한 대제사장은 우리에게 합당하니 거룩하고 악이 없고 더러움이 없고 죄인에게서 떠나 계시고 하늘보다 높이 되신 이라"(히 7:26). 그리고 "어린"과 "흠 없는"이란 하나님께 드리는 희생 제물은 완전하고 가장 좋은 것이어야 한다는 것을 가르쳐 주십니다. "만군의 여호와가 이르노라 너희가 눈 먼 희생제물을 바치는 것이 어찌 악하지 아니하며 저는 것, 병든 것을 드리는 것이 어찌 악하지 아니하냐"(말 1:8).

제사장 위임식에 사용될 곡물 제물에 관한 규례입니다. 무교병과 기름 섞인 무교 과자와 기름 바른 무교 전병을 모두 고운 밀가루로 만들고(출 29:2). '무교병'은 누룩을 넣지 않고 구어낸 빵을 말하고, '기름 섞인 무교 과자'는 누룩 없이 약간의 기름을 더한 과자를 말하며, '기름 바른 무교 전병'은 누룩 없이 겉 표면에 기름만 바른 더 얇은 과자를 말합니다. 성경에서 누룩은 발효성이 강하여 부패와 죄를 상징하므로 위임식의 곡물 제물에 누룩을 금합니다. 그러나 기름을 섞거나 바르는 것은 성별을 상징한 것으로 위임식 제물이 하나님께 구별된 제물임을 의미합니다. 기름은 성령을 상징하는데, 이제 우리는 성령에 의하여 그리스도로 말미암아 참된 제사를 드릴 수 있게 되었습니다. "하물며 영원하신 성령으로 말미암아 흠 없는 자기를 하나님께 드린 그리스도의 피가 어찌 너희 양심을 죽은 행실에서 깨끗하게 하고 살아 계신 하나님을 섬기게 하지 못하겠느냐"(히 9:14). 하나님께 바칠 제물에는 "고운" 가루가 요구되었습니다. 위임식에 앞서 모든 예물들이 갖추어져야 합니다. 그것들을 한 광주리에 담고 그것을 광주리에 담은 채 그 송아지와 두 양과 함께 가져오라(출 29:3). 하나님은 위임식 전에 무교병과 무교 과자와 무교 전병을 한 광주리에 담고 희생 제물을 모두 갖추라고 하십니다. 이는 하나님께 드리는 예물은 즉흥적으로 준비하는 것이 아니라 정성을 다해 준비해야 한다는 것을 가르쳐 주신 것입니다.

이제 아론과 그 아들들을 물로 씻깁니다. 너는 아론과 그의 아들들을 회막 문으로 데려다가 물로 씻기고(출 29:4). "회막 문으로"란 성소의 입구와 번제단 사이 물두멍 앞으로 데려오라는 말씀입니다. 성소에 들어가지 않고 입구에서 위임식이 거행되는 이유는 아직 제사장으로 임명되지 않은 자들이 성소에 들어갈 수 없기 때문입니다. 제사장 임직식이 있기 전 아론과 아들들은 자신들을 물로 씻음으로 몸과 마음을 정결하게 해야 합니다. "이는 곧 물로 씻어 말씀으로 깨끗하게 하사 거룩하게 하시고"(엡 5:26). 이러한 정결 의식은 위임식 뿐 아니라 성막에 들어갈 때와 번제단에 제물을 드릴 때에도 행해야합니다. "그들이 회막에 들어갈 때에 물로 씻어 죽기를 면할 것이요"(출 30:20). 아마도 위임식 당시에는 온 몸을 씻었을 것으로 추정합니다. 그러나 후에는 손과 발만 씻었는데, 이는 이미 씻기운 자는 더 씻을 필요가 없기 때문입니다. "예수께서 이르시되 이미 목욕한 자는 발밖에 씻을 필요가 없느니라 온 몸이 깨끗하니라"(요 13:10).

대제사장에게 다음과 같이 행합니다. 의복을 가져다가 아론에게 속옷과 에봇 받침 겉옷과 에봇을 입히고 흉패를 달고 에봇에 정교하게 짠 띠를 띠게 하고 그의 머리에 관을 씌우고 그 위에 거룩한 패를 더하고 관유를 가져다가 그의 머리에 부어 바르고(출 29:5-7). 물로 씻긴 후 아론에게 대제사장의 의복을 입힙니다. 대제사장은 하체를 가리는 속바지를 입고 반포 속옷을 입습니다. 이어서 무릎까지 내려오는 통으로 짠 겉옷을 입고, 겉옷 위에 조끼 같은 에봇을 입고 에봇 위에 흉패를 답니다. 에봇의 가슴과 등에 허리띠를 매고 관을 쓰며 이마 부위에 부착된 성패를 갖춥니다. 본문에서 "거룩한 패"란 금으로 만든 꽃으로 성별을 상징하며, 관유를 "머리에 부어 바르는 것"은 대제사장이 그의 일을 행할 자격을 갖출 수 있도록 그에게 성령이 부어진다는 의미입니다. "머리에 있는 보배로운 기름이 수염 곧 아론의 수염에 흘러서 그의 옷깃까지 내림 같고"(시 133:2).

제사장들에게 다음과 같이 행합니다. 그의 아들들을 데려다가 그들에게 속옷을 입히고 아론과 그의 아들들에게 띠를 띠우며 관을 씌워 그들에게 제사장의 직분을 맡겨 영원한 규례가 되게 하라 너는 이같이 아론과 그의 아들들에게 위임하여 거룩하게 할지니라(출 29:8-9). 제사장인 아론의 아들들은 속옷을 입고 띠를 띠고 관을 쓰는 것이 전부입니다. 본문의 "영원한 규례"란 제사장 직분이 아론의 가문을 통해서만 계승되게 하라는 말씀입니다. 이같이 아론 가문만이 제사장 직분을 맡은 것은 개인적인 제사를 방지하고 하나님께서 명하신대로 올바른 제사를 드리기 위함입니다. 곧 제사장은 오직 하나님의 은혜로 성결케 하신 자만이 할 수 있음을 깨닫게 합니다. "위임하여"란 '손을 채우는 것'을 뜻하는 말로, 아론과 그의 아들들에게 일정한 소득을 제공한다는 의미입니다.

이같이 거룩하게 준비되고 기름 부음을 받은 자만이 제사장 직분을 맡게 됩니다. 위임식은 단순한 예식이 아니라 신적인 권위와 인준을 받는 거룩한 행사로, 그 권위는 하나님께로부터 직접 주어진 것입니다. "이 존귀는 아무도 스스로 취하지 못하고 오직 아론과 같이 하나님의 부르심을 받은 자라야 할 것이니라"(히 5:4).

위임식 규례 - (1) 속죄제

제사장 위임식입니다. 너는 수송아지를 회막 앞으로 끌어오고 아론과 그의 아들들은 그 송아지 머리에 안수할지며(출 29:10). 제사장 위임식을 위한 첫 번째 제사는 속죄제입니다. 희생 제물을 잡기 전에 제물의 머리에 안수하는 것은 그의 죄가 희생 제물에 전가된다는 의미입니다. 즉 그 제물의 죽음이 바로 그 사람의 죽음으로 받아들여지는 것입니다. 이는 구속 역사에 있어서 대속의 원리 곧 그리스도께서 드린 대속의 예표입니다. 그러므로 제사장 직분을 수행하기 위해 먼저 제사장들부터 성결케 되어야 합니다. "그는 번제물의 머리에 안수할지니 그를 위하여 기쁘게 받으심이 되어 그를 위하여 속죄가 될 것이라"(레 1:4). 제사장의 죄를 씻기고 거룩케 하기 위한 안수의식[126]은 제사를 드리는 백성들에게도 동일하게 적용됩니다.

다음은 희생 제물을 잡는 장소입니다. 너는 회막문 여호와 앞에서 그 송아지를 잡고(출 29:11). 희생 제물은 뜰의 북편에서 잡습니다. 이는 회막 뜰 성소 앞에 있는 번제단을 중심으로 동편에 성막의 출입문이 있고, 서편에 물두멍과 성소의 입구가 있으며, 남편에 번제단을 오르는 경사면이 있기 때문에 북편이 제물을 잡기에 가장 적합하였습니다. 이 북편 뜰을 "여호와 앞"이라고 한 것은 회막이 하나님께서 거하시는 거룩한 처소이기 때문입니다.

제물의 피에 관한 규례입니다. 그 피를 네 손가락으로 제단 뿔들에 바르고 그 피 전부를 제단 밑에 쏟을지며 내장에 덮인 모든 기름과 간 위에 있는 꺼풀과 두 콩팥과 그 위의 기름을 가져다가 제단 위에 불사르고(출 29:12-13). 수송아지의 피를 번제단 네 모퉁이의 제단 뿔들에 바릅니다. 제단 뿔은 하나님의 구원의 능력을 상징하는데, 여기에 희생 제물의 피를 바르는 것은 하나님께서 그 피를 받으시고 대신 인간의 죄를 사하여 주시라는 간구의 표시입니다. 마찬가지로 그리스도를 믿는 자들은 그의 피 뿌림을 받은 자들입니다. "예수 그리스도의 피 뿌림을 얻기 위하여 택하심을 받은 자들에게 편지하노니"(벧전 1:2). 하나님은 독생

126) 성경에 나오는 안수의 예로는 신성 모독자를 돌로 칠 때, 병 고칠 때, 성령 받을 때, 직분 위임할 때, 하나님의 종이 될 자에게 안수할 때 등입니다. "그 저주한 사람을 진영 밖으로 끌어내어 그것을 들은 모든 사람이 그들의 손을 그의 머리에 얹게 하고 온 회중이 돌로 그를 칠지니라"(레 24:14), "보블리오의 부친이 열병과 이질에 걸려 누워 있거늘 바울이 ~ 그에게 안수하여 낫게 하매"(행 28:8), "시몬이 사도들의 안수로 성령 받는 것을 보고"(행 8:18), "사도들이 기도하고 그들에게 안수하니라"(행 6:6), "네 속에 있는 은사 곧 장로의 회에서 안수 받을 때에"(딤전 4:14).

자의 피를 보시고 우리의 죄악을 사해 주십니다. 또한 이것은 일종의 도피성과 같은 역할을 하였으므로 범죄자가 이것을 잡으면 피의 복수를 면할 수 있었습니다. 번제단에 바르고 남은 수송아지의 피는 번제단 밑에 붓는데, 이는 속죄 의식에 사용된 거룩한 피가 다른 용도로 쓰이는 것을 막기 위함입니다. 하나님께 드려진 성물은 거룩하기 때문에 결코 전용되거나 버려져서는 안 됩니다. 그러므로 남은 피는 번제단 아래 쏟아 붓고 고기는 불에 태웁니다. "제사장은 또 그 피를 여호와 앞 곧 회막 안 향단 뿔들에 바르고 그 송아지의 피 전부를 회막 문 앞 번제단 밑에 쏟을 것이며"(레 4:7). "기름"은 짐승의 영양 공급원으로 가장 좋은 부위로 여겨지기 때문에 이것만 단 위에서 태우는데, 이는 하나님께 가장 귀하고 아름다운 것을 드려야 한다는 것을 가르쳐 주십니다.

기름을 제외한 나머지 부분은 진 밖에서 불태웁니다. 그 수소의 고기와 가죽과 똥을 진 밖에서 불사르라 이는 속죄제니라(출 29:14). 기름 외에 제물의 남은 부위들을 진 밖에서 태운 것은 이 제물이 인간의 죄를 대신해 죽은 부정한 짐승으로 간주되었기 때문입니다. 곧 희생 제물로 드려진 짐승은 인간의 죄책을 짊어진 것이므로 더 이상 거룩한 성소나 이스라엘 공동체에 머무를 수 없고 진 밖으로 내어가야 합니다. 이 때문에 히브리서 기자는 이를 예수께서 인간의 모든 죄를 지시고 영문 밖에서 죽으신 것과 연결시키고 있습니다. 진 밖에서 불살라진 희생 제물은 성문 밖에서 고난을 당하신 예수 그리스도를 상징합니다. "이는 죄를 위한 짐승의 피는 대제사장이 가지고 성소에 들어가고 그 육체는 영문 밖에서 불사름이라 그러므로 예수도 자기 피로써 백성을 거룩하게 하려고 성문 밖에서 고난을 받으셨느니라"(히 13:11-12). 본문의 "속죄제"는 대제사장을 위한 것으로, 성직의 위임식에 앞서 죄의 회개가 이뤄진다는 중요한 의미를 내포합니다. 이는 하나님과 인간 사이의 중보자 역할을 담당할 대제사장 역시 죄인이므로 죄 문제를 해결해야 함을 보여주는 것입니다. 또한 이는 율법시대의 불완전성을 의미하는 것으로, 더 나은 대제사장과 희생 제물을 기대해야 한다는 것을 알게 합니다. 그러므로 히브리서는 아론의 반차를 좇는 대제사장이 드리는 제사는 불완전하고 일시적인 것이며, 예수님께서 드리는 제사가 완전하고 영원하다고 말합니다. "제사장마다 매일 서서 섬기며 자주 같은 제사를 드리되 이 제사는 언제나 죄를 없게 하지 못하거니와 오직 그리스도는 죄를 위하여 한 영원한 제사를 드리시고 하나님 우편에 앉으사"(히 10:11-12).

제사장 위임식의 속죄제는 아론과 그 아들들의 죄와 단의 속죄를 위함입니다. 위임식에 앞서 속죄제를 드리는 것은 누구든지 죄 문제 해결 없이는 하나님 앞에 설 수 없다는 것과, 또한 하나님께 제사 드릴 제사장과 기구가 성결함을 받아야 모든 제물이 하나님 앞에 열납된다는 것을 깨닫게 하기 위함입니다.

위임식 규례 - (2) 번제

제사장 위임식의 번제 규례입니다. 너는 또 숫양 한 마리를 끌어오고 아론과 그의 아들들은 그 숫양의 머리 위에 안수할지며 너는 그 숫양을 잡고 그 피를 가져다가 제단 위의 주위에 뿌리고(출 29:15-16). 제사에 앞서 희생 제물에 안수하는 의식은 속죄제의 경우와 같습니다. 속죄제는 제물의 기름만 하나님께 드리지만, 번제는 양을 온전히 불태워 하나님께 바칩니다. 이는 숫양 하나를 취하여 번제단 위에 사름으로써 자신을 온전히 불태워 하나님께 바친다는 헌신을 상징합니다. 본문에서 "뿌리고"란 그릇에 담긴 희생 제물의 피를 단 주위에 골고루 뿌리는 행위를 말하는데, 모든 죄는 피로써 속한다는 원리에 따라 번제단을 먼저 속죄하여 정결케 합니다. 예수님은 세상 죄를 지고 가는 어린 양으로서 우리의 죄를 위해 십자가에서 그 피를 쏟으셨습니다. "예수의 거니심을 보고 말하되 보라 하나님의 어린 양이로다"(요 1:36), "그 중 한 군인이 창으로 옆구리를 찌르니 곧 피와 물이 나오더라"(요 19:34).

다음은 번제물을 드리는 순서입니다. 그 숫양의 각을 뜨고 그 장부와 다리는 씻어 각을 뜬 고기와 그 머리와 함께 두고(출 29:17). 본문의 "각을 뜨고"란 제물의 봉헌을 위해 제물을 일정한 덩어리로 자르는 것을 의미하며, "장부"란 제물의 내장을 말합니다. 내장은 피 때문에, 다리는 제물의 발에 묻은 먼지나 오물 때문에 깨끗이 씻어야 하는데, 번제는 속죄제와는 달리 내장 뿐 아니라 고기와 머리, 다리까지 모두 단 위에서 태우기 때문입니다. 번제물은 인간의 죄를 짊어진 속죄제물이 아니라 하나님께 대한 인간의 온전한 헌신을 상징하는 자원 제물입니다.

번제에 대한 규례입니다. 그 숫양 전부를 제단 위에 불사르라 이는 여호와께 드리는 번제요 이는 향기로운 냄새니 여호와께 드리는 화제니라(출 29:18). "번제"란 '올라감'이라는 뜻으로, 희생 제물의 가죽을 제외한 모든 부분을 태워 그 연기와 향기가 온전히 하늘로 올라가도록 드리는 제사입니다. 제사장 위임식에서 속죄제에 이어 번제를 드리는 것은 회개에 따른 완전한 헌신을 나타냅니다. 이는 우리를 대신하신 그리스도의 완전한 순종을 예표합니다. 본문의 "향기로운 냄새"란 '편안한 향기' 라는 뜻으로, 제물이 하나님께 열납되어 죄로 인한 진노가 멈추고 평화로운 상태가 되었다는 의미입니다. 이는 하나님께서 만족스러워 하시는 것을 묘사한 말로, 하나님께서 받으시기에 즐거운 영적 제사가 되었다는 의미입니다. "화제"(火祭)란 불로 드리는 제사를 총칭하는데, 이는 제사의 종류가 아니라 제사 드리는 4가지 방법 중 하나입니다.[127] 제물을 불에 태워 드리는 것으로 번제(burnt offering), 소제(grain offering), 화목제(peace offering), 속죄제(sin offering), 속건제(trespass offering)[128] 등이 있습니다.

죄와 관련하여 드릴 때 번제는 속죄의 기능을 합니다. "그는 번제물의 머리에 안수할지니 그를 위하여 기쁘게 받으심이 되어 그를 위하여 속죄가 될 것이라"(레1:4). **죄와 관계없이 드릴 때는 하나님께 대한 전적인 헌신과 신뢰를 나타냅니다. 이삭을 바치는 아브라함의 번제(창22:), 시내 산에서 언약을 세우며 드린 번제(출 24:3-8), 엘리야의 갈멜 산상에서의 번제(왕상18:38-39) 등 입니다. 이외에 상번제와 감사의 번제도 있습니다.**

127) 화제 이외의 제사 방법으로는 요제(搖祭, 제물을 흔들어서 드림), 거제(擧祭, 제물을 손으로 높이 들어서 드림), 전제(奠祭, 잔에 술이나 포도주나 피를 부어서 드림)가 있습니다.

128) 속건제는 하나님과 사람에게 지은 과실에 대하여 용서를 구하며 손해배상을 위해 1/5을 더하여 드렸던 제사입니다.

위임식 규례 - (3) 화목제

제사장 위임식의 화목 제물에 대한 규례입니다. 너는 다른 숫양을 택하고 아론과 그 아들들은 그 숫양의 머리 위에 안수할지며(출 29:19). "다른 숫양"이란 위임식을 위해 준비된 세 제물 곧 수소 하나와 숫양 둘 중 마지막 것으로 '위임식의 숫양'이라고 불리는 화목 제물입니다. "또 다른 숫양 곧 위임식의 숫양을 드릴새 아론과 그의 아들들이 그 숫양의 머리에 안수하매"(레 8:22). 화목제는 하나님과의 화목과 친교를 나타내는 제사로 소제와 함께 드립니다.

다음은 제사장 위임식 중 특별히 본문에만 언급된 의식입니다. 너는 그 숫양을 잡고 그것의 피를 가져다가 아론의 오른쪽 귓부리와 그의 아들들의 오른쪽 귓부리에 바르고 그 오른손 엄지와 오른발 엄지에 바르고 그 피를 제단 주위에 뿌리고(출 29:20). 화목 제물인 숫양의 피를 제사장의 이러한 신체 부위에 바르는 것은 하나님께 대한 제사장의 전적인 헌신과 순종에 대한 상징입니다. 제사장의 귓부리에 화목 제물의 피를 바른 것은 귀를 정결히 하고 거룩하게 하는 의식으로, 하나님의 세미한 음성까지도 잘 듣고 순종하라는 의미입니다.[129] "내가 누구에게 말하며 누구에게 경책하여 듣게 할꼬 보라 그 귀가 할례를 받지 못하였으므로 듣지 못하는도다"(렘 6:10). 또한 귀는 예속을 의미하는데, 히브리 종이 자의로 자신의 귀에 구멍을 뚫게 하면 그 종은 일평생 상전에게 예속된 사람으로 충성을 다할 것을 의미하는 것이 됩니다(출21:6). 오른손 엄지

129) Calvin은 귀는 순종을, 손과 발은 인생의 모든 행동과 과정을 상징한 것으로 봅니다. John Calvin, *Calvin's Old Testament Commentaries: Harmony of Exod., Lev., Deut., Numb Vol. II*, 211.

에 피를 바른 것은 열심히 봉사해야 하는 것을 상징합니다. 곧 섬기는 자의 모습으로 이 땅에 오신 예수님을 본받아 희생적인 봉사를 아끼지 말아야 할 것을 나타냅니다. "인자가 온 것은 섬김을 받으려 함이 아니라 도리어 섬기려 하고 자기 목숨을 많은 사람의 대속물로 주려 함이니라"(막 10:45). 또한 오른발 엄지에 피를 바르는 것은 부정한 곳을 삼가고 성결한 삶에 힘써야 함을 상징합니다. "내가 주의 말씀을 지키려고 발을 금하여 모든 악한 길로 가지 아니하였사오며"(시 119:101). 곧 그들의 전인격을 하나님을 섬기는데 온전히 바칠 것을 의미하는 행동입니다.

피와 관유를 뿌립니다. 제단 위의 피와 관유를 가져다가 아론과 그의 옷과 그의 아들들과 그의 아들들의 옷에 뿌리라 그와 그의 옷과 그의 아들들과 그의 아들들의 옷이 거룩하리라(출 29:21). 숫양의 피 중 단 위에 뿌리고 남은 피 곧 위임식에 쓸 숫양의 피 일부를 관유와 섞어 아론과 그의 옷에 뿌리며 또한 아들들에게도 이같이 합니다. 본문의 "뿌리라"는 말씀은 조금씩 뿌리는 것에 대한 묘사로, 그들의 옷이 피 뿌림을 받으면 그 옷들 또한 거룩하게 된다는 의미입니다. 이는 피에 의해 그 옷을 입는 제사장의 죄가 가려지며, 기름에 의해 거룩히 구별되는 것을 나타내기 위함입니다.

제물의 가장 좋은 부위를 하나님께 드립니다. 또 너는 그 숫양의 기름과 기름진 꼬리와 그것의 내장에 덮인 기름과 간 위의 꺼풀과 두 콩팥과 그것들 위의 기름과 오른쪽 넓적다리를 가지라 이는 위임식의 숫양이라(출 29:22). 다른 희생 제물과 달리 숫양의 경우 "기름진 꼬리" 부위도 하나님께 드려졌는데, 다른 부위에 더하여 꼬리까지 바친 것은 숫양의 모든 것을 하나님께 드린다는 의미입니다. "그는 그 화목제의 제물 중에서 여호와께 화제를 드릴지니 그 기름 곧 미골에서 벤 기름진 꼬리와"(레

3:9). 본문의 "위임식의 숫양"이란 '채움의 양'(ram of filling)이라는 뜻으로, 속죄제 수송아지와 번제 숫양에 이어 화목제 숫양을 드림으로 아론과 그의 아들들이 비로소 제사장직을 수행할 수 있게 된 데서 비롯된 명칭입니다. 이 숫양이 드려짐으로써 제사장의 위임식에 드려진 모든 제사 곧 속죄제, 번제, 화목제가 완료되고, 제사장들이 공적으로 제사장의 권한을 위임받게 됩니다.

화목제는 소제와 함께 바칩니다. 또 여호와 앞에 있는 무교병 광주리에서 떡 한 개와 기름 바른 과자 한 개와 전병 한 개를 가져다가 그 전부를 아론의 손과 그의 아들들의 손에 주고 그것을 흔들어 여호와 앞에 요제를 삼을지며(출 29:23-24). "무교병 광주리"란 소제물이 담긴 용기를 말하는 것으로, 화목제는 소제와 함께 바쳐졌습니다. 또한 "주고"란 모세가 소제물과 함께 화목 제물을 아론과 그 아들들의 손에 넘겨줌으로써, 그들을 제사장에 임명하는 것을 상징하는 행위입니다. 그리고 "요제"(תְּנוּפָה, 테누파, wave offering)[130]란 제물을 흔들어서 바치는 제사를 말합니다. 이 흔드는 행위는 비록 제물의 일부를 하나님 앞에 들어서 드리지만 실상은 모든 제물을 하나님께 드린다는 의미입니다. 또한 하나님께 바쳤던 것을 다시금 제사장이 자신의 양식으로 되받는 것을 표현합니다. 제물이 먼저 아론의 손에 놓이고 그 다음 아들들의 손에 놓였는데, 이는 지금까지 모세가 수행해 오던 제사장 직분을 아론과 그 자손에게 위임하였음을 나타냅니다.

130) 이러한 요제는 치유된 나환자의 속건제, 첫 열매의 곡식단, 칠칠절 때 드리는 두 떡덩이 등을 하나님께 바칠 때 드려집니다. "제사장은 속건제의 어린 양과 기름 한 록을 가져다가 여호와 앞에 흔들어 요제를 삼고"(레 14:24), "너희 처소에서 십 분의 이 에바로 만든 떡 두 개를 가져다가 흔들지니 ~ 이는 첫 요제로 여호와께 드리는 것이며"(레 23:17).

위임식이 끝나기까지 모세가 제사를 집전합니다. 너는 그것을 그들의 손에서 가져다가 제단 위에서 번제물을 더하여 불사르라 이는 여호와 앞에 향기로운 냄새니 곧 여호와께 드리는 화제니라(출 29:25). 지금 모세가 아론과 그 아들들에게 제사장직을 위임하고 있는데, 하나님께서 이 위임식 제사까지는 그들에게 주었던 제물들을 다시 돌려받아 모세가 계속 집전하라고 하십니다. 본문의 "번제물을 더하여"란 위의 번제물 위에 요제로 드린 떡과 과자와 전병을 더하여 불살라 드리라는 것이고, "향기로운 냄새"란 하나님께서 기쁘게 받으신 것을 의미합니다.

화목제의 예배자가 제물 일부를 먹는 것은 하나님과 화목을 즐거워하며, 하나님께 열납되었음을 의미합니다. 히브리서는 이 의식이 예표임을 말합니다. "주께서는 제사와 예물과 번제와 속죄제는 원하지도 아니하고 기뻐하지도 아니하신다 하셨고 (이는 다 율법을 따라 드리는 것이라) 그 후에 말씀하시기를 보시옵소서 내가 하나님의 뜻을 행하러 왔나이다 하셨으니 그 첫째 것을 폐하심은 둘째 것을 세우려 하심이라"(히 10:8-9).

제사장의 분깃

다음은 모세의 몫입니다. 너는 아론의 위임식 숫양의 가슴을 가져다가 여호와 앞에 흔들어 요제를 삼으라 이것이 네 분깃이니라(출 29:26). "분깃"이란 '받을 권리가 있는 몫'이라는 뜻으로, 제사장에게 할당된

몫을 의미합니다. 희생 제사 가운데 대제사장이나 이스라엘 온 회중을 위한 속죄제를 제외한 대개의 경우, 제사장은 하나님께 드린 제물 이외의 남은 부분을 그들의 몫으로 취하게 됩니다. 번제의 경우에는 제물의 가죽이, 소제의 경우에는 불살라 하나님께 드린 곡물 이외의 곡물이 제사장의 몫입니다. "그 소제물의 남은 것은 아론과 그의 자손에게 돌릴지니 이는 여호와의 화제물 중에 지극히 거룩한 것이니라"(레 2:3). 또한 화목제의 요제와 거제로 드려진 부분과, 백성들의 속죄제나 속건제에서 하나님께 드려진 부위를 제외한 나머지 고기가 제사장의 몫이 됩니다. "내가 이스라엘 자손의 화목제물 중에서 그 흔든 가슴과 든 뒷다리를 가져다가 제사장 아론과 그의 자손에게 주었나니 이는 이스라엘 자손에게서 받을 영원한 소득이니라"(레 7:34), "속죄제와 속건제는 규례가 같으니 그 제물은 속죄하는 제사장에게로 돌아갈 것이요"(레 7:7). 본문은 모세가 아직 제사장 역할을 하고 있기 때문에 그 몫이 모세에게 간 것입니다.

제사장의 분깃입니다. 너는 그 흔든 요제물 곧 아론과 그의 아들들의 위임식 숫양의 가슴과 넓적다리를 거룩하게 하라 이는 이스라엘 자손이 아론과 그의 자손에게 돌릴 영원한 분깃이요 거제물이니 곧 이스라엘 자손이 화목제의 제물 중에서 취한 거제물로서 여호와께 드리는 거제물이니라(출 29:27-28). "영원한 분깃"이란 화목 제물 중 요제로 드려진 가슴 부위와 거제로 드려진 오른쪽 뒷다리는 대대로 아론과 그 후손 제사장들의 몫이 되게 하라는 뜻입니다. 당시 제사장은 오직 성막에서 봉사하는 일에만 전념하였기 때문에 하나님은 그들에게 제사를 드리고 난 제물이나 첫 소산물과 백성이 특별히 드린 것을 그들의 분깃으로 주셨습니다. 이는 하나님을 섬기는 제사장들의 생계를 위한 하나님의 배려입니다. "화목제"[131]란 하나님과의 화목과 친교를 위해 자발적으로 드리는 제사로, '감사의 제물'이라고도 합니다. "솔로몬이 깨어보니 꿈이더라 이에 예루살렘에 이르러 여호와의 언약궤 앞에 서서 번제와 감사의 제물을 드리고 모든 신하들을 위하여 잔치하였더라"(왕상 3:15). 이는 신약의 성찬 예식에 해당하는 것으로, 그리스도의 속죄의 은혜를 즐겁게 누림을 예표합니다.

대제사장직은 세습됩니다. 아론의 성의는 후에 아론의 아들들에게 돌릴지니 그들이 그것을 입고 기름 부음으로 위임을 받을 것이며(출 29:29). 대제사장직은 종신 세습제로 아론이 죽은 후, 그 직분은 장자에게로 돌아갑니다. 하지만 아론의 장자 나답과 차자 아비후가 죽고 없으므로, 아론은 죽기 직전 호르 산에서 그의 셋째 아들 엘르아살에게 대제사장 의복을 넘겨주었습니다. "모세가 아론의 옷을 벗겨 그의 아들 엘르아살에게 입히매 아론이 그 산 꼭대기에서 죽으니라"(민 20:28). 제사장 위임식은 7일 동안 거행됩니다. 그를 이어 제사장이 되는 아들이 회막에 들어가서 성소에서 섬길 때에는 이레 동안 그것을 입을지니라(출 29:30). 위임식이 일주일간 계속된 것은 제사장을 완전하게 성별한다는 상징적 의미가 있습니다. "위임식은 이레 동안 행하나니 위임식이 끝나는 날까지 이레 동안은 회막 문에 나가지 말라"(레 8:33). 성경에서 '7'은 거룩과 완전을 상징하는 수입니다.

131) 화목제는 이 외 칠칠절 때, 나실인 서원이 마칠 때, 온역 중단 시, 영적 부흥의 때에 드립니다. "일 년 된 어린 숫양 두 마리를 화목제물로 드릴 것이요"(레 23:19), "자기의 몸을 구별한 나실인은 회막 문에서 자기의 머리털을 밀고 그것을 화목제물 밑에 있는 불에 둘지며"(민 6:18), "그 곳에서 여호와를 위하여 제단을 쌓고 번제와 화목제를 드렸더니 ~ 이스라엘에게 내리는 재앙이 그쳤더라"(삼하 24:25).

하나님은 아론의 가족을 이스라엘의 유일하고 합법적인 제사장 가문으로 삼으시고 하나님께 봉사하게 하셨습니다. 뿐만 아니라 자신의 종들에게 분깃을 주셔서 생활에 대한 어려움 없이 전심으로 하나님을 섬길 수 있도록 하셨습니다. "곡식 떠는 소에게 망을 씌우지 말지니라"(신 25:4).

제사장의 음식

위임받은 제사장의 음식입니다. 너는 위임식 숫양을 가져다가 거룩한 곳에서 그 고기를 삶고 아론과 그의 아들들은 회막 문에서 그 숫양의 고기와 광주리에 있는 떡을 먹을지라(출 29:31-32). 아론과 그 아들들이 먹을 수 있는 부분은 하나님께 제물로 태워 드린 부분 이외에 모든 것입니다. 화목 제물은 타인이 드렸을 경우 타인과 함께 먹었으나, 위임식 때와 같이 제사장들이 드렸을 경우 제사장들만 먹었습니다. 그러나 속죄 제물일 경우에는 타인이 드렸든지 제사장들이 드렸든지 오직 제사장들만 먹을 수 있습니다. 번제의 경우는 모든 부분이 불태워지기 때문에 가죽만 가졌습니다. "번제를 드리는 제사장 곧 그 제사장은 그 드린 번제물의 가죽을 자기가 가질 것이며"(레 7:8). 본문의 "거룩한 곳"이란 성막 뜰의 회막 문 앞을 말합니다. "너희는 회막 문에서 그 고기를 삶아"(레 8:31). "광주리에 있는 떡"이란 소제로 드려진 무교병과 무교과자와 무교전병을 말합니다. 소제는 화목제와 함께 드려졌기 때문에 화목제 숫양의 고기를 먹을 때 이 광주리에 있는 곡물 제물도 함께 먹습니다. 이는 일반 화목제나 위임식의 화목제가 동일합니다. “떡을 먹을지라”라고 하신 것은 하나님 앞에 제물을 바치고 화목한 자들이 하나님의 은혜를 기쁨으로 누리라는 말씀입니다.

위임식 제물은 제사장들만 먹을 수 있습니다. 그들은 속죄물 곧 그들을 위임하며 그들을 거룩하게 하는 데 쓰는 것을 먹되 타인은 먹지 못할지니 그것이 거룩하기 때문이라(출 29:33). “속죄물”은 속죄제 제물만이 아니라 번제 제물과 화목제 제물까지 포함하는데, 번제나 화목제도 피뿌림 의식으로 죄를 속하는 효과를 가지기 때문입니다. 일반적인 화목제물은 제사 드리는 자와 제사장이 희생 제물을 할당받아 함께 먹지만, 위임식의 화목 제물은 제사장 위임을 위해 드려졌기 때문에 일반 백성들은 먹을 수 없고 위임받은 제사장들만 먹을 수 있었습니다. “속죄제 제물은 지극히 거룩하니 여호와 앞 번제물을 잡는 곳에서 그 속죄제 제물을 잡을 것이요 죄를 위하여 제사 드리는 제사장이 그것을 먹되 곧 회막 뜰 거룩한 곳에서 먹을 것이며”(레 6:25-26).

위임식 제물은 당일에만 먹을 수 있습니다. 위임식 고기나 떡이 아침까지 남아 있으면 그것을 불에 사를지니 이는 거룩한즉 먹지 못할지니라(출 29:34). 위임식 제물은 그날 다 먹지 못하면 불태워야 합니다. 이는 거룩한 예물의 위엄을 지키고, 하나님 앞에 드려진 제물이 소홀히 취급되어 다른 목적에 사용되지 않게 하려는 의도입니다. 이 모든 것은 하나님께 예배드리는데 조금이라도 오점이 스며들지 못하게 하기 위함입니다.

제사장의 위임식은 장차 나타날 영원한 대제사장의 그림자로, 예수님은 송아지나 양의 피가 아니라 자신의 피로 성별되셨습니다. 한편 성도는 그리스도의 피로 씻음을 받아서 제사장이 되었습니다. "그의 피로 우리 죄에서 우리를 해방하시고 그의 아버지 하나님을 위하여 우리를 나라와 제사장으로 삼으신 그에게"(계 1:5-6).

제단의 속죄 의식

위임식은 7일 동안 진행됩니다. 너는 내가 네게 한 모든 명령대로 아론과 그의 아들들에게 그같이 하여 이레 동안 위임식을 행하되(출 29:35). 제사장직 위임식은 7일간 매일 한 번씩 행하여 총 일곱 번 반복합니다. 이는 위임받은 제사장이 위임식의 여러 의미들을 철저하게 깨닫고 하나님 앞에 순종하며 헌신하도록 하기 위함입니다. 제단을 위한 속죄의식입니다. 매일 수송아지 하나로 속죄하기 위하여 속죄제를 드리며 또 제단을 위하여 속죄하여 깨끗하게 하고 그것에 기름을 부어 거룩하게 하라(출 29:36). 위임식에서 제사장만이 아니라 제단까지 속죄 의식을 통해 성결케 한 것은 위임식이 얼마나 거룩하게 진행되는지 보여줍니다. 제단도 부정한 사람의 손으로 만들어 부정한 것으로 간주되므로 거룩하게 하기 위한 의식을 행해야 합니다. 제단의 속죄 의식의 순서는 다음과 같습니다. 먼저 수소의 피를 뿔들에 바르고, 남은 피를 단 밑에 쏟으며, 마지막으로 단에 기름을 부어 성결하게 합니다. 성경에서 기름을 붓는 행위는 하나님께 바칠 성물과 제사장을 성별할 때 행하는 의식입니다. "모세가 장막 세우기를 끝내고 그것에 기름을 발라 거룩히 구별하고 또 그 모든 기구와 제단과 그 모든 기물에 기름을 발라 거룩히 구별한 날에"(민 7:1).

제사장 위임식과 마찬가지로 제단의 속죄 의식도 일곱 번 반복되었습니다. 너는 이레 동안 제단을 위하여 속죄하여 거룩하게 하라 그리하면 지극히 거룩한 제단이 되리니 제단에 접촉하는 모든 것이 거룩하리라(출 29:37). 속죄제를 지내는 동안 단을 위해서도 속죄해야 합니다. 7일 동안 매일 제사를 반복하여 드린 일은 그 위임식이 얼마나 엄숙한 것이며 중요한 의미를 지니고 있는지 강조합니다. 이렇듯 7일간 계속 피를 뿌리고 기름을 바르는 성결 의식을 통하여 하나님께서 제단을 "지극히 거룩하게" 하셨기 때문에 제단에 접촉하는 모든 것이 거룩하게 됩니다. 단 위에 놓이는 것은 하나님의 소유로 인정되기 때문에 거룩해지는 것입니다. 이는 인류가 범죄하므로 만물까지 저주를 받았지만 모든 것이 그리스도의 피로 구속된다는 것을 알게 합니다. "그의 십자가의 피로 화평을 이루사 만물 곧 땅에 있는 것들이나 하늘에 있는 것들이 그로 말미암아 자기와 화목하게 되기를 기뻐하심이라"(골 1:20).

제사를 드리는 단까지 거룩하게 하기 위한 의식을 행해야 한다는 사실은 모든 것이 오직 피를 통한 속죄에 의해서만 화목될 수 있다는 것을 보여줍니다. 예수님께서 친히 희생 제물이 되시고 피를 다 쏟으시므로 우리와 모든 피조물의 죄악을 도말하신 것입니다.

상번제에 관한 규례

제사장들은 절기 제사만이 아니라 매일 아침 저녁으로 번제와 소제와 전제 등을 드려야 합니다. 매일 드릴 제사입니다. 네가 제단 위에 드릴 것은 이러하니라 매일 일 년 된 어린 양 두 마리니 한 어린 양은 아침에 드리고 한 어린 양은 저녁 때에 드릴지며(출 29:38-39). 제사장은 이스라엘이 하나님의 백성임을 인정하고 그들 자신들을 산제물로 드린다는 의미로 매일 번제를 드려야 합니다.[132] 상번제(the continual sacrifice)는 아침 곧 하루 일과를 시작하기 전에 드려지며, 또한 하루 일과를 마무리 하는 저녁에 드려지게 됩니다. 이같이 하나님께 제사드리는 일로 하루를 시작하고 하루를 마감합니다.[133] 하나님은 모든 세대에 걸쳐 이를 드리도록 명하셨는데, 이는 하나님과 계속적으로 화목하는 것이 필요하다는 것을 생각나게 하기 위한 것입니다.

상번제에는 소제와 전제도 포함됩니다. 한 어린 양에 고운 밀가루 십분의 일 에바와 찧은 기름 사분의 일 힌을 더하고 또 전제로 포도주 사분의 일 힌을 더할지며(출 29:40). "고운 밀가루"와 "기름"은 소제를 위한 것이며, "포도주"는 전제를 위한 것입니다. "에바"는 곡물 등을 재는 단위로 약 22리터에 해당하며, "십분의 일 에바"란 한 오멜을 말합니다. "힌"(Hin)[134]이란 액체를 측량하는 단위로, 1힌은 약 3.6리터에 해

132) 누가복음의 목자들은 성전에서 매일 드려지는 제사에 쓰일 양을 치던 사람들로 추정됩니다. "그 지역에 목자들이 밤에 밖에서 자기 양 떼를 지키더니"(눅 2:8).

133) 이스라엘 모든 사람의 죄를 위해 하루에 두 번 번제로 드린다고 합니다. 12시간의 간격을 두고 밤과 낮의 죄를 위해 하나님의 용서를 구하는 제물입니다. Douglas K. Stuart, *Exodus: The New American Commentary Vol. 2*, 629.

134) '힌' 은 원래 물이나 술을 담는 단지를 말하는데, 후에 이 단지의 용량이 액

당합니다. 이스라엘은 회막에서 매일 1년 된 양 두 마리를 아침과 저녁에 한 마리씩 바쳐야 합니다. 매 제사마다 양과 함께 고운 밀가루 1/10에바(2.2리터)와 기름 1/4힌(0.9리터)은 소제물로 바치고, 포도주 1/4힌은 부어드리는 전제물로 드립니다. 이것은 아침과 저녁에 드려지게 되는데, 이같이 정해진 시간에 드리는 제사가 후에 시간을 정해 놓고 드리는 기도로 연결되었습니다. "제 구 시 기도 시간에 베드로와 요한이 성전에 올라갈새"(행 3:1).

소제는 곡식 가루와 기름을 섞은 것을 드리는 제사로 피 없는 제사입니다. 한 어린 양은 저녁 때에 드리되 아침에 한 것처럼 소제와 전제를 그것과 함께 드려 향기로운 냄새가 되게 하여 여호와께 화제로 삼을지니(출 29:41). "소제"(grain offering)는 '선물'이라는 뜻으로 구약의 제사 중 하나이며, 떡, 첫 열매, 고운가루, 기름 등을 봉헌하는 제사입니다. 이는 피 흘림이 없이는 사함이 없다는 구약의 제사 원리에 따라 반드시 다른 피흘림의 제사를 수반합니다. 주로 번제 뒤에 따르며, 가루와 기름의 양은 희생 제물에 따라 정해졌습니다. 이 소제는 하나님께 대한 감사와 헌신을 상징하는 제사로, 제사 후 남은 부분은 제사장의 분깃이 되었습니다. "전제"(drink offering)는 하나님을 섬기는 자들의 헌신적인 봉사를 상징하며, 일반적으로 포도주를 제물 위에 부어 드리는 제사입니다.[135] 전제는 상번제 및 안식일과 월삭의 제사 때 드려졌습니다. "안식일에는 ~ 기름 섞은 소제와 그 전제를 드릴 것이니, 그 전제는 ~

체 측정의 기준이 되었습니다.

135) William Whiston tr., *Josephus: Complete Works*, Antiquities of the Jews III. ix., 79.

일 년 중 매월 초하루의 번제며"(민 28:9, 14).

제사 드릴 장소입니다. 이는 너희가 대대로 여호와 앞 회막 문에서 늘 드릴 번제라 내가 거기서 너희와 만나고 네게 말하리라(출 29:42). "여호와 앞 회막 문"이란 성소 앞뜰에 놓여 있는 번제단을 말하는데, 번제단이 회막 입구 바로 안쪽에 있기 때문에 이같이 언급되고 있습니다. 이곳은 하나님께서 선택하여 지정하신 곳으로 백성을 만나실 장소입니다. 위의 "늘 드릴 번제"란 상번제를 말합니다. 번제 중에는 이같이 항상 아침과 저녁으로 계속 드려야 하는 상번제가 있고, 때에 따라 드리는 특별 번제가 있습니다. 하나님은 회막을 통해 백성들과 보다 직접적인 교제를 나누기 원하셨습니다. 내가 거기서 이스라엘 자손을 만나리니 내 영광으로 말미암아 회막이 거룩하게 될지라(출 29:43). 여기서 "만나리니"란 결혼을 약속하고 만나는 것처럼 뜨거운 관심과 사랑으로 만나는 것을 의미합니다.

하나님은 이스라엘 자손 중에 거하시며 그들의 하나님이 되십니다. 내가 그 회막과 제단을 거룩하게 하며 아론과 그의 아들들도 거룩하게 하여 내게 제사장 직분을 행하게 하며 내가 이스라엘 자손 중에 거하여 그들의 하나님이 되리니 그들은 내가 그들의 하나님 여호와로서 그들 중에 거하려고 그들을 애굽 땅에서 인도하여 낸 줄을 알리라 나는 그들의 하나님 여호와니라(출 29:44-46). "이스라엘 자손 중에"란 하나님께서 이스라엘 가운데에 거하시겠다는 의미입니다. 곧 성막의 위치가 이스라엘 진의 중앙에 위치하는 것에서 입증되듯이, 하나님께서 그의 백성의 중심에 함께 하시겠다는 말씀입니다. "내가 내 성막을 너희 중에 세우리니 ~ 나는 너희 중에 행하여 너희의 하나님이 되고 너희는 내 백성이 될 것이니라"(레

26:11-12). 또한 "거하여"란 하나님께서 이스라엘과 동고동락하며 영원히 함께 하시는 것을 말합니다. "그들의 하나님이 되리니"라는 말씀은 하나님께서 이같이 성막을 세우시고 제사장을 세우신 것은 이스라엘의 하나님이 되시고, 그들을 통해 찬양과 경배를 받으시기 위함이라는 의미입니다. 그리고 "알리라"는 말씀은 백성들이 하나님께서 하신 일을 실제로 역사적 경험을 통해 깨닫고 인정하게 되리라는 의미입니다.

상번제의 두 어린 양은 하루의 시작과 끝인 아침과 저녁에 제사를 드림으로 그날을 온전히 하나님께 드린다는 의미입니다. 이는 그리스도의 오심으로 끝나게 되지만, 성도들이 날마다 자신을 거룩한 산제사로 드려야 함을 가르쳐 줍니다. "너희 몸을 하나님이 기뻐하시는 거룩한 산 제물로 드리라 이는 너희가 드릴 영적 예배니라"(롬 12:1).

❖제사장 제도에 관한 구속사적 이해❖

하나님께서 이스라엘을 구해내신 것은 그들을 거룩한 백성으로 삼으시고, 그들을 통하여 하나님의 뜻을 이 땅에 실현시키기 위함입니다. "너희는 나에게 거룩할지어다 이는 나 여호와가 거룩하고 내가 또 너희를 나의 소유로 삼으려고 너희를 만민 중에서 구별하였음이니라"(레 20:26). 타락 이후 구약 시대에는 누구도 거룩하신 하나님 앞에 설 수 없었기 때문에, 이스라엘 백성들이 직접 제사를 드리지 못했고 특별히 위임된 제사장이 필요했습니다. 오직 제사장들만이 희생 제물의 피를 의지하여 하나님 앞에 나아갈 수 있었습니다. 하나님은 아론의 혈통으로만 거룩한 중보의 직무를 담당하게 하셨는데, 이는 중보사역을 감당하실 예수님 사역에 대한 예표입니다. "오직 흠 없고 점 없는 어린 양 같은 그리스도의 보배로운 피로 된 것이니라"(벧전 1:19).

지성소에는 일 년에 한 번 속죄일에만 대제사장이 들어갈 수 있었습니다. "여호와께서 모세에게 이르시되 네 형 아론에게 이르라 성소의 휘장 안 법궤 위 속죄소 앞에 아무 때나 들어오지 말라 그리하여 죽지 않도록 하라 이는 내가 구름 가운데에서 속죄소 위에 나타남이니라"(레 16:2). 평소에는 화려한 의복을 착용하던 대제사장이 일 년에 단 한 번, 대속죄일에는 오직 흰 옷만을 입고 들어가 민족 전체의 죄를 속죄하는 제사를 드립니다. "이스라엘 자손의 모든 죄를 위하여 일 년에 한 번 속죄할 것이니라"(레 16:34). 그러나 예수님의 죽음으로 이 휘장은 더 이상 필요 없게 되었습니다. "이에 성소 휘장이 위로부터 아래까지 찢어져 둘이 되고"(마 27:51). 완전한 희생 제물이시며 영원한 중보자이신 예수님의 구속사역이 성취된 이후 더 이상 제사장이 필요치 않게 되었습니다. 이제 우리는 이스라엘의 제사장과는 달리 믿음으로 의롭다 하심을 얻고 예수님의 이름을 의지하여 하나님 앞에 서게 되었습니다.

예수님을 통하지 않고는 아무도 하나님을 만날 수 없습니다. 오직 예수님만이 하나님께서 보내신 중보자입니다. "예수께서 이르시되 내가 곧 길이요 진리요 생명이니 나로 말미암지 않고는 아버지께로 올 자가 없느니라"(요 14:6). 예수님께서 죄 값을 다 지불하시고 우리에게 의인의 신분을 주셨습니다. "한 사람이 순종하지 아니함으로 많은 사람이 죄인 된 것 같이 한 사람이 순종하심으로 많은 사람이 의인이 되리라"(롬 5:19). 이제 우리는 더 이상 죄인이 아니기 때문에 누구나 예수님의 피 공로에 의지하여 담대하게 하나님 앞에 나아갈 수 있게 된 것입니다. "너희도 산 돌 같이 신령한 집으로 세워지고 예수 그리스도로 말미암아 하나님이 기쁘게 받으실 신령한 제사를 드릴 거룩한 제사장이 될지니라"(벧전 2:5). 구약의 제사장 제도는 신약의 성도들이 제사장으로서 누리게 될 축복을 예시합니다. "그러나 너희는 택하신 족속이요 왕 같은 제사장들이요 거룩한 나라요 그의 소유가 된 백성이니 이는 너희를 어두운 데서 불러 내어 그의 기이한 빛에 들어가게 하신 이의 아름다운 덕을 선포하게 하려 하심이라"(벧전 2:9).

제18장
성막 기물에 관한 규례

분향단에 관한 규례

본장은 출애굽기 27장에 이어지는 성막 기물 중 분향단, 물두멍, 향유에 관한 규례입니다. 분향단에 관한 말씀입니다. 너는 분향할 제단을 만들지니 곧 조각목으로 만들되 길이가 한 규빗, 너비가 한 규빗으로 네모가 반듯하게 하고 높이는 두 규빗으로 하며 그 뿔을 그것과 이어지게 하고 (출 30:1–2). 분향단은 조각목으로 만든 길이와 너비가 1규빗(45cm), 높이가 2규빗(90cm)의 정사각형 제단입니다. 여기서 "분향할"이란 향의 연기를 강조하는 말입니다. 분향단 역시 번제단처럼 네 귀퉁이에 뿔이 솟아있는데, 이는 하나님의 능력과 보호하심을 상징합니다. 분향단은 '향단' 또는 조각목에 금을 입혔으므로 '금 향단', '금단' 혹은 '금 제단'이라고도 합니다. "또 향단에 쓸 순금과"(대상 28:18), "그가 또 금 향단을 회막 안 휘장 앞에 두고"(출 40:26), "솔로몬이 또 여호와의 성전의 모든 기구를 만들었으니 곧 금단과"(왕상 7:48), "곧 금 제단과 진설병 상들과"(대하 4:19). 분향단은 성소와 지성소를 나누는 휘장 앞 성소의 중앙에 위치합니다.

분향단은 순금으로 쌉니다. 제단 상면과 전후좌우 면과 뿔을 순금으로 싸고 주위에 금 테를 두를지며 금 테 아래 양쪽에 금 고리 둘을 만들되 곧 그 양쪽에 만들지니 이는 제단을 메는 채를 꿸 곳이며(출 30:3-4). 분향단은 바닥을 제외한 모든 면을 금으로 싸야 합니다. 이는 하나님 나라의 영광과 존귀를 상징하는데, 금의 변치 않는 속성은 하나님 언약의 불변성을 나타냅니다. 위의 "금 테 아래 양쪽"이란 분향단 상단의 금테가 둘러쳐진 부분 바로 밑을 가리키며, 이곳 양편 고리에 채를 꿥니다. 이는 언약궤와 진설병상이 그 몸체의 아래 부분에 채가 꿰어져 있는 것과 차이가 있습니다. 언약궤와 진설병상은 금고리가 넷이고 번제단은 놋고리가 넷인데, 분향단은 작고 가볍기 때문에 운반용 고리로 두 개를 사용합니다. "제단을 메는 채"란 분향단을 운반하기 위한 긴 막대를 가리킵니다.

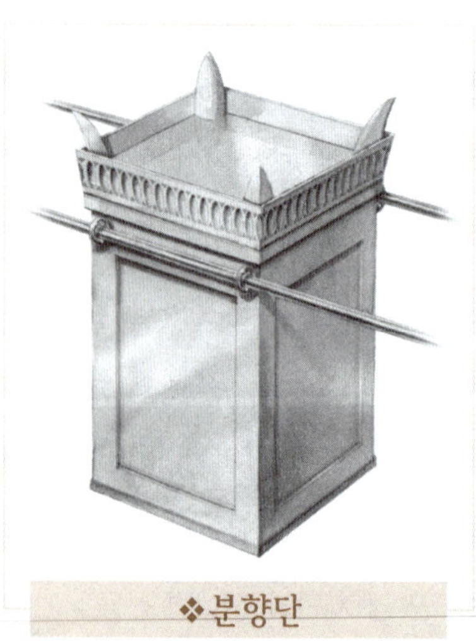
❖분향단

분향단의 운반용 채에 관한 규례입니다. 그 채를 조각목으로 만들고 금으로 싸고 그 제단을 증거궤 위 속죄소 맞은편 곧 증거궤 앞에 있는 휘장 밖에 두라 그 속죄소는 내가 너와 만날 곳이며(출 30:5-6). 채 역시 부속기구로서 성물에 속하기 때문에 조각목으로 만든 뒤 순금으로 입힙니다. 분향단은 성소 휘장 앞에 놓이므로 성소의 여러 기물 중 속죄소에 가장 가까이 있게 됩니다. 속죄소는 하나님의 임재를 상징하는 처소이며, 분향단 위에서 타오르는 향은 성도가 하나님께 드리는 간구와 기도를 상징합니다. 그러므로 분향단이 속죄소 가장 가까이에 위치해 있는 것은 하나님께서 성도들 가까이 계셔 항상 그 기도를 들어주심을 나타냅니다.

다음은 향을 사르는 규례입니다. 아론이 아침마다 그 위에 향기로운 향을 사르되 등불을 손질할 때에 사를지며 또 저녁 때 등불을 켤 때에 사를지니 이 향은 너희가 대대로 여호와 앞에 끊지 못할지며(출 30:7-8). "아침마다"란 분향의 때가 아침이어야 함을 강조하는데, 그 시간은 성소의 등불을 끄는 시간입니다. 제사장은 해가 돋을 때, 등불을 끄는 일과 향을 피우는 일로써 하루를 시작합니다. "등불을 손질할 때"란 심지를 다듬고 기름을 채워 저녁 등불을 켜기에 부족함이 없도록 준비하는 것을 말합니다. 아론은 아침과 마찬가지로 저녁에도 매일 등불을 켜면서 향의 연기를 피워야 했습니다.[136] 이는 성도의 기도가 향이 되어 하나님께 올라간 것과 같습니다. "네 생물과 이십사 장로들이 그 어린 양 앞에 엎드려 각각 거문고와 향이 가득한 금 대접을 가졌으니 이 향은 성도의 기도들이라"(계 5:8). 성경에서 향은 주로 성도의 기도를 상징합니다. "향연이 성도의 기도와 함께 천사의 손으로부터 하나님 앞으로 올라가는지라"(계 8:4). 이같이 매일 두 차례 드려지는 향을 사르는 의식은 성도들이 매일 끊임없이 기도해야 한다는 사실을 암시합니다. "쉬지 말고 기도하

136) Matthew Henry에 의하면, 매일 아침저녁으로 매회 약 반 파운드(225g) 가량의 향기로운 향을 태우지만, 속죄일에는 3파운드(1,350g)의 향을 준비했다고 합니다. Matthew Henry, *Matthew Henry's Commentary on the Whole Bible, Vol. I*, 400, 403.

라"(살전 5:17).

성소의 기구들은 그 목적에 합당하게 사용되어야 합니다. 너희는 그 위에 다른 향을 사르지 말며 번제나 소제를 드리지 말며 전제의 술을 붓지 말며(출 30:9). "다른 향"이란 규례대로 만들어지지 않은 향을 말합니다. 분향단은 오직 분향에만 사용되어야 하며 분향 외에 번제나 소제나 전제를 위해 사용되어서는 안 됩니다. 이는 분향단의 본래 의미를 잃지 않게 하고, 다른 제사로 분향단이 더러워지지 않도록 하기 위함입니다. 곧 하나님은 말씀하신 명령에 따라 드려진 예배만을 받으시며, 그 외의 방법으로 드리는 예배는 금하신다는 것을 알게 합니다. "전제의 술"이란 포도주나 독주를 말합니다. "전제로 포도주 사분의 일 힌을 더할지며"(출 29:40), "여호와께 독주의 전제를 부어 드릴 것이며"(민 28:7).

속죄일에는 분향단도 정결케 해야 합니다. 아론이 일 년에 한 번씩 이 향단 뿔을 위하여 속죄하되 속죄제의 피로 일 년에 한 번씩 대대로 속죄할지니라 이 제단은 여호와께 지극히 거룩하니라(출 30:10). "일 년에 한 번씩"이란 대속죄일(7월 10일)을 말합니다. 이 날에는 지성소와 성막 본체, 그리고 분향단을 포함한 성막 내의 모든 기구들이 하나님 앞에 합당한 기구가 되도록 피로써 정결하게 하였습니다. 하나님께서 대제사장으로 하여금 일 년에 한 번 분향단 뿔에 속죄의 피를 바르도록 하신 것은 성도의 기도가 하나님께 상달되기 위해서는 반드시 속죄의 피가 필요하다는 것을 깨닫도록 하기 위함입니다. 이는 그리스도의 피 공로 없이는 인간의 기도와 예배가 아무런 소용이 없다는 것을 암시합니다. 본문의 "지극히 거룩하니라"는 지성소에 주로 사용되는 말씀인데 분향단에 사용된 것은 분향단 역시 지성소 못지 않게 중요하다는 것을 나타냅니다. 이는 하나님께서 성도의 기도를 매우 귀하게 여기신다는 것을 알게 합니다. 속죄일에는 대제사장이 지성소에 들어가기 전 먼저 성막을 향의 연기로 가득 채워야 합니다. "여호와 앞에서 분향하여 향연으로 증거궤 위 속죄소를 가리게 할지니 그리하면 그가 죽지 아니 할 것이며"(레 16:13).

분향단 위에서 향이 타오르는 것은 우리가 드리는 기도의 향취가 하늘로 올라가는 것을 상징합니다. 우리의 기도가 하나님께 상달되는 이유는 예수님의 중보기도 때문입니다. 주님은 지금도 우리를 위해 하늘 보좌 우편에서 중보하고 계십니다. "그는 하나님 우편에 계신 자요 우리를 위하여 간구하시는 자시니라"(롬 8:34).

속전에 관한 규례

속전에 관한 말씀입니다. 여호와께서 모세에게 말씀하여 이르시되 네가 이스라엘 자손의 수효를 조사할 때 조사 받은 각 사람은 그들을 계수할 때에 자기의 생명의 속전을 여호와께 드릴지니 이는 그것을 계수할 때에 그들 중에 질병이 없게 하려 함이라(출 30:11-12). 여기서 "수효를 조사할 때"란 만 20세 이상의 남자들의 인구를 조사한다는 말입니다.[137] 이때 조사받은 각 사람은 생명의 속전으로 반 세겔을 드려야 합니다. "속전"

137) 참고, 인구 조사는 생명의 속전을 위한 목적 이외에 군대를 조직하기 위한 목적으로 실시되었습니다. "이스라엘 중 이십 세 이상으로 싸움에 나갈 만한 모든 자를 너와 아론은 그 진영별로 계수하되"(민 1:3).

(כֹּפֶר, 코페르, ransom)이란 '대신 지불하는 돈'이라는 뜻으로, 애굽에서 종노릇하던 이스라엘을 구원해 주신 하나님의 은혜에 감사하여 제정된 것입니다. 위의 "질병"이란 전염병을 뜻하지만, 여기서는 하나님의 심판에 대한 상징적 표현으로 생명을 구해 주신 하나님 은혜에 감사하지 않는 자는 하나님의 진노를 당하게 될 것임을 의미합니다. 이 속전은 신약시대 '성전세'의 기초가 되었습니다. 예수님은 이러한 속전을 대신하여 친히 온 인류의 속전이 되셨습니다.

속전은 한 사람당 반 세겔입니다. 무릇 계수 중에 드는 자마다 성소의 세겔로 반 세겔을 낼지니 한 세겔은 이십 게라라 그 반 세겔을 여호와께 드릴지며(출 30:13). "성소의 세겔"이란 성소에서 사용하는 세겔을 말하며, "반 세겔"이란 한 사람의 속전 금액으로 빈부 관계없이 만 20세 이상 남자에게 부과되었습니다. 하나님의 구원의 은총을 받은 자는 누구나 반 세겔을 내야했는데, 이는 하나님 앞에서 모든 사람이 평등하다는 사실을 일깨워 주기 위함입니다. 또한 반 세겔은 많은 부담을 주는 금액이 아니므로, 하나님은 그 은혜에 대한 최소한의 감사 표시를 요구하신 것입니다. 이렇게 모인 돈은 모세 당시 성막 건축과 봉사에 사용되었으며, 신약 시대에는 정기적인 성전세가 되어 성전의 보수와 유지, 그리고 각 지방의 회당 유지비로 사용되었습니다.[138] "가버나움에 이르니 반 세겔 받는 자들이 베드로에게 나아와 이르되 너의 선생은 반 세겔을 내지 아니하느냐"(마 17:24). "게라"란 1세겔의 1/20에 해당하는

138) 바벨론 포로에서 귀환한 뒤 경제적 어려움을 겪을 때에는 반 세겔이 1/3세겔로 줄어들게 되었습니다. "우리가 또 스스로 규례를 정하기를 해마다 각기 세겔의 삼분의 일을 수납하여 하나님의 전을 위하여 쓰게 하되"(느 10:32).

무게 단위로, 1게라는 0.6g입니다.[139] "세겔은 이십 게라니"(겔 45:12). 이것은 바벨론 포로 시대까지 사용되었습니다.

당시 이스라엘 성인의 나이는 20세였습니다. 계수 중에 드는 모든 자 곧 스무 살 이상 된 자가 여호와께 드리되(출 30:14). 이때 남자는 군복무를 하며 시민의 의무를 수행해야 했습니다. 한편 레위인들은 25세가 되면 5년 동안의 성막 봉사를 위한 견습 기간을 거친 후, 30세에서 50세까지 성막 봉사의 의무를 감당했습니다. "레위인은 이같이 할지니 곧 이십오 세 이상으로는 회막에 들어가서 복무하고 봉사할 것이요"(민 8:24), "곧 삼십 세 이상으로 오십 세까지 회막의 일을 하기 위하여 그 역사에 참가할 만한 모든 자를 계수하라"(민 4:3). 후에 이 연령이 솔로몬 성전시대에 이르러 20세로 낮추어집니다. 왜냐하면 성전시대에는 규모나 시설이 크게 확장되어 회막시대보다 더 많은 인력이 요구되었기 때문입니다. "여호와의 성전에서 섬기는 일을 하는 이십세 이상 된 우두머리들이라 ~ 다윗의 유언대로 레위 자손이 이십 세 이상으로 계수되었으니"(대상 23:24,27).

속전은 누구나 반 세겔입니다. 너희의 생명을 대속하기 위하여 여호와께 드릴 때에 부자라고 반 세겔에서 더 내지 말고 가난한 자라고 덜 내지 말지며(출 30:15). 다른 제사는 사람의 능력에 따라 바치도록 되어 있지만, 이미 언급한대로 이는 영혼의 속전인 까닭에 모든 자에게 균등합니다. 하나님이 창조하신 각 영혼은 똑같이 귀한 것이므로 같은 양을 드리는 것이 당연합니다. "베드로가 입을 열어 말하되 내가 참으로 하

139) John H. Walton, *Chronological and Background Charts of the Old Testament*, Revised and Expanded Edition, 117.

나님은 사람의 외모를 보지 아니하시고"(행 10:34). 또한 모두가 같은 값의 속전을 치렀다는 것은 하나님 앞에서 모든 인간은 지위나 빈부에 관계없이 동일하다는 것을 의미합니다.

속전은 회막의 봉사에 사용됩니다. 너는 이스라엘 자손에게서 속전을 취하여 회막 봉사에 쓰라 이것이 여호와 앞에서 이스라엘 자손의 기념이 되어서 너희의 생명을 대속하리라(출 30:16). "회막 봉사에 쓰라"는 말씀은 회막에서 하나님을 섬기는 일에 사용하라는 의미입니다. 이는 예수님께서 '하나님의 것은 하나님께' 라고 하신 말씀을 생각나게 합니다. "이에 이르시되 그런즉 가이사의 것은 가이사에게, 하나님의 것은 하나님께 바치라 하시니"(마 22:21). 20세 이상 남자들이 속전으로 드린 은(銀)은 성막의 기구 곧 성막 본체의 두 측을 고정시키는 은 받침과 휘장 기둥의 고정 받침, 그리고 성막 뜰 주변 세마포장의 기둥 갈고리와 가름대 등에 사용되었습니다. 본문의 "기념이 되어서"라는 말씀은 속전에 의한 성막 건축이 그들의 구속과 이스라엘 공동체에 동등한 권리를 갖고 참여함을 상기시켜 준다는 의미입니다. 곧 속전으로 건축된 성막이 대대로 기념이 되어 이스라엘이 구속받은 백성의 의무를 깨닫고, 하나님의 백성으로서 누리는 특권에 감사하는 마음을 갖게 한다는 것입니다.

고대 사회에서 노예가 해방될 수 있는 방법 중 하나는 주인에게 몸값을 지불하는 것이었습니다. 그러므로 이스라엘을 구해 내신 하나님께 속전을 드리는 것은 당연한 것입니다. 이 속전은 인류의 죄를 대신하여 친히 속전이 되신 예수님을 예표합니다. "인자가 온 것은 ~ 자기 목숨을 많은 사람의 대속물로 주려 함이니라"(막 10:45).

물두멍에 관한 규례

제사장들의 수족을 씻을 물두멍에 관한 규례입니다. 여호와께서 모세에게 말씀하여 이르시되 너는 물두멍을 놋으로 만들고 그 받침도 놋으로 만들어 씻게 하되 그것을 회막과 제단 사이에 두고 그 속에 물을 담으라(출 30:17–18). "물두멍"(כִּיּוֹר, 키요르)은 '둥근, 솥'이라는 뜻으로, 성경에 그 모양이나 크기에 대한 언급이 없지만, 원어에 근거하여 바닥이 둥글고 큰 세수대야 모양이었을 것이며 사각 받침대 위에 올려 놓았을 것이라고 추정합니다.[140] "놋으로 만들어"란 물두멍과 받침이 여인들의 놋거울로 만들어졌음을 알게 합니다. "그가 놋으로 물두멍을 만들고 그 받침도 놋으로 하였으니 곧 회막 문에서 수종드는 여인들의 거울로 만들었더라"(출 38:8).

물두멍은 번제단 앞 성소 입구에 놓여 있으며 항상 물이 담겨 있어 제사장이 성소에 출입할 때나 제사를 집례 할 때 씻어 정결케 하는데 사용됩니다. 이는 신약 시대에 사람들이 중생으로 깨끗해질 것을 예표합니다. "이는 곧 물로 씻어 말씀으로 깨끗하게 하사 거룩하게 하시고"(엡 5:26), "우리를 구원하시되 ~ 오직

❖물두멍

140) 물두멍은 본래 하나였으나 후에 솔로몬 시대에는 성전 규모에 비례하여 10개로 늘어났습니다. "또 물두멍 열 개를 놋으로 만들었는데"(왕상 7:38). 본문의 물두멍 치수는 알 수 없지만 솔로몬 성전의 물두멍 받침의 크기는 높이가 8피트(2.43m) 이상이었으며, 243갤런(약 923.4리터)의 용량입니다. Douglas K. Stuart, *Exodus: Thc New American Commentary Vol. 2*, 640.

그의 긍휼하심을 따라 중생의 씻음과 성령의 새롭게 하심으로 하셨나니"(딛 3:5). 물두멍은 하나님께 나아갈 수 있게 하는 씻음, 곧 그리스도의 이름으로 세례 받음을 상징합니다. 우리가 그리스도를 믿을 때에 그의 죽으심과 연합하게 되므로 그의 죽으심이 우리의 죽음으로 간주되는 것입니다. "우리가 그의 죽으심과 합하여 세례를 받음으로 그와 함께 장사되었나니 이는 ~ 그리스도를 죽은 자 가운데서 살리심과 같이 우리로 또한 생명 가운데서 행하게 하려 함이라"(롬 6:4).

제사장은 제사에 앞서 손발을 씻어야 합니다. 아론과 그의 아들들이 그 두멍에서 수족을 씻되 그들이 회막에 들어갈 때에 물로 씻어 죽기를 면할 것이요 제단에 가까이 가서 그 직분을 행하여 여호와 앞에 화제를 사를 때에도 그리 할지니라(출 30:19-20). 제사장은 단순히 몸만 씻는 것이 아니라 마음도 정결하게 해야 합니다. 곧 손발의 먼지는 죄의 부정한 모습을 상기시키는 것으로, 죄를 씻어낸다는 의미를 지닙니다. "죄인들아 손을 깨끗이 하라 두 마음을 품은 자들아 마음을 성결하게 하라"(약 4:8). "물로 씻어 죽기를 면할 것이요"란 물로 자신을 정결케 하지 않고 부정한 손으로 성소의 기구들을 만지는 것은 거룩하신 하나님을 모독하는 행동으로 죽임을 당할 수밖에 없다는 경고의 말씀입니다. 이는 하나님의 일을 하기 위해서는 먼저 그 심령이 물과 성령으로 깨끗이 씻음 받고 거듭나야 한다는 것을 알게 합니다.

이 규례는 영원합니다. 이와 같이 그들이 그 수족을 씻어 죽기를 면할지니 이는 그와 그의 자손이 대대로 영원히 지킬 규례니라(출 30:21). 하나님의 성소에 출입하기 전 몸과 마음을 정결케 하는 것은 구약의 대제사장과 제사장들에게 대대로 주어진 규례입니다. 이는 오늘날 만인제사장인 우리에게도 동일하게 적용됩니다. 회개와 기도로 항상 자신을 성결하게 해야 합니다.

물두멍 규례는 제사장이 항상 정결한 상태를 유지해야 하듯이 성도 역시 영적 육적으로 정결해야 함을 알게 합니다. 이미 목욕한 자라도 발은 씻어야 하듯이 거듭난 자라도 날마다 일상생활의 죄악을 회개함으로 자신을 정결하게 해야 합니다. "예수께서 이르시되 이미 목욕한 자는 발밖에 씻을 필요가 없느니라 온 몸이 깨끗하니라"(요 13:10).

관유에 대한 규례

관유(灌油)는 여러 향품과 올리브 기름을 섞어서 만든 거룩한 기름으로 제사장의 위임식과 성막의 성결의식을 위해 사용되었습니다. 너는 상등 향품을 가지되 액체 몰약 오백 세겔과 그 반수의 향기로운 육계 이백오십 세겔과 향기로운 창포 이백오십 세겔과 계피 오백 세겔을 성소의 세겔로 하고 감람기름 한 힌을 가지고(출 30:23-24). "상등 향품"이란 관유의 주재료로 고대에 널리 사용되었던 최고급 향료인 몰약, 육계, 창포, 계피를 말합니다. 관유는 몰약 5.7kg, 육계 2.85kg, 창포 2.85kg, 계피 5.7kg, 올리브기름 3.8L를 섞어 만들며, 이를 성막과 성막에 사용하는 모든 기구와 아론과 그 아들들에게 발라 거룩하게 구별합니다. '몰약'은 시체의 방부제로 사용되었고, '육계'는 월계수의 껍질에서 채취한 희귀 향품이며, '창포'와 '계피'는 귀한 방향제입니다. 이러한 향료들은 금과 같이 귀중품으로 여겨 왕의 창고에 보관하였습니다. "히스기야가 ~ 자기 보물고의 금은과 향품과 보배로운 기름과 그의 군기고와 창고의 모든 것을 다 사자들에게 보였는데"(왕하 20:13). 기름은 성령의 모형으로, 다니엘의 예언이 그리스도의 죽음에 의해서 확증됩니다. "허물이 그치며 죄가 끝나며 죄악이 용서되며 영원한 의가 드러나며 환상과 예언이 응하며 또 지극히 거룩한 이가 기름 부음을 받으리라"(단 9:24). 이는 성막의 영적 모형이 그리스도 안에 있다는 것을 명백히 보여주는 말씀입니다.

관유 만드는 법입니다. 그것으로 거룩한 관유를 만들되 향을 제조하는 법대로 향기름을 만들지니 그것이 거룩한 관유가 될지라(출 30:25). "향기름"이란 각 향품에서 추출한 진액에 감람유를 섞어 만든 기름입니다. 이 기름은 단순한 혼합이 아니라 각 향의 진액만을 추출하여 그 진액들과 감람유를 정교한 기술로 배합시켜 제조한 것입니다.[141] 향기름은 브살렐에 의해 만들어졌습니다. "브살렐이 ~ 거룩한 관유와 향품으로 정결한 향을 만들었으니 향을 만드는 법대로 하였더라"(출 37:1, 29). 이 향기름을 "거룩한 관유"라고 부른 것은 관유를 말미암지 않고는 어떠한 것도 깨끗한 것으로 여겨질 수 없었기 때문입니다. 마찬가지로 성도들도 성령님으로부터 기름 부음을 받았습니다.

관유를 발라 성막의 기구를 성별합니다. 너는 그것을 회막과 증거궤에 바르고 상과 그 모든 기구이며 등잔대와 그 기구이며 분향단과 및 번제

141) H. D. M. Spence and Joseph S. Exell eds. *The Pulpit Commentary 3: Exodus Vol. II*, 310.

단과 그 모든 기구와 물두멍과 그 받침에 발라 그것들을 지극히 거룩한 것으로 구별하라 이것에 접촉하는 것은 모두 거룩하리라(출 30:26-29). 관유는 성막의 모든 기구와 대제사장과 제사장들에게 발라 거룩하게 구별하는데 사용됩니다. 기름을 바르는 행위는 성령의 인치심을 상징하는데, 거룩한 기름을 바름으로써 세상과 분리된 하나님의 것이라는 것을 나타냅니다. 본문에서 "회막"은 성막 본체를 가리키며 "상"은 진설병상을 말하는데, 이 상은 진설병을 담는 대접, 분향을 위해 마련된 접시, 유향을 보관하기 위한 병, 포도주를 담아 두는 잔 등을 포함합니다. "등잔대"는 밤에 성소를 밝혀 주고 "분향단"은 향을 피우며, "번제단"은 화제를 드리는 기구입니다. "지극히 거룩한 것"이란 지성소와 그 안의 언약궤를 말합니다. 관유가 성막 안의 주요 성물들에 사용된 것은 그 성물들 역시 하나님의 영광을 드러내어 거룩하기 때문입니다.

관유는 제사장 위임식을 위한 기름입니다. 너는 아론과 그의 아들들에게 기름을 발라 그들을 거룩하게 하고 그들이 네게 제사장 직분을 행하게 하고(출 30:30). 주위를 성결케 한 후에 위임식이 거행되는데, 제사장들 역시 죄 있는 인간들 중에서 선택된 자들이므로 기름을 발라 정결의식을 거쳐야 합니다. 기름을 바르고 붓는 행위는 성막에서 하나님의 일을 위해 사용되는 기구와 사람들이 모두 하나님의 것으로서 거룩하다는 사실을 선포하기 위함입니다. 그리스도(Χριστός, 크리스토스)의 이름도 '기름부음 받은 자'라는 의미입니다. 이같이 성막과 성물들, 그리고 아론과 그 아들들에게 향유를 바르므로 성막 안은 향유의 향기로 충만하였을 것입니다. 이는 하나님을 섬기는 일이 성령으로 말미암을 것임을 예표합니다. 성막 문 밖에 있는 제단에서 속죄 제시를 드리고 성막 안으로 들어오면 이렇게 향유를 바른 모든 시설이 나타납니다. 이는 속죄의 결과가 성령으로 말미암아 하나님의 백성에게 적용됨을 보여줍니다.[142] 누구든지 성령으로 말미암지 않고는 그리스도의 속죄의 은혜를 누리지 못합니다. “너희는 다시 무서워하는 종의 영을 받지 아니하고 양자의 영을 받았으므로 우리가 아빠 아버지라고 부르짖느니라”(롬 8:15).

관유의 오용 금지 명령입니다. 이스라엘 자손에게 말하여 이르기를 이것은 너희 대대로 내게 거룩한 관유니 사람의 몸에 붓지 말며 이 방법대로 이와 같은 것을 만들지 말라 이는 거룩하니 너희는 거룩히 여기라(출 30:31-32). “대대로 내게 거룩한 관유”란 관유를 대대로 성별의식에만 사용하라는 의미입니다. 하나님께서 관유를 이같이 특별하게 구별하신 것은 관유가 제사장 이외의 사람에게 사용되어 부정케 되는 것을 방지하심입니다. 관유는 오직 하나님 앞에서 제사장과 성소의 기구들을 성별케 하는 데에만 쓰여져야 합니다. 이는 거룩한 관유와 같은 종류의 향기름을 만들지 말아야한다는 것, 곧 관유에 사용된 향과 기름의 혼합 비율을 똑같이 하여 향기름을 만들어서는 안 된다는 하나님의 준엄하신 경고입니다. 이와 같은 것을 만드는 모든 자와 이것을 타인에게 붓는 모든 자는 그 백성 중에서 끊어지리라 하라(출 30:33). 하나님의 명령을 어기고 거룩한 관유를 만들거나, 제사장 아닌 사람에게 관유를 붓는 자는 이스라엘 공동체로부터 끊어지게 됩니다. 본문의 “끊어지리라”는 말씀은 이스라엘 사회에서의 추방을 뜻하는 것으로, 공동체와의 단절은

142) Calvin은 향품과 혼합된 기름은 성령의 모형이라고 하였습니다. John Calvin, *Calvin's Old Testament Commentaries: Harmony of Exod., Lev., Deut., Numb Vol. II*, 223.

결국 하나님의 백성으로서의 특권을 상실하는 것이므로 죽음이나 다를 바 없었습니다.

제사장과 성막 모든 기구에 기름을 바르는 것은 성령 주심을 비유하는 의식으로, 예수님도 성령 받으신 일을 기름부음 받은 것으로 표현하셨습니다. "주의 성령이 내게 임하셨으니 이는 가난한 자에게 복음을 전하게 하시려고 내게 기름을 부으시고"(눅 4:18). **성경은 성령을 기름으로 비유하며, 신자들의 성령 받는 것을 기름부음 받은 것과 동일시합니다.** "너희는 거룩하신 자에게서 기름 부음을 받고"(요일 2:20).

향(香)에 관한 규례

분향단에 사용될 향 제조와 관리에 대한 말씀입니다. 여호와께서 모세에게 이르시되 너는 소합향과 나감향과 풍자향의 향품을 가져다가 그 향품을 유향에 섞되 각기 같은 분량으로 하고 그것으로 향을 만들되 향 만드는 법대로 만들고 그것에 소금을 쳐서 성결하게 하고(출 30:34-35). 향의 제조에 사용된 네 종류의 향은 소합향, 나감향, 풍자향, 유향입니다. "소합향"은 때죽나무속의 각종 나무에서 나오는 방향성 수지(樹脂)를 뜻하고,[143] "나감향"은 홍해의 해안에서 자라는 조개에서 채취한 것이

143) Umberto Cassuto, *A Commentary on the Book of Exodus*, 399.

며,[144] "풍자향"은 지중해의 미나리과 식물인 페룰라 줄기의 하단부에서 채취한 갈색의 아주 진한 수지이며,[145] "유향"은 유향속의 보스웰리아(Boswellia)의 나무에서 채취한 것입니다.[146] 이들을 동일한 비율로 배합하여 분향할 향을 만드는데, 향의 제조 역시 관유처럼 정교한 기술이 요구됩니다. 하나님의 지시대로 만들어지지 않은 향은 결코 분향단에서 사를 수 없는데, 이는 하나님의 뜻과 명령에 의하지 않고서는 하나님을 기쁘게 해드릴 수 없다는 것을 분명히 합니다. 또한 "소금을 쳐서"란 향의 부패를 방지하며, 향을 사를 때 연기를 내지 않게 하기 위함입니다. 향만이 아니라 모든 소제물에 소금을 치는 것은 그것을 그대로 보존하여 하나님께 바친다는 의미를 지닙니다. 이는 하나님과 이스라엘 사이의 언약의 불변성을 상징합니다. "이스라엘 하나님 여호와께서 소금 언약으로 이스라엘 나라를 영원히 다윗과 그의 자손에게 주신 것을 너희가 알 것 아니냐"(대하 13:5).

분향단의 위치입니다. 그 향 얼마를 곱게 찧어 내가 너와 만날 회막 안 증거궤 앞에 두라 이 향은 너희에게 지극히 거룩하니라 네가 여호와를 위하여 만들 향은 거룩한 것이니 너희를 위하여는 그 방법대로 만들지 말라 냄새를 맡으려고 이같은 것을 만드는 모든 자는 그 백성 중에서 끊어지리라(출 30:36-38). "증거궤 앞"이란 성소 휘장 앞을 말합니다. 제사장은 특별한 성분의 향을 섞어서 분말로 만들고 환약과 같은 상태로 보관하였다가 분향을 드릴 때마다 일정량을 가루로 갈아 향단에 불사릅니다. "향

144) Douglas K. Stuart, *Exodus: The New American Commentary Vol. 2*, 646.

145) Ibid.

146) Ibid.

로를 가져다가 여호와 앞 제단 위에서 피운 불을 그것에 채우고 또 곱게 간 향기로운 향을 두 손에 채워 가지고 휘장 안에 들어가서 여호와 앞에서 분향하여 향연으로 증거궤 위 속죄소를 가리게 할지니"(레 16:12-13). "끊어지리라"는 말씀은 관유와 마찬가지로 향도 분향 이외의 다른 목적이나 용도로 만들 우려가 있었기 때문에 이를 특별히 엄금하신 것입니다. 이는 하나님께서 세우신 규례에 대한 경외심을 백성들의 마음에 보존시키고자 하심입니다.

> **향에 소금을 치는 것은 하나님과 이스라엘의 언약의 불변성을 상징합니다. 향은 성도들의 기도를 상징하며, 성도들이 변함없이 신실한 마음으로 기도해야 함을 의미합니다.** "나의 기도가 주의 앞에 분향함과 같이 되며"(시 141:2)

제19장
성막 건축과 안식일 규례

성막 건축자 브살렐과 오홀리압

본장은 모세가 시내 산에서 40일 간 머무르면서 받은 계시의 마지막 부분입니다. 하나님께서 성막을 제작할 두 사람을 지명하십니다. 여호와께서 모세에게 말씀하여 이르시되 내가 유다 지파 훌의 손자요 우리의 아들인 브살렐을 지명하여 부르고(출 31:1-2). "훌"은 이스라엘이 아말렉과 싸울 때 아론과 함께 모세의 팔을 들어 올렸으며, 모세가 시내 산에 계명을 받으러 올라갔을 때 아론과 함께 백성을 다스린 사람입니다. 훌의 손자인 "브살렐"은 '하나님의 보호 아래'라는 뜻의 이름을 가진 자로, 유다의 6대 손입니다.[147] 브살렐은 성막 건축을 지휘하고 감독하며 기구 제작의 책임자로 임명받았습니다. 본문의 "지명하여"란 여러 사람 가운데 선택되어 특수한 은사를 부여받는 비상한 사람이 될 것이라는 의미입니다. 이는 지명 받는 자의 능력보다 그를 사용하시려

147) 유다 → 베레스 → 헤스론 → 갈렙 → 훌 → 우리 → 브살렐

는 하나님의 선택이 중요함을 알게 합니다. 하나님은 당신의 일꾼들을 친히 선택하시고 부르십니다. 후에 고레스(Cyrus)도 하나님의 섭리에 따라 지명되었습니다. "여호와께서 그의 기름 부음을 받은 고레스에게 이 같이 말씀하시되 내가 그의 오른손을 붙들고 그 앞에 열국을 항복하게 하며" (사 45:1).

성령님은 구약시대에도 필요에 따라 하나님의 일꾼들에게 특별한 은사를 주셨습니다. 하나님의 영을 그에게 충만하게 하여 지혜와 총명과 지식[148]과 여러 가지 재주로 정교한 일을 연구하여 금과 은과 놋으로 만들게 하며(출 31:3-4). "하나님의 영"은 곧 성령입니다. 모든 은사는 위에서부터 내려오는데, 본문의 "충만하게 하여", "만들게 하며" 등의 표현에서 하나님의 주권적 간섭을 볼 수 있습니다. "만군의 여호와께서 말씀하시되 이는 힘으로 되지 아니하며 능력으로 되지 아니하고 오직 나의 영으로 되느니라"(슥 4:6). "정교한 일"이란 하나님께서 브살렐을 하나님의 영으로 충만케 하시므로, 그가 여러 계획들을 고안해 낼 것임을 의미합니다. 이는 하나님께서 모세에게 성막 건축과 기구 제작에 관한 세부적인 지침을 주셨지만, 이를 구체적으로 적용함에 있어서는 인간의 구상과 연구도 함께 필요함을 알게 합니다. 이같이 하나님은 브살렐의 인격과 능력을 존중하시며 유기체적 도구로 사용하셨습니다. 브살렐이 해야 할 일입니다. 보석을 깎아 물리며 여러 가지 기술로 나무를 새겨 만들

148) Durham은 지혜와 총명과 지식을 다음과 같이 구분했습니다. 지혜(חָכְמָה, 호크마): 하나님의 명령들을 수행하는데 필요한 것을 이해하는 은사. 총명(תְּבוּנָה, 테부나): 복합적인 일련의 물건들과 재료들을 만드는 과정에서 발생하는 문제들을 해결할 수 있는 능력. 지식(דַּעַת, 다아트): 일을 진행시키고 완수하는데 있어서 숙련된 솜씨. John I. Durham, *Exodus: Word Biblical Commentary Vol. 3*, 410.

게 하라(출 31:5). 성막의 건축 재료는 전체적으로 금속과 직물과 목재였습니다. 위의 "새겨"란 대제사장 에봇에 물릴 두 개의 호마노와 흉패의 12보석에 12지파의 이름을 새기는 세공작업을 말합니다.

다음은 오홀리압입니다. 내가 또 단 지파 아히사막의 아들 오홀리압을 세워 그와 함께 하게 하며 지혜로운 마음이 있는 모든 자에게 내가 지혜를 주어 그들이 내가 네게 명령한 것을 다 만들게 할지니(출 31:6). "오홀리압"은 '아버지는 나의 장막' 이라는 뜻으로, 브살렐과 함께 성막을 건축하고 기구를 제작하는 자로 부르심을 받았습니다. 그는 조각과 자수와 직조에 능했습니다. 본문의 "세워"(appointed)란 브살렐에게 오홀리압을 준다는 뜻으로, 오홀리압이 브살렐의 조력자로 임명받았다는 의미입니다. "지혜로운"이란 특별한 재능과 숙련된 기술을 말하는데, 하나님은 각자의 재능을 사용하실 뿐 아니라 더 큰 지혜를 주시어 하나님의 사역을 감당하게 하십니다. 하나님은 "지혜로운 마음이 있는 모든 자"[149]들이 조직을 갖추어 브살렐과 오홀리압을 돕게 하셨습니다.

브살렐과 오홀리압을 비롯하여 지혜로운 자들이 만들어야 할 성막과 성물들입니다. 곧 회막과 증거궤와 그 위의 속죄소와 회막의 모든 기구와 상과 그 기구와 순금 등잔대와 그 모든 기구와 분향단과 번제단과 그 모든 기구와 물두멍과 그 받침과(출 31:7-8). 그들은 증거궤와 속죄소, 진설병상과 등잔대, 분향단과 번제단, 물두멍과 받침 등을 만들게 됩니

149) 여기 출애굽기 31장 6절의 "지혜로운 마음이 있는 모든 자"를 출애굽기 28장 3절에 보면 "마음에 지혜 있는 모든 자 곧 내가 지혜로운 영으로 채운 자들"이라고 설명하고 있습니다. 같은 단어가 여기에서 하나님으로부터 온 영의 요소로 나타나고 있는데, 이 '지혜로운 영' 은 곧 핵심적인 장인들의 '신적으로 영감된 창조성' 을 뜻합니다. Carol L. Meyers, *The New Cambridge Bible Commentary* (New York: Cambridge University Press, 2005), 252.

다. 또한 제사장의 예복과 관유와 향을 만듭니다. 제사직을 행할 때에 입는 정교하게 짠 의복 곧 제사장 아론의 성의와 그의 아들들의 옷과 관유와 성소의 향기로운 향이라 무릇 내가 네게 명령한 대로 그들이 만들지니라(출 31:10-11). "정교하게 짠"이란 실을 꼬고 꿰매는 작업을 말하며, "정교하게 짠 의복"이란 대제사장이 예식 때 입는 흉패와 에봇, 겉옷과 속옷, 관을 가리킵니다. 또한 관유와 향을 만드는데, "내가 네게 명령한 대로"라는 말씀에서 인간의 생각이 개입되어서는 안 되며 하나님의 명령과 지시에 따라야 한다는 것을 강조합니다. 하나님의 일은 하나님에 의해서 시작되고 하나님에 의해서 마무리됩니다.

하나님 나라의 모형인 성막 건축과 기구 제작을 위해 하나님은 브살렐과 오홀리압, 그리고 지혜로운 마음 가진 자들을 부르셨습니다. 하나님은 일꾼을 택하시고 지혜와 재주를 주셔서 하나님의 일을 충분히 감당하도록 하십니다.

안식일 규례

성막 제작에 관한 하나님의 계시(25-31장)가 안식일 규례를 마지막으로 종결됩니다. 안식일 규례가 이미 언급되었지만(16:29, 20:8) 여기서 다시 안식일 준수를 명하신 것은 성막을 만드는 사역이 진행된다고 하더라도, 안식일은 반드시 거룩하게 지켜야 한다는 것을 주지시키기 위함입니다. 여호와께서 모세에게 말씀하여 이르시되 너는 이스라엘 자손에게 말하여 이르기를 너희는 나의 안식일을 지키라 이는 나와 너희 사이에 너희 대대의 표징이니 나는 너희를 거룩하게 하는 여호와인 줄 너희가 알게 함이라(출 31:12-13). 안식일은 사람이 육체의 노동으로부터 휴식하는 날입니다. "나의 안식일"이란 하나님이 안식일의 주인이심을 분명히 알게 하며, 안식일을 지키는 것이 하나님의 백성 된 표라는 의미입니다. "표징"이란 하나님과 이스라엘 간의 언약의 증표로, 안식일은 거룩함과 복주심의 표시입니다. "하나님이 그 일곱째 날을 복되게 하사 거룩하게 하셨으니"(창 2:3). 본문의 "거룩하게 하는 여호와"라는 말씀은 하나님께서 이스라엘에게 성막과 율법을 주심으로써 거룩한 백성이 되는 훈련을 시키신다는 것을 알게 합니다. 마찬가지로 성도들도 구원받은 후에 하나님의 자녀가 되는 성화의 과정을 거치게 됩니다.

안식일 준수는 생사가 직결되는 중요한 문제입니다. 너희는 안식일을 지킬지니 이는 너희에게 거룩한 날이 됨이니라 그 날을 더럽히는 자는 모두 죽일지며 그 날에 일하는 자는 모두 그 백성 중에서 그 생명이 끊어지리라(출 31:14). 하나님은 6일 동안 힘써 일하고 안식일에는 모든 일을 금하라고 명하십니다. 즉 성막을 건축하는 일이라도 안식일 준수에 우선시될 수 없다는 말씀입니다. 이 명령은 하나님의 일을 핑계로 어떠한 경우도 거역할 수 없다는 것을 분명히 하십니다. 안식일은 온전히 하나님께 예배드리는 날로 지켜야 합니다. "이 땅 백성도 안식일과 초하루에 이 문 입구에서 나 여호와 앞에 예배할 것이며"(겔 46:3). 본문의 "더럽히는"이란 하나님과의 약속을 어김으로써 거룩하신 하나님을 욕되게 하는 것을 말합니다. "죽일지며" 라는 표현은 '반드시(surely) 죽일지니' 라는 뜻으로, 안식일을 어긴 자의 죄가 우상숭배만큼 중한 죄임을 알게 합니다. 그리고 "끊어지리라"는 말씀은 육체적 죽음이나 추방만이 아니라 영적인 생명의 단절, 곧 하나님과의 관계가 단절되어 하나님의 보호를 받지 못하게 됨을 의미합니다.

안식일은 거룩한 날입니다. 엿새 동안은 일할 것이나 일곱째 날은 큰 안식일이니 여호와께 거룩한 것이라 안식일에 일하는 자는 누구든지 반드시 죽일지니라(출 31:15). "큰 안식일"이란 '안식일의 안식일'이라는 뜻으로, 철저하게 쉬어야 하는 날이라는 의미를 강조합니다. 안식일을 지켜야 하는 이유입니다. 이같이 이스라엘 자손이 안식일을 지켜서 그것으로 대대로 영원한 언약을 삼을 것이니 이는 나와 이스라엘 자손 사이에 영원한 표징이며 나 여호와가 엿새 동안에 천지를 창조하고 일곱째 날에 일을 마치고 쉬었음이니라 하라(출 31:16-17). "영원한 언약"이란 이스라엘이 안식일을 지킴으로 하나님이 주신 평안과 휴식을 누리며, 장차 임하게 될 영원한 안식에 참여할 축복을 누리게 된다는 의미입니다. 안식일은 그 자체가 언약으로 이스라엘이 하나님과 특별한 관계를 맺고 있음을 나타냅니다. "쉬었음이니라"는 안식일 준수의 근거를 보여 주는 말씀으로, 하나님께서 안식하셨기 때문에 인간들도 엿새 동안 수고하고 휴식을 갖게 된다는 것입니다. 이는 안식일을 지킴으로써 새 하늘과 새 땅에서의 평안과 휴식을 미리 체험할 수 있게 한다는 말입니다. "그런즉 안식할 때가 하나님의 백성에게 남아 있도다 이미 그의 안식에 들어간 자는 하나님이 자기의 일을 쉬심과 같이 그도 자기의 일을 쉬느니라"(히 4:9-10). 이와 같이 안식일은 이방 나라들과 하나님 나라를 구별하는 외형적 표징입니다.

안식일은 하나님의 6일 창조와 출애굽을 기억하며 예배와 찬양을 드리는 날로, 이스라엘을 다른 나라들과 구별 짓는 징표입니다. "너는 기억하라 네가 애굽 땅에서 종이 되었더니 네 하나님 여호와가 강한 손과 편 팔로 거기서 너를 인도하여 내었나니 그러므로 네 하나님 여호와가 네게 명령하여 안식일을 지키라 하느니라"(신 5:15).

❖안식일과 주일과의 관계❖

안식일을 지키는 것은 언약 백성의 표로, 안식일은 창조의 기념일이며 구원의 기념일입니다. 또한 안식일은 주일의 모형이며 영원한 안식의 예표입니다.

구약의 안식일은 휴식(출20장)과 출애굽(신5장)을 기념하기 위함입니다. 하나님께서 엿새 동안에 세상을 창조하시고 제7일에 쉬셨으니 인간도 쉬어야 하는데, 하나님께서 안식하심 같이 인간도 안식일을 지키므로 복을 받게 됩니다. 출애굽 이후에는 안식일이 애굽의 종살이로부터 자유와 구원을 얻었음을 기억하는 표징으로 구속에 대한 감사를 드리는 날이 되었습니다. 곧 하나님께서 이스라엘을 구원해 주셨으니 안식일을 지키는 것입니다. 그런데 주일을 안식일로 지키게 된 것은 인간의 타락으로 말미암아 인간 구원 사역이 필요하게 되었고, 이것이 예수 그리스도의 죽음과 부활을 통해 이루어졌기 때문에 이를 기념하는 의미에서 주일을 안식일로 지키는 것입니다.

구속사적으로 안식일은 신약시대에 주님께서 인류의 죄를 위해 죽으셨다가 부활하심으로 곧 만물을 새롭게 하신 날인 주일을 예표하는 날입니다. 즉 구약의 '할례'는 신약의 '세례'로, 구약의 '안식일'은 신약의 '주일'로, 그리고 '이스라엘 자손'은 오늘날 성도의 무리인 '교회'로 승화되었습니다. "그러므로 우리가 그의 죽으심과 합하여 세례를 받음으로 그와 함께 장사되었나니 이는 아버지의 영광으로 말미암아 그리스도를 죽은 자 가운데서 살리심과 같이 우리로 또한 새 생명 가운데서 행하게 하려 함이라"(롬 6:4). 성도는 그리스도 안에서 새로운 안식일 곧 주일을 지킴으로, 하나님과 영원한 언약관계가 지속되고 있는 것입니다. "그런즉 누구든지 그리스도 안에 있으면 새로운 피조물이라 이전 것은 지나갔으니 보라 새 것이 되었도다"(고후 5:17).

안식일은 안식일의 주인이신 예수님의 부활로 인해 주일로 변경되었습니다. "인자는 안식일의 주인이니라"(눅 6:5). "이 날 곧 안식 후 첫날 저녁 때에 ~ 예수께서 오사 가운데 서서 이르시되 너희에게 평강이 있을지어다"(요 20:19). 신약의 주일과 구약의 안식일이 동일하지는 않습니다. 구약의 안식일은 율법 아래서 지키도록 되었지만, 신약의 주일은 성도가 은혜 아래 있으므로 율법에 의해 안식일을 지키는 것이 아닙니다. "우리가 법 아래에 있지 아니하고 은혜 아래에 있으니"(롬 6:15). 주일은 예수 그리스도의 죽음과 부활을 통한 죄와 사망으로부터의 구원에 대한 감사로 이러한 안식일의 참 의미를 그대로 이어받고 있습니다. 안식일이나 주일 모두 세상일을 멈추고 하나님께 예배드리는 것은 같습니다. 성도는 부활하심으로 우리에게 영원한 생명을 주신 예수 그리스도를 찬양하며 주일을 성수합니다.

십계명 두 돌판

십계명이 기록된 두 돌판입니다. 여호와께서 시내 산 위에서 모세에게 이르시기를 마치신 때에 증거판 둘을 모세에게 주시니 이는 돌판이요 하나님이 친히 쓰신 것이더라(출 31:18). 하나님은 약속하신 대로 선포하신 계명을 돌판에 친히 쓰시고 모세에게 주셨습니다. 이는 하나님께서 사람에게 주신 최초의 율법으로 돌판에 새겨진 형태로 주신 것입니다. "여호와께서 모세에게 이르시되 ~ 네가 그들을 가르치도록 내가 율법과 계명을 친히 기록한 돌판을 네게 주리라"(출 24:12). 본문의 "증거판 둘"이란 십계명이 기록된 두 돌판을 말하는데, 첫째 돌판은 신앙의 원칙을, 둘째 돌판은 인간들 사이의 바른 삶을 규정하고 있습니다. 즉 십계명의 1계명부터 4계명까지는 하나님을 사랑하라는 계명이요, 5계명부터 10계명까지는 이웃을 사랑하라는 계명입니다. 그리고 "친히 쓰신"이란 십계명의 글자는 하나님의 능력으로 새겨졌다는 의미로 십계명이 신적 기원을 가지고 있음을 나타냅니다. 그러므로 십계명은 전혀 오류가 없는 완전한 법입니다.

하나님께서 친히 기록하신 십계명이 두 돌판에 성문화됨으로써 하나님은 자신과 자신의 길에 대한 계시를 나타내 보이셨습니다. 하나님께서 율법을 돌에 새기신 것은 율법의 가르침이 영원히 유지되도록 하기 위함입니다. 이 두 돌판 위에 쓰여진 십계명은 율법의 핵심이며, 이스라엘 백성들의 삶의 좌표입니다. 그리하여 하나님의 직접 계시 시대는 서서히 막을 내리고, 율법을 중심한 시대가 도래하게 되었습니다. 이제 율법은 이스라엘에 있어서 삶의 척도요 인도자가 되었습니다. 십계명은 이스라엘 백성만이 아니라 신약의 모든 주의 백성에게도 예외 없이 적용되며 변하지 않는 영원성을 가집니다. 후에 두 돌판은 언약궤 속에 보관되었습니다. "그는 또 증거판을 궤 속에 넣고"(출 40:20).

하나님께서 직접 만드신 두 돌판은 시내 산 언약을 주신 하나님의 임재와 언약의 체결을 가시적으로 보여주는 증표입니다. 두 돌판 위에 기록된 십계명은 모든 율법의 핵심으로 하나님의 구원이 약속되어 있으며, 구속사의 증거로써 모든 시대에 걸쳐 우리에게 주신 성경의 예표입니다.

이스라엘의 배반과 언약 갱신

제20장
금송아지 숭배 사건

금송아지 우상숭배

이스라엘 백성들은 모세가 성막 계시와 십계명의 두 돌판을 받는(25-31장) 40일 동안 기다리지 못하고 우상을 만듭니다. 백성이 모세가 산에서 내려옴이 더딤을 보고 모여 백성이 아론에게 이르러 말하되 일어나라 우리를 위하여 우리를 인도할 신을 만들라 이 모세 곧 우리를 애굽 땅에서 인도하여 낸 사람은 어찌 되었는지 알지 못함이니라(출 32:1). 그들은 하나님과 언약을 맺자마자 그 언약을 범하고 맙니다. 지금까지는 하나님께서 백성들의 잘못을 용서해 주셨지만, 언약을 맺고 율법을 주신 후에는 율법대로 그들을 벌하십니다. 본문의 "우리를 인도할 신"이란 눈에 보이는 신을 말합니다. 그들은 모세가 40일이 지나도록 내려오지 않자 불안해하며 눈에 보이는 신을 만들도록 아론에게 요구했습니다. 백성들은 오랜 애굽 생활 동안 가시적인 우상들만을 접했기 때문에 보이지 않는 하나님보다는 눈에 보이는 신을 원했습니다. 그들은 만나와 메추라기로 먹이시고 불기둥과 구름 기둥으로 인도하시는 하나님의 역사를 날마다 체험하면서도 우상을 요구하였습니다.

이 뿐만이 아니라 이스라엘을 애굽에서 건져내주신 분은 하나님이신데, 백성들은 모세를 "우리를 애굽에서 인도하여 낸 사람"이라고 하여 자신들의 구원자로 생각했습니다. 백성들은 모세를 통하여 하나님을 섬겼기 때문에 모세가 더디 내려오자 그들의 신앙이 흔들려 범죄하고 말았습니다. 하나님은 십계명의 서론에서 분명히 이렇게 말씀하셨습니다. "나는 너를 애굽 땅, 종 되었던 집에서 인도하여 낸 너의 하나님 여호와로라"(출 20:2). 이는 하나님께서 말씀하실 때 그들이 직접 귀로 들었던 말씀입니다. 하지만 모세가 없어지자 이제 그 자리에 눈에 보이는 존재를 만들어 그것을 하나님으로 여기며 섬기려합니다. 그들의 조상 아브라함과 이삭과 야곱이 눈에 보이지 않는 하나님을 믿었던 것과는 대비되는 모습입니다. "믿음은 바라는 것들의 실상이요 보지 못하는 것들의 증거니 선진들이 이로써 증거를 얻었느니라"(히 11:1-2).

아론은 백성들을 두려워하였습니다. 아론이 그들에게 이르되 너희의 아내와 자녀의 귀에서 금 고리를 빼어 내게로 가져오라 모든 백성이 그 귀에서 금 고리를 빼어 아론에게로 가져가매(출 32:2-3). 아론은 누구보다 하나님의 명령을 잘 알고 있었으며 백성들을 가르치는 위치에 있었습니다. 그럼에도 아론은 그들의 요구를 단호히 거절하지 못하고 그들을 두려워하여 범죄의 길로 이끌었습니다. 위의 "금 고리"는 애굽인들로부터 받아낸 패물로 성막과 기구를 만들기 위한 용도였는데, 백성들은 이를 가지고 우상 만드는데 사용하였습니다.

아론이 우상을 만듭니다. 아론이 그들의 손에서 금 고리를 받아 부어서 조각칼로 새겨 송아지 형상을 만드니 그들이 말하되 이스라엘아 이는 너희를 애굽 땅에서 인도하여 낸 너희의 신이로다 하는지라(출 32:4). "송아지 형상"이란 당시 애굽 황소의 신인 '아피스'(Apis)[150] 형상으로, 소는 고대 근동 지역에서 힘과 생산의 상징이었습니다. 그럼에도 불구하고 이스라엘이 그 우상에게 자신들을 구원한 신이라고 외친 것을 보면 그들이 여호와를 버리고 다른 신을 섬기기로 한 것은 아님을 볼 수 있습니다. 그들은 어리석게도 하나님의 형상을 금송아지로 가시화하여 하나님의 자리에 대체하는 엄청난 죄악을 범하였습니다. "썩어지지 아니하는 하나님의 영광을 썩어질 사람과 새와 짐승과 기어다니는 동물 모양의 우상으로 바꾸었느니라"(롬 1:23).

아론의 거듭되는 범죄입니다. 아론이 보고 그 앞에 제단을 쌓고 이에 아론이 공포하여 이르되 내일은 여호와의 절일이니라 하니(출 32:5). 아론은 금송아지 만든 다음 날을 여호와의 명절로 선포하여 이스라엘의 타락을 부추겼습니다. 본래 이스라엘이 지켜야 할 여호와의 3대 절기는 무교절, 맥추절, 수장절입니다. 이러한 아론의 죄악은 후에 북이스라엘의 초대왕 여로보암(주전 930-910년)이 단과 벧엘에 금송아지를 세우고 그 날을 절기로 선포함으로 재현되었습니다. 여로보암 역시 애굽에서 살았던 적이 있습니다. "여로보암이 전에 솔로몬 왕의 얼굴을 피하여 애굽으로 도망하여 있었더니 ~ 두 금송아지를 만들고 무리에게 말하기를 ~ 이는 너희를 애굽 땅에서 인도하여 올린 너희의 신들이라 하고"(왕상 12:2, 28). 이후 금송아지

150) 멤피스의 애굽인들은 멤피스의 창조의 신인 '프타'(Ptah) 신을 섬겼습니다. 이 프타 신의 형상인 아피스는 제사장이 선택한 특별한 황소로, 그 지역 애굽인들의 경배와 섬김을 받다가 죽으면 미라로 만들어져 소중히 보관되었습니다. Lorna Oakes and Lucia Gahlin, *Ancient Egypt*, 36, 86, 102.

우상은 이스라엘 역사에 끈질기게 나타납니다. "여로보암이 너희를 위하여 신으로 만든 금송아지들이 너희와 함께 있도다"(대하 13:8), "사마리아 주민이 벧아웬의 송아지로 말미암아 두려워할 것이라"(호 10:5).

백성들의 타락한 모습입니다. 이튿날에 그들이 일찍이 일어나 번제를 드리며 화목제를 드리고 백성이 앉아서 먹고 마시며 일어나서 뛰놀더라(출 32:6). "번제"란 헌신과 충성을 다짐하는 제사이고, "화목제"는 구속의 은총에 감사하는 제사입니다. "뛰놀더라"는 애굽 제사의 음탕한 육체적 환락을 가리키는 타락한 풍속으로, 거룩하신 하나님의 권위와 영광을 무시한 행동입니다. 후에 바울은 고린도 교회를 향하여 이러한 우상숭배에 따른 성적 타락의 위험을 엄히 경고하였습니다. "그들 가운데 어떤 사람들과 같이 너희는 우상숭배하는 자가 되지 말라 기록된바 백성이 앉아서 먹고 마시며 일어나서 뛰논다 함과 같으니라"(고전 10:7). 백성들이 불과 40여일 전에 하나님의 영광을 뵈었었고, 그들의 지도자들은 하나님 앞에서 먹고 마시며 교제를 나누는 특별한 은혜를 입고도 이처럼 속히 범죄하고 말았습니다. "그들이 호렙에서 송아지를 만들고 부어 만든 우상을 경배하여 자기 영광을 풀 먹는 소의 형상으로 바꾸었도다"(시 106:19-20).

이스라엘은 출애굽한 지 6개월도 되지 않아 하나님께서 가장 가증히 여기시는 죄를 범했습니다. 그들이 우상을 만든 것은 그들의 마음이 온전히 하나님께로 향하지 않고 애굽의 우상 문화에 젖어 있었음을 나타냅니다. 그들은 금송아지를 신이라 하여 제1계명을 범했으며, 금으로 송아지를 만들어 제2계명을 범했습니다.

모세의 첫 번째 중보기도

하나님께서 모세에게 말씀하십니다. 여호와께서 모세에게 이르시되 너는 내려가라 네가 애굽 땅에서 인도하여 낸 네 백성이 부패하였도다(출 32:7). 하나님은 금송아지 사건으로 인해 이제 이스라엘을 더 이상 '내 백성'이라 하지 않으시고, '네 백성' 곧 모세의 백성이라고 하십니다. "내가 애굽에 있는 내 백성의 고통을 분명히 보고"(출 3:7). 이는 하나님과의 언약을 깨뜨린 이스라엘이 더 이상 하나님의 백성으로 인정받을 자격이 없다는 말씀입니다. 시내 산 언약이 주어지기 전에는 하나님이 저들의 원망이나 불평에도 그들을 용서하시고 요구를 들어주셨지만, 이제 시내 산 언약이 체결되었으므로 그들 자신의 행동에 따른 책임을 져야 합니다. 이 같은 이유로 하나님께서 '내 백성'이 아닌 '네 백성'이라고 하십니다. 본문의 "부패하였도다"란 '망치다, 못쓰게 되다'라는 뜻으로, 이스라엘이 하나님과 맺은 언약을 일방적으로 파기하였기 때문에 쓸모없는 백성이 되어버렸다는 의미입니다. 십계명은 이스라엘이 하나님께로부터 직접 들은 유일한 계명으로, 그들은 언약의 말씀을 지킬 것을 세 번이나 약속했었습니다(19:7-8, 24:3, 7). 그러나 우상숭배로 인해 시내 산 언약은 무효가 되고, 이스라엘은 하나님의 진노로 멸절 당할 위기에 빠지게 되었습니다. 때문에 이스라엘의 우상숭배로 인하여 이스라엘을 하나님의 진노로부터 구해내려는 모세의 중보기도가 세 번에 걸쳐 진행됩니다.

하나님께서 백성들의 행동을 지켜보고 계십니다. 그들이 내가 그들에게 명령한 길을 속히 떠나 자기를 위하여 송아지를 부어 만들고 그것을 예배하며 그것에게 제물을 드리며 말하기를 이스라엘아 이는 너희를 애굽 땅에서 인도하여 낸 너희 신이라 하였도다(출 32:8). "명령한 길"이란 하나님께서 주신 율법을 가리키며, "예배하며"란 몸이 땅에 닿도록 엎드리는 행위를 말합니다. 이는 이전에 모세가 이스라엘을 구원하시려는 하나님의 뜻을 전했을 때 그들이 하나님께 경배했던 행동인데, 지금 송아지 우상에게도 그같이 한 것입니다. 여호와께서 또 모세에게 이르시되 내가 이 백성을 보니 목이 뻣뻣한 백성이로다 그런즉 내가 하는 대로 두라 내가 그들에게 진노하여 그들을 진멸하고 너를 큰 나라가 되게 하리라(출 32:9-10). 여기서 "목이 뻣뻣한"이란 멍에를 씌우거나 부리기가 어렵다는 의미로, 주인의 말을 잘 따르지 않는 소나 말에게 사용하던 표현입니다. "내가 하는 대로 두라"는 말씀은 하나님께서 그들의 범죄로 말미암아 아브라함과의 언약을 파기하시고 그들을 더 이상 돌보지 않으시겠다는 의미입니다. "너를 큰 나라가 되게 하리라"는 말씀은 이제 모세를 통해 새롭게 언약을 갱신하시겠다는 뜻입니다. "내가 그들을 멸하여 그들의 이름을 천하에서 없애고 너를 그들보다 강대한 나라가 되게 하리라 하시기로"(신 9:14).

이에 모세가 백성들의 죄 사함을 위해 간구합니다. 모세가 그의 하나님 여호와께 구하여 이르되 여호와여 어찌하여 그 큰 권능과 강한 손으로 애굽 땅에서 인도하여 내신 주의 백성에게 진노하시나이까(출 32:11). 모세는 비록 이스라엘이 범죄하였어도 여전히 '주의 백성' 곧 하나님의 백성임을 강조합니다. 그는 이스라엘이 자신의 백성이 아니라 하나님께서 큰 권능과 강한 손으로 인도해 내신 하나님의 언약 백성임을 호소합니다. 본문의 "구하여 이르되"란 백성들을 위한 모세의 기도가 매우 간절했음을 보여줍니다. 모세가 다음의 이유를 들어 간청합니다. 어찌하여 애굽 사람들이 이르기를 여호와가 자기의 백성을 산에서 죽이고 지면에서 진멸하려는 악한 의도로 인도해 내었다고 말하게 하시려 하나이까 주의 맹렬한 노를 그치시고 뜻을 돌이키사 주의 백성에게 이 화를 내리지 마옵소서(출 32:12). "돌이키사"란 주의 백성을 동정하시어 화를 거두어 주시라는 의미입니다. 모세는 하나님께서 애굽에서 건져내신 백성을 하나님의 손으로 멸하심이 합당하지 않으며, 만일 그렇게 하신다면 하나님이 이방인의 조롱이 된다고 아룁니다. 이같이 모세는 이스라엘 백성이 진멸된다면 하나님의 전능하심에도 누가 될 것임을 말씀드리고 있습니다.

모세가 언약의 말씀을 가지고 하나님께 기도합니다. 주의 종 아브라함과 이삭과 이스라엘을 기억하소서 주께서 그들을 위하여 주를 가리켜 맹세하여 이르시기를 내가 너희의 자손을 하늘의 별처럼 많게 하고 내가 허락한 이 온 땅을 너희의 자손에게 주어 영원한 기업이 되게 하리라 하셨나이다(출 32:13). 모세는 하나님의 이름으로 하는 맹세는 변할 수 없음을 아룁니다. 곧 하나님께서 아브라함과 맺으신 언약을 깨뜨리시는 것은 불변하고 신실하신 하나님의 성품에 합당하지 않다고 호소합니다. 이처럼 모세가 하나님의 말씀을 붙잡고 간구할 때 하나님은 그 기도를 들어주셨습니다. 본문의 "맹세하여 이르시기를"이란 모세가 계속하여 하나님의 언약에 근거하여 중보기도하고 있음을 말합니다. 하나님의 말씀에 의지하여 간구하는 기도는 하나님을 기쁘시게 합니다. 이러한 언약에 근거한 중보기도는 후에 솔로몬에게서도 볼 수 있습니다. "이스라엘의 하나님 여호와여 주께서 주의 종 내 아버지 다윗에게 말씀하시기를 네 자손이 자기 길을 삼가서 네가 내 앞에서 행한 것 같이 내 앞에서 행하기만 하면 네게서 나서 이스라엘의 왕위에 앉을 사람이 내 앞에서 끊어지지 아니하리라 하셨사오니 이제 다윗을 위하여 그 하신 말씀을 지키시옵소서"(왕상 8:25).

모세의 기도에 대한 응답입니다. 여호와께서 뜻을 돌이키사 말씀하신 화를 그 백성에게 내리지 아니하시니라(출 32:14). **이스라엘은 하나님의 언약백성이므로 그들이 진멸을 당하게 된다면 이방인의 비웃음이 될 것이라는 모세의 간곡한 기도에 하나님은 진노를 거두십니다.**[151] **시편의 기록입니다.** "여호와께서 그들을 멸하리라 하셨으나 그가 택하신 모세가 그 어려움 가운데에서 그의 앞에 서서 그의 노를 돌이켜 멸하시지 아니하게 하였도다 ~ 그들을 위하여 그의 언약을 기억하시고 그 크신 인자하심을 따라 뜻을 돌이키사"(시 106:23, 45). **이러한 모세의 기도는 하나님의 진노를 멈추시게 하여 이스라엘을 진멸 당할 위기로부터 구해내며, 파기될 수밖에 없었던 하나님과 아브라함과의 600년간 지속되어 온 언약을 지켜냅니다. 그러나 하나님께서 이스라엘을 완전히 용서하신 것은 아니며, 단지 이스라엘을 멸절시키겠다는 생각만 돌이키신 것입니다.**

우상숭배로 이스라엘이 진멸당할 위기에서 모세가 중보기도를 드립니다. 모세의 기도는 하나님의 심판에서 우리를 구원하시고, 지금도 우리를 위해 간구하시는 예수님의 사역을 예표합니다.

151) 전통적으로 유대인들은 이스라엘을 위한 모세의 중보기도를 본받는 의미에서 출 34:11-14을 앞의 1-10절과 더불어 대속죄일(יוֹם כִּפֻּר, 욤 키푸르)을 제외한 다른 금식하는 날의 오후 예배에 읽는 경전 본문으로 정하였다고 합니다. Nahum M. Sarna, *The JPS Torah Commentary Exodus*, 222.

"누가 정죄하리요 죽으실 뿐 아니라 다시 살아나신 이는 그리스도 예수시니 그는 하나님 우편에 계신 자요 우리를 위하여 간구하시는 자시니라"(롬 8:34).

모세가 두 돌판을 깨뜨림

모세는 하나님께서 이스라엘에 대한 진노를 거두시겠다는 말씀을 듣고 시내 산을 내려옵니다. 모세가 돌이켜 산에서 내려오는데 두 증거판이 그의 손에 있고 그 판의 양면 이쪽저쪽에 글자가 있으니 그 판은 하나님이 만드신 것이요 글자는 하나님이 쓰셔서 판에 새기신 것이더라(출 32:15-16). "두 증거판"이란 하나님께서 직접 십계명을 새기셔서 모세에게 주신 두 돌판으로 판의 앞뒤에 글이 쓰여져 있습니다. 이를 증거판이라 한 것은 거기에 기록된 십계명이 하나님과 이스라엘 백성과의 언약관계를 증거해 주기 때문입니다. 십계명을 주신 분이 하나님이라는 사실은 십계명이 영원히 변치 않는 명령임을 알게 합니다. 곧 십계명은 우리 모든 성도들이 주님 앞에 서는 날까지 준수해야 할 법인 것입니다.

여호수아가 모세에게 말합니다. 여호수아가 백성들의 요란한 소리를 듣고 모세에게 말하되 진중에서 싸우는 소리가 나나이다 모세가 이르되 이는 승전가도 아니요 패하여 부르짖는 소리도 아니라 내가 듣기에는 노래하는 소리로다 하고(출 32:17-18). 모세가 십계명을 받기 위해 시내 산 정상에 있는 동안 여호수아는 산 중턱에서 대기하고 있었던 것으로 보입니다. 본문의 "요란한 소리"란 백성들이 금송아지 앞에서 먹고 마시며 뛰놀고 있었다는 것을 말합니다. 그런데 여호수아가 "싸우는 소리"라고 한 것을 보면 그는 백성들의 떠드는 소리를 다른 부족이 쳐들어와 전쟁이 벌어진 것으로 생각한 것 같습니다. 그러나 모세는 하나님께서 백성들의 우상숭배에 관하여 말씀하셨기 때문에 그 소리가 무슨 소리인지 잘 알고 있습니다.

모세가 우상숭배의 현장을 목격합니다. 진에 가까이 이르러 그 송아지와 그 춤추는 것들을 보고 크게 노하여 손에서 그 판들을 산 아래로 던져 깨뜨리니라(출 32:19). 여기서 "크게 노하여"(חָרָה, 하라)란 '분노가 끓어오르다'는 뜻으로, 하나님께서 진노하셨을 때에 쓰인 단어와 같습니다. 백성들이 금송아지를 하나님이라고 열광하며 이교도들처럼 광란의 축제를 벌인 이스라엘을 향하여 모세의 분노가 폭발합니다. 백성들의 우상숭배를 목도한 모세가 의분을 참을 수 없어 두 돌판[152]을 던져 깨뜨리고 맙니다. "내가 돌이켜 산에서 내려오는데 산에는 불이 붙었고 언약의 두 돌판은 내 두 손에 있었느니라 내가 본즉 너희가 너희의 하나님 여호와께 범죄하여 자기를 위하여 송아지를 부어 만들어서 여호와께서 명령하신 도를 빨리 떠났기로 내가 그 두 돌판을 내 두 손으로 들어 던져 너희의 목전에서 깨뜨렸노라"(신 9:15-17). 모세가 이미 이 모든 상황을 알고 있었고 그들을 위해 간절히 기도했었는데도 이처럼 화를 낸 것을 보면, 당시 이스라엘의 범죄가 얼마나 심각했는지 짐작할 수 있습니다. 모세가 하나님께서 친히 기록해 주신 십계명의 두 돌판을 깨뜨린 것은 계약서를 찢어버린 것과 같은 행동입니다. 이는 하나님의 진노를 대신 표출

152) 금송아지 숭배 사건에 있어서는 주로 돌판이라는 용어가 사용되며, 성막에 관한 내용에는 대체로 증거판이라는 용어가 사용되고 있음을 볼 수 있습니다.

한 선지자의 행동으로 깨뜨려진 판은 하나님과의 언약이 깨어짐을 나타낸 것입니다. 이로써 이스라엘은 하나님의 은총을 상실하게 되었습니다.

모세가 금송아지를 불사릅니다. 모세가 그들이 만든 송아지를 가져다가 불살라 부수어 가루를 만들어 물에 뿌려 이스라엘 자손에게 마시게 하니라(출 32:20). "불살라 부수어"라는 말은 금송아지가 순금이 아니라 나무 조각에 도금한 것임을 알게 합니다. 모세가 금송아지를 불사른 것은 백성들을 응징하고 우상숭배를 철저히 근절시키고자 함이며, 우상의 가루를 마시게 한 것은 자신들의 죄를 스스로 담당해야 한다는 것을 보여준 것입니다. "너희의 죄 곧 너희가 만든 송아지를 가져다가 불살라 찧고 티끌 같이 가늘게 갈아 그 가루를 산에서 흘러내리는 시내에 뿌렸느니라"(신 9:21). 이처럼 모세가 이스라엘의 죄악에 단호하게 대처한 것은 그들이 죄악을 쉽게 잊어버리기 때문입니다. "참된 속담에 이르기를 개가 그 토하였던 것에 돌아가고 돼지가 씻었다가 더러운 구덩이에 도로 누웠다 하는 말이 그들에게 응하였도다"(벧후 2:22). 또한 이것은 간음 혐의가 있는 여자가 저주의 쓴 물을 마심으로 자신의 죄를 담당한 것과 같습니다. "여인에게 그 저주가 되게 하는 쓴 물을 마시게 할지니 그 저주가 되게 하는 물이 그의 속에 들어가서 쓰리라"(민 5:24). 후에 요시야 왕의 종교개혁도 이와 유사한데, 그도 아세라 상을 기드론 시내로 가져가 불사르고 빻아서 평민의 묘지에 뿌렸습니다. "아세라 목상들과 아로새긴 우상들과 부어 만든 우상들을 빻아 가루를 만들어 제사하던 자들의 무덤에 뿌리고"(대하 34:4).

우상숭배는 어떠한 범죄보다 가장 무서운 형벌을 초래합니다.

"그것들에게 절하지 말며 그것들을 섬기지 말라 나 네 하나님 여호와는 질투하는 하나님인즉 나를 미워하는 자의 죄를 갚되 아버지로부터 아들에게로 삼사 대까지 이르게 하거니와"(출 20:5). "너희가 아들의 살을 먹을 것이요 딸의 살을 먹을 것이며 내가 너희의 산당들을 헐며 너희의 분향단들을 부수고 너희의 시체들을 부서진 우상들 위에 던지고 내 마음이 너희를 싫어할 것이며"(레26:29–30).

우상 숭배자들을 죽임

모세가 아론을 책망합니다. 모세가 아론에게 이르되 이 백성이 당신에게 어떻게 하였기에 당신이 그들을 큰 죄에 빠지게 하였느냐(출 32:21). 여기서 "어떻게"란 모세가 아론에게 범죄에 대한 책임을 묻는 말입니다. 아론이 백성의 지도자로서 그들을 바른 길로 인도하지 못했을 뿐 아니라 오히려 그들의 범죄를 도왔기 때문에 그 책임을 물은 것입니다. 지도자 한 사람의 잘못이 얼마나 큰 악영향을 미치는지 알 수 있습니다. 아론의 대답입니다. 아론이 이르되 내 주여 노하지 마소서 이 백성의 악함을 당신이 아나이다(출 32:22). 아론의 "주여" 라는 말은 그가 금송아지를 만든 것에 대해 크게 죄책을 느끼고 있음을 나타냅니다. 그런데도 아론은 이 죄악을 백성들의 악한 본성 탓으로 돌립니다. 아론이 "이 백성의 악함"이라고 하여 자신의 책임을 백성에게 전가하고 있습니다.

아론의 구차한 변명입니다. 그들이 내게 말하기를 우리를 위하여 우리를 인도할 신을 만들라 이 모세 곧 우리를 애굽 땅에서 인도하여 낸 사람은 어찌 되었는지 알 수 없노라 하기에 내가 그들에게 이르기를 금이 있는 자는 빼내라 한즉 그들이 그것을 내게로 가져왔기로 내가 불에 던졌더니 이 송아지가 나왔나이다(출 32:23-24). 여기서 "빼내라"는 백성들이 금을 뜯어내 부숴뜨린 상태로 가져오라는 의미입니다. 이는 그들이 우상숭배를 위해 자신들의 패물들을 파괴할 정도로 열성적이었다는 사실을 말해줍니다. 또한 금송아지는 분명히 '부어~새겨'(출32:4) 만든 것인데, 아론은 송아지가 불에서 저절로 나온 것처럼 말합니다. 이 금송아지는 나무로 먼저 송아지 형태를 깍은 다음 금을 불에 녹여 송아지 모양의 주형에 부어 상을 만든 것입니다. 아론은 출애굽 때 모세의 대언자였으며, 곧 대제사장에 오를 자입니다. 그럼에도 그는 하나님께 회개하고 죄 용서를 구하기보다 책임을 회피하며 변명만 늘어놓습니다. 분노하신 하나님께서 이같이 무책임한 아론을 죽이려 하셨지만 모세의 중보기도로 죽음을 면하게 됩니다. "여호와께서 또 아론에게 진노하사 그를 멸하려 하셨으므로 내가 그 때에도 아론을 위하여 기도하고"(신 9:20).

모세가 말합니다. 모세가 본즉 백성이 방자하니 이는 아론이 그들을 방자하게 하여 원수에게 조롱거리가 되게 하였음이라 이에 모세가 진 문에 서서 이르되 누구든지 여호와의 편에 있는 자는 내게로 나아오라 하매 레위 자손이 다 모여 그에게로 가는지라(출 32:25-26). "방자하니"란 백성들이 하나님의 명령을 버리고 우상숭배로 날뛰는 것을 의미하며, "조롱거리"란 그들의 광란의 모습이 애굽 사람들의 빈축을 사기에 충분하다는 말입니다. 이스라엘이 자신들의 신인 여호와를 섬기겠다고 출애굽하더니 결국 광야에서 애굽인들이 섬기는 송아지 신을 섬기고 있기 때문입니다. 모세는 하나님의 영광이 이방인들에 의해 조롱당하게 될 것을 우려하여 분노합니다. 그리고 "누구든지 여호와의 편에 있는 자"라고 하여 백성들의 결단을 요구합니다. 이에 레위 자손 중 우상숭배에 가담하지 않았던 모든 자들이 모세에게 모여 들었습니다.

모세가 모여든 자들에게 하나님의 말씀을 전합니다. 모세가 그들에게 이르되 이스라엘의 하나님 여호와께서 이렇게 말씀하시기를 너희는 각각 허리에 칼을 차고 진 이 문에서 저 문까지 왕래하며 각 사람이 그 형제를, 각 사람이 자기의 친구를, 각 사람이 자기의 이웃을 죽이라 하셨느니라(출 32:27). "이 문에서 저 문까지"란 백성들의 진 한쪽 끝에서 다른 쪽 끝까지 곧 이스라엘 전 진영을 의미합니다. 레위 자손 중 우상숭배에 참여하지 않았던 자들이 모세의 명을 따라 우상숭배에 가담한 모든 사람들 곧 그들의 형제와 친구와 이웃을 칼로 죽였는데, 이것이 사람보다 하나님을 더 사랑한 일로 간주되어 하나님께 의롭다하심을 받게 되었습니다. 이는 타락한 백성들을 성결케 하기 위한 하나님의 심판이었습니다.

레위 자손이 우상숭배에 주도적 역할을 했던 3,000명 가량을 죽입니다. 레위 자손이 모세의 말대로 행하매 이 날에 백성 중에 삼천 명 가량이 죽임을 당하니라 모세가 이르되 각 사람이 자기의 아들과 자기의 형제를 쳤으니 오늘 여호와께 헌신하게 되었느니라 그가 오늘 너희에게 복을 내리시리라(출 32:28-29). 실로 우상숭배로 인해 이스라엘이 전부 멸망당해야 했지만 하나님은 그들을 진멸시키지 않으시고 3,000명 가량의 목숨만을 치셨습니다. 이는 진노 중에라도 긍휼을 잊지 않으시는 하나님의 사랑입니다. "진노 중에라도 긍휼을 잊지 마옵소서"(합 3:2). 본문의

"헌신하게"란 손에 다른 것을 잡을 여유가 없이 온전히 채운 것, 곧 전적으로 한 가지 일에만 몰두하는 것을 의미합니다. 여기서 레위인들이 우상숭배자들을 죽인 것은 그들의 제사장적 역할을 암시하는 것으로, 곧 레위인들이 우상숭배자들을 모든 이스라엘 백성들을 위한 대속 제물로 하나님께 드린 제사장 사역으로 이해할 수 있습니다. "복을 내리시리라"는 말은 하나님께서 레위인들에게 성소에서 봉사하는 특권을 주실 복을 의미합니다. 그들의 열심이 그들 족속에게 큰 영광과 축복을 가져오게 한 것입니다. "레위 지파는 나아가 제사장 아론 앞에 서서 그에게 시종하게 하라"(민 3:6).

모세가 우상숭배자들을 이같이 철저히 응징한 것은 하나님께서 우상숭배를 얼마나 미워하시는지를 알게 하기 위함입니다. 또한 하나님 앞에서 우상숭배 죄악이 무엇보다도 가증한 것이라는 사실과 그 결과가 상상 이상으로 매우 혹독함을 이스라엘로 확실히 깨닫게 하기 위함입니다. 이러한 징벌은 이스라엘 공동체의 신앙을 회복하기 위함입니다.

모세의 두 번째 중보기도

모세는 이스라엘이 범죄한 다음 날 백성의 죄를 속하러 갑니다. 이튿날 모세가 백성에게 이르되 너희가 큰 죄를 범하였도다 내가 이제 여호와께로 올라가노니 혹 너희를 위하여 속죄가 될까 하노라 하고(출 32:30).

율법의 가장 큰 계명은 온 몸과 마음을 다하여 하나님을 사랑하는 것입니다. "예수께서 이르시되 네 마음을 다하고 목숨을 다하고 뜻을 다하여 주 너의 하나님을 사랑하라 하셨으니 이것이 크고 첫째 되는 계명이요"(마 22:37-38). 십계명의 첫번째와 두번째 계명도 하나님만 섬기고 다른 신을 두지 말라는 것입니다. 그러나 이스라엘이 금송아지를 만들어 섬겼으니 심히 큰 죄악을 범한 것입니다. 모세는 다시 한 번 그들이 범한 죄악의 심각성을 상기시키며, 그들의 죄를 대속하기 위해 다시 산으로 올라가 하나님께로 나아갈 것이라고 합니다. 지금 이스라엘은 멸절의 위험으로부터 벗어났지만 하나님과는 더 이상 언약으로 맺어진 관계가 아닙니다. 때문에 모세는 이전의 관계로 회복하기 위하여 두 번째 중보기도를 드리게 됩니다.

모세가 다시 중보기도를 드립니다. 모세가 여호와께로 다시 나아가 여짜오되 슬프도소이다 이 백성이 자기들을 위하여 금 신을 만들었사오니 큰 죄를 범하였나이다 그러나 이제 그들의 죄를 사하시옵소서 그렇지 아니하시오면 원하건대 주께서 기록하신 책에서 내 이름을 지워 버려 주옵소서(출 32:31-32). 모세는 중보자로서 하나님과 이스라엘 양편 모두를 공평하게 대변해야 합니다. 모세는 백성들의 편에서 죄용서를 구하되 그 죄를 결코 가볍게 여기지 않았습니다. 또한 하나님의 진노에 공감하며 백성들을 위해 자신이 죽을 각오까지 했습니다. 본문의 "주께서 기록하신 책"이란 생명책으로, 여기에 기록된 자들만이 영생에 참여할 수 있습니다. "내가 그 이름을 생명책에서 결코 지우지 아니하고"(계 3:5). 후에 바울도 유사한 기도를 드립니다. "나의 형제 곧 골육의 친척을 위하여 내 자신이 저주를 받아 그리스도에게서 끊어질지라도 원하는 바로라"(롬 9:3). 이번에도 모세는 40일을 단식하며 기도합니다. "그리고 내가 전과 같이 사십 주 사십 야를 여호와 앞에 엎드려서 떡도 먹지 아니하고 물도 마시지 아니하였으니 이는 너희가 여호와의 목전에 악을 행하여 그를 격노하게 하여 크게 죄를 지었음이라"(신 9:18). 이렇듯 이스라엘을 위해 자신의 생명을 내어놓고 드린 모세의 기도는 하나님께 상달되었습니다. 여기서 모세는 양을 위해 목숨을 버리신 예수님의 예표입니다. "나는 선한 목자라 선한 목자는 양들을 위하여 목숨을 버리거니와"(요 10:11).

하나님께서 말씀하십니다. 여호와께서 모세에게 이르시되 누구든지 내게 범죄하면 내가 내 책에서 그를 지워버리리라 이제 가서 내가 네게 말한 곳으로 백성을 인도하라 내 사자가 네 앞서 가리라 그러나 내가 보응할 날에는 그들의 죄를 보응하리라(출 32:33-34). 하나님은 오직 자신의 죄 때문에 생명책에서 이름이 지워질 뿐이며, 결코 남의 죄 때문에 지워지지는 않는다고 말씀하십니다. 즉 모세의 이름을 책에서 지우느니 이스라엘 백성들을 용서하시겠다고 하십니다. "내가 네게 말한 곳으로 백성을 인도하라"는 말씀은 약속의 땅 가나안으로 가라는 뜻으로, 이는 하나님께서 백성들의 죄를 사하여 주셨다는 것을 의미합니다. 첫 번째 중보기도에서 모세는 이스라엘을 멸하시려는 하나님의 의지를 돌리기 위해, 그리고 지금은 백성들에 대한 용서를 얻어 내기 위해 중보기도를 드리고 있습니다. "보응하리라"는 말씀은 만일 이스라엘이 다시 범죄하면 그 때에는 이번의 죄까지 함께 갚으시겠다는 의미입니다. 이는 이스라엘을 용서하신다고 해서 그들에게 임할 벌까지 없어지는 것이 아니라 적절한 때에 그들의 죄에 대한 대가를 치르게 하시겠다는 말씀입니다. 하나님의 법은 공의로워 누구든지 범죄하면 생명책에서 지워질 수밖에 없는데, 그럼에도 우리가 구원의 은총을 입을 수 있는 것은 예수님의 희생을 통한 속죄의 역사 때문입니다. "내가 그들에게 영생을 주노니 영원히 멸망하지 아니할 것이요 또 그들을 내 손에서 빼앗을 자가 없느니라"(요 10:28).

하나님께서 이스라엘을 벌하십니다. 여호와께서 백성을 치시니 이는 그들이 아론이 만든 바 그 송아지를 만들었음이더라(출 32:35). 여기서 "치시니"란 하나님께서 금송아지 우상 숭배자들을 전염병으로 징계하셨다는 의미입니다. 징계에서 벗어나는 길은 진정한 회개입니다. "오라 우리가 여호와께로 돌아가자 여호와께서 우리를 찢으셨으나 도로 낫게 하실 것이요 우리를 치셨으나 싸매어 주실 것임이라"(호 6:1).

모세는 자신의 생명을 담보하여 중보기도를 드립니다. 이같이 중보란 자기 희생이 뒤따르는데, 이 중보의 절정은 예수 그리스도의 십자가입니다. 예수님은 우리의 죄를 대속하시려고 마지막 피 한 방울까지도 다 내어주셨던 우리의 중보자이십니다. "그 중 한 군인이 창으로 옆구리를 찌르니 곧 피와 물이 나오더라"(요 19:34).

제21장
모세의 기도와 응답

하나님께서 동행을 허락하지 않으심

하나님께서 모세의 중보기도로 인하여 이스라엘을 다시 언약백성으로 인정해 주시기는 하셨지만 이전과 같이 친밀한 관계는 허락하지 않으십니다. 여호와께서 모세에게 이르시되 너는 네가 애굽 땅에서 인도하여 낸 백성과 함께 여기를 떠나서 내가 아브라함과 이삭과 야곱에게 맹세하여 네 자손에게 주기로 한 그 땅으로 올라가라(출 33:1). 하나님께서 아직도 이스라엘을 향하여 "네가" 인도하여 낸 백성, 즉 모세가 인도하여 낸 백성이라고 하며 불편한 심기를 드러내십니다. 이 말씀은 이스라엘의 우상숭배로 인해 파기된 하나님과의 언약관계가 아직 완전히 회복되지 못했음을 암시합니다. 이는 우리의 죄가 하나님과의 관계에 얼마나 치명적인 것인가를 깨닫게 합니다. 그러나 하나님은 "그 땅으로 올라가라"고 말씀하시므로 백성들의 범죄에도 불구하고 그 약속은 결코 변하지 않는다는 것을 보여 주십니다.

하나님께서 백성들과 함께 가나안에 가지 않겠다고 하십니다. 내가 사자를 너보다 앞서 보내어 가나안 사람과 아모리 사람과 헷 사람과 브리스 사람과 히위 사람과 여부스 사람을 쫓아내고 너희를 젖과 꿀이 흐르는 땅에 이르게 하려니와 나는 너희와 함께 올라가지 아니하리니 너희는 목이 곧은 백성인즉 내가 길에서 너희를 진멸할까 염려함이니라 하시니(출 33:2-3). 이는 이스라엘에 대한 배려로 그들의 죄성을 고려할 때 하나님이 그들과 함께 하신다면 백성들 중 살아남을 사람이 아무도 없을 것이라는 의미입니다. "진멸"이란 공의의 하나님께서 그들과 함께 행하면 그들이 범죄할 경우 그들을 태워버릴 것이니 그러한 일이 생기지 않도록 그들과 동행하지 않으시겠다는 말씀입니다. 본문에서 "내가 사자를 너보다 앞서 보내어"라고 하신 것은 이제 이스라엘의 가나안 노정에 하나님의 적극적인 참여와 보호가 없어지고, 대신 사자가 단순히 인도만 하게 될 것이라는 말씀입니다. 이는 하나님께서 아버지가 자식을 대하듯 이스라엘을 안전하게 보호하시겠다는 것이 아니라 그들에게 약속된 기업만 얻도록 하고 더 이상 그들과 관계하지 않을 것임을 선언하신 것입니다. 위의 "가나안 사람과 ~ 여부스 사람"이란 가나안 땅의 후기 원주민으로 아브라함 당시의 초기 원주민과는 구별됩니다. "그 날에 여호와께서 아브람과 더불어 언약을 세워 이르시되 내가 이 땅을 ~ 네 자손에게 주노니 곧 겐 족속과 그니스 족속과 갓몬 족속과 헷 족속과 브리스 족속과 르바 족속과 아모리 족속과 가나안 족속과 기르가스 족속과 여부스 족속의 땅이니라"(창 15:18-21).

백성들이 죄를 회개합니다. 백성이 이 준엄한 말씀을 듣고 슬퍼하며 한 사람도 자기의 몸을 단장하지 아니하니(출 33:4). "준엄한 말씀"이란 이스라엘이 그들의 인도자요 보호자를 잃게 되리라는 엄중한 말씀입니다. "슬퍼하며"(אָבַל, 아발)란 죽은 자로 인한 애끊음이나 또는 극심한 재앙으로 인한 비탄을 의미합니다.[153] "단장"이란 장신구나 패물을 뜻합니다. 이에 백성들은 한 사람도 자신의 몸을 꾸미지 않고 회개의 표현으로 하나님 앞에서 겸손히 근신합니다. 비로소 참된 회개가 그들의 마음속에서 시작된 것입니다.

하나님은 백성들이 진정한 회개의 모습을 보이면 인도해 주시겠다고 하십니다. 여호와께서 모세에게 이르시기를 이스라엘 자손에게 이르라 너희는 목이 곧은 백성인즉 내가 한 순간이라도 너희 가운데에 이르면 너희를 진멸하리니 너희는 장신구를 떼어 내라 그리하면 내가 너희에게 어떻게 할 것인지 정하겠노라 하셨음이라 이스라엘 자손이 호렙 산[154]에서부터 그들의 장신구를 떼어 내니라(출 33:5-6). "한 순간이라도"란 잠깐 동안이라도 하나님께서 그들과 함께 계시면 그들의 죄가 발견되어 진멸당할 수밖에 없다는 말씀입니다. 인간은 타락하여 잠시도 죄를 멈추지 않는 존재입니다. "그들의 목구멍은 열린 무덤이요 그 혀로는 속임을 일삼으며 그 입술에는 독사의 독이 있고 그 입에는 저주와 악독이 가득하고 그 발은 피 흘리는데 빠른지라"(롬 3:13-15). 하나님께서 이스라엘에게 호의로 얻게

153) Francis Brown ed., *BDB*, 5.

154) 호렙이라는 용어는 히브리 성경에 17번 나타나는데, "호렙 산"은 이곳에 딱 한 번 나옵니다. 이는 호렙이라는 이름을 가진 산이라기보다는 '호렙에 위치해 있는 산'이라는 의미로 생각해 볼 수 있습니다. 다른 모든 곳에서 호렙은 지역의 이름으로서 사용되고 있습니다. 그러므로 Hoffmeier는 '하나님의 산', '거룩한 산'은 호렙에 위치해 있다고 보며, 성경에서 이 두 이름은 상호 교환적으로 사용되고 있는 것으로 볼 수 있다고 합니다. James K. Hoffmeier, *Ancient Israel in Sinai: The Evidence for the Authenticity of the Wilderness Tradition* (New York: Oxford University Press, Inc., 2005), 114-115, 148.

하신 금패물을 하나님이 가장 싫어하시는 우상을 만드는데 사용하였으므로 이제 그 장신구를 떼어내라고 하십니다. 이에 백성들이 호렙산에서 단장품을 제하여 근신하는 모습을 나타내 보입니다. 이처럼 하나님께서 베풀어 주신 은혜를 잘못 사용하게 될 때 그 은혜가 소멸된다는 사실을 명심해야 합니다.

하나님께서 우상숭배 후 이스라엘과 함께 가나안에 가지 않으려 하심은 그들이 도중에 진노를 받아 멸망당할 것을 염려하셨기 때문입니다. 거룩하신 하나님은 죄악을 용납하지 못하시지만 끝까지 약속을 지키시는 신실한 분이시며, 회개하는 자에게는 은혜와 긍휼을 베풀어 주십니다.

회막 위의 구름기둥

모세는 진 밖 멀리 떨어진 곳에 장막을 만들고 그것을 회막이라고 하였습니다. 모세가 항상 장막을 취하여 진 밖에 쳐서 진과 멀리 떠나게 하고 회막이라 이름하니 여호와를 앙모하는 자는 다 진 바깥 회막으로 나아가며(출 33:7). "회막"이란 '모임의 장소'라는 뜻으로, 하나님은 이곳에서 모세와 만나십니다. "여호와께서 회막에서 모세를 부르시고 그에게 말씀하여 이르시되"(레 1:1). 여기서 회막이 이스라엘의 진영을 떠나 진 밖에 있는 것은 하나님께서 이스라엘을 떠나 계심을 상징합니다. 이는 '내가 순식간이라도 너희 중에 행하면 너희를 진멸하리니'라는 말씀에 근거해 볼 때 이스라엘의 죄 때문입니다.[155] 본문의 "앙모하는"이란 마음을 다하고 성품을 다하여 하나님을 구하는 자를 말합니다. "그러나 네가 거기서 네 하나님 여호와를 찾게 되리니 만일 마음을 다하고 뜻을 다하여 그를 찾으면 만나리라"(신 4:29). 백성들이 모세에게 예를 표합니다. 모세가 회막으로 나아갈 때에는 백성이 다 일어나 자기 장막 문에 서서 모세가 회막에 들어가기까지 바라보며(출 33:8). 백성들은 자신들을 대표하여 하나님께 나아가는 모세에게 예의를 다합니다.

하나님께서 회막에 임재하십니다. 모세가 회막에 들어갈 때에 구름 기둥이 내려 회막 문에 서며 여호와께서 모세와 말씀하시니 모든 백성이 회막 문에 구름 기둥이 서 있는 것을 보고 다 일어나 각기 장막 문에 서서 예배하며(출 33:9-10). "구름 기둥"은 하나님의 임재를 상징하는데, 출애굽시 이스라엘을 인도하던 구름 기둥이 다시 회막 위에 나타났습니다. 이는 하나님께서 자비를 보이시며 화해를 나타내신 것입니다. 하나님께서 회막에 임재하신 것은 비록 이스라엘이 범죄하였지만 그들이 회개하고 하나님 앞에 나아올 때 용서하시고 받아주신다는 것을 의미합니다. 백성들은 하나님의 말씀이 선포될 때 존경과 경외의 표현으로 모두 일어섰습니다. "에스라가 모든 백성 위에 서서 그들 목전에 책을 펴니 책을 펼 때에 모든 백성이 일어서니라"(느 8:5). 그러나 백성들이 회막으로 나가지 못하고 이같이 멀리 서서 하나님을 경배한 것은 하나님과 그들 사이에 거리가 생겼음을 분명히 보여주는 것입니다. 본문의 "예배

155) Calvin은 회막이 이스라엘의 진영을 떠나 진 밖에 있는 것을 하나님과 이스라엘간의 이혼의 표시로, 회막을 진 밖으로 옮긴 것을 돌판의 파괴와 같은 것으로 봅니다. John Calvin, *Calvin's Old Testament Commentaries: Harmony of Exod., Lev., Deut., Numb Vol. III*, 369.

하며"(שָׁחָה, 솨하)란 경건한 모습으로 하나님께 경배드린다는 사실을 말합니다. 이처럼 진정한 회개 뒤에 기쁨과 감사의 예배를 드리게 됩니다.

하나님께서 모세를 친근하게 대하십니다. 사람이 자기의 친구와 이야기함 같이 여호와께서는 모세와 대면하여 말씀하시며 모세는 진으로 돌아오나 눈의 아들 젊은 수종자 여호수아는 회막을 떠나지 아니하니라(출 33:11). "친구"(רֵעַ, 레아)란 하나님께서 모세를 동료처럼 친밀하게 대하심을 나타낸 말입니다. 유사한 예로 하나님은 아브라함을 '하나님의 벗'이라 하셨는데, 이 '벗'(φίλος, 필로스)은 사랑스런 친구라는 의미입니다. "이에 성경에 이른 바 아브라함이 하나님을 믿으니 이것을 의로 여기셨다는 말씀이 이루어졌고 그는 하나님의 벗이라 칭함을 받았나니"(약 2:23). 히브리서는 모세를 하나님의 종으로 말합니다. "모세는 장래에 말할 것을 증언하기 위하여 하나님의 온 집에서 종으로서 신실하였고"(히 3:5). 본문의 "대면하여"란 모세가 하나님을 눈으로 뵈었다는 말이 아니라 다른 사람들에게는 꿈이나 우림이나 선지자를 통해 간접적으로 말씀하셨지만, 모세에게는 직접 말씀하신 것을 의미합니다. 곧 하나님과 모세의 친밀감을 상징하는 표현입니다. "그와는 내가 대면하여 명백히 말하고 은밀한 말로 하지 아니하며 그는 또 여호와의 형상을 보거늘 너희가 어찌하여 내 종 모세 비방하기를 두려워하지 아니하느냐"(민 12:8). 당시 "여호수아"의 나이는 대략 39세로 추정됩니다. "내 나이 사십 세에 여호와의 종 모세가 가데스 바네아에서 나를 보내어 이 땅을 정탐하게 하였으므로"(수 14:7). 위의 "회막을 떠나지 아니하니라"는 말은 여호수아가 회막을 떠나지 않았을 뿐 아니라 온전히 하나님께 헌신된 삶을 살았다는 것을 의미합니다. 이는 여호수아가 모세의 후임자로서 역할을 잘 감당하고 있다는 말입니다.

> **회막이 진 가운데 있다는 것은 진 전체가 하나님이 계신 거룩한 곳임을 뜻했지만, 이제 회막이 진 바깥에 있게 됨에 따라 진은 회막과 구별되는 세속적인 곳이 되었습니다. 이같이 하나님께서 그의 장막을 옮기셨다는 것은 진노하심의 표현으로, 이제 백성들은 하나님과 교제하기 위해서 진에서 회막으로 나아가야 했습니다.**

모세의 세 번째 중보기도

모세의 기도입니다. 모세가 여호와께 아뢰되 보시옵소서 주께서 내게 이 백성을 인도하여 올라가라 하시면서 나와 함께 보낼 자를 내게 지시하지 아니하시나이다 주께서 전에 말씀하시기를 나는 이름으로도 너를 알고 너도 내 앞에 은총을 입었다 하셨사온즉(출 33:12). "나와 함께 보낼 자"란 모세가 하나님께서 동행하여 주시기를 간절히 원하면서 아뢰는 말입니다.[156] "이름으로도 너를 알고"에서 이름은 상대방의 인격을 대변하는 것으로, 전에 하나님께서 모세와 친밀한 교제를 나누시는 큰 은혜를 베푸셨다는 의미입니다.

계속되는 모세의 간구입니다. 내가 참으로 주의 목전에 은총을 입었

156) "나와 함께 보낼 자"란 어떤 막연하고 간접적인 도움이 아니라 하나님께서 직접 동행하여 주시기를 간절히 원하는 표현입니다. 모세는 이스라엘 가운데 하나님의 임재가 회복되지 않는 이상, 자신의 영혼은 만족을 얻을 수 없다고 강하게 호소합니다. Umberto Cassuto, *A Commentary on the Book of Exodus*, 433.

사오면 원하건대 주의 길을 내게 보이사 내게 주를 알리시고 나로 주의 목전에 은총을 입게 하시며 이 족속을 주의 백성으로 여기소서(출 33:13). 모세는 자신이 하나님께 은총을 받은 자라면, 더한 은총을 받게 해달라고 간청합니다. 본문에서 "주의 길을 내게 보이사"란 모든 행위의 기준이 되는 규범을 깨닫게 하여 주시라는 의미이며, "내게 주를 알리시고"란 이스라엘을 향한 하나님의 뜻을 명확히 알게 해주시라는 말입니다. "주의 백성"이란 금송아지 사건 이후 하나님께서 이스라엘을 '네 백성'이라고 하셨기 때문에, 모세는 이스라엘이 여전히 '하나님의 백성' 임을 강조하며 인도해 주시길 간구합니다. 오직 하나님께서 함께 하셔야만 이스라엘이 세상의 다른 민족과 구별되기 때문입니다. 이러한 모세의 끈질긴 기도는 얍복 강가에서 여호와의 사자와 씨름한 야곱의 기도와 같습니다. "야곱이 가로되 당신이 내게 축복하지 아니하면 가게 하지 아니하겠나이다"(창 32:26).

마침내 모세의 기도가 응답됩니다. 여호와께서 이르시되 내가 친히 가리라 내가 너를 쉬게 하리라(출 33:14). "내가 친히"란 '나의 얼굴' 이라는 뜻으로, 하나님의 인격적 현존을 의미합니다. 모세의 간절한 중보기도로 인하여 하나님은 이스라엘과의 관계를 회복하십니다. 이같이 언약에 근거한 모세의 기도는 하나님의 응답이 있기까지 계속되었습니다.[157] 이전에 이스라엘의 진 위에서 인도하던 사자가 이제 다시 백성을 인도하게 됨에 따라 하나님과 이스라엘의 관계가 회복되었음을 암시합니다. "내가 너를 쉬게 하리라"는 말씀은 하나님께서 이스

157) 금송아지 사건 이후 모세의 중보기도는 이렇게 진행됩니다. "주의 백성에게 이 화를 내리지 마옵소서"(32:12) → "이제 그들의 죄를 사하시옵소서"(32:32) → "이 족속을 주의 백성으로 여기소서"(33:13) → "우리를 주의 기업으로 삼으소서"(34:9).

라엘과 함께 하셔서 모세의 짐을 가볍게 해주시겠다는 뜻으로, 가나안 입성까지의 모든 여정이 하나님의 주권적인 인도 아래 이루어질 것임을 의미합니다.

모세가 다시 간구합니다. 모세가 여호와께 아뢰되 주께서 친히 가지 아니하시려거든 우리를 이곳에서 올려 보내지 마옵소서 나와 주의 백성이 주의 목전에 은총 입은 줄을 무엇으로 알리이까 주께서 우리와 함께 행하심으로 나와 주의 백성을 천하 만민중에 구별하심이 아니니이까(출 33:15-16). "구별하심"이란 여러 민족들 중에서 특별히 이스라엘을 택하셔서 복주시고 돌보시는 것을 말합니다. 곧 이스라엘이 천하만민과 구별되는 증거는 바로 하나님께서 그들과 함께 하심이라는 것입니다. 하나님 없는 이스라엘은 이방인과 다를 바 없기 때문에 모세는 하나님께서 항상 함께 하셔야 한다고 간청합니다. 모세는 이스라엘이 "주의 백성"인 것을 강조하며, 자신이 진정으로 원하는 것은 하나님께서 '우리와 함께 행하심'이라는 것을 분명히 아룁니다.

하나님께서 응답하십니다. 여호와께서 모세에게 이르시되 네가 말하는 이 일도 내가 하리니 너는 내 목전에 은총을 입었고 내가 이름으로도 너를 앎이니라(출 33:17). 이스라엘을 하나님의 백성으로 여기고 가나안 여정에 함께 해주시라는 모세의 간구를 하나님은 들어주십니다. "이 일도 내가 하리니"라는 말씀은 이스라엘 백성 역시 모세와 같은 언약 백성으로 인정하여 가나안까지 동행하시겠다는 하나님의 보증입니다. 모세의 간절한 중보기도와 이스라엘의 회개로 말미암아 마침내 하나님께서 진노를 거두시고 언약관계를 회복하셨습니다. 이와 같이 하나님은 택한 백성을 놓지 않으시고 회개를 촉구하시며 은혜를 베푸셔서 사랑의 관계가 영원히 지속되게 하십니다. 그렇기 때문에 우리도 끝까지 하나님의 자녀로 살아갈 수 있는 것입니다.

하나님의 신실하시고 자비로운 성품에 의지하여 이스라엘을 인도해 주시기를 호소하는 모세의 중보기도에 하나님은 응답해 주십니다. 우리의 약함에도 불구하고 우리가 구원을 얻을 수 있는 것은 예수님의 중보기도 때문입니다. 지금도 예수님은 자신을 통하여 하나님께 오는 모든 자를 위해 중보하고 계십니다. "만일 누가 죄를 범하여도 아버지 앞에서 우리에게 대언자가 있으니 곧 의로우신 예수 그리스도시라"(요일 2:1).

하나님의 영광을 목도함

모세는 하나님께서 이스라엘과 임재의 회복을 약속하셨으니 그 징표로 여호와의 영광을 보여 달라고 합니다. 모세가 이르되 원하건대 주의 영광을 내게 보이소서(출 33:18). 모세는 하나님께서 계신 그대로의 모습을 보여 달라고 합니다. "영광"이란 광휘, 존귀, 충만 등과 같은 하나님의 본질적 특성을 말하는 것으로, "주의 영광"은 지금까지 나타난 부분적인 모습이 아니라 하나님의 신성과 본체가 표출된 영화로우신 모습을 의미합니다. 이는 하나님의 임재를 상징하는 것으로, 모세는 이전보다 더욱 명백하고 실감있게 계시해 주시기를 간구합니다. 그러나 그것 역시 하나님의 실체가 아니라 우리가 감각적으로 하나님의 임재를 느낄 수 있는 이미지나 그림자에 불과합니다. 이에 하나님은 그 영광의 잔영만을 보여주시는데, 이는 인간의 한계를 감안한 은혜로운 조치입니다.

모세가 하나님의 가시적 실체를 구했지만 하나님은 속성을 통해 자신을 보이시려 합니다. 여호와께서 이르시되 내가 내 모든 선한 것을 네 앞으로 지나가게 하고 여호와의 이름을 네 앞에 선포하리라 나는 은혜 베풀 자에게 은혜를 베풀고 긍휼히 여길 자에게 긍휼히 베푸느니라(출 33:19). "선"(טוֹב, 토브)이란 하나님의 윤리적 속성, 곧 사랑, 의로우심, 거룩 등을 말합니다. 하나님은 당신의 선하신 형상을 모세 앞으로 지나가게 하실 것이며, 여호와라는 이름을 모세가 들을 수 있도록 큰소리로 부르실 것입니다. "이름"이란 인격과 속성을 나타내는 것으로 하나님은 모세에게 여호와의 이름을 선포하시므로 당신이 어떤 분이신지를 알려 주려 하십니다. "지나가게"란 '잠간 동안의 모습'이라는 뜻으로, 하나님의 영광이 모세의 눈앞을 통과할 때 순식간에 보는 것으로 만족하라는 말씀입니다. 본문의 "은혜 베풀 자에게 은혜를 베풀고"라는 말씀은 사람마다 하나님의 선을 깨달을 수 없고 오직 하나님의 은혜를 접한 자만이 하나님의 영광의 실체를 깨달을 수 있다는 의미입니다. 그리고 "긍휼히 여길 자"란 무조건적인 사랑의 개념을 담고 있는 말로 젖먹이에 대한 어머니의 사랑을 가리키는 표현입니다. "여인이 어찌 그 젖 먹는 자식을 잊겠으며 자기 태에서 난 아들을 긍휼히 여기지 않겠느냐 그들은 혹시 잊을지라도 나는 너를 잊지 아니할 것이라"(사 49:15).

타락 후 부정한 인간이 하나님을 뵙는다는 것은 하나님의 거룩한 성품을 훼손하는 행동으로 죽음을 면할 수 없습니다. 또 이르시되 네가 내 얼굴을 보지 못하리니 나를 보고 살 자가 없음이니라(출 33:20). 이는 죄인된 인간이 하나님의 거룩하신 영광의 빛을 도저히 감당할 수 없기 때문입니다. "오직 그에게만 죽지 아니함이 있고 가까이 가지 못할 빛에 거하시고 어떤 사람도 보지 못하였고"(딤전 6:16). 이사야는 성전에서 하나님의 영광을 보았을 때 스스로 망하게 되었다고 고백하였습니다. "그 때에 내가 말하되 화로다 나여 망하게 되었도다 나는 입술이 부정한 사람이요 나는 입술이 부정한 백성 중에 거주하면서 만군의 여호와이신 왕을 뵈었음이로다 하였더라"(사 6:5). 성경에 하나님을 본 것처럼 기록된 표현은 하나님의 본체를 보았다는 것이 아니라 모두 하나님의 영광의 일부 혹은 그 상징적 형상을 보았다는 의미입니다. 이는 우리가 하나님을 알되 그의 나타내신 일들을 통하여 아는 것으로 만족하고 그 이상 알려고 해서는 안 된다는 것을 가르쳐 주십니다. 계시된 그대로 믿는 것이 신앙인의 자세입니다. 때가 되면 하나님께서 자기 자신을 나타내 보여 주실 것입니다. 그 때는 그리스도가 오실 때입니다. "예수께서 이르시되 ~ 나를 본 자는 아버지를 보았거늘 어찌하여 아버지를 보이라 하느냐"(요 14:9).

하나님께서 모세에게 말씀하십니다. 여호와께서 또 이르시기를 보라 내 곁에 한 장소가 있으니 너는 그 반석 위에 서라(출 33:21). "반석 위에"란 '바위로 된 절벽 위에' 라는 뜻으로, 모세가 하나님의 영광을 목도함으로 화를 당하지 않도록 하기 위함입니다. 하나님께서 모세를 보호하십니다. 내 영광이 지나갈 때에 내가 너를 반석 틈에 두고 내가 지나도록 내 손[158]으로 너를 덮었다가 손을 거두리니 네가 내 등을 볼 것이

158) Calvin은 여기 하나님의 '손' 이란 하나님께서 모세의 눈이 허용된 것 이상

요 얼굴은 보지 못하리라(출 33:22-23). "덮었다가"란 하나님께서 모세가 하나님의 영광을 보지 못하도록 특별히 간섭하시고 보호하신 것을 말하며, "거두리니"란 모세가 하나님의 영광의 흔적을 볼 수 있도록 보호를 잠시 해제하시겠다는 의미입니다. "등"이라 함은 얼굴과 달리 하나님의 영광이 투사된 부분으로, 하나님은 자신의 뒷모습 곧 그가 지나가신 뒤에 남겨 놓으신 영광만 보도록 하셨습니다. 후에 엘리야도 이와 유사한 경험을 합니다. "여호와께서 이르시되 너는 나가서 여호와 앞에서 산에 서라 하시더니 여호와께서 지나가시는데 ~ 불 후에 세미한 소리가 있는지라 엘리야가 듣고 겉옷으로 얼굴을 가리고 나가 굴 어귀에 서매"(왕상 19:11-13). 모세와 엘리야는 구약의 율법과 예언을 대표하는 자들이지만, 하나님을 직접 뵈올 수 없다는 점은 어떤 인간이라도 하나님의 영광의 형체 앞에 설 수 없다는 것을 알게 합니다. 그러나 지금 우리는 그리스도 안에서 하나님의 선하심의 영광을 뵙게 되었습니다. "어두운 데에 빛이 비치라 말씀하셨던 그 하나님께서 예수 그리스도의 얼굴에 있는 하나님의 영광을 아는 빛을 우리 마음에 비추셨느니라"(고후 4:6).

지금까지 이미 두 차례 하나님의 영광이 나타났었습니다. 첫 번째는 호렙 산에서 모세를 부르실 때였고, 두 번째는 이스라엘 장

의 것을 보려고 호기심을 부리지 못하게 하려고 두르셨던 어둠을 의미하는 것으로 보았습니다. 그러므로 모세는 하나님의 손이 가로막고 있을 때에야 부분적으로 하나님을 뵐 수 있었습니다. John Calvin, *Calvin's Old Testament Commentaries: Harmony of Exod., Lev., Deut., Numb Vol. III*, 382.

로들이 하나님과 언약을 맺을 때였습니다. 그리고 이제 세 번째 하나님께서 그 영광을 보여 주시는 것은 이스라엘의 죄에도 불구하고 그들을 가나안 땅으로 인도하실 것을 확인시켜 주시기 위함입니다.

제22장 언약의 회복

언약회복을 위한 모세의 기도

하나님은 금송아지 숭배로 파기되었던 이스라엘과의 언약을 회복하시기 위해 모세를 다시 부르십니다. 여호와께서 모세에게 이르시되 너는 돌판 둘을 처음 것과 같이 다듬어 만들라 네가 깨뜨린 처음 판에 있던 말을 내가 그 판에 쓰리니(출 34:1). 처음 십계명의 두 돌판은 하나님께서 친히 만들어 주신 것이었습니다. 그러나 그 돌판을 모세가 공의로운 분노로 깨뜨렸기 때문에 하나님은 모세에게 새로운 돌판을 다듬도록 명령하십니다. "그 때에 여호와께서 내게 이르시기를 너는 처음과 같은 두 돌판을 다듬어 가지고 산에 올라 내게로 나아오고 또 나무궤 하나를 만들라"(신 10:1). 돌판을 다시 주시는 것은 하나님과 이스라엘의 관계가 회복되고 교제가 다시 시작됨을 의미합니다. 하나님께서 말씀하십니다. 아침까지 준비하고 아침에 시내 산에 올라와 산 꼭대기에서 내게 보이되(출 34:2). 여기서 "보이되"라는 말씀은 잠시 머무는 것이 아니라 장기간

체류할 준비를 갖추고 하나님께로 나아오라는 의미입니다. 시내 산에 올라간 모세는 그곳에서 40일간 머물게 됩니다.

하나님께서 명령하십니다. 아무도 너와 함께 오르지 말며 온 산에 아무도 나타나지 못하게 하고 양과 소도 산 앞에서 먹지 못하게 하라(출 34:3). 이것은 모세가 처음 시내 산에 오를 때에도 주셨던 명령입니다. 지금 언약이 체결되는 시내 산은 하나님께서 강림해 계시는 일시적 성소로 구별되었기 때문에 부정한 것들의 접근이 금지되었습니다. 이전에 모세는 장로들과, 그리고 얼마 전에는 여호수아와 함께 동행했었지만 지금은 홀로 길을 떠납니다. 모세가 돌판 두 개를 처음 것과 같이 깎아 만들어 아침 일찍 시내 산으로 올라갑니다. 하나님께서 모세에게 자신의 이름과 속성을 계시하십니다. 여호와께서 구름 가운데에 강림하사 그와 함께 거기 서서 여호와의 이름을 선포하실새(출 34:5). "구름"은 하나님의 임재를 상징하며,[159] "선포하실새"란 하나님께서 지금 시내 산에 강림하셨음을 의미합니다. 하나님은 이스라엘과 언약을 맺으시거나 갱신하실 때 먼저 이름을 선포하심으로써 계시의 말씀을 시작하십니다. "여호와"라는 성호는 시작과 끝이 없고 영원하며 절대적이고 전능하신 속성을 드러내신 것으로, 이름을 선포하신 것은 모세에게 영광의 상징을 보여 주겠다고 하신 약속의 성취입니다.

하나님께서 모세 앞을 지나시며 말씀하십니다. 여호와께서 그의 앞으로 지나시며 선포하시되 여호와라 여호와라 자비롭고 은혜롭고 노하기를

159) 하나님은 구름뿐만 아니라 불과 연기, 폭풍우, 세미한 음성 등을 통하여서도 자신의 임재를 나타내셨습니다. "해가 져서 어두울 때에 연기 나는 화로가 보이며 타는 횃불이 쪼갠 고기 사이로 지나더라"(창 15:17), "여호와께서 폭풍우 가운데에서 욥에게 말씀하여 가라사대"(욥 38:1), "불 후에 세미한 소리가 있는지라"(왕상 19:12).

더디하고 인자와 진실이 많은 하나님이라(출 34:6). 이는 전날 모세에게 당신의 영광을 지나가게 하시겠다고 하신 약속의 실행입니다. 하나님은 자신의 영광으로 모세의 곁을 지나가셨으며 등을 보도록 허락하심으로 그 영화로운 모습을 보여 주셨습니다. 그 때 그 모습이 너무도 밝고 광채가 나므로, 거기서 나온 빛이 모세의 얼굴 위에 남게 되었습니다. 본문에서 "여호와"라는 성호가 반복해서 선포된 것은 하나님께서 실존하심을 강조하신 것입니다. 본문의 "자비"란 어머니의 모성애적 사랑과 관심을 뜻하고, "은혜"란 당신의 백성에게 값없이 베푸시는 호의를 뜻하며, "더디하고"란 죄악에 대해 끝까지 참으시는 하나님의 인내를 나타내는 말입니다. "인자"[160]란 그들의 많은 과오도 용납하시고 언약을 충실하게 이행하시는 분이라는 의미이며, "진실"은 하나님께서 신실하시므로 신뢰하고 의지할 수 있다는 말입니다. 이는 하나님이 사랑의 하나님이신 것을 알게 합니다. 하나님의 사랑의 깊이와 넓이와 높이는 아무도 측량치 못합니다. 사도 요한은 하나님은 사랑 그 자체라고 말합니다. "하나님은 사랑이심이라 하나님의 사랑이 우리에게 이렇게 나타난바 되었으니 하나님이 자기의 독생자를 세상에 보내심은 그로 말미암아 우리를 살리려 하심이라"(요일 4:8-9).

계속되는 하나님의 말씀입니다. 인자를 천대까지 베풀며 악과 과실과 죄를 용서하리라 그러나 벌을 면제하지는 아니하고 아비지의 악행을 자손 삼사 대까지 보응하리라(출 34:7). "베풀며"란 하나님께서 인자를 베

160) '인자'(חֶסֶד, 헤세드)는 하나님의 성품을 말할 때 가장 많이 나타나는 단어로, 구약에만 대략 250번 등장합니다. 이 단어는 의미가 다양하여 은혜(창 24:12), 긍휼(시 59:17), 자비(사 54:8), 사랑(렘 9:24) 등으로 번역되는데, 하나님의 무한하신 사랑을 나타내는 대표적인 용어입니다.

푸시겠다는 약속을 반드시 지키시겠다는 의미이며, "벌을 면제하지는 아니하고"란 하나님께서 죄를 사해 주시되 반드시 그 죄책을 물으시겠다는 뜻입니다. 하나님은 회개하는 죄인은 용서하시지만 회개하지 않는 죄인은 결코 용납하지 않으십니다. 예수님께서 죽임을 당하신 것도 인간의 죄에 대한 하나님의 공의의 실현입니다. "이 예수를 하나님이 그의 피로써 믿음으로 말미암아 화목제물로 세우셨으니 이는 하나님께서 길이 참으시는 중에 전에 지은 죄를 간과하심으로 자기의 의로우심을 나타내려 하심이니"(롬 3:25). 본문에서 "악행을 자손 삼사 대까지"라고 하신 것은 "인자를 천대까지 베풀며"라는 말씀의 대구어로, 하나님의 무한하신 은혜에 비하면 진노는 아주 미미한 것임을 나타냅니다. "그의 노염은 잠깐이요 그의 은총은 평생이로다"(시 30:5). 이는 부모의 죄의 결과와 영향력이 후손 3, 4대까지 미친다는 의미이지 아버지의 죄 값을 3, 4대까지 찾으시겠다는 것은 아닙니다. "보응하리라"는 말씀은 마치 미사일이 목표물을 끝까지 추적하여 명중시키듯이 하나님께서 죄악을 철저히 찾아내어 심판하시겠다는 의미입니다. "그들이 파고 스올로 들어갈지라도 내 손이 거기에서 붙잡아 낼 것이요 하늘로 올라갈지라도 내가 거기에서 붙잡아 내릴 것이며"(암 9:2). 하나님은 모든 사람의 행위대로 갚으십니다. "이는 우리가 다 반드시 그리스도의 심판대 앞에 나타나게 되어 각각 선악간에 그 몸으로 행한 것을 따라 받으려 함이라"(고후 5:10).

드디어 모세가 하나님의 영광을 봅니다. 모세가 급히 땅에 엎드려 경배하며(출 34:8). 모세가 순간적으로 경외심을 갖고 엎드려 하나님께 경배합니다. 이는 모세가 하나님께서 선포하신 그 이름에 합당한 영광을 돌렸다는 의미로, 하나님께서 친히 보이신 현상에 대한 감사와 순종의 표현입니다. 모세가 하나님께 아룁니다. 이르되 주여 내가 주께 은총을 입었거든 원하건대 주는 우리와 동행하옵소서 이는 목이 뻣뻣한 백성이니이다 우리의 악과 죄를 사하시고 우리를 주의 기업으로 삼으소서(출 34:9). 모세는 하나님께서 동행해 주시는 것이 하나님께 은총을 입은 증거라고 생각했습니다. 본문의 "기업으로 삼으소서"란 이스라엘을 하나님의 소유로 삼아 아끼며 돌보아 주시도록 간구한 것을 말합니다. 이미 하나님께서 약속하셨지만 모세는 보증을 원합니다. 모세는 백성들이 악함으로 하나님의 사죄와 은총이 더욱 필요하다고 간구합니다. 하나님은 사람이 아니시기에 저들을 용서하고 참아 주실 수 있기 때문입니다. "이는 내가 하나님이요 사람이 아님이라 네 가운데 있는 거룩한 이니 진노함으로 네게 임하지 아니하리라"(호 11:9).

모세는 이스라엘이 목이 곧고 패역한 족속임을 잘 알고 있기에 더욱 하나님의 자비와 은총이 필요하다고 간구합니다. 하나님께서 이미 약속하신 것이라는 사실에 근거하여 모세가 간절히 기도합니다. 하나님께서 이스라엘 중에 계시면 이스라엘 백성들을 지키시고 인도하실 것이기 때문입니다.

언약의 회복

하나님께서 모세의 기도에 응답하여 언약을 맺으십니다. 이전에(출 19장-24장) 이미 언약이 체결되었고 언약서가 주어졌기 때문에, 이는 금송아지 사건으로 파기된 언약의 갱신으로 볼 수 있습니다. 그리하여 이 죄에 비추어 이전에 주어진 수많은 규범들이 재진술 되었습니다. 곧 가나안 주민과의 결혼을 금하시며, 안식일과 절기의 준수 및 의식법이 규정되었습니다. 하나님께서 이스라엘을 대표하는 모세와 언약을 체결하십니다. 여호와께서 이르시되 보라 내가 언약을 세우나니 곧 내가 아직 온 땅 아무 국민에게도 행하지 아니한 이적을 너희 전체 백성 앞에 행할 것이라 네가 머무는 나라 백성이 다 여호와의 행하심을 보리니 내가 너를 위하여 행할 일이 두려운 것임이니라(출 34:10). "이적"이란 장차 이스라엘이 가나안 족속을 정복함에 있어 하나님께서 이스라엘을 위하여 행하실 이적으로, 요단강이 갈라지고(수3:14-17), 여리고 성이 무너지며(수6:1-21), 기브온 위에 태양이 머물고 아얄론 골짜기에 달이 멈춘 일(수10:12-14) 등입니다.

하나님께서 명하십니다. 너는 내가 오늘 네게 명령하는 것을 삼가 지키라 보라 내가 네 앞에서 아모리 사람과 가나안 사람과 헷 사람과 브리스 사람과 히위 사람과 여부스 사람을 쫓아내리니(출 34:11). "삼가 지키라"고 하신 것은 세심하게 주의를 기울여 실행하라는 명령입니다. 하나님은 이스라엘이 가나안에 들어갈 때 그곳 거주민들을 멸하여 우상숭배로 유혹 받는 일이 없도록 하십니다. 또한 하나님은 그들과 약조하지 말라고 하십니다. 너는 스스로 삼가 네가 들어가는 땅의 주민과 언약을 세우지 말라 그것이 너희에게 올무가 될까 하노라(출 34:12). "언약을 세우지 말라"고 하신 것은 가나안 원주민들과 어떠한 평화조약도 체결하지 말라는 명령입니다. "올무"란 자신도 모르게 악의 수렁에 빠져 멸망에 이르는 것을 의미합니다. 이는 이스라엘이 저들의 가증한 우상숭배와 이교적 풍습에 물들지 않게 하기 위함입니다.

이스라엘이 가나안 땅에서 가장 먼저 해야 할 일은 그들의 우상을 없애는 것입니다. 너희는 도리어 그들의 제단들을 헐고 그들의 주상을 깨뜨리고 그들의 아세라 상을 찍을지어다(출 34:13). "주상"이란 깍거나 다듬어 세운 우상이나 숭배물을 말하며, "아세라"(Asherah)는 가나안의 풍요의 여신으로 생산의 신인 바알(Baal)의 아내입니다. 이 두 신을 섬기는 신전에서는 풍요와 다산을 기원하기 위해 창기와 미동의 음란한 제전의식이 행해졌습니다. 본문의 "헐고"란 부숴버리는 것을 말하며, "찍을지어다"란 산산조각 내는 것을 의미합니다. 이는 금송아지 사건 때 우상숭배 금지 명령이 지켜지지 않았기 때문에 이전보다 더욱 강도 높게 우상 타파를 명하신 것입니다. "너는 그들의 신을 경배하지 말며 섬기지 말며 그들의 행위를 본받지 말고 그것들을 다 깨뜨리며 그들의 주상을 부수고"(출 23:24). 하나님께서 주신 약속의 땅 가나안에서 이스라엘은 단이나 주상이나 신전의 기둥들을 철저히 헐어버리고 하나님만 섬겨야 합니다.

다음은 십계명 중 제1계명의 반복입니다. 너는 다른 신에게 절하지 말라 여호와는 질투라 이름하는 질투의 하나님임이니라(출 34:14). 이는 단순히 절하지 말라는 것이 아니라 어떠한 신도 용납하지 말라는 강한 금지입니다. "질투의 하나님"이라고 하심은 이스라엘이 하나님 이외의 다른 존재를 숭배하는 것을 결코 용납하지 않으신다는 말씀입니다. "그것들에게 절하지 말며 그것들을 섬기지 말라 나 네 하나님 여호와는 질투하는 하나님인즉"(신 5:9). 이는 하나님께서 그만큼 당신의 백성을 뜨겁게 사랑하신다는 증거입니다. 하나님께서 이처럼 사랑하시므로 이스라엘에게도 그에 상응하는 사랑을 요구하시는 것입니다. 본문에서 이러한 표현이 또 언급된 것은 다시는 금송아지 숭배와 같은 죄를 범하지 말라는 엄중한 경고의 말씀입니다.

하나님께서 가나안 족속과의 언약을 금하신 것은 그것이 우상숭배로 연결되어 하나님과의 언약이 파기되기 때문입니다. 너는 삼가 그 땅의 주민과 언약을 세우지 말지니 이는 그들이 모든 신을 음란하게 섬기며 그들의 신들에게 제물을 드리고 너를 청하면 네가 그 제물을 먹을까 함이며(출 34:15). "음란하게"란 가나안 족속들의 제사 의식이 성적으로 매우 문란했음을 나타냅니다. 실제로 가나안의 제사 의식은 합법적 창기인 여사제와 제물을 바치는 자와의 음행이 주류를 이루었는데, 이는 제사하는 남자가 풍요와 다산을 상징하는 신을 대리한 여사제와 성관계를 갖는 것이 곧 신과 접촉하는 예배 행위라고 믿었기 때문입니다. 그러므로 하나님은 우상의 제물을 취하지 말라고 명령하십니다. 그럼에도 불구하고 후에 이스라엘이 모압 여인들에 의해 우상의 제물을 먹고 행음하므로 이 명령을 어기게 됩니다. "이스라엘이 싯딤에 머물러 있더니 그 백성이 모압 여자들과 음행하기를 시작하니라 그 여자들이 자기 신들에게 제사할 때에 이스라엘 백성을 청하매 백성이 먹고 그들의 신들에게 절하므로 이스라엘이 바알브올에게 가담한지라"(민 25:1-3).

이방 결혼은 신앙의 순수성을 오염시킵니다. 또 네가 그들의 딸들을 네 아들들의 아내로 삼음으로 그들의 딸들이 그들의 신들을 음란하게 섬기며 네 아들에게 그들의 신들을 음란하게 섬기게 할까 함이니라(출 34:16). 노아 홍수가 임한 근본적인 원인은 하나님의 아들들이 사람의 딸들을 취한 결과였습니다. "하나님의 아들들이 사람의 딸들의 아름다움을 보고 자기들이 좋아하는 모든 여자를 아내로 삼는지라"(창 6:2). 그러므로 하나님은 이방 여인과의 결혼을 엄히 금하십니다. 솔로몬의 이방 여인과의 결혼이 왕국 분열의 직접적 원인이 되었던 사실이 이를 증명합니다. "그가 또 그의 이방 여인들을 위하여 다 그와 같이 한지라 그들이 자기의 신들에게 분향하며 제사하였더라 솔로몬이 마음을 돌려 이스라엘의 하나님 여호와를 떠나므로 여호와께서 그에게 진노하시니라"(왕상 11:8-9). 성경은 불신자와 함께 멍에를 메지 말라고 말합니다. "너희는 믿지 않는 자와 멍에를 함께 메지 말라 ~ 믿는 자와 믿지 않는 자가 어찌 상관하며 하나님의 성전과 우상이 어찌 일치가 되리요 우리는 살아 계신 하나님의 성전이라"(고후 6:14-16).

다시 십계명 중 제2계명이 반복됩니다. 너는 신상들을 부어 만들지 말지니라(출 34:17). 이는 우상을 만들지 말라는 거듭된 경고입니다. "신상"이란 쇠를 부어 만든 신상을 말하며, '부어' 만들지 말라고 하신 것은 바로 얼마 전에 금송아지 우상을 부어 만든 그들의 죄를 상기시키신 것입니다. 하나님은 새긴 형상이나 부어 만든 신상과 조상(彫像), 그리고 모양을 갖춘 돌 등 하나님께 대한 영적 예배를 훼손하는 모든 것을 금하십니다.

이 언약은 첫 언약의 회복으로 후에 이스라엘의 가나안 정착을 근거로 맺어진 것인데, 우상숭배에 관한 법규가 강조되고 있습니다. 이는 금송아지 숭배와 같은 죄악을 다시는 범하지 않도록 철저히 교훈하기 위해서입니다. "그들은 전에 음란하게 섬기던 숫염소에게 다시 제사하지 말 것이니라 이는 그들이 대대로 지킬 영원한 규례니라"(레 17:7).

의식법

하나님께서 이미 언급하신 절기들을 다시 강조하시므로 하나님 섬기는 방법을 가르쳐 주십니다. 무교절에 대한 명령입니다. 너는 무교절을 지키되 내가 네게 명령한 대로 아빕월 그 절기에 이레 동안 무교병을 먹으라 이는 네가 아빕월에 애굽에서 나왔음이니라(출 34:18). 무교절은 출애굽을 기념하는 절기로, 유월절부터 1주일 동안 누룩 없는 떡을 먹습니다.

이스라엘의 첫 태생은 구별됩니다. 모든 첫 태생은 다 내 것이며 네 가축의 모든 처음 난 수컷인 소와 양도 다 그러하며(출 34:19). 모든 태의 첫 열매를 구별하여 하나님께 드리는 것은 열 번째 재앙 시 죽음을 면한 모든 이스라엘 장자들의 생명이 하나님의 것임을 되새기며 대대로 기념하기 위함입니다. 이러한 명령이 반복되고 있는 것은 하나님의 구원 사역을 기억하도록 하기 위함입니다. 그러나 나귀의 첫 새끼는 어린 양으로 드립니다. 나귀의 첫 새끼는 어린 양으로 대속할 것이요 그렇게 하지 아니하려면 그 목을 꺾을 것이며 네 아들 중 장자는 다 대속할지며 빈손으로 내 얼굴을 보지 말지니라(출 34:20). 나귀는 제물로 드리기에 적합하지 않은 부정한 짐승으로 간주되어 어린 양을 대신하여 드립니다. 사람의 경우, 장자를 희생 제물로 드릴 수 없기 때문에 돈으로 대속합니다. 이러한 대속사상은 인류의 죄를 사하기 위해 죽임을 당하신 그리스도의 십자가 사건을 예표합니다. 위의 "빈손으로 내 얼굴을 보지 말지니라"는 말씀은 모든 것이 하나님께로 말미암았으므로 받은 은혜에 감사하는 마음으로 예물을 드리라는 의미입니다. 예물은 인색함이나 억지로가 아니라 감사함으로 자원하여 드려야 합니다. "각각 그 마음에 정한 대로 할 것이요 인색함으로나 억지로 하지 말지니 하나님은 즐겨 내는 자를 사랑하시느니라"(고후 9:7).

다음은 십계명 중 제4계명의 반복입니다. 너는 엿새 동안 일하고 일곱째 날에는 쉴지니 밭 갈 때에나 거둘 때에도 쉴지며(출 34:21). 안식일은 하나님께서 천지를 창조하시고 쉬신 날을 기념하여 하나님께 예배드리며 안식하는 날입니다. 팔레스틴의 우기와 건기는 비교적 뚜렷하여 비가 내릴 때 파종하며 농사일을 해야 하는데 아무리 바쁠 때에라도, 즉 "밭 갈 때에나 거둘 때에도" 안식일을 지켜야 한다는 것을 강조하신 말씀입니다.

칠칠절과 수장절입니다. 칠칠절 곧 맥추의 초실절을 지키고 세말에는 수장절을 지키라(출 34:22). "칠칠절"이란 보리 등의 농작물 수확을 감사하는 절기로 유월절 후 50일째 되는 날로, 맥추절 또는 오순절이라고도 합니다. 이는 소산이 있게 하신 하나님의 축복을 기념하며 감사함으로 지키는 절기입니다.[161] "수장절"은 가을에 포도나 올리브 등 과실 수확을 기념하는 일종의 추수감사절로 곡식을 거두고 저장한 것을 기뻐하는 절기입니다. 또한 이는 40년간의 광야생활을 기념하는 절기로 장막절 또는 초막절이라고도 합니다. 이때에 모든 이스라엘 사람들은 나무 가지로 만든 장막에 살면서 그의 조상들이 살던 광야생활을

161) 유대인들은 오순절을 모세가 시내 산에서 율법 받은 날로 기념하는데, 이는 이스라엘이 두 달 만에 시내 산에 도착한 것과 연관지어 그렇게 생각한다고 합니다. Peter Enns, *Exodus : The NIV Application Commentary*, 457. 신약에서는 이 오순절에 성령세례를 받았습니다. 구약에서 율법을 받은 날이 신약의 성령을 받은 날입니다.

기념합니다. "너희 타작마당과 포도주 틀의 소출을 거두어들인 후에 이레 동안 초막절을 지킬 것이요"(신 16:13). "이는 내가 이스라엘 자손을 애굽 땅에서 인도하여 내던 때에 초막에 거주하게 한 줄을 너희 대대로 알게 함이니라"(레 23:43).

남자들은 절기 때마다 예루살렘에 모입니다. 너희의 모든 남자는 매년 세 번씩 주 여호와 이스라엘의 하나님 앞에 보일지라(출 34:23). 이는 이스라엘의 3대 절기인 무교절, 맥추절, 수장절에 하나님께서 지시하신 곳에 모여 제사드리며 하나님과 교제하라는 말씀입니다. 곧 하나님께 대한 예배는 한 곳에서 드려져야 한다는 것을 명시하십니다. "너희는 너희의 하나님 여호와께서 자기 이름을 두시려고 택하실 그 곳으로 내가 명령하는 것을 모두 가지고 갈지니"(신 12:11). 실제로 이스라엘은 가나안 거주 이후 이 세 절기 때마다 예루살렘에 모여 절기를 지내며, 그들 중에 있는 가난한 자들을 구제하였습니다. "여호와여 이제 내가 주께서 내게 주신 토지소산의 맏물을 가져왔나이다 하고 ~ 너는 레위인과 너희 가운데에 거류하는 객과 함께 즐거워할지니라"(신 26:10-11). 이는 이스라엘이 하나님의 택한 백성으로 하나님 중심의 생활을 하도록 하기 위함입니다. "이스라엘의 하나님"이라고 하신 것은 하나님과 이스라엘과의 관계가 회복되었다는 것을 보여주는 표현입니다.

하나님의 약속입니다. 내가 이방 나라들을 네 앞에서 쫓아내고 네 지경을 넓히리니 네가 매년 세 번씩 여호와 네 하나님을 뵈려고 올 때에 아무도 네 땅을 탐내지 못하리라(출 34:24). "네 지경을 넓히리니"란 하나님께서 가나안의 원주민을 쫓아내시고 그 땅을 이스라엘에게 주시며 그 경계를 확장시켜 주시겠다는 약속입니다. 이는 이미 아브라함에게 주셨던 약속으로 솔로몬 때에 성취되었습니다. "그 날에 여호와께서 아브람과 더불어 언약을 세워 이르시되 내가 이 땅을 애굽 강에서부터 그 큰 강 유브라데까지 네 자손에게 주노니"(창 15:18), "솔로몬이 유브라데 강에서부터 블레셋 땅과 애굽 지경까지의 모든 왕을 다스렸으며"(대하 9:26). 또한 "네 땅을 탐내지 못하리라"는 말씀은 후에 이스라엘이 가나안 땅에 정착하게 되면 일 년에 세 차례씩 예루살렘 성소에 모임으로써 전국의 모든 마을이 비게 되는데, 이 때 하나님께서 아무도 침입하지 못하도록 온 이스라엘을 지켜 주시겠다는 약속입니다.

희생 제물은 대속의 뜻이 있습니다. 너는 내 제물의 피를 유교병과 함께 드리지 말며 유월절 제물을 아침까지 두지 말지며(출 34:25). "제물의 피"란 죄를 사하게 하는 피로, 이는 인류의 죄를 대속하는 그리스도의 보혈을 예표합니다. "염소와 황소의 피와 및 암송아지의 재를 부정한 자에게 뿌려 그 육체를 정결하게 하여 거룩하게 하거든 하물며 영원하신 성령으로 말미암아 흠 없는 자기를 하나님께 드린 그리스도의 피가 어찌 너희 양심을 죽은 행실에서 깨끗하게 하고 살아 계신 하나님을 섬기게 하지 못하겠느냐"(히 9:13-14). 하나님은 가나안의 악한 풍습을 금하셨습니다. 네 토지 소산의 처음 익은 것을 가져다가 네 하나님 여호와의 전에 드릴지며 너는 염소 새끼를 그 어미의 젖으로 삶지 말지니라(출 34:26). 여기서 "처음 익은 것"이란 처음 익은 열매의 제일 좋은 것이라는 의미입니다. 그리고 염소 새끼를 어미의 젖으로 삶는 것은 앞서 지적한 바와 같이 가나안 사람들의 잔인한 풍습이었기 때문에 하나님께서 이를 금하셨습니다.

의식법들은 하나님과 이스라엘 간의 언약관계를 유지하기 위한 규정들로, 이를 통해 하나님과 이스라엘 백성들의 교제가 지속되었습니다. 의식법은 구속사적으로 예수 그리스도의 복음 사역을 예표하며, 예수님과 우리 성도와의 교제는 영원한 구원의 축복에 참여함을 의미합니다.

언약 회복의 결론

이 언약은 새로운 것이 아닙니다. 여호와께서 모세에게 이르시되 너는 이 말들을 기록하라 내가 이 말들의 뜻대로 너와 이스라엘과 언약을 세웠음이니라 하시니라(출 34:27). 이는 모세가 시내 산에서 처음 받은 언약의 돌판이 금송아지로 인해 깨어졌기 때문에 새로운 돌판을 새기기 위해 반복되는 언약입니다. 본문의 "이 말들"이란 먼저 맺었던 첫 번째 언약을 가리키는 말로, 첫 번째 언약을 따라 동일한 내용으로 두 번째 언약을 맺는다는 뜻입니다. 또한 "내가~너와" 언약을 세웠다고 말씀하심으로 언약을 다시 세우는데 있어서 모세의 역할이 매우 중요했음을 강조하십니다. "언약을 세웠음이니라"는 말씀은 하나님께서 모세의 중보기도에 근거해 이스라엘과의 언약을 회복시켰다는 의미입니다.

이때에도 모세는 40일을 단식하였습니다. 모세가 여호와와 함께 사십 일 사십 야를 거기 있으면서 떡도 먹지 아니하였고 물도 마시지 아니하였으며 여호와께서는 언약의 말씀 곧 십계명을 그 판들에 기록하셨더라(출 34:28). 첫 번째와 마찬가지로 이번에도 하나님께서 친히 두 돌판에 십계명을 기록하여 주셨습니다. “네가 깨뜨린 처음 판에 쓴 말을 내가 그 판에 쓰리니 ~ 여호와께서 그 총회 날에 산 위 불 가운데에서 너희에게 이르신 십계명을 처음과 같이 그 판에 쓰시고 그것을 내게 주시기로”(신 10:2-4). 이 새로운 돌판은 언약의 회복을 나타내며, 하나님은 다시 이스라엘과 함께 하시게 되었습니다.

깨뜨린 돌판이 언약의 파기를 상징한다면, 새 돌판은 언약의 회복을 상징합니다. 이같이 새롭게 시작된 언약은 이스라엘이 하나님의 뜻에 합한 백성이어서 체결된 것은 아닙니다. 그들은 목이 뻣뻣한 백성이었지만 하나님의 은혜에 근거하여 언약이 새로 맺어진 것입니다.

모세 얼굴의 광채

모세가 산에 머무르는 40일 동안 백성들은 평안히 지내며 모세가 내려오길 기다리고 있었습니다. 모세가 돌판을 가지고 내려옵니다. 모세가 그 증거의 두 판을 모세의 손에 들고 시내 산에서 내려오니 그 산에서 내려올 때에 모세는 자기가 여호와와 말하였음으로 말미암아 얼굴 피부에 광채가 나나 깨닫지 못하였더라(출 34:29). “광채”(קָרַן, 카란)란 ‘빛나다’라는 뜻으로, 얼굴에서 빛이 뿜어져 나오는 듯한 환한 모습을 뜻합니다. 모세가 하나님의 영광을 접하므로 거룩함을 덧입게 되어 모세의 얼굴에서도 영광의 광채가 나타났습니다. 이는 성물과 접촉하는 것은 거룩해진다는 말씀을 기억나게 합니다. "그것들을 지극히 거룩한 것으로 구별하라 이것에 접촉하는 것은 모두 거룩하리라"(출 30:29). 이 광채는 하나님께서 함께 하신다는 증표로, 천국에서 하나님과 함께 있는 의인들은 해와 같이 빛나게 됩니다. "그 때에 의인들은 자기 아버지 나라에서 해와 같이 빛나리라"(마 13:43). 이처럼 하나님과 친밀한 관계를 유지하는 자는 하나님의 거룩함에 참여하게 되며 자연히 하나님의 영광을 다른 사람에게 비추게 됩니다. "이같이 너희 빛이 사람 앞에 비치게 하여 그들로 너희 착한 행실을 보고 하늘에 계신 너희 아버지께 영광을 돌리게 하라"(마 5:16). 성경은 성도를 가리켜 '그리스도의 향기'라고 합니다. "우리는 구원 받는 자들에게나 망하는 자들에게나 하나님 앞에서 그리스도의 향기니"(고후 2:15). 그리고 변화 산에서 변형되신 예수님에게서 그 영광의 실체를 보게 됩니다. "그들 앞에서 변형되사 그 얼굴이 해 같이 빛나며 옷이 빛과 같이 희어졌더라"(마 17:2).

모세의 빛나는 얼굴로 인하여 백성들이 두려워합니다. 아론과 온 이스라엘 자손이 모세를 볼 때에 모세의 얼굴 피부에 광채가 남을 보고 그에게 가까이 하기를 두려워하더니(출 34:30). 하나님의 면전을 떠나 백성에게 나아올 때 모세의 얼굴이 초자연적인 광채로 빛났기 때문에 모세가 전하는 말씀이 하나님의 말씀임을 의심할 여지가 없게 되었습니다. 백성들이 모세를 두려워하며 그의 말에 경청합니다. 후에 사도 바울은 이를 구속사적인 의미에서 새 언약의 영광스러운 광채로 승화시켰습니다.[162] "돌에 써서 새긴 죽게 하는 율법 조문의 직분도 영광이 있어 이

162) Childs는 고린도후서 3장에서의 바울의 해석이 출애굽기 34장의 진정한 신학적 논증을 예시한다고 주장합니다. 즉 그리스도 안에서 소망을 품게 하는 믿음의 시작을 배우게 하고, 하나님과 교제하는 틀을 형성하며, 또한 성령을 통한

스라엘 자손들은 모세의 얼굴의 없어질 영광 때문에도 그 얼굴을 주목하지 못하였거든 하물며 영의 직분은 더욱 영광이 있지 아니하겠느냐"(고후 3:7-8). 모세가 백성들에게 하나님의 언약을 다시 선포합니다. 모세가 그들을 부르매 아론과 회중의 모든 어른이 모세에게로 오고 모세가 그들과 말하니 그 후에야 온 이스라엘 자손이 가까이 오는지라 모세가 여호와께서 시내 산에서 자기에게 이르신 말씀을 다 그들에게 명령하고(출 34:31-32). 여기서 "회중의 모든 어른"이란 백성들 중 연장자로, 백성들을 인도하며 행정을 관할하던 장로들을 말합니다.

모세가 자신의 얼굴을 가립니다. 모세가 그들에게 말하기를 마치고 수건으로 자기 얼굴을 가렸더라(출 34:33). 하나님의 말씀이 전달되고 난 후 모세가 다시 수건을 가린 것은, 하나님의 말씀과 자신을 말을 혼동해서는 안 된다는 것을 상징하는 행위입니다. 또한 자신의 광채나는 얼굴로 인하여 백성들이 자신을 섬기려는 유혹에 빠질까 염려했기 때문입니다. 바울은 이를 영광스런 복음의 빛을 깨닫지 못하고 율법에만 사로잡힌 유대인들의 어리석음에 비유하였습니다. "우리는 모세가 이스라엘 자손들에게 장차 없어질 것의 결국을 주목하지 못하게 하려고 수건을 그 얼굴에 쓴 것 같이 아니하노라 그러나 그들의 마음이 완고하여 오늘까지도 구약을 읽을 때에 그 수건이 벗겨지지 아니하고 있으니 그 수건은 그리스도 안에서 없어질 것이라 오늘까지 모세의 글을 읽을 때에 수건이 그 마음을 덮었도다 그러나 언제든지 주께로 돌아가면 그 수건이 벗겨지리라"(고후 3:13-16). 바울은 이스라엘이 율법의 핵심을 보지 못했기 때문에, 그들이 율법

그리스도인의 삶을 구체화 하게 한다고 합니다. Brevard S. Childs, *Exodus : A Commentary*, 624.

의 진수인 그리스도에게로 돌아오기까지는 수건에 가려져 있는 것이라고 하였습니다. 이는 율법의 목적이 그리스도이기 때문에 율법에서 그리스도를 제외시키면 필연적으로 다른 방향으로 나아가게 되기 때문입니다. 오직 복음으로 말미암아 생명과 영생이 드러나게 되며 구약의 수건이 벗겨지게 됩니다. "그리스도는 모든 믿는 자에게 의를 이루기 위하여 율법의 마침이 되시니라"(롬 10:4). 이제 모세는 더 이상 시내 산에 올라가지 않고 회막에서 하나님과 만나고 대화하게 됩니다.

모세가 하나님 앞에 설 때에는 수건을 벗었습니다. 그러나 모세가 여호와 앞에 들어가서 함께 말할 때에는 나오기까지 수건을 벗고 있다가 나와서는 그 명령하신 일을 이스라엘 자손에게 전하며 이스라엘 자손이 모세의 얼굴의 광채를 보므로 모세가 여호와께 말하러 들어가기까지 다시 수건으로 자기 얼굴을 가렸더라(출 34:34-35). 모세는 여호와의 면전에 있을 때와 하나님께서 그에게 계시하신 것을 이스라엘에게 전할 때에는 수건을 벗었습니다. 이는 그 말씀이 하나님께로부터 온 것임을 보여주기 위한 것으로, 말씀을 다 전달하고 나면 다시 수건을 쓴 채로 지냈습니다. 그러나 신약의 성도들은 그리스도 안에 거하기만 하면, 이 율법의 수건이 벗겨져 율법이 증거하고 있는 그리스도와 그의 영광에 대하여 깨닫게 됩니다. 예수님은 지상에 계실 때 평소 그 영광을 가리고 계셨지만 변화산에서 잠시 드러내 보이셨습니다. 바울은 성도들이 주 안에 거하면 마치 수건을 벗은 얼굴로 거울을 보듯 주의 영광을 밝히 보게 되리라고 말합니다. "우리가 다 수건을 벗은 얼굴로 거울을 보는 것 같이 주의 영광을 보매 그와 같은 형상으로 변화하여 영광에서 영광에 이르니 곧 주의 영으로 말미암음이니라"(고후 3:18). 모세는 하나님의 영광을 보고 그 영광의 광채를 간접적으로 드러내었지만, 그리스도 안에는 하나님의 영광이 충만히 거하였습니다. "이는 하나님의 영광의 광채시요 그 본체의 형상이시라"(히 1:3).

주님께서 이 땅에 오시고 거하심에 대한 이사야의 예언입니다. "흑암에 행하던 백성이 큰 빛을 보고 사망의 그늘진 땅에 거주하던 자에게 빛이 비치도다"(사 9:2). **그러나 아직도 유대인들은 불신앙의 수건이 가리운 채로 남아있어 보지도 이해하지도 못합니다.** "이르시되 미련하고 선지자들이 말한 모든 것을 마음에 더디 믿는 자들이여"(눅 24:25).

❖율법의 기능에 대하여❖

하나님은 이스라엘과의 율법 언약이 체결되기 전에는 십계명과 도덕법 및 시민법을 주셨으며(출 20:1-23:33), 율법 언약이 체결된 후에는 성막에 대한 계시를 주셨습니다(출 24:1-31:18). 금송아지 숭배사건 후, 하나님께서는 다시 두 돌판을 주시고 이스라엘과의 언약 관계를 회복하시며 시내 산 언약을 갱신하셨습니다(출 32:1-34:35). 하나님은 언약 관계를 재정립하시면서 의식법을 중심으로 여러 율법을 주셨습니다. 이스라엘이 출애굽하고 시내 산에 도착하여 광야를 행군하기까지 대략 1년여에 걸쳐 언약이 체결되었는데, 구약 율법의 대부분이 이때 주어졌습니다. "시내 산에서 말하던 그 천사와 우리 조상들과 함께 광야 교회에 있었고 또 살아 있는 말씀을 받아 우리에게 주던 자가 이 사람이라"(행 7:38).

시내 산 언약은 하나님께서 택한 백성 이스라엘에게 규례를 주심으로 사랑과 공의를 알게 하신 것입니다. 이를 '첫 언약'이라 부르는데 지키면 복을 받고 지키지 못하면 저주를 받게 됩니다. 그런데 이스라엘이 이 언약을 지키지 못하였습니다. "저 첫 언약이 무흠하였더라면 둘째 것을 요구할 일이 없었으려니와"(히 8:7). 모세의 시내 산 율법은 이스라엘을 그리스도에게로 인도하며, 율법의 교육과 의식수행에 핵심이 되는 제사장의 직임 역시 예수님의 사역을 예시합니다. "이같이 율법이 우리를 그리스도께로 인도하는 초등교사가 되어 우리로 하여금 믿음으로 말미암아 의롭다 함을 얻게 하려 함이라"(갈 3:24). 우리는 율법을 통해 죄를 깨닫게 되며, 하나님이 우리에게 요구하시는 거룩의 표준을 알게 됩니다. "그러므로 율법의 행위로 그의 앞에 의롭다 하심을 얻을 육체가 없나니 율법으로는 죄를 깨달음이니라"(롬 3:20). "이로 보건대 율법은 거룩하고 계명도 거룩하고 의로우며 선하도다"(롬 7:12). 또한 우리가 율법을 잘 지키려 하면 할수록 하나님의 기준에 도달할 수 없다는 것을 알게 되며, 죄 사함을 받고 의롭다 하심을 받는 길은 오직 예수 그리스도를 통하여서만 가능케 된다는 것을 깨닫게 됩니다. "사람이 의롭게 되는 것은 율법의 행위로 말미암음이 아니요 오직 예수 그리스도를 믿음으로 말미암는 줄 알므로 우리도 그리스도 예수를 믿나니 이는 우리가 율법의 행위로써가 아니고 그리스도를 믿음으로써 의롭다함을 얻으려 함이라 율법의 행위로써는 의롭다함을 얻을 육체가 없으니라"(갈 2:16). 예수님은 자신이 율법을 폐하러 오신 것이 아니라 완전케 하려 오신 것이라고 하셨으며, 십사

가에 달려 죽으심으로 율법을 완성하셨습니다. "내가 율법이나 선지자를 폐하러 온 줄로 생각하지 말라 폐하러 온 것이 아니요 완전하게 하려 함이라"(마 5:17).

제4부

성막 제작과 완성

성막 제작

제23장
성막 제작을 위한 준비

안식일 규례

금송아지 숭배로 인하여 파기된 언약이 모세의 중보기도로 회복되고, 이제 성막이 제작됩니다. 앞의 25-31장은 성막 제작에 관하여 하나님께서 모세에게 가르치신 바를 제시한 말씀이며, 35-40장은 성막 제작에 관한 하나님의 말씀들이 실현되어가는 과정입니다. 언약으로 인하여 하나님은 이스라엘의 하나님이 되시고 이스라엘은 하나님의 백성이 되었습니다. 성소는 하나님께서 거하실 장소이기 때문에 그 모든 모양과 기구들이 하나님께서 계시한대로 지어져야 합니다.

모세가 성막을 제작하기 전에 백성들을 소집합니다. 모세가 이스라엘 자손의 온 회중을 모으고 그들에게 이르되 여호와께서 너희에게 명령하사 행하게 하신 말씀이 이러하니라(출 35:1). "회중"이란 하나님 앞에서 선택받고 부르심을 받은 이스라엘 백성들을 말하는데, '광야교회' 라고도 불립니다. "시내 산에서 말하던 그 천사와 우리 조상들과 함께 광야 교회에 있었고"(행 7:38). 먼저 안식일을 거룩하게 지켜야 합니다. 엿새 동안은 일하고 일곱째 날은 너희를 위한 거룩한 날이니 여호와께 엄숙한 안식일이라 누구든지 이 날에 일하는 자는 죽일지니(출 35:2). "엄숙한 안식일"이란 '안식의 안식일'이라는 뜻으로 온전한 휴식을 강조합니다. 출애굽기에는 안식일 준수에 대한 명령이 여러 번 반복되고 있는데(출 16:23-29; 20:8-11; 31:12-17; 34:21), 또다시 이를 명하신 것은 안식일 준수는 모든 언약을 포괄하는 대표적인 계명으로서 반드시 지켜야 할 삶의 규범이기 때문입니다.

안식일에 불의 사용이 금지되었습니다. 안식일에는 너희의 모든 처소에서 불도 피우지 말지니라(출 35:3). 당시 불을 피우는 것은 노동에 해당되어 안식일에 불을 피워 음식을 굽거나 삶는 것이 금지되었습니다. 이같이 생활에 필수적인 불까지도 제한시키신 것은 실제적인 안식일 준수를 위한 것입니다. 곧 육신을 위한 노동을 삼가고 안식일을 철저하게 하나님께 드리기 위함입니다. 하나님은 이스라엘이 성막을 건축하면서 안식일을 소홀히 할 수 있기 때문에 다시금 안식일 준수의 명령을 주지시키십니다. 이는 하나님의 일을 한다고 하면서 하나님의 계명을 범하는 어리석음을 범치 말아야 한다는 것을 깨닫게 하신 것입니다. 그런데 안식일 준수는 단순히 하루를 쉬는 것이 아니라 하나님의 창조 사역과 구원 사역을 기억하면서 지켜야합니다.

안식일 제도는 계시의 완성과 함께 그리스도 중심으로, 곧 예수님이 부활하신 날로 변경되었습니다. 하나님의 천지창조를 기념하고 출애굽을 기념하는 구약의 안식일이 예수 그리스도의 구속에 의하여 만물을 새롭게 하신 신약의 주일로 바뀐 것은 구약의 할례가 신약의 세례로 바뀌고, 유월절 예식이 성찬으로 바뀐 것과 같습니다. 사도들은 안식일도 지켰으며 칠일 중 첫날도 지켰습니다. "그 주간의 첫날에 우리가 떡을 떼려 하여 모였더니"(행 20:7), "주의 날에 내가 성령에 감동되어"(계 1:10). 그 후 초대 교회부터 안식일을 지키지 않고 칠일 중 첫날을 지키게 되었습니다.

안식일은 하나님의 창조 사역과 거룩하신 구속 사역을 기억하며 하나님을 섬기는 날입니다. "너는 기억하라 네가 애굽 땅에서 종이 되었더니 네 하나님 여호와가 강한 손과 편 팔로 거기서 너를 인도하여 내었나니 그러므로 네 하나님 여호와가 네게 명령하여 안식일을 지키라 하느니라"(신 5:15). **그런데 주님의 부활 후 안식일이 안식 후 첫날인 주일로 변경되었습니다.**

백성들의 예물

모세가 백성에게 성막 건축을 위한 예물을 바치게 합니다. 너희의 소유 중에서 너희는 여호와께 드릴 것을 택하되 마음에 원하는 자는 누구든지 그것을 가져다가 여호와께 드릴지니 곧 금과 은과 놋과(출 35:5). 이는 자신의 소유 중에서 자원하는 마음으로 드리는 것이 예물 드리는 자의 태도임을 알게 합니다. "각각 그 마음에 정한 대로 할 것이요 인색함으로나 억지로 하지 말지니 하나님은 즐겨 내는 자를 사랑하시느니라"(고후 9:7). 하나님은 즐거운 마음으로 드린 제물을 기뻐 받으십니다. 사실 온 세계와 만물이 다 하나님의 것이므로 우리의 모든 것은 다 하나님의 것입니다.

백성들의 헌물에 관한 말씀입니다. 청색 자색 홍색 실과 가는 베 실과 염소 털과 붉은 물들인 숫양의 가죽과 해달의 가죽과 조각목과(출 35:6-7). 여기에 언급된 재료들은 제사장의 의복과 성소의 휘장을 만드는데 사용됩니다. 청색, 자색, 홍색실과 가늘게 꼰 베실로는 성소의 제1휘장과 지성소와 성소의 휘장, 에봇과 흉패를 만들며, 베실로는 반포 속옷과 관과 속바지를 만듭니다. 염소털로는 성소의 제2휘장을 만들며, 숫양과 해달의 가죽으로 성소의 제3휘장과 제4휘장을 만듭니다. 조각목은 향기와 내구성이 좋아 성막 재료로 사용됩니다.

성소의 기름과 향입니다. 등유와 및 관유에 드는 향품과 분향할 향을 만드는 향품과(출 35:8). "등유"란 감람나무 열매에서 얻은 기름으로 성막 내의 등불을 밝히는 감람유를 말합니다. '관유'란 '붓는 기름'이라는 뜻으로, 감람나무의 기름에 몰약과 육계와 창포와 계피의 향을 섞어 만든 기름입니다. 관유는 성막의 모든 물품에 바르는데 지성물로 구별하거나 제사장들에게 부어 성별하는 데 사용됩니다.[163] "또 관유를 아론의 머리에 붓고 그에게 발라 거룩하게 하고"(레 8:12). 그리고 "분향할 향을 만드는 향품"이란 소합향, 나감향, 풍자향, 유향을 말하는데, 이 향은 매일 아침과 저녁에 분향단 위에서 태워지게 됩니다.

163) 구약 시대에 관유로 기름부음을 받은 자들은 제사장과 왕과 선지자입니다. "이에 사무엘이 기름병을 가져다가 사울의 머리에 붓고 입맞추며 이르되 여호와께서 네게 기름을 부으사 그의 기업의 지도자로 삼지 아니하셨느냐"(삼상 10:1), "주 여호와의 영이 내게 내리셨으니 이는 여호와께서 내게 기름을 부으사 가난한 자에게 아름다운 소식을 전하게 하려 하심이라"(사 61:1).

성의에 부착된 보석입니다. 호마노며 에봇과 흉패에 물릴 보석이니라(출 35:9). "호마노"란 에봇의 양쪽 어깨받이에 부착된 보석으로 이스라엘 12지파의 이름이 새겨져 있으며 빨강, 검정, 흰색 등 여러 빛깔을 담고 있는 보석입니다. "에봇"은 앞치마처럼 생긴 옷으로 대제사장이 제일 겉에 입는 옷이며, "흉패"는 에봇 앞가슴 부위에 달려 있는 사각형 주머니입니다. 에봇에는 2개의 호마노가 사용되었으며, 흉패에는 12개의 보석이 달려있습니다. 이렇듯 하나님께서 구체적으로 지시하신 것은 백성들의 순종과 헌신을 요구하시기 때문입니다. 이에 백성들은 자원하는 마음으로 예물을 봉헌합니다.

성막 건축은 백성들이 자원하여 동참하며 헌신하므로 이루어집니다. 그러나 이러한 헌신에 필요한 모든 재물과 능력은 하나님께서 주신 것임을 기억해야 합니다. 우리가 가진 모든 것은 다 하나님의 것입니다. "땅과 거기에 충만한 것과 세계와 그 가운데에 사는 자들은 다 여호와의 것이로다"(시 24:1).

성막의 기구들

성막 건축에 참여할 자원자를 모집합니다. 무릇 너희 중 마음이 지혜로운 자는 와서 여호와께서 명령하신 것을 다 만들지니(출 35:10). "마음이 지혜로운 자"란 숙련된 재능이 있는 자를 말하는데, 각각 하나님께 받은 지혜를 따라 성막의 여러 부품들을 만들 자들을 가리킵니다. 그들은 이미 하나님의 은혜를 받은 자들인데, 그들의 재능과 숙달된 솜씨에 하나님께서 또다시 지혜를 내려 주시게 됩니다. 하나님의 일을 하는데 예물만이 아니라 재능과 열정적인 헌신도 필요합니다.

성막을 이루는 주요 구성품들입니다. 곧 성막과 천막과 그 덮개와 그 갈고리와 그 널판과 그 띠와 그 기둥과 그 받침과(출 35:11). 성막은 이동이 가능한 조립식 건축물입니다. "천막"이란 성소와 지성소를 덮는 제1휘장과 제2휘장을 말하며, "덮개"란 이 휘장들을 덮고 있는 제3휘장과 제4휘장을 말합니다. 이 덮개는 방수와 방습의 목적으로 만들어졌으며, 각각 덮개와 웃덮개라고도 부릅니다. "갈고리"는 여러 폭의 천을 연결하여 하나의 큰 휘장을 만드는데 필요한 고리이며, "널판"은 성막의 벽을 형성합니다. 띠와 기둥과 받침은 널판들을 연결시켜 고정시키는 도구들입니다.

지성소의 성구(聖具)와 휘장입니다. 증거궤와 그 채와 속죄소와 그 가리는 휘장과 상과 그 채와 그 모든 기구와 진설병과 불 켜는 등잔대와 그 기구와 그 등잔과 등유와 분향단과 그 채와 관유와 분향할 향품과 성막 문의 휘장과(출 35:12-15). 증거궤는 하나님 임재의 상징으로 성소의 중심인 지성소에 보관되며, 이동시에는 행군 대열의 제일 앞에 위치하게 됩니다. "너희는 레위 사람 제사장들이 너희 하나님 여호와의 언약궤 메는 것을 보거든 너희가 있는 곳을 떠나 그 뒤를 따르라"(수 3:3). "속죄소"는 언약궤 위에 얹는 일종의 덮개입니다. "가리는 휘장"은 지성소와 성소 사이를 구분하는 휘장이며, "진설병"은 이스라엘 12지파의 헌신과 감사를 나타내는 떡입니다. 제사장은 매일 저녁 등잔대를 밝히고, 다음날 아침 상번제를 드리는 시간에 등잔대를 꺼야합니다. "분향단"이란 분향을 위해 성소 앞에 마련된 단입니다. "성막 문의 휘장"이란 성소 입구의 휘장으로, 재료는 성소 휘장의 것과 동일하지만 그룹을 수놓지는 않습니다.

성막 뜰의 기구와 뜰의 포장과 부속품들입니다. 번제단과 그 놋 그물과 그 채와 그 모든 기구와 물두멍과 그 받침과 뜰의 포장과 그 기둥과 그 받침과 뜰 문의 휘장과 장막 말뚝과 뜰의 말뚝과 그 줄과(출 35:16-18). "번제단"은 하나님께 희생 제물을 태워 바칠 놋제단을 말하며, "물두멍"은 일종의 세수대야로 항상 물을 담아 회막과 번제단 사이에 둡니다. 이곳에서 제사장들은 의복에 묻은 희생 제물의 피를 씻거나, 성소 출입 전 손과 발을 씻어 정결케 합니다. "뜰의 포장"은 성소 외곽을 둘러싼 세마포 울타리이며, "장막 말뚝"은 성막 휘장이나 덮개에 줄을 맨 후 땅에 고정시키는 말뚝으로 추정됩니다. 그리고 "뜰의 말뚝"이란 성막 뜰의 포장에 줄을 매어 땅에 고정시키는 말뚝이며, "줄"이란 장막이나 뜰의 포장을 말뚝에 연결하는 도구입니다.

안식일 제도가 하나님과 이스라엘의 언약관계를 기념하기 위한 것이라면, 하나님의 임재를 상징하는 성막과 성구를 제작하는 것은 그 언약관계를 유지하며 하나님과의 교제를 상기하기 위한 것입니다.

넘치는 헌물

성막 건축을 위한 백성들의 봉사와 감사가 넘쳐납니다. 마음이 감동된 모든 자와 자원하여 모든 자가 와서 회막을 짓기 위하여 그 속에서 쓸 모든 것을 위하여, 거룩한 옷을 위하여 예물을 가져다가 여호와께 드렸으니(출 35:21). 여기서 "감동된"이란 하나님의 은혜에 감사하며 헌신하려는 마음이 고양된 사람들을 말합니다. "자원하여"란 그들이 의무적으로가 아니라 온전한 기쁨과 사랑의 표현으로써 차고 넘칠 정도로 예물을 드렸다는 말입니다. 곧 마음에 원하는 남녀가 와서 팔찌와 귀고리와 가락지와 목걸이와 여러 가지 금품을 가져다가 사람마다 여호와께 금 예물을 드렸으며(출 35:22). 얼마 전 금송아지를 만들 때 금귀고리를 빼어 아론에게 가져왔던 백성들이, 이제 성막의 건축을 위해 각종 귀금속을 하나님께 바칩니다. 동일한 금은보화가 우상의 제물이 될 수도 있고, 하나님의 거룩한 성물이 될 수도 있습니다. 본문의 "금 예물"이란 '금으로 요제를 드렸다'는 뜻으로, 예물을 흔드는 것은 하나님 안에서 헌신한다는 것을 나타내는 행동입니다. 이처럼 백성들이 하나님을 섬기기 위해 지시된 모든 것을 즐거운 마음으로 바쳤습니다.

백성들이 휘장과 대제사장의 의복에 사용될 재료들을 가져왔습니다. 무릇 청색 자색 홍색 실과 가는 베 실과 염소 털과 붉은 물들인 숫양의 가죽과 해달의 가죽이 있는 자도 가져왔으며(출 35:23). 은과 놋도 가져옵니다. 은과 놋으로 예물을 삼는 모든 자가 가져다가 여호와께 드렸으며 섬기는 일에 소용되는 조각목이 있는 모든 자는 가져왔으며(출 35:24). 백성들이 자원하여 바친 은은 생명의 속전으로 거두어진 은과 더불어 성막의 여러 기구들을 만드는데 사용됩니다. "은"은 주로 성소 안의 성물 재료로, "놋"은 성막 기둥이나 받침 등 기구의 재료로 사용됩니다.

여자들의 봉사도 큰 몫을 차지합니다. 마음이 슬기로운 모든 여인은 손수 실을 빼고 그 뺀 청색 자색 홍색 실과 가는 베 실을 가져왔으며(출 35:25). "슬기로운"이란 숙련된 손재주가 있다는 뜻으로, 능숙한 솜씨로 실을 자아서 천을 짜며 바느질을 하는 여자들을 가리킵니다. 마음에 감동을 받아 슬기로운 모든 여인은 염소 털로 실을 뽑았으며(출 35:26). 염소털을 짜는 작업은 청색, 홍색, 자색, 가는 베실을 뽑는 작업보다 더욱 힘들고 어려운 작업이었기 때문에, 이 일에는 재주가 있을 뿐 아니라 자원하는 심령을 지닌 여인들이 담당하였습니다. 본문은 지혜로 고양된 여인들의 자원하는 마음을 강조합니다.

지도자들이 먼저 모범을 보입니다. 모든 족장은 호마노와 및 에봇과 흉패에 물릴 보석을 가져왔으며 등불과 관유와 분향할 향에 소용되는 기름과 향품을 가져왔으니(출 35:27-28). "족장"이란 각 지파를 대표하는 지도자들로 아마 장로의 직분도 함께 가졌을 것입니다. 이 모든 일에 있어 모세는 하나님과 이스라엘 사이의 중재자 역할을 하는 하나님의 대언자입니다. 마음에 자원하는 남녀는 누구나 여호와께서 모세의 손을 빌어 명령하신 모든 것을 만들기 위하여 물품을 드렸으니 이것이 이스라엘 자손이 여호와께 자원하여 드린 예물이니라(출 35:29). "모세의 손"이란 '모세를 통한 명령으로' 라는 의미로, 모세가 하나님의 명령을 백성들에게 전했고, 백성들은 그를 통해 하나님께 예물을 드렸음을 알 수 있습니다. 속전을 제외한 모든 것들은 백성들의 자의에 의한 것으로, 하나님은 성막이 그들의 자원하여 바치는 예물로 넉넉히 충당될 수 있도록 하셨습니다.

백성들은 기쁜 마음으로 봉사하며 아낌없이 물질을 바쳤습니다. 예레미야는 이때를 이스라엘의 '청년 때' 라고 말합니다. "내가 너를 위하여 네 청년 때의 인애와 네 신혼 때의 사랑을 기억하노니 곧 씨 뿌리지 못하는 땅, 그 광야에서 나를 따랐음이니라"(렘 2:2).

성막을 위한 일꾼들

하나님께서 성막 건축자로 브살렐을 부르셨습니다. 모세가 이스라엘 자손에게 이르되 볼지어다 여호와께서 유다 지파 훌의 손자요 우리의 아들인 브살렐을 지명하여 부르시고(출 35:30). "브살렐"은 성막 건축의 감독자로, 성막과 기구를 직접 제조하며 지혜로운 자들을 가르치는 실무 책임자입니다. 위의 "지명하여 부르시고"란 하나님께서 브살렐에 대해 특별한 관계를 맺으신 것을 의미합니다. 하나님의 영을 그에게 충만하게 하여 지혜와 총명과 지식으로 여러 가지 일을 하게 하시되(출 35:31). "하나님의 영을 그에게 충만하게" 하셨다는 말은 브살렐의 마음에 하나님의 영이 가득 차서 다른 것이 침입할 수 없는 상태가 되었다는 의미입니다. 본문의 "지혜"란 창조적 상상력을 지닌 능력을 말하고, "총명"은 사물을 판단하는 능력을 말하며, "지식"은 기본적인 기술과 법칙을 적용하는 능력을 가리킵니다. 브살렐이 예술적인 기구들을 만들었습니다. 금과 은과 놋으로 제작하는 기술을 고안하게 하시며 보석을 깎아 물리며 나무를 새기는 여러 가지 정교한 일을 하게 하셨고(출 35:32-33). "정교한 일"이란 숙련되고 창조적인 기술로 성막의 기구들을 만들어

내는 것을 의미합니다. "온갖 좋은 은사와 온전한 선물이 다 위로부터 빛들의 아버지께로부터 내려오나니"(약 1:17).

또한 하나님께서 오홀리압을 부르셨습니다. 또 그와 단 지파 아히사막의 아들 오홀리압을 감동시키사 가르치게 하시며 지혜로운 마음을 그들에게 충만하게 하사 여러 가지 일을 하게 하시되 조각하는 일과 세공하는 일과 청색 자색 홍색 실과 가는 베 실로 수 놓는 일과 짜는 일과 그 외에 여러 가지 일을 하게 하시고 정교한 일을 고안하게 하셨느니라(출 35:34-35). "오홀리압"은 조각과 직조와 수놓는 일에 특별한 재주를 지닌 자로서 브살렐을 보조하는 부책임자로 임명받았습니다. 하나님은 오홀리압에게 특별한 재능을 주셨으며 사람들을 가르칠 수 있는 은사도 주셨습니다. 하나님은 당신의 사역에 필요한 일꾼들을 부르시고 그 부르신 자들을 성령으로 충만케 하시며 그들을 통하여 뜻을 이루십니다. 하나님의 부르심은 인간 의사를 초월한 하나님의 주권에 따른 것입니다.

하나님은 사역에 필요한 일꾼을 부르시며, 부르신 자를 통하여 뜻을 이루시므로 부름받은 자는 그 주권적 부르심에 순종하여야 합니다. "믿음으로 아브라함은 부르심을 받았을 때에 순종하여 장래의 유업으로 받을 땅에 나아갈새 갈 바를 알지 못하고 나아갔으며"(히 11:8).

제24장
성막의 본체 제작

성막 건축의 시작

이제 성막 건축이 시작됩니다. 하나님께서 계시하실 때에는 증거궤, 기구들, 성막의 순서로 말씀하셨는데, 실제로 공사는 성막으로 시작하여 기구들과 증거궤 순으로 진행됩니다. 본장에서 성막 건축에 관한 내용이 거의 동일하게 반복되고 있는 것은 하나님께서 계시하신 모형 그대로 따르는 것이 가장 중요하기 때문입니다. 이는 성막 건축에 있어서 인간적인 것이 전혀 개입될 수 없다는 것을 강조하는 것입니다.

성막 건축을 위해 하나님께서 예비하신 자들입니다. 브살렐과 오홀리압과 및 마음이 지혜로운 사람 곧 여호와께서 지혜와 총명을 부으사 성소에 쓸 모든 일을 할 줄 알게 하신 자들은 모두 여호와께서 명령하신 대로 할 것이니라(출 36:1). "여호와께서 명령하신 대로"란 성막의 건립자가 누구인가를 알게 합니다. 성막은 하나님께 지혜를 받고 자원하는 자들에 의해 세워지지만, 실로 성막을 세우시는 이는 하나님이심을 분명히 합니다. 따라서 이 명령이 반복되고 있는 것은 성막을 짓는 사람들의 수고와 재능이 하나님의 명령과 정확하게 일치하고 있음을 나타냅니다. 하나님의 일을 하는데 가장 중요한 것은 하나님께로부터 지혜를 얻는 일입니다. 모세가 브살렐과 오홀리압과 및 마음이 지혜로운 사람 곧 그 마음에 여호와께로부터 지혜를 얻고 와서 그 일을 하려고 마음에 원하는 모든 자를 부르매(출 36:2). 모세가 브살렐과 오홀리압을 중심으로 성막 제조자들을 모읍니다. "마음에 원하는 모든 자"란 기쁜 마음으로 자원하는 자를 말합니다. 하나님께서 그들에게 지혜와 총명을 주시므로 성막 준비가 완료되었습니다. 브살렐은 금세공의 일을 하고, 오홀리압은 목공예와 수공예의 일을 하면서 가르쳤습니다.

성막 제작이 시작됩니다. 그들이 이스라엘 자손의 성소의 모든 것을 만들기 위하여 가져온 예물을 모세에게서 받으니라 그러나 백성이 아침마다 자원하는 예물을 연하여 가져왔으므로(출 36:3). 모세가 지금까지 백성들에게서 받은 예물을 이제 성막을 건축할 자들에게 넘겨줍니다. "아침마다 ~ 가져왔으므로"란 백성들이 성막 짓는 일에 기쁜 마음으로 날마다 하나님께 예물을 드렸다는 말입니다. 백성들의 자발적인 헌신으로 하나님의 일이 순조롭게 진행되고 있습니다. 성막 건축을 위한 헌물이 넘쳐납니다. 성소의 모든 일을 하는 지혜로운 자들이 각기 하는 일을 중지하고 와서 모세에게 말하여 이르되 백성이 너무 많이 가져오므로 여호와께서 명령하신 일에 쓰기에 남음이 있나이다(출 36:4-5). 이는 하나님의 일을 하는 자들에게 필요한 정직성을 보여줍니다. 그들은 충분한 재료가 걷혔으니 이제 예물을 그만 바치도록 하라고 말합니다.

이에 모세가 예물 바치는 일을 중단시킵니다. 모세가 명령을 내리매 그들이 진중에 공포하여 이르되 남녀를 막론하고 성소에 드릴 예물을 다시 만들지 말라 하매 백성이 가져오기를 그치니(출 36:6). 이미 거둔 재료로도 성막을 제작하기에 충분하기 때문에 모세는 더 이상 예물을 드리지 못하게 하였습니다. 이는 남는 재물로 인하여 생길 수 있는 범죄를 방지하기 위함입니다. 있는 재료가 모든 일을 하기에 넉넉해져 남음이 있었더라(출 36:7). 이와 같이 이스라엘 백성들은 금송아지 숭배 사건으로 인해 멸절될 위기에서 하나님의 은혜로 언약을 회복하고 하나님의 백성으로 살 수 있게 된 것에 대한 감사가 넘쳐났습니다.

이스라엘이 출애굽 시 애굽인에게서 많은 은금 패물과 의복을 받아가지고 나왔다고 하더라도, 지금 광야생활 중에 이처럼 많이 바쳤다는 것은 하나님께 대한 그들의 감사와 넘치는 사랑의 표현임을 알 수 있습니다.

성막 본체의 네 겹 휘장 제작

성소의 제일 안쪽 천장 부분을 덮는 제1휘장에 대한 말씀입니다. 일하는 사람 중에 마음이 지혜로운 모든 사람이 열 폭 휘장으로 성막을 지었으니 곧 가늘게 꼰 베실과 청색 자색 홍색 실로 그룹들을 무늬 놓아 짜서 지은 것이라(출 36:8). "가늘게 꼰 베실과 청색 자색 홍색실"이라고 언급된 네 종류의 색은 각각 영적인 의미가 있습니다. 흰색은 흠 없으신 그리스도의 순결을, 청색은 하늘의 색이므로 그리스도의 신성을, 자색은 왕의 색으로 그리스도의 왕 되심을, 홍색은 핏빛으로 십자가에서 피 흘려 죽으신 그리스도의 고난과 희생을 상징합니다. "열 폭 휘장"이란 성소와 지성소를 덮는 제일 안쪽 덮개로 성막 안에 맞닿아 있는 제1휘장을 말합니다. 또한 성막은 장차 오실 그리스도의 몸을 비유합니다. "휘장은 곧 그의 육체니라"(히 10:20). 본문의 "그룹들을 무늬 놓아 짜서"라고 한 것은 휘장을 다 짠 후에 그룹을 수놓은 것이 아니라 휘장을 짜면서 그룹 모양을 함께 짜는 것을 의미합니다. 그룹은 하나님의 보좌를 호위하는 천사로 하나님 임재의 상징입니다. "그룹 사이에 계신 이스라엘 하나님 만군의 여호와여"(사 37:16). 그룹들을 수놓은 것은 4개의 휘장 중에서 제1휘장뿐인데, 제1휘장은 성막 안에서 볼 수 있는 천장이기 때문입니다. 이는 하나님께서 성막 내부에 임재해 계심을 나타내기 위한 것입니다. 이 재료들은 가장 좋고 가장 귀한 것들로서 하나님의 영화로우심과 위엄을 나타냅니다.

제1휘장에 관한 설명입니다. 매 폭의 길이는 스물여덟 규빗, 너비는 네 규빗으로 각 폭의 장단을 같게 하여 그 다섯 폭을 서로 연결하며 또 그 다섯 폭을 서로 연결하고(출 36:9-10). "다섯 폭을 서로 연결하며"라고 한 것은 휘장을 먼저 폭이 넓은 쪽으로 다섯 개씩 연결한다는 말입니다. 두 개의 넓은 휘장은 각각 50개의 갈고리로 연결합니다. 연결할 끝폭 가에 청색 고를 만들며 다른 연결할 끝폭 가에도 고를 만들되 그 연결할 한 폭에 고리 쉰 개를 달고 다른 연결할 한 폭의 가에도 고리 쉰 개를 달아 그 고들이 서로 대하게 하고(출 36:11-12). "고"란 5개씩 연결한 두 휘장을 갈고리로 연결할 수 있도록 양쪽에 끼워 넣은 둥근 고리를 말합니다. 고는 양쪽에 50개씩, 모두 100개입니다. 제1휘장에 대한 더 상세한 설명입니다. 금 갈고리 쉰 개를 만들어 그 갈고리로 두 휘장을 연결하여 한 막을 이루었더라(출 36:13). 다른 휘장들은 놋 갈고리를 사용하지만 제1휘장은 금 갈고리를 사용합니다. 금 갈고리는 5폭씩 연결되어 있는 두 휘장을 하나로 연결시키는 데 사용됩니다.

제2휘장에 관한 설명입니다. 그 성막을 덮는 막 곧 휘장을 염소 털로 만들되 열한 폭을 만들었으니 각 폭의 길이는 서른 규빗, 너비는 네 규빗으로 열한 폭의 장단을 같게 하여 그 휘장 다섯 폭을 서로 연결하며 또 여섯 폭을 서로 연결하고(출 36:14-16). 여기서 "휘장"이란 제1휘장을 덮는 제2휘장을 말합니다. 이 휘장은 습기를 막기 위하여 염소털로 만듭니다. 제2휘장은 제1휘장을 덮기 위해서 그보다 휘장 하나의 폭만큼 더 넓고, 길이도 2규빗(90cm) 더 길었습니다. 이 두 휘장을 연결하는 방법이나 고리의 숫자는 제1휘장과 같습니다. 제3휘장과 제4휘장입니다. 붉은 물들인 숫양의 가죽으로 막의 덮개를 만들고 해달의 가죽으로 그 웃덮개를 만들었더라(출 36:19). "붉은 물들인 숫양의 가죽"이란 제2휘장을 덮는 제3휘장을 말합니다. 숫양의 가죽에 붉은 물을 들인 이유는 유월절 어린양의 피를 통한 이스라엘의 구원을 예표하기 때문입니다. "웃덮개"란 제3휘장을 덮는 제4휘장을 말합니다. 성소의 가장 바깥쪽 덮개인 제4휘장을 해달의 가죽으로 만든 것은 그것이 광야의 폭풍과 모래바람, 비와 우박 등 사막의 기후에 잘 견딜 수 있기 때문입니다.

성막의 천장은 4개의 덮개로 튼튼하게 덮게 되는데, 성막 건축자들이 하나님께서 모세에게 보여주셨던 식양대로 성막의 부분들을 세워갑니다. 성막을 만드는 일이 하나님의 지시대로 진행되고 있습니다.

성막의 본체 제작 - 널판, 띠, 휘장

성막을 세울 널판입니다. 그가 또 조각목으로 성막에 세울 널판들을 만들었으니 각 판의 길이는 열 규빗, 너비는 한 규빗 반이며(출 36:20-21). "널판"이란 성막의 입구를 제외한 성막 본체의 3면, 곧 남쪽과 북쪽과 서쪽의 벽을 세우기 위해 두를 판자를 말합니다. 성막은 그 널판 하나의 길이가 10규빗(4.5m), 너비가 1.5규빗(67.5cm)의 조각목들을 연결하여 세운 것입니다. 널판은 조각목으로 다듬은 후 그 위에 금을 입힙니다. 다음은 널판을 고정시키는 촉입니다. 각 판에 두 촉이 있어 서로 연결하게 하였으니 성막의 모든 판이 그러하며(출 36:22). "촉"이란 널판 아래쪽에 뾰족하게 부착된 연결 쇠를 말하며, 2개의 은 받침에 끼울 수 있도록 되어 있습니다. 이것은 널판을 세워 고정시키는 데 사용됩니다.

성막의 전체 길이입니다. 성막을 위하여 널판을 만들었으되 남으로는 남쪽에 널판이 스무 개라(출 36:23). 널판 하나의 너비가 1.5규빗(67.5cm)이므로, 전체 길이는 약 13.5m 정도입니다. 널판의 길이는 성막의 높이와 같이 10규빗(4.5m)입니다. 널판 20개 너비의 합은 성막 전체의 길이와 같고(13.5m), 성막 본체의 높이는 4.5m입니다. 널판 밑을 고정하는 장치입니다. 그 스무 개 널판 밑에 은 받침 마흔 개를 만들었으되 곧 이 널판 밑에도 두 받침이 그 두 촉을 받게 하였고 저 널판 밑에도 두 받침이 그 두 촉을 받게 하였으며(출 36:24). "은 받침"이란 널판 밑의 촉을 끼워 고정하는 요철 모양의 네모난 판을 말하는데, 널판마다 2개가 필요합니다. 성막의 남쪽이나 북쪽 모두 널판과 은 받침의 숫자가 동일합니다. 성막 다른 쪽 곧 북쪽을 위하여도 널판 스무 개를 만들고 또 은 받침 마흔 개를 만들었으니 곧 이 판 밑에도 받침이 둘이요 저 판 밑에도 받침이 둘이며(출 36:25-26). 성막의 너비는 널판 8개의 길이와 같은 12규빗(5.4m)입니다. 성막 서쪽면의 양 끝은 널판을 두 겹으로 하였습니다. 장막 뒤 곧 서쪽을 위하여는 널판 여섯 개를 만들었고 장막 뒤 두 모퉁이 편을 위하여는 널판 두 개를 만들되 아래에서부터 위까지 각기 두 겹 두께로 하여 윗고리에 이르게 하고 두 모퉁이 쪽을 다 그리하며(출 36:27-29). "두 겹 두께로"라고 한 것은 이곳이 남편과 북편의 모서리와 맞닿는 부분이므로 그 무게를 견딜 수 있게 하기 위함입니다.

성막의 널판을 연결할 띠를 만듭니다. 그가 또 조각목으로 띠를 만들었으니 곧 성막 이쪽 널판을 위하여 다섯 개요 성막 저쪽 널판을 위하여 다섯 개요(출 36:31). "띠"란 널판들을 연결하기 위하여 널판 뒤에 붙인 일종의 장대로, 조각목으로 만들어 금을 입힙니다. 이 띠가 널판 뒤에 부착된 금고리 사이에 끼워져 널판들을 단단하게 연결시킵니다. 성막 저쪽 널판을 위하여 다섯 개요 성막 뒤 곧 서쪽 널판을 위하여 다섯 개며(출 36:32). 성막의 각 널판들을 연결시키는 띠는 성소의 입구가 있던 동쪽을 제외한 나머지 세 면에 각각 5개씩 사용되었습니다. 널판의 중간띠도 만들어야 합니다. 그 중간띠를 만들되 널판 중간 이 끝에서 저 끝에 미치게 하였으며 그 널판들을 금으로 싸고 그 널판에 띠를 꿸 금 고리를 만들고 그 띠도 금으로 쌌더라(출 36:33-34). "중간띠"란 널판의 뒷면 가운데를 가로 지른 띠를 말하며, 이 역시 널판들을 하나로 고정시키기 위한 것입니다. "금 고리"란 띠를 끼우기 위해 널판 뒷면에 부착된 고리를 말합니다.

지성소를 가릴 휘장을 만듭니다. 그가 또 청색 자색 홍색 실과 가늘게 꼰 베 실로 휘장을 짜고 그 위에 그룹들을 정교하게 수놓고(출 36:35). 지성소는 휘장으로 가립니다. 지성소는 하나님의 임재의 상징인 속죄소가 있는 지극히 거룩한 처소이기 때문에 성소로부터 구분하고 사람들이 함부로 들어오지 못하게 하였습니다. 오직 하나님께서 정하신 때에 대제사장이 희생 제물의 피를 가지고, 이 휘장을 통과해 지성소로 들어갈 수 있었습니다. 이는 하나님의 거룩을 상징하며 그리스도를 통하지 않고는 누구든지 하나님께 나아갈 수 없음을 나타냅니다. 이 휘장은 예수님께서 십자가에 달려 돌아가실 때 위에서부터 아래로 찢어졌습니다. "이에 성소 휘장이 위로부터 아래까지 찢어져 둘이 되고"(마 27:51). 예수님은 죄인의 중보자로서 더 이상 피 흘림이 필요 없는 영원한 제사를 이루셨습니다. 이제 예수님께서 죽으심으로 열어 놓으신 길을 따라 우리는 하나님 앞으로 담대히 나아갈 수 있게 되었습니다. "그러므로 형제들아 우리가 예수의 피를 힘입어 성소에 들어갈 담력을 얻었나니 그 길은 우리를 위하여 휘장 가운데로 열어 놓으신 새로운 살 길이요 휘장은 곧 그의 육체니라"(히 10:19-20).

휘장을 고정시킬 기둥입니다. 조각목으로 네 기둥을 만들어 금으로 쌌으며 그 갈고리는 금으로 기둥의 네 받침은 은으로 부어 만들었으며(출 36:36). "네 기둥"이란 휘장을 고정시키기 위해 지성소 앞에 일정한 간격으로 세운 네 기둥을 지칭합니다. 이 기둥의 받침은 은으로 만듭니다. 성막 동편 휘장입니다. 청색 자색 홍색 실과 가늘게 꼰 베 실로 수놓아 장막 문을 위하여 휘장을 만들고(출 36:37). 성막의 동편은 널판이 아닌 휘장으로 가립니다. 그런데 이 휘장은 제1휘장이나 성소 휘장과는 달리 수놓은 그룹이 없습니다. 휘장 바깥쪽에도 기둥을 세웁니다. 휘장 문의 기둥 다섯과 그 갈고리를 만들고 기둥머리와 그 가름대를 금으로 쌌으며 그 다섯 받침은 놋이었더라(출 36:38). "휘장 문의 기둥 다섯"이란 성막 문의 휘장을 고정시킬 목적으로 휘장 바깥쪽에 세운 기둥을 가리킵니다. 그중 양편 모서리의 두 기둥은 남편과 북편 널판들의 무게를 견디는 역할을 하며, 그 사이의 세 기둥은 일정한 간격으로 세웁니다. 이 기둥들의 받침은 놋으로 만듭니다.

이와 같이 성막을 짓는 자들은 하나님의 지시에 절대 순종하였으며, 조금도 가감하지 않았습니다. 하나님은 이스라엘 백성들로 하여금 온전히 하나님의 뜻대로 성막을 짓게 하셨습니다. 그리고 산이나 골짜기 곳곳에서 우상을 섬기는 이방인들과는 달리, 오직 한 곳 성막에서만 하나님을 섬기도록 하셨습니다.

제25장
성소 제작

언약궤 제작

성막 본체가 완성된 후, 이제 성막에서 가장 중요한 지성소 내의 성물들을 제작합니다. 먼저 언약궤를 만듭니다. 브살렐이 조각목으로 궤를 만들었으니 길이가 두 규빗 반, 너비가 한 규빗 반, 높이가 한 규빗 반이며 순금으로 안팎을 싸고 위쪽 가장자리로 돌아가며 금테를 만들었으며(출 37:1–2). 지성소 안에는 길이 2.5규빗(112.5cm), 너비 1.5규빗(67.5cm), 높이 1.5규빗(67.5cm)의 언약궤가 있습니다. 본문은 성막의 제작자를 언급하며 브살렐을 강조하는데, 이는 그가 언약궤와 그룹과 속죄소를 만들었기 때문입니다. 언약궤는 하나님의 성물 중에서도 지극히 거룩하였기 때문에 특별히 정제하여 가장 순도가 높은 순금으로 안과 밖을 입혔습니다. 광야생활 동안 언약궤는 이스라엘 가운데 하나님의 임재를 나타내며 광야 길을 인도하였습니다. 백성들은 언약궤의 인도를 따라 쉴 곳을 찾고 광야의 행군을 계속했습니다. "그들이 여호와의 산에서 떠나 삼 일 길을 갈 때에 여호와의 언약궤가 그 삼 일 길에 앞서 가며 그들의 쉴 곳을 찾았고"(민 10:33), "여호와의 언약궤와 모세는 진영을 떠나지 아니하였더라"(민 14:44).

언약궤 아래쪽 네 귀퉁이의 금 고리에 대한 설명입니다. 금 고리 넷을 부어 만들어 네 발에 달았으니 곧 이쪽에 두 고리요 저쪽에 두 고리이며 조각목으로 채를 만들어 금으로 싸고 그 채를 궤 양쪽 고리에 꿰어 궤를 메게 하였으며(출 37:3-5). "채"란 언약궤를 운반하기 위한 막대로, 성소의 모든 성물들이 채로 운반된 것은 거룩한 하나님의 성물들에 부정한 인간이 손을 댈 수 없기 때문입니다. 언약궤를 운반할 때에는 언약궤 고리에 이 채를 꿴 후 어깨에 메고 운반하였습니다.[164] "다윗과 온 이스라엘 족속이 즐거이 환호하며 나팔을 불고 여호와의 궤를 메어오니라"(삼하 6:15). 언약궤는 광야 40년 동안 하나님의 임재와 도우심의 상징이었습니다. 그러나 유다 왕국 멸망(주전 586년) 이후 언약궤의 존재 여부는 더 이상 알 수 없습니다.

언약궤 위에는 순금의 속죄소가 있어 덮개 역할을 합니다. 순금으로 속죄소를 만들었으니 길이가 두 규빗 반, 너비가 한 규빗 반이며(출 37:6). "속죄소"의 어원은 '덮는다'라는 뜻으로, 하나님께서 범죄한 인간을 찾아오시어 그의 죄를 덮어주시는 은혜의 자리라는 의미입니다. 언약궤 속의 법은 심판을 선고하지만, 하나님은 이를 덮는 은혜를 예비하셨습니다. 그래서 속죄소를 시은좌(施恩座, mercy seat)[165]라고 부릅니다.

---

164) 이같이 채를 꿰어 운반하는 기구는 언약궤 외에 진설병상, 분향단, 번제단 등이 있습니다.

165) 구약에 속죄소가 시은좌로 22번 나타납니다(KJV). "And the cherubims spread out their wings on high, and covered with their wings over the mercy seat, with their

이는 예수 그리스도의 모형으로, 언약궤에서 십자가의 대속을 상징하는 곳이 바로 이곳 속죄소입니다. 예수님은 우리 죄인들을 위해 화목제물이 되셨습니다. "이 예수를 하나님이 그의 피로써 믿음으로 말미암아 화목 제물로 세우셨으니"(롬 3:25). 이 속죄소 위에 대제사장이 일 년에 한 번 피를 뿌렸습니다. 후에 예수님께서 친히 대제사장이 되시고 희생 제물이 되시어 십자가에서 단번에 영원한 속죄의 피를 흘리셨습니다. "그가 단번에 자기를 드려 이루셨음이라"(히 7:27). 이에 우리는 믿음으로 죄 사함을 받고 하나님의 은혜를 받을 수 있게 되었습니다. "그는 우리의 화평이신지라 둘로 하나를 만드사 원수 된 것 곧 중간에 막힌 담을 자기 육체로 허시고"(엡 2:14).

성소의 다른 성물들 곧 언약궤, 진설병상, 분향단 등은 조각목으로 만들어진 뒤 순금으로 입혀졌지만, 속죄소는 오로지 순금으로만 만들어졌습니다. 이는 속죄소가 하나님 임재의 처소로, 모든 성물 중 가장 거룩한 장소이기 때문입니다. 이곳에서 매년 한 번 대제사장이 대속죄일에 속죄를 상징하는 피를 가지고 백성과 자신의 죄를 속죄합니다. 오직 대제사장만이 수송아지의 피를 가지고 들어가 이 속죄소에 손가락으로 그 피를 찍어 일곱 번 뿌리도록 되어 있습니다. "그는 또 수송아지의 피를 가져다가 손가락으로 속죄소 동쪽에 뿌리고 또 손가락으로 그 피를 속죄소 앞에 일곱 번 뿌릴 것이며"(레 16:14). 속죄소는 이러한 그리스도의 대속주로서의 사역을 가장 명확하게 말해 줍니다. 이로써 이제 예수님의 보혈의 공로로 죄인이 하나님 앞에 담대히 나아갈 수 있

faces one to another; even to the mercy seatward were the faces of the cherubims" (Exodus 37:9).

게 된 것입니다. "그러므로 우리는 긍휼하심을 받고 때를 따라 돕는 은혜를 얻기 위하여 은혜의 보좌 앞에 담대히 나아갈 것이니라" (히 4:16).

속죄소 양 끝에 금으로 된 두 그룹이 맞대어 서 있습니다. 금으로 그룹 둘을 속죄소 양쪽에 쳐서 만들었으되 한 그룹은 이쪽 끝에, 한 그룹은 저쪽 끝에 곧 속죄소와 한 덩이로 그 양쪽에 만들었으니(출 37:7-8). 여기서 "쳐서 만들었으되"란 금을 녹여 틀에 부어 만든 것이 아니라 손으로 두들기고 다듬어서 만든 것을 의미합니다. 곧 속죄판과 그룹을 따로 만들어 붙인 것이 아니라 속죄판의 금을 망치로 두드려 늘인 후 그것으로 그룹을 만든 것입니다. 이같이 속죄소와 그룹이 서로 하나의 덩어리로 이루어졌다는 것은 하나님의 수종자인 천사가 항상 하나님 곁에서 하나님을 보좌하는 것을 의미합니다. 이 그룹들은 얼굴을 마주보며 날개로 속죄소를 덮는 형상을 하고 있습니다. 그룹들이 그 날개를 높이 펴서 그 날개로 속죄소를 덮었으며 그 얼굴은 서로 대하여 속죄소를 향하였더라(출 37:9). 그룹들이 두 날개로 속죄소를 가린 것은 하나님의 거룩함과 영화로움이 훼손되지 않게 늘 지키고 있음을 상징합니다. 속죄소 위의 두 그룹들 사이의 공간은 하나님께서 그의 백성을 만나시고, 백성들은 그의 말씀을 듣는 곳입니다. 곧 속죄소는 하나님의 임재를 나타내는 두 그룹들 사이의 공간을 의미합니다. "모세가 ~ 증거궤 위 속죄소 위의 두 그룹 사이에서 자기에게 말씀하시는 목소리를 들었으니 여호와께서 그에게 말씀하심이었더라"(민 7:89). 그러므로 속죄소를 하나님의 보좌로, 언약궤를 하나님의 발등상으로 간주하기도 합니다. "여호와께서 그룹 사이에 좌정하시니 땅이 흔들릴 것이로다"(시 99:1). "나는 여호와의 언약궤 곧 우리 하나님의 발판을 봉안할 성전을 건축할 마음이 있어서"(대상 28:2).

언약궤 위의 속죄소는 이스라엘의 중심에 좌정해 계시는 하나님의 보좌를 상징합니다. 속죄소는 대속죄일에 속죄를 상징하는 피를 뿌리는 곳으로 피 흘리신 주님의 십자가를 예표합니다. 하나님은 이 십자가를 통하여 우리의 죄를 용서하시고 우리를 만나 주십니다. "또 십자가로 이 둘을 한 몸으로 하나님과 화목하게 하려 하심이라"(엡 2:16).

진설병상 제작

성소 안에는 진설병을 놓는 상이 있습니다. 그가 또 조각목으로 상을 만들었으니 길이가 두 규빗, 너비가 한 규빗, 높이가 한 규빗 반이며 순금으로 싸고 위쪽 가장자리로 돌아가며 금 테를 둘렀으며(출 37:10-11). 진설병상은 길이가 2규빗(90cm), 너비가 1규빗(45cm), 높이가 1규빗 반(67.5cm)으로, 조각목 위에 금을 덧입혔으며 성소 북편에 위치합니다. 12개의 진설병은 이스라엘의 12지파를 의미하며, 매 안식일마다 새것으로 바꾸어 드려졌습니다. 이는 하나님께서 베풀어 주신 은총과 축복에 대하여 온 이스라엘이 감사하는 표시이며, 그들의 생명과 은혜의 근원이 하나님께 있음을 고백하는 상징적 예물입니다.[166] "너는 고운 가루를 가져다가 떡 열두 개를 굽되 각 덩이를 십분의 이 에바로 하여 여호와 앞 순결한 상 위에 두 줄로 한 줄에 여섯씩 진설하고"(레 24:5-6).

166) Enns는 하나님 앞에 놓인 진설병과 잔은 시내 산에서 하나님과 이스라엘 장로들이 언약을 맺고 먹고 마셨던 일을 항상 생각나게 하는 것으로 보았습니다. Peter Enns, *Exodus: The NIV Application Commentary*, 514.

진설병상 둘레에는 턱이 있습니다. 그 주위에 손바닥 넓이만한 턱을 만들고 그 턱 주위에 금으로 테를 만들었고(출 37:12). 상 위의 둘레에는 떡이 바닥에 떨어지지 않도록 손바닥 넓이[167]의 턱이 만들어졌으며, 상 둘레의 턱에는 운반용 채를 꿸 수 있도록 금 고리 네 개가 부착되었습니다. 진설병상의 턱의 고리와 운반용 채입니다. 상을 위하여 금 고리 넷을 부어 만들어 네 발 위, 네 모퉁이에 달았으니 그 고리가 턱 곁에 있어서 상을 메는 채를 꿰게 하였으며 (출 37:13-15). "금 고리 넷"은 채를 꿰어 진설병상을 운반하기 위한 이동용 고리인데, 당시 이스라엘이 가나안을 향하여 이동해야 했기 때문에 성막의 기구들을 주로 채에 꿰어 운반하였습니다.

진설병상 위의 기물들입니다. 상 위의 기구 곧 대접과 숟가락과 잔과 따르는 병을 순금으로 만들었더라(출 37:16). "대접"은 진설병을 담아 보관하며, "숟가락"은 분향할 때, "잔"은 전제 등과 같은 제사에서 포도주를 따를 때, 그리고 "따르는 병"은 포도주를 담는데 사용됩니다. 이 모든 기구는 순금으로 만들어졌습니다.

이스라엘 12지파를 상징하는 진설병은 하나님께서 베풀어 주신 은총에 이스라엘 백성들이 감사드리며 그들의 헌신을 나타내는 예물입니다. 진설병은 오늘날 예수 그리스도 안에서 하나님의 백성된 모든 성도들을 예표합니다.

167) 손바닥 넓이란 엄지손가락을 제외한 네 손가락의 넓이로 대략 7.6cm를 말합니다.

등잔대 제작

등잔대를 만듭니다. 그가 또 순금으로 등잔대를 만들되 그것을 쳐서 만들었으니 그 밑판과 줄기와 잔과 꽃받침과 꽃이 그것과 한 덩이로 되었고 (출 37:17). 등잔대는 금 등잔대라고도 불리며 성소를 밝히는 7개의 불을 켜는 촛대로, 진설병상의 맞은 편인 남편에 위치했습니다. "또 금 등잔대들과 그 등잔 곧 각 등잔대와"(대상 28:15). 위의 "쳐서 만들었으니" 라는 말은 등잔대 역시 속죄소처럼 금 덩어리를 손으로 쳐서 만든 것을 가리킵니다. 이러한 어려운 방식으로 등잔대와 다른 성물들을 제작했음을 볼 때 당시 브살렐의 재능이 얼마나 탁월했는지 짐작할 수 있습니다. 등잔대는 성소 안을 비추어 제사장이 성소 안에서 그 직임을 잘 수행할 수 있게 합니다. 이 등잔대에서 발하는 빛은 어둠 속에서 빛을 발하시고 죄인들을 구원하시는 그리스도의 사역을 상징하며, 빛이신 예수 그리스도께서 온 인류의 구원자가 되심을 예표합니다. 등잔대의 모양은 살구꽃 형상으로, 살구꽃 모양의 등잔 7개가 한 등잔대에 붙어 있습니다.

등잔대의 줄기 모습입니다. 가지 여섯이 그 곁에서 나왔으니 곧 등잔대의 세 가지는 저쪽으로 나왔고 등잔대의 세 가지는 이쪽으로 나왔으며 (출 37:18). 등잔대는 제일 아래 밑판과 그 위에 하나의 줄기를 기준으로 좌우에 각각 세 가지를 가진 형태로 총 일곱 가지로 이루어집니다. 이쪽 가지에 살구꽃 형상의 잔 셋과 꽃받침과 꽃이 있고 저쪽 가지에 살구꽃 형상의 잔 셋과 꽃받침과 꽃이 있어 등잔대에서 나온 가지 여섯이 그러하며 (출 37:19). 등잔대의 각 가지에는 잔과 꽃받침 등잔이 있습니다. 곧 여섯 가지의 18개 잔과 줄기의 4개 잔을 합하여 총 22개의 잔이 달려 있습니다. 그러나 이 잔은 7개의 등잔과는 다르게 살구꽃 형상의 장식일 뿐이지 불을 켜기 위한 것은 아닙니다. "살구꽃"은 아몬드 꽃을 말하며, "꽃받침"은 등잔대에 있는 22개의 살구꽃 형상의 잔에 새겨진 받침을 말합니다. 이스라엘에서 가장 먼저 꽃이 피는 살구나무는 새 생명을 상징하며, 히브리인들에게 부활, 희망, 보호를 의미합니다.

등잔대의 꽃받침과 줄기가 연결되어 있습니다. 등잔대에서 나온 가지 여섯을 위하여는 꽃받침이 있게 하였으되 두 가지 아래에 한 꽃받침이 있어 줄기와 연결하였고 또 두 가지 아래에 한 꽃받침이 있어 줄기와 연결하였고 또 다시 두 가지 아래에 한 꽃받침이 있어 줄기와 연결되게 하였으니 이 꽃받침과 가지들을 줄기와 연결하여 전부를 순금으로 쳐서 만들었으며(출 37:21-22). 이는 가지가 줄기를 떠나서는 존재할 수 없음을 보여줍니다. 예수님의 포도나무와 가지의 비유입니다. "나는 포도나무요 너희는 가지라 그가 내 안에, 내가 그 안에 거하면 사람이 열매를 많이 맺나니 나를 떠나서는 너희가 아무 것도 할 수 없음이라 사람이 내 안에 거하지 아니하면 가지처럼 밖에 버려져 마르나니 사람들이 그것을 모아다가 불에 던져 사르느니라"(요 15:5-6). 마찬가지로 우리도 생명과 능력의 근원되시는 그리스도를 떠나서는 아무 것도 할 수 없습니다.

불을 밝히는 일곱 등잔입니다. 등잔 일곱과 그 불집게와 불똥 그릇을 순금으로 만들었으니(출 37:23). "등잔 일곱"은 등잔대의 일곱 가지 상단에 만들어져 불을 밝힐 수 있게 한 일곱 등잔입니다. 등잔대의 일곱 가지가 모두 앞에 있는 진설병상을 향하여 비쳤으므로 제사장들이 성소에서 일을 할 수 있었습니다. 등잔 일곱에 켜는 등불은 성령의 역사를 상징합니다. "보좌 앞에 켠 등불 일곱이 있으니 이는 하나님의 일곱 영이라"(계 4:5). "불똥 그릇"은 등잔의 다 탄 재와 심지를 모으는 기구입니다. 등잔대와 그 모든 부속 기구는 순금으로 만듭니다. 등잔대와 그 모든 기구는 순금 한 달란트로 만들었더라(출 37:24). 등잔과 불집게와 불똥 그릇 등은 순금 한 달란트로 만들었습니다. 등잔대에 사용된 금의 중량은 한 달란트로 다른 기구보다 많은 금이 사용되었습니다. 예루살렘 성전이 파괴된 이후 이 등잔대는 유대인의 상징이 되었으며, 오늘날 이스라엘의 국장(國章)입니다.

등잔대는 순금을 쳐서 늘려 만드는데, 이 등잔대는 세상의 참 빛이신 예수 그리스도를 상징합니다. "참 빛 곧 세상에 와서 각 사람에게 비추는 빛이 있었나니"(요 1:9), "내가 세상에 있는 동안에는 세상의 빛이로라"(요 9:5), "그 성은 해나 달의 비침이 쓸 데 없으니 이는 하나님의 영광이 비치고 어린 양이 그 등불이 되심이라"(계 21:23).

분향단과 향의 제작

분향단에 대한 설명입니다. 그가 또 조각목으로 분향할 제단을 만들었으니 길이는 한 규빗이요 너비도 한 규빗이라 네모가 반듯하고 높이는 두 규빗이며 그 뿔들이 제단과 연결되었으며(출 37:25). 분향단은 조각목으로 만들어 정금을 입히므로 금단, 금향단이라고도 합니다. 이 단은 향을 피워 올리는 곳으로 성소의 중앙에 놓입니다. 분향단은 길이가 1규빗(45cm), 너비가 1규빗(45cm), 높이가 2규빗(90cm) 정도 되는 네모반듯한 정방형입니다. 분향단 위에는 향 그릇이 놓여 있는데, 향은 제사장이 매일 아침 등불을 끌 때와 저녁 등불을 켤 때에 피웁니다. 이는 성도들이 하나님께 쉬지 않고 기도해야 할 것을 교훈합니다. "이십사 장로들이 그 어린 양 앞에 엎드려 각각 거문고와 향이 가득한 금 대접을 가졌으니 이 향은 성도의 기도들이라"(계 5:8). 향연은 성도들의 기도가 하나님께 올라가 상달되는 것을 나타냅니다. "또 다른 천사가 와서 제단 곁에 서서 금 향로를 가지고 많은 향을 받았으니 이는 모든 성도의 기도와 합하여 보좌 앞 금 제단에 드리고자 함이라 향연이 성도의 기도와 함께 천사의 손으로부터 하나님 앞으로 올라가는지라"(계 8:3-4). 대제사장은 대속죄일에 지성소에 들어가기 전, 이 향단에 향을 피워 향의 연기를 앞세워 들어갔습니다. "여호와 앞에서 분향하여 향연으로 증거궤 위 속죄소를 가리게 할지니 그리하면 그가 죽지 아니 할 것이며"(레 16:13). 곧 향은 대제사장이 거룩하신 하나님께 접근할 때 그를 가리므로 진노를 받아 죽지 않도록 보호하는 역할을 하였습니다.

분향단의 상단 네 귀퉁이에 뿔이 달려 있습니다. 제단 상면과 전후좌우 면과 그 뿔을 순금으로 싸고 주위에 금테를 둘렀고(출 37:26). "뿔"은 하나님의 능력과 주권을 상징하는데, 향단의 네 모서리가 뿔로 되어 있다는 것은 성도의 기도가 하나님 앞에 힘 있게 올라간다는 의미입니다. 분향단의 뿔은 기도가 하나님의 놀라운 능력을 체험하는 것임을 암시합니다. 향단의 채입니다. 그 테 아래 양쪽에 금 고리 둘을 만들었으되 곧 그 양쪽에 만들어 제단을 메는 채를 꿰게 하였으며 조각목으로 그 채를 만들어 금으로 쌌으며(출 37:27-28). 향단 역시 고리와 채가 있는데, 이는 하나님의 거룩한 기구에 손을 대지 않고 운반하기 위한 것입니다.

관유와 향입니다. 거룩한 관유와 향품으로 정결한 향을 만들었으니 향을 만드는 법대로 하였더라(출 37:29). "거룩한 관유"란 여러 향품을 감람유에 섞어 만든 기름으로, 성막의 기구들을 거룩히 구별할 때와 제사장, 왕, 선지자 등을 세울 때 붓는 기름입니다. 이는 새롭게 하시고 거룩하게 하시는 성령의 역사를 상징합니다. 본문의 "만드는 법대로 하였더라"란 하나님께서 지시하신 대로 만들었다는 사실을 강조합니다. 이상과 같이 앞에서 제시한 하나님의 명령(25:10-40, 30:1-6)을 거의 같은 말로 다시 언급한 것은 하나님의 지시 사항이 세미한 부분까지 하나도 생략되지 않고 실행되었다는 것을 강조한 것입니다.

아론의 아들들이 성소로 들어올 때 물두멍의 물로 자신을 정결하게 한 것처럼, 성소에서 지성소로 나아가는 곳에 대제사장의 허물을 가리는 향단이 있습니다. 또한 향연은 성도의 기도를 상징하는데, 분향단에서 끊임없이 향을 사르는 것은 성도들의 쉼 없는 기도와 헌신의 생활을 의미합니다.

제26장
성막 뜰 제작

번제단과 물두멍 제작

성막 뜰 중앙에 번제단이 있습니다. 그가 또 조각목으로 번제단을 만들었으니 길이는 다섯 규빗이요 너비도 다섯 규빗이라 네모가 반듯하고 높이는 세 규빗이며(출 38:1). 번제단은 길이와 너비가 각각 5규빗(2.25m), 높이가 3규빗(1.35m)이며 상하가 뚫려 있습니다. 번제단은 희생 제물을 태우고 피를 뿌리는 제단으로, 성막 앞에 위치합니다. 번제단에 뿔을 만듭니다. 그 네 모퉁이 위에 그 뿔을 만들되 그 뿔을 제단과 연결하게 하고 제단을 놋으로 쌌으며(출 38:2). "뿔"이란 번제단 네 귀퉁이 위로 뾰족하게 돌출된 부분으로 하나님의 권능과 힘을 상징합니다. 이 뿔은 제물을 묶어 고정시키는데 사용되었습니다. "그가 우리에게 빛을 비추셨으니 밧줄로 절기 제물을 제단 뿔에 맬지어다"(시 118:27). 또한 우발적 범죄자가 성소 내로 도피하여 이 뿔을 잡으면 죽음을 면케 하는 도피성 역할을 했습니다. 성소 안 성물의 대부분은 순금으로 입혀졌지만 성소의 모든 기구 가운데 가장 큰 번제단은 놋으로 만들었습니다. 이는 번제단에서 화제를 드리므로 뜨거운 불의 열기를 잘 견딜 수 있어야 했기 때문입니다.

번제단의 부속 기구입니다. 제단의 모든 기구 곧 통과 부삽과 대야와 고기 갈고리와 불 옮기는 그릇을 다 놋으로 만들고(출 38:3). "통"이란 재를 담는 기구이며, "부삽"은 재를 통에 담을 때, "대야"는 단에서 흘러내리는 제물의 피를 받는 그릇입니다. "고기 갈고리"는 각을 뜬 제물을 번제단의 놋 그물에 펴는 기구이며, "불 옮기는 그릇"은 번제단의 불을 분향단과 등잔대에 옮겨 붙이는 기구입니다. 번제단에 희생제물을 올려놓는 그물입니다. 제단을 위하여 놋 그물을 만들어 제단 주위 가장자리 아래에 두되 제단 절반에 오르게 하고(출 38:4). 번제단은 위아래가 뚫려 있기 때문에 놋그물을 번제단 중간에 설치하면 제물을 태우고 난 후 재와 기름이 놋그물 아래로 떨어지게 되어 간편하게 처리할 수 있습니다.

번제단 운반을 위한 긴 막대입니다. 그 놋 그물 네 모퉁이에 채를 꿸 고리 넷을 부어 만들었으며 채를 조각목으로 만들어 놋으로 싸고(출 38:5-6). 성소 안 성물의 운반용 채는 모두 금으로 포장되었지만, 번제단의 채는 놋으로 포장되었습니다. 이는 번제단과 마찬가지로 불에 잘 견딜 수 있어야 하기 때문입니다. 그런데 고리를 번제단에 부착하지 않고 놋그물에 부착한 것은 고리가 놋그물을 번제단의 중간에 매달기 때문입니다. 제단 양쪽 고리에 그 채를 꿰어 메게 하였으며 제단은 널판으로 속이 비게 만들었더라(출 38:7). 번제단은 가운데가 비어 있는 사각형 통인데, 이는 타고 난 재나 기름이 놋그물을 통해 제단 아래로 떨어지게 하기 위함입니다. 그러므로 이 통의 속을 흙이나 돌로 쌓아 널판이 불에 타지 않도록 하였습니다. "내게 토단을 쌓고 그 위에 네 양과 소로 네 번제와 화목제를 드리라"(출 20:24).

물두멍에 관한 말씀입니다. 그가 놋으로 물두멍을 만들고 그 받침도 놋으로 하였으니 곧 회막 문에서 수종드는 여인들의 거울로 만들었더라(출 38:8). 물두멍은 번제단과 성막 입구 사이에 놓아두었던 물이 담긴 큰 놋그릇으로, 제사장들은 직무를 수행하기 전 반드시 이 물두멍의 물로 손발을 씻어야 했습니다. 이는 신약의 성도들이 성령으로 말미암아 씻음 받는 중생을 예표합니다. "우리를 구원하시되 우리의 행한 바 의로운 행위로 말미암지 아니하고 오직 그의 긍휼하심을 따라 중생의 씻음과 성령의 새롭게 하심으로 하셨나니"(딛 3:5). 물두멍의 기능은 씻는 것으로 예수님의 말씀과 성령의 정결케 하는 사역을 상징합니다. "너희는 내가 일러 준 말로 이미 깨끗하여졌으니"(요 15:3). "사람이 물과 성령으로 나지 아니하면 하나님의 나라에 들어갈 수 없느니라"(요 3:5). 우리는 죄로 인해 하나님께 나아갈 수 없기 때문에 먼저 그리스도의 보혈로 우리 영혼을 정결케 해야 합니다. "그는 성령과 불로 너희에게 세례를 베푸실 것이요"(마 3:11), "사람이 물과 성령으로 나지 아니하면 하나님의 나라에 들어갈 수 없느니라"(요 3:5). 본문의 "수종 드는 여인들의 거울"이란 성소에서 봉사하는 여인들이 성막 건축을 위해 자신들의 소중한 거울을 하나님께 드린 것을 말합니다. 당시 거울은 청동으로 만들어졌으며, 왕의 선물 품목 중의 하나로 인정될 만큼 귀하게 취급되었습니다.[168] 당시의 청동 거울

168) Herodotus는, 페르시아의 왕 캄뷔세스(Cambyses, 주전 530-522)가 에티오피아에 보낸 첩자들이 어느 감옥으로 안내되었는데, 그곳 죄수들이 모두 황금 족쇄를 차고 있었다고 합니다. 이는 에티오피아인들이 황금보다 청동을 더 귀하

은 지금 거울처럼 선명하지 않았으며, 사람의 얼굴 형태를 알아볼 정도였다고 합니다. "우리가 지금은 거울로 보는 것 같이 희미하나 그 때에는 얼굴과 얼굴을 대하여 볼 것이요"(고전 13:12).

하나님은 번제단에 드려진 제물을 통하여 인간의 죄를 용서하십니다. 번제단의 희생 제물은 십자가에서 고통과 희생을 당하신 예수님을, 번제단은 십자가를 예표합니다. 그리고 물두멍의 물은 하나님의 말씀과 성령을 상징합니다. 말씀과 성령이 우리의 심령을 정결케 하고 우리의 영혼을 새롭게 합니다.

성막 뜰과 울타리 제작

성막 뜰과 그 주위를 둘러 친 포장에 관한 말씀입니다. 그가 또 뜰을 만들었으니 남으로 뜰의 남쪽에는 세마포 포장이 백 규빗이라(출 38:9). 성막 주위에 울타리를 쳐서 성막 뜰을 만듭니다. 본문의 "세마포 포장"이란 성막과 외부를 구별해 주는 흰색 커튼을 말합니다. 성막 뜰 안에는 세사장과 레위인만이 아니라 할례 받은 일반 백성들도 들어갈 수 있습니다. 이 뜰은 길이가 100규빗(45m), 너비가 50규빗(22.5m) 되는 넓은 뜰로 성막의 크기와 같습니다. 이곳은 제사장들이 희생 제물을

게 여겼다는 사실을 보여주는 것이라고 합니다. A. D. Godeey tr., *Herodotus, Book III* (Cambridge, MA.: Harvard University Press, 1971), 31.; John H. Walton, *Chronological and Background Charts of the Old Testament*, Revised and Expanded Edition, 70.

잡거나, 또는 제사장 가족들이 음식을 나누어 먹는 화목의 장소입니다. "그 예물이 소의 번제이면 흠 없는 수컷으로 회막 문에서 여호와 앞에 기쁘게 받으시도록 드릴지니라"(레 1:3), "그 나머지는 아론과 그의 자손이 먹되 누룩을 넣지 말고 거룩한 곳 회막 뜰에서 먹을지니라"(레 6:16). 이처럼 성막 뜰은 죽음이 있는 동시에 화목이 있는 곳으로 예수 그리스도의 희생을 상징합니다. 울타리 높이는 5규빗(2.25m)이며, 동쪽의 세마포장 중앙에 20규빗(9m)의 문이 있습니다. 이 문은 성소로 들어갈 수 있는 유일한 통로로 항상 열려 있습니다.

성막 뜰 기둥에 관한 설명입니다. 그 기둥이 스물이며 그 받침이 스물이니 놋이요 기둥의 갈고리와 가름대는 은이며(출 38:10). "기둥"은 뜰의 세마포장을 칠 수 있는 기둥을 말하며, "받침"은 그 기둥을 단단하게 고정시키는 받침대입니다. "갈고리"는 세마포장을 기둥에 거는 고리이며, "가름대"는 기둥과 기둥 사이를 단단히 연결하고 세마포장을 팽팽하게 하는 막대입니다. 이 기구들은 백성들이 속전으로 낸 은으로 만듭니다. 성막 뜰 북편과 남편의 세마포장은 동일합니다. 그 북쪽에도 백 규빗이라 그 기둥이 스물이며 그 받침이 스물이니 놋이요 기둥의 갈고리와 가름대는 은이며(출 38:11). 그러나 성막 뜰 서편의 길이는 북편과 남편의 절반이므로, 그 기둥이나 받침 역시 그 절반입니다. 서쪽에 포장은 쉰 규빗이라 그 기둥이 열이요 받침이 열이며 기둥의 갈고리와 가름대는 은이며 동으로 동쪽에도 쉰 규빗이라(출 38:12-13). 성막 뜰의 동편 역시 입구의 휘장을 제외하고는 서편과 같습니다.

성막 출입구에 관한 규례입니다. 문 이쪽의 포장이 열다섯 규빗이요 그 기둥이 셋이요 받침이 셋이며 문 저쪽도 그와 같으니 뜰 문 이쪽, 저쪽의 포장이 열다섯 규빗씩이요 그 기둥이 셋씩, 받침이 셋씩이라(출 38:14-15). 성막 뜰 동편의 포장과 그 중앙의 문에 관한 설명입니다. "포장"은 뜰을 둘러 친 휘장으로 양쪽에 각각 15규빗이 쳐져 있습니다. 동편에는 뜰 안으로 들어가는 유일한 문이 있습니다. 이는 예수님을 통하여서만 하나님께 나아갈 수 있다는 진리를 가르쳐 줍니다. "내가 문이니 누구든지 나로 말미암아 들어가면 구원을 받고 또는 들어가며 나오며 꼴을 얻으리라"(요 10:9).

뜰의 포장입니다. 뜰 주위의 포장은 세마포요(출 38:16). "세마포"는 아마에서 뽑은 흰색 직물로 제사장 의복에도 사용되었습니다. 기둥에 관계된 부속 기구들입니다. 기둥 받침은 놋이요 기둥의 갈고리와 가름대는 은이요 기둥 머리싸개는 은이며 뜰의 모든 기둥에 은 가름대를 꿰었으며(출 38:17). "기둥 머리싸개"는 기둥의 상단부를 보호하기 위한 것입니다. 성막 뜰 휘장입니다. 뜰의 휘장 문을 청색 자색 홍색 실과 가늘게 꼰 베 실로 수 놓아 짰으니 길이는 스무 규빗이요 너비와 높이는 뜰의 포장과 같이 다섯 규빗이며(출 38:18). 이는 성소의 출입구 휘장이 아니라 성막 뜰로 들어가는 동편의 출입구 휘장을 말합니다. 성막 뜰 휘장의 부속 기구들입니다. 그 기둥은 넷인데 그 받침 넷은 놋이요 그 갈고리는 은이요 그 머리싸개와 가름대도 은이며(출 38:19). 이는 성막 뜰 입구에 있는 휘장을 고정시키기 위한 기구들입니다.

성막과 포장의 말뚝입니다. 성막 말뚝과 뜰 주위의 말뚝은 모두 놋이더라(출 38:20). 이 말뚝들은 성막의 덮개나 세마포장을 끈으로 땅에 고정시키는 핀과 같은 역할을 합니다. "성막 말뚝"은 성소를 지붕처럼 덮고 있는 숫양 가죽과 해달 가죽을 잡아매기 위한 말뚝이며, "뜰 주위의 말뚝"은 포장 기둥에 줄을 매어 뜰 안과 바깥쪽으로 당겨 기둥을 세우는데 필요한 말뚝을 말합니다. 이와 같이 성막 뜰은 주위를 포장으로 둘러 임시적인 것임을 알게 합니다. 이는 땅 위의 성막이 영원하지 않으며 잠시 뿐이라는 것을 가르쳐 줍니다. "우리의 시민권은 하늘에 있는지라"(빌 3:20), "너희가 나그네로 있을 때를 두려움으로 지내라"(벧전 1:17).

성소의 유일한 통로인 동문은 하나님께 나갈 수 있는 유일한 길이신 예수님을 예표합니다. "예수께서 이르시되 내가 곧 길이요 진리요 생명이니 나로 말미암지 않고는 아버지께로 올 자가 없느니라"(요 14:6). **실로 죄인이 예수님을 통하지 않고 하나님께 나아갈 수 있는 다른 방도는 전혀 없습니다.** "다른 이로써는 구원을 받을 수 없나니 천하 사람 중에 구원을 받을 만한 다른 이름을 우리에게 주신 일이 없음이라 하였더라"(행 4:12).

성막 건축의 결산

이다말이 성막 제작에 사용된 물품을 결산합니다. 성막 곧 증거막을 위하여 레위 사람이 쓴 재료의 물목은 제사장 아론의 아들 이다말이 모세의 명령대로 계산하였으며(출 38:21). "레위 사람이 쓴"이란 '레위 사람의 일'이라는 뜻으로 레위 사람들을 시켜서 계산한 것을 의미합니다. 이는 레위인들이 성막 건축에 헌신했음을 말해 줍니다. 실로 레위인들은 기업이 없고 하나님이 그들의 기업이므로 성막을 만드는 일에 다른 지파보다 더욱 열심히 봉사하였을 것입니다. “그러므로 레위는 그의 형제 중에 분깃이 없으며 기업이 없고 ~ 여호와가 그의 기업이시니라”(신 10:9). 이다말은 성막 건축에 참여한 레위인의 감독자로 성막 건축에 소요되는 물량을 총 관리하였습니다. 본문의 “계산하였으며”란 성막의 세목을 기재하고 레위인들에게 보관하게 하였다는 의미입니다. 이는 성막을 체계적으로 관리하기 위한 것으로, 이다말은 모세의 명령에 따라 성막의 기구를 레위 지파의 여러 자손들에게 나누어 보관시켰습니다.

성막을 만든 사람은 브살렐과 오홀리압입니다. 이들은 하나님께로부터 받은 재능으로 하나님의 영광을 위해 헌신했습니다. 브살렐은 성막 건축의 감독자이고, 오홀리압은 브살렐의 조력자입니다. 유다 지파 훌의 손자요 우리의 아들인 브살렐은 여호와께서 모세에게 명령하신 모든 것을 만들었고 단 지파 아히사막의 아들 오홀리압이 그와 함께 하였으니 오홀리압은 재능이 있어서 조각하며 또 청색 자색 홍색 실과 가는 베 실로 수놓은 자더라(출 38:22–23). 오홀리압은 성막의 제1휘장과 성소의 휘장을 수놓았으며 섬유를 짜고 조각하는 능력이 뛰어났습니다. 본문에서 “재능”이란 베를 짜는 자가 옷감을 짜듯이 여러 가지 원료를 이용하여 아름다운 옷감을 만들어 낼 수 있는 능력을 말합니다.

다음은 성막의 제작 비용입니다. 성소 건축 비용으로 들인 금은 성소의 세겔로 스물아홉 달란트 칠백삼십 세겔이며 계수된 회중이 드린 은은 성소의 세겔로 백 달란트와 천칠백칠십오 세겔이니(출 38:24–25). 성막 건축에는 금이 많이 사용되었습니다. 이는 성소 기구 대부분을 금으로 만들거나 입혔으며, 성막 자체에도 금이 사용되었기 때문입니다. 성막 제작 시 금이 29달란트 730세겔 (1,009kg), 은이 100달란트 1,775 세겔 (3,470kg), 놋이 70달란트 2,400세겔 (2,443kg)이 소요되었습니다.[169] 본문의 "계수된 회중이 드린 은"이란 인구 조사 때 계수된 20세 이상의 남자를 가리킵니다. 그러므로 이 은(銀)은 이스라엘 백성 중 20세 이상의 성인 603,550명이 드린 성소의 속전입니다. 계수된 자가 이십 세 이상으로 육십만 삼천오백오십 명인즉 성소의 세겔로 각 사람에게 은 한 베가[170] 곧 반 세겔씩이라(출 38:26). 이 은은 생명의 속전으로 드렸던 반 세겔의 은을 말합니다. 당시 은 한 세겔은 노동자의 4일간 품삯이므로, 이는 이틀간의 품삯에 해당합니다.

받침에 관한 설명입니다. 은 백 달란트로 성소의 받침과 휘장 문의 기둥 받침을 모두 백 개를 부어 만들었으니 각 받침마다 한 달란트씩 모두 백 달란트요 천칠백칠십오 세겔로 기둥 갈고리를 만들고 기둥머리를 싸고 기둥 가름대를 만들었으며(출 38:27-28). "성소의 받침"이란 성막의 널판 아래쪽의 두 촉에 끼워 받치는 은 받침을 말하는데, 남쪽과 북쪽의 널판 밑에 각 40개씩 80개, 동쪽의 널판 밑에 16개, 도합 96개입니다. "휘장 문의 기둥 받침"은 지성소를 가리는 휘장을 고정시키는 네 개의 기둥 밑에 한 개씩 받치는 은 받침 4개를 말합니다. "가름대"란 세로로 세운 기둥 사이에 가로로 댄 나무를 말합니다.

169) 1세겔은 약 11.5g입니다. 그리고 1달란트는 약 3,000세겔로, 약 34.5kg에 해당합니다. Merrill C. Tenney ed., *The Zondervan Pictorial Bible Dictionary* (Grand Rapids: Zondervan Publishing House, 1967), 892.

170) 베가는 무게를 측량하는 단위로 은 반 세겔이며, 약 5.75g에 해당합니다. John H. Walton, *Chronological and Background Charts of the Old Testament*, Revised and Expanded Edition, 117.

놋으로 만든 성막 기구들에 대한 설명입니다. 드린 놋은 칠십 달란트와 이천사백 세겔이라 이것으로 회막문 기둥받침과 놋 제단과 놋 그물과 제단의 모든 기구를 만들었으며 뜰 주위의 기둥 받침과 그 휘장 문의 기둥 받침이며 성막의 모든 말뚝과 뜰 주위의 모든 말뚝을 만들었더라(출 38:29-31). 성막 건축 시 약 2,443kg의 놋을 사용하여 번제단과 물두멍, 놋 갈고리와 성소 입구 휘장의 다섯 기둥의 받침대, 뜰 사면 휘장을 위한 기둥의 받침과 말뚝 등을 만들었습니다. 이처럼 성막과 기구의 제작에 막대한 양의 금, 은, 놋이 사용되었습니다. 이는 이스라엘에 있어 성막이 얼마나 귀한 것인가를 알게 합니다. 드디어 성막이 완성되었습니다.

이스라엘 백성들에게 성막 건립은 깊은 의미를 지니며 그들의 예물과 봉사는 참으로 헌신적이었습니다. 모세는 하나님의 명령을 충실하게 전달했으며, 그 모든 명령들은 정확하게 지켜졌습니다. 그리고 금과 은과 놋의 총량과 그 사용처까지 제시하여 그 어느 것 하나도 헛되이 사용되지 않았음을 분명히 밝힙니다.

❖그리스도의 모형인 성막❖

성막은 그리스도와 그의 사역을 예표합니다. 예수님은 우리의 죄를 대속하기 위해 십자가에서 죽으시고 대속 제물이 되셨습니다. 그가 운명하실 때 성전의 휘장이 갈라져 성소와 지성소의 구분이 사라졌습니다. 이는 바로 그리스도께서 성막이시며, 그의 죽음이 성막에서 행하여진 모든 제사를 대신한 것임을 나타냅니다. "오직 둘째 장막은 대제사장이 홀로 일 년에 한 번 들어가되 자기와 백성의 허물을 위하여 드리는 피 없이는 아니하나니 성령이 이로써 보이신 것은 첫 장막이 서 있을 동안에는 성소에 들어가는 길이 아직 나타나지 아니한 것이라"(히 9:7-8). 말씀이신 하나님께서 백성들 가운데 거하시려고 인간의 몸으로 오셨는데, 이 분이 곧 그리스도이십니다. "말씀이 육신이 되어 우리 가운데 거하시매 우리가 그의 영광을 보니 아버지의 독생자의 영광이요 은혜와 진리가 충만하더라"(요 1:14).

성막은 그리스도의 그림자요 모형입니다. "그들이 섬기는 것은 하늘에 있는 것의 모형과 그림자라 모세가 장막을 지으려 할 때에 지시하심을 얻음과 같으니 이르시되 삼가 모든 것을 산에서 네게 보이던 본을 따라 지으라 하셨느니라"(히 8:5), "그리스도께서는 참 것의 그림자인 손으로 만든 성소에 들어가지 아니하시고 바로 그 하늘에 들어가사 이제 우리를 위하여 하나님 앞에 나타나시고"(히 9:24). 구약에는 그리스도의 그림자인 성막에서 믿음으로 짐승을 바치고 죄 사함을 받았습니다. 짐승을 바치는 제사 그 자체가 죄 사함을 가져온 것이 아니라 하나님께서 그리스도의 희생 제사를 상징적으로 표현하는 생축의 제사를 받으시고 그들의 죄를 사해 주신 것입니다. "율법은 장차 올 좋은 일의 그림자일 뿐이요 참 형상이 아니므로 해마다 늘 드리는 같은 제사로는 나아오는 자들을 언제나 온전하게 할 수 없느니라 그렇지 아니하면 섬기는 자들이 단번에 정결하게 되어 다시 죄를 깨닫는 일이 없으리니 어찌 제사 드리는 일을 그치지 아니하였으리요 그러나 이 제사들에는 해마다 죄를 기억하게 하는 것이 있나니 이는 황소와 염소의 피가 능히 죄를 없이 하지 못함이라"(히 10:1-4). 성막과 기물들은 그리스도를 바라보며 그리스도 안에서 완성되었습니다. 예수님은 완전한 성막이십니다. "예수께서 대답하여 이르시되 너희가 이 성전을 헐라 내가 사흘 동안에 일으키리라 유대인들이 이르되 이 성전은 사십육 년 동안에 지었거늘 네가 삼 일 동안에 일으키겠느냐 하더라 그러나 예수는 성전된 자기 육체를 가리켜 말씀하신 것이라"(요 2:19-21).

성막은 하나님께서 그의 백성 이스라엘과 함께 거하시는 처소입니다. 그러므로 성막이 완성되었을 때, 하나님의 영광이 강림하시어 그 위에 머물렀습니다. 그러나 궁극적으로 그리스도의 초림을 통하여 하나님께서 인간 가운데 거하시게 되었으며, 그리스도께서 죽으시고 부활하신 이후에는 성령으로 교회와 우리 심령 가운데 내주하시게 되었습니다. "홀연히 하늘로부터 급하고 강한 바람 같은 소리가 있어 그들이 앉은 온 집에 가득하며 마치 불의 혀처럼 갈라지는 것들이 그들에게 보여 각 사람 위에 하나씩 임하여 있더니 그들이 다 성령의 충만함을 받고"(행 2:2-4), "내게 주신 하나님의 은혜를 따라 내가 지혜로운 건축자와 같이 터를 닦아 두매 다른 이가 그 위에 세우나 그러나 각각 어떻게 그 위에 세울까를 조심할지니라 이 닦아 둔 것 외에 능히 다른 터를 닦아 둘 자가 없으니 이 터는 곧 예수 그리스도라"(고전 3:10-11).

성막은 하나님의 백성을 상징하며 교회의 모형이라고 할 수 있습니다. 여호와께서 백성들 가운데 거하신다는 것은 곧 성막에 계심을 의미합니다. 따라서 성막은 여호와의 백성, 곧 이스라엘을 가리키는 것입니다. 우리는 그리스도의 죽음과 부활에 연합하여 세례를 받고 그의 백성이 되었습니다. 신약은 그리스도의 몸된 교회를 하나님의 성전이라고 합니다. "너희는 너희가 하나님의 성전인 것과 하나님의 성령이 너희 안에 계시는 것을 알지 못하느냐"(고전 3:16), "너희도 산 돌 같이 신령한 집으로 세워지고 예수 그리스도로 말미암아 하나님이 기쁘게 받으실 신령한 제사를 드릴 거룩한 제사장이 될지니라"(벧전 2:5). 곧 성도들의 몸이 하나님께서 거하시는 처소로, 오순절날 성령께서 하나님의 백성들 가운데 임하심으로 시작되었습니다. 성령께서 성도들 속에 거하시고 그 성도들이 지체로서 이루는 몸, 곧 교회 가운데 계시는 것입니다.

성막은 장차 하나님이 인간과 함께 거하실 처소를 가리킵니다. "내가 들으니 보좌에서 큰 음성이 나서 이르되 보라 하나님의 장막이 사람들과 함께 있으매 하나님이 그들과 함께 계시리니 그들은 하나님의 백성이 되고 하나님은 친히 그들과 함께 계셔서"(계 21:3). 이 처소는 바로 천상의 도성인 새 예루살렘으로, 지성소처럼 네모반듯한 모양의 성전임을 암시합니다. "또 내가 보매 거룩한 성 새 예루살렘이 하나님께로부터 하늘에서 내려오니 그 준비한 것이 신부가 남편을 위하여 단장한 것 같더라"(계 21:2), "그 성은 네모가 반듯하여 길이와 너비가 같은지라 그 갈대 자로 그 성을 측량하니 만 이천 스다디온이요 길이와 너비와 높이가 같더라"(계 21:16). 성막은 새 예루살렘, 궁극적으로 하늘나라의 예표입니다. 생명수 강과 생명나무에 대한 말씀과, 모든 저주가 사라진다는 말씀은 성막이 하나님과 사람이 만나는 장소라는 사실을 내포합니다. "또 그가 수정 같이 맑은 생명수의 강을 내게 보이니 하나님과 및 어린 양의 보좌로부터 나와서 길 가운데로 흐르더라 강 좌우에 생명나무가 있어 열두 가지 열매를 맺되 달마다 그 열매를 맺고 그 나무 잎사귀들은 만국을 치료하기 위하여 있더라 다시 저주가 없으며 하나님과 그 어린 양의 보좌가 그 가운데에 있으리니 그의 종들이 그를 섬기며"(계 22:1-3).

제27장
제사장 의복 제작

에봇 제작

성막이 완성되고 제사장 의복을 제작합니다. 그들은 여호와께서 모세에게 명령하신 대로 청색 자색 홍색 실로 성소에서 섬길 때 입을 정교한 옷을 만들고 또 아론을 위해 거룩한 옷을 만들었더라(출 39:1). 본장에는 "여호와께서~명령하신 대로"라는 말씀이 10번이나 나옵니다. 이는 백성들이 성막과 성의를 제작함에 있어 하나님의 지시대로 행하였음을 알게 합니다. 또한 본장은 옷을 만드는 자들이 '여호와께서 모세에세 명하신 대로' 했다는 것을 일곱 차례나 강조하고 있습니다(1, 5, 7, 21, 26, 29, 31). 이는 제사장 의복의 보이지 않는 부분까지도 인간의 의도대로 하지 않고 하나님께서 명하신대로 만들었다는 사실을 나타냅니다. 이처럼 제사장의 의복에 대한 묘사가 반복되고 있는 이유는 대제사장이 그리스도를 예표하는 사람으로, 거룩한 옷들에 대하여 하나님께서 주신 말씀이 문자적으로 정확하게 성취되었음을 강조한 것입니다. 이 모든 것들은 장차 올 복음의 그림자이며, 그 실체는 예수 그리스도입니다. 본문의 "성소에서 섬길"이란 노동이라기보다는 통치자나 제사장과 같이 하나님과의 특별한 관계에 있는 자들의 사역을 의미합니다. 예수님께서도 인자는 섬기기 위해 왔다고 말씀하셨습니다. "인자가 온 것은 섬김을 받으려 함이 아니라 도리어 섬기려 하고"(막 10:45). 위의 "정교한"이란 '바늘로 구멍을 뚫다' 라는 뜻으로, 온 정성을 다하여 정확하고 세밀하게 옷을 지었다는 의미입니다.

에봇은 대제사장이 제일 겉에 입는 옷입니다. 그는 또 금 실과 청색 자색 홍색 실과 가늘게 꼰 베 실로 에봇을 만들었으되(출 39:2). 하나님 앞에서 섬기는 대제사장의 에봇이 화려한 것은 영원한 대제사장이신 예수 그리스도의 영광과 존귀를 나타내기 때문입니다. 금실에 관한 설명입니다. 금을 얇게 쳐서 오려서 실을 만들어 청색 자색 홍색 실과 가는 베 실에 섞어 정교하게 짜고(출 39:3). 금실은 금을 두드려 얇게 편 뒤 가늘게 오려 실처럼 만들어 옷감을 짰습니다. 에봇을 짜는데 금실을 섞어서 만들었다는 것은 대제사장 직분의 고귀함을 깨닫게 하기 위함입니다. 어깨받이에 관한 설명입니다. 에봇에는 어깨받이를 만들어 그 두 끝에 달아 서로 연결되게 하고(출 39:4). 어깨받이는 일종의 멜빵으로 에봇의 가슴과 등 부분을 연결하는데, 대제사장의 좌우 어깨받이 위 두 보석에는 각각 6지파씩 12지파의 이름을 새긴 호마노가 부착되어 있습니다. 이는 대제사장이신 예수께서 그의 어깨 위에 자신에게 속한 모든 사람들을 보호하고 계심을 상징합니다. "예수는 영원히 계시므로 그 제사장 직분도 갈리지 아니하느니라"(히 7:24).

에봇의 앞뒤를 연결하는 허리띠도 있습니다. 에봇 위에 에봇을 매는 띠를 에봇과 같은 모양으로 금 실과 청색 자색 홍색 실과 가늘게 꼰 베실로 에봇에 붙여 짰으니 여호와께서 모세에게 명령하신 대로 하였더라(출 39:5). 에봇은 양 옆이 트여 있고 몸에 붙지 않아 일하기에 불편하였으므로 허리에 띠를 매었습니다. 이 띠는 에봇에 고정되어 있어 제사장의 직무 수행을 원활하게 하였습니다. 성경에서 띠는 전심전력으로 일하기 위한 자세, 곧 헌신을 의미합니다. "저녁 잡수시던 자리에서 일어나 겉옷을 벗고 수건을 가져다가 허리에 두르시고"(요 13:4).

이스라엘 12지파에 대한 대제사장의 책임과 의무를 상징하는 호마노에 관한 설명입니다. 그들은 또 호마노를 깎아 금 테에 물려 도장을 새김 같이 이스라엘의 아들들의 이름을 그것에 새겨 에봇 어깨받이에 달아 이스라엘의 아들들을 기념하는 보석을 삼았으니 여호와께서 모세에게 명령하신 대로 하였더라(출 39:6-7). "호마노"란 에봇의 어깨받이에 부착된 2개의 기념 보석입니다. 구약시대에 "도장"은 목에 거는 것과 반지에 새긴 것 두 종류가 있었는데, 이는 계약 체결 시 내용물을 봉인할 때 사용되었습니다. "왕의 이름으로 조서를 쓰되 ~ 왕의 반지로 인치니라"(에 3:12). 호마노에 새긴 12지파의 이름은 이스라엘 모든 백성이 하나님 백성의 특권을 지닌 자임을 알게 하며, 대제사장이 성소를 출입할 때마다 하나님께서 이를 보시고 이스라엘을 기억해 주시기를 간구한다는 의미가 담겨 있습니다.

제사장 의복이 아름답고 화려하지만, 이는 백성에게 보이기 위한 것이 아니라 하나님을 섬기러 들어갈 때 입는 옷입니다. 하나님의 자녀인 우리 역시 바른 행위로 깨끗한 옷을 입고 하나님을

섬겨야 합니다. "그에게 빛나고 깨끗한 세마포 옷을 입도록 허락하셨으니 이 세마포 옷은 성도들의 옳은 행실이로다 하더라"(계 19:8).

흉패 제작

흉패에 관한 설명입니다. 그가 또 흉패를 정교하게 짜되 에봇과 같은 모양으로 금 실과 청색 자색 홍색 실과 가늘게 꼰 베 실로 하였으니(출 39:8). "흉패"는 에봇의 전면에 부착한 네모반듯한 주머니로 '판결 흉패'라고도 합니다. 이는 흉패 안에 중대한 일을 판결하는 '우림과 둠밈'이 있기 때문입니다. 이 흉패는 에봇과 마찬가지로 금을 섞어 영광스럽고 아름답게 제작하였습니다. 금테로 두른 그 위에는 12지파의 이름을 새긴 12개의 각기 다른 보석이 세 개씩 네 줄로 물려 있습니다. 이는 택한 백성을 기억하시고 품어주시는 그리스도의 사랑을 의미합니다.

흉패는 에봇과 같은 실들로 짜는데 길이와 너비가 각각 한 뼘입니다. 그것의 길이가 한 뼘, 너비가 한 뼘으로 네모가 반듯하고 두 겹이며(출 39:9). "한 뼘"이란 고대 히브리 사회의 길이 단위로 약 22.8cm입니다. 흉패가 두 겹으로 된 것은 그 안에 우림과 둠밈을 보관하기 때문입니다. 우림은 '빛', 둠밈은 '완전'이라는 뜻으로, 인간의 지혜로 결정할 수 없는 국가의 중대사가 있을 때 하나님의 뜻을 알게 하는 수단입니다. 우림과 둠밈은 서로 반대되는 방식이었을 것입니다. "이에 사울이 이스라엘의 하나님 여호와께 아뢰되 원하건대 실상을 보이소서 하였더니 요나단과 사울이 뽑히고 백성은 면한지라"(삼상 14:41). 그러나 후에는 선지자들의 활동이 활발해짐에 따라 이러한 방법이 점차 사라지게 되었습니다.

흉패에 부착된 열두 보석입니다. 그것에 네 줄 보석을 물렸으니 곧 홍보석 황옥 녹주옥이 첫 줄이요 둘째 줄은 석류석 남보석 홍마노요 셋째 줄은 호박 백마노 자수정이요 넷째 줄은 녹보석 호마노 벽옥이라 다 금 테에 물렸으니 이 보석들은 이스라엘의 아들들의 이름 곧 그들의 이름대로 열둘이라 도장을 새김 같이 그 열두 지파의 각 이름을 새겼으며(출 39:10–14). 흉패에 달린 보석들 역시 어깨받이에 달린 보석과 마찬가지로 이스라엘 12지파를 가리킵니다. 이는 이스라엘 모든 백성이 하나님께 기억된 존재이며 하나님과 긴밀한 관계를 맺고 있음을 나타냅니다. 또한 구속받은 성도들을 상징하는데, 성도들 이름 역시 생명책에 기록되어 있습니다. "이기는 자는 이와 같이 흰 옷을 입을 것이요 내가 그 이름을 생명책에서 결코 지우지 아니하고 그 이름을 내 아버지 앞과 그의 천사들 앞에서 시인하리라"(계 3:5).

흉패를 고정시키는 끈입니다. 그들이 또 순금으로 노끈처럼 사슬을 땋아 흉패에 붙이고 또 금 테 둘과 금 고리 둘을 만들어 그 두 고리를 흉패 두 끝에 달고(출 39:15–16). "사슬"이란 흉패를 에봇에 고정시키는 끈이고, "금테"는 에봇의 어깨받이에 호마노를 부착시키는 고정테이며, "금 고리"는 흉패 끝에 고정 사슬을 거는 고리입니다. 이 사슬은 흉패 위쪽 고리에 매어져 에봇의 어깨받이 금테에 고정되었습니다. 흉패를 금테에 고정시키는 방법입니다. 그 땋은 두 금 사슬을 흉패 끝 두 고리에 꿰매었으며 그 땋은 두 사슬의 다른 두 끝을 에봇 앞 두 어깨받이의 금 테에 매고 또 금 고리 둘을 만들어 흉패 두 끝에 달았으니 곧 그 에봇을 마주한 안쪽 가장자리에 달았으며(출 39:17-19). 흉패의 윗부분은 흉패 상단 금 고리와 어깨받이의 금테에 금 사슬을 연결시켜 고정합니다. 흉패 하단 안쪽에는 하단을 고정시키기 위한 금 고리가 부착되어 있습니다.

에봇의 띠는 고정되어 있습니다. 또 금 고리 둘을 만들어 에봇 앞 두 어깨받이 아래 매는 자리 가까운 쪽 곧 정교하게 짠 에봇 띠 위쪽에 달고(출 39:20). 에봇의 앞과 뒤는 어깨받이와 허리띠로 연결되었습니다. 흉패 하단을 에봇에 고정시키는 금 사슬은 금 고리에 거는데, 이 금 고리를 에봇 띠 바로 위에 부착시킵니다. 흉패는 에봇에서 떨어지지 않도록 단단히 고정시킵니다. 청색 끈으로 흉패 고리와 에봇 고리에 꿰어 흉패로 정교하게 짠 에봇 띠 위에 붙여서 에봇에서 벗어지지 않게 하였으니 여호와께서 모세에게 명령하신 대로 하였더라(출 39:21). 이는 하나님의 뜻을 묻는데 필요한 우림과 둠밈을 간직하는 흉패가 에봇을 떠나서는 있을 수 없다는 것을 암시합니다. 곧 하나님 앞에 나아가는 일과 하나님의 뜻을 찾는 일은 결코 분리될 수 없음을 알게 합니다.

대제사장 가슴 부위의 흉패는 하나님께서 이스라엘 12지파를 가슴에 품어 사랑하신다는 것을 상징합니다. 마찬가지로 우리의 이름도 예수님의 보증에 따라 하나님의 생명책에 기록되어 있습니다. "그 이름들이 생명책에 있느니라"(빌 4:3).

의복과 금패 제작

에봇 안의 겉옷입니다. 그가 에봇 받침 긴 옷을 전부 청색으로 짜서 만들되(출 39:22). "에봇 받침 긴 옷"이란 에봇 안에 입는 긴 겉옷을 말하는데 청색실로 짰습니다. 청색은 하늘의 색으로 그리스도의 신성을 나타냅니다. 겉옷에 머리를 낼 수 있는 구멍을 만듭니다. 그 옷의 두 어깨 사이에 구멍을 내고 갑옷 깃 같이 그 구멍 주위에 깃을 짜서 찢어지지 않게 하고(출 39:23). 겉옷은 위에서 아래까지 통으로 짜졌기 때문에 의복을 입을 때 아래 부분을 머리로 향하게 하여 의복의 아래에서부터 입어야 합니다. 겉옷의 목 주변에 깃을 만든 것은 옷을 입고 벗을 때 목 부위가 손상되지 않게 하기 위함입니다.

푸른 겉옷의 아랫자락에 석류를 수놓습니다. 청색 자색 홍색 실과 가는 베 실로 그 옷 가장자리에 석류를 수놓고(출 39:24). 겉옷의 밑단은 수놓은 석류와 금방울을 매답니다. 순금으로 방울을 만들어 그 옷 가장자리로 돌아가며 석류 사이사이에 달되 방울과 석류를 서로 간격을 두고 번갈아 그 옷 가장자리로 돌아가며 달았으니 여호와께서 모세에게 명령하신 대로 하였더라(출 39:25-26). "간격을 두고"란 방울과 석류를 교대로 다는 것을 뜻합니다. 이스라엘에서 금방울은 위엄과 권세를, 석류는 아름다움과 풍요를 상징합니다. 이는 대제사장이 성소나 지성소 안에서 직무를 수행할 때 흔들리는 방울의 소리로 성소 안의 상황을 짐작할 수 있도록 하기 위한 것입니다.

속옷에 관한 설명입니다. 그들이 또 직조한 가는 베로 아론과 그의 아들들을 위하여 속옷을 짓고(출 39:27). "직조"란 지혜로운 자들이 아론과 그의 아들들의 속옷을 짠 것을 말합니다. “속옷”이란 ‘반포 속옷’이라고도 하며 청색의 겉옷 안에 입는 대제사장의 흰색 의복입니다. 이 옷은 긴 소매에 발목까지 올 정도로 길며 속바지 위에 입습니다. 속옷이 흰색의 베로 만들어진 것은 제사장이 하나님 앞에서 성결해야 함을 상징하며, 예수 그리스도의 순결하고 무죄한 인성을 나타냅니다.

두건과 관에 대한 설명입니다. 세마포로 두건을 짓고 세마포로 빛난 관을 만들고 가는 베 실로 짜서 세마포 속바지들을 만들고(출 39:28). “두건”(מִצְנֶפֶת, 미츠네페트)이란 대제사장이 머리에 쓰는 모자를 말하며, 본문의 “관”(מִגְבָּעוֹת, 믹바오트)은 ‘높은 모자’라는 뜻으로 일반 제사장들이 머리에 쓰는 원추형 모자를 말합니다. “속바지”는 제사장들이 높은 제단에서 제사를 지낼 때 하체가 드러나는 것을 막기 위해 속옷 안에 입는 반바지입니다. 띠에 대한 설명입니다. 가는 베 실과 청색 자색 홍색 실로 수놓아 띠를 만들었으니 여호와께서 모세에게 명령하신 대로 하였더라(출 39:29). “띠”란 반포 속옷을 몸에 묶는 허리띠입니다. 이 띠는 섬김을 의미합니다.

대제사장의 관에 부착된 문구입니다. 그들이 또 순금으로 거룩한 패를 만들고 도장을 새김 같이 그 위에 ‘여호와께 성결’이라 새기고 그 패를 청색 끈으로 관 전면에 달았으니 여호와께서 모세에게 명령하신 대로 하였더라(출 39:30-31). 관의 전면에 순금으로 만들어진 금패를 다는데, 그 위에 ‘여호와께 성결’이라는 문구가 새겨져 있습니다. 이는 대제사장이신 예수 그리스도의 성결을 예표하는 것으로, 그리스도의 보혈로 정결함을 입은 자만이 하나님 앞에 나갈 수 있다는 것을 알게 합니다.

하나님은 제사장의 의복을 구체적으로 지시하셨으며, 모든 것이 지시하신 그대로 만들어졌습니다. 이같이 모세는 하나님께서 주신 명령에 온전히 순종하였으며, 또한 하나님의 말씀은 정확하게 지켜야 한다는 것을 분명히 보여주었습니다. "모세는 장래에 말할 것을 증언하기 위하여 하나님의 온 집에서 종으로서 신실하였고" (히 3:5).

성막의 완성

제28장
성막의 봉헌

성막의 완공

성막 건축자들이 성막과 모든 기구들을 완성하여 모세에게 옵니다. 이스라엘 자손이 이와 같이 성막 곧 회막의 모든 역사를 마치되 여호와께서 모세에게 명령하신 대로 다 행하고 그들이 성막을 모세에게로 가져 왔으니(출 39:32-33). "역사"란 하나님께서 명하신 성막 공사의 모든 일을 말합니다. 백성들이 하나님의 명령 그대로 실천하여 조금도 어긋나지 않았습니다. 또한 "성막을 ~ 가져 왔으니"란 성막이 광야의 여정 동안 이스라엘과 함께 이동할 수 있도록 조립과 해체가 용이한 형태로 제작되었음을 알게 합니다. 그런데 이 눈에 보이는 임시적인 장막은 장차 나타날 임마누엘 되시는 그리스도의 그림자입니다. "보라 처녀가 잉태하여 아들을 낳을 것이요 그의 이름은 임마누엘이라 하리라 하셨으니 이를 번역한즉 하나님이 우리와 함께 계시다 함이라"(마 1:23).

지성소와 관계된 성물들입니다. 붉은 물을 들인 숫양의 가죽 덮개와

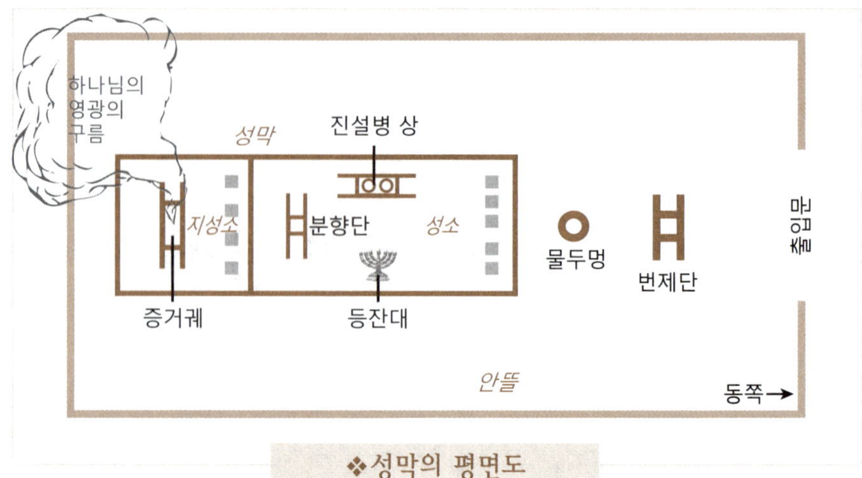

❖성막의 평면도

해달의 가죽 덮개와 가리는 휘장과 증거궤와 그 채들과 속죄소와(출 39:34-35). "숫양의 가죽 덮개와 해달의 가죽 덮개"는 제3휘장과 제4휘장의 재료이며, "가리는 휘장"은 성소와 지성소를 구분 짓는 휘장입니다. 성소 안 성물들에 관한 내용입니다. 상과 그 모든 기구와 진설병과 순금 등잔대와 그 잔 곧 벌여놓는 등잔대와 그 모든 기구와 등유와 금 제단과 관유와 향기로운 향과 장막 휘장 문과(출 39:36-38). "장막 휘장 문"은 성소로 들어가는 입구의 성소 입구 휘장을 말합니다.

번제단과 성막 뜰 기구들과 제사장 의복입니다. 놋 제단과 그 놋 그물과 그 채들과 그 모든 기구와 물두멍과 그 받침과 뜰의 포장들과 그 기둥들과 그 받침들과 뜰 문의 휘장과 그 줄들과 그 말뚝들과 성막 곧 회막에서 사용할 모든 기구와 성소에서 섬기기 위한 정교한 옷 곧 제사 직분을 행할 때에 입는 제사장 아론의 거룩한 옷과 그의 아들들의 옷이라(출 39:39-41). "회막"은 광야에서 건립한 천막 성소로 장막, 성막, 여호와의 전, 여호와의 장막, 여호와의 집, 증거막, 증거의 장막, 하나님의 집 등으로 불렸습니다. 이상과 같이 성막 기구들이 일일이 언급되고 있는 것은 모세가 하나님께서 지시하신 대로 제작되었는지 세밀하게 검사하였음을 의미합니다. 모세는 하나님의 말씀에 조금도 어긋남이 없도록 그 책임을 다하였습니다.

이제 성막이 완성되었습니다. 여호와께서 모세에게 명령하신 대로 이스라엘 자손이 모든 역사를 마치매(출 39:42). 브살렐과 오홀리압 및 마음이 지혜로운 자들이 하나님께서 모세에게 명하신 그대로 수행하여 성막과 그 모든 기구들을 완성하였습니다. 하나님은 뜻하신 바를 이루시기 위하여 필요한 모든 지혜와 재물을 주셨으며, 성막 건축자들은 각자의 재능대로 충성스럽게 헌신하였고, 백성들은 기쁨으로 물질을 드리며 하나님의 일을 감당하였습니다. 성막을 통해 이제 이스라엘은 대대로 하나님의 인도하심과 보호하심의 은총을 누리게 되었습니다.

모세가 백성들을 축복합니다. 모세가 그 마친 모든 것을 본즉 여호와께서 명령하신 대로 되었으므로 모세가 그들에게 축복하였더라(출 39:43). 백성들이 만든 모든 것들을 가지고 오자 모세는 하나님께서 보여 주신 식양대로 그 모든 기구들이 제작되었는지 살펴봅니다. 모세가 모든 것이 '여호와께서 명하신대로' 그 명령에 충실하게 제작된 것을 확인하였습니다. 그러므로 이 역사적인 날에 모세가 온 백성을 축복합니다. "모세와 아론이 회막에 들어갔다가 나와서 백성에게 축복하매 여호와의 영광이 온 백성에게 나타나며"(레 9:23). 금송아지 사건으로 단절된 하나님과의 교제가 이제 성막을 통하여 완전히 회복되었습니다. 이 성막은 장차 오실 그리스도의 몸과 사역을 예표하는데, 이 모든 성막의 가시적인 성물과 기구는 초등학문에 비유됩니다. "이와 같이 우리도 어렸을 때에 이 세상의 초등학문 아래 있어서 종노릇 하였더니 때가 차매 하나님이 그 아들을 보내사 여자에게서 나게 하시고 율법 아래에 나게 하신 것은 율법 아래에 있는 자들을 속량하시고 우리로 아들의 명분을 얻게 하려 하심이라"(갈 4:3-5).

성막을 만드는 일은 매우 정교한 작업인데 당시 열악했던 상황을 고려한다면 성막 건축은 전적으로 하나님의 간섭하심과 백성들의 순종의 결과임을 알 수 있습니다. 성막의 완성으로 인해 이스라엘이 신정국가의 면모를 갖추어 성막 중심의 생활, 곧 하나님과 이스라엘 간의 새로운 언약 관계가 시작되었습니다.

성막 봉헌에 대한 규례

하나님께서 성막 봉헌을 위한 준비 사항을 말씀하십니다. 너는 첫째 달 초하루에 성막 곧 회막을 세우고(출 40:2). 하나님은 모세에게 성막 건축만이 아니라 성막 봉헌에 대한 규례도 자세히 지시하십니다. 하나님은 이스라엘이 출애굽의 위대한 구속 사건을 기억하도록 민간력 외에 종교력을 주셨습니다. 이는 이스라엘이 하나님의 백성임을 입증하는 또 하나의 증표입니다. 하나님은 바로 이 종교력으로 정월 초하룻날에 성막을 건립하게 하셨습니다. 이후 이 날은 히브리인에게 하나님의 구원과 임재를 의미하는 축제일이 되었습니다. 히스기야 때에도 이 날을 구별하여 성전에서 예배를 드렸습니다. "첫째 달 초하루에 성결하게 하기를 시작하여 그 달 초팔일에 여호와의 낭실에 이르고"(대하 29:17).

본문의 "첫째 달 초하루"는 출애굽한 후 1년이 지난 제2년(주전 1445년) 1월 1일이며, 또한 시내 산에 도착한 지 정확히 9개월이 되는 날입니다. 이 달은 하나님의 구속 역사로 말미암아 이스라엘이 애굽의 노예생활에서 해방된 것을 기념하는 달입니다. "이 달을 너희에게 달의 시작 곧 해의 첫 달이 되게 하고"(출 12:2). "성막"이란 제사 의식과 관련하여 종교적 성격이 강조된 말이며, "회막"은 모임 또는 집회와 관련하여 정치적 성격을 나타낸 말입니다. 이처럼 성막과 더불어 회막이 동시에 사용된 것은 이스라엘이 국가의 중대사를 결정할 때 성막 뜰에 모여 하나님 앞에서 의논하고 결정하므로 정치적 모임의 역할도 담당하였기 때문입니다. 이는 "성막 곧 회막"이 이스라엘의 종교와 정치를 주관하는 거룩한 장소로 모든 것이 하나님의 뜻에 의해 진행됨을 나타냅니다.

성막을 세운 후, 이제 성막의 제일 안쪽 지성소로부터 성소와 성막 뜰에 배치될 기구들을 차례대로 배치합니다. 먼저 지성소 안입니다. 또 증거궤를 들여놓고 또 휘장으로 그 궤를 가리고(출 40:3). 휘장으로 지성소 안의 증거궤를 가렸습니다. 증거궤가 있는 지성소는 하나님이 계신 지극히 거룩한 곳이기 때문에 성소 안에서도 특별히 휘장으로 구분하였습니다. 다음은 성소 안입니다. 또 상을 들여놓고 그 위에 물품을 진설하고 등잔대를 들여놓아 불을 켜고 또 금 향단을 증거궤 앞에 두고 성막 문에 휘장을 달고(출 40:4-5). 성소 안에는 진설병상과 등잔대와 분향단이 있습니다. 등잔대의 불은 출애굽 2년 정월 초하루 날 저녁에 최초로 켜지게 됩니다. 분향단에서는 향기로운 향을 피우는데 이 연기가 하나님께 올라갑니다. 이 분향은 하나님께 대한 성도들의 지속적인 기도에 비유됩니다. "나의 기도가 주의 앞에 분향함과 같이 되며 나의 손드는 것이 저녁 제사 같이 되게 하소서"(시 141:2).

성소 앞 동편 뜰입니다. 또 번제단을 회막의 성막 문 앞에 놓고 또 물두멍을 회막과 제단 사이에 놓고 그 속에 물을 담고(출 40:6-7). "번제단"은 물두멍 앞 편에 놓는데 성막 문보다는 성막 뜰 문 쪽에 더 가까이 있습니다. "물두멍"에 항상 물을 예비하는 것은 제사장의 성결을 위한 것입니다. 성막은 외부와 구분됩니다. 또 뜰 주위에 포장을 치고 뜰 문에 휘장을 달고(출 40:8). 성막 사면 뜰은 세마포로 포장을 쳐서 외부와 구별하였습니다. 이는 오늘날 성도들이 하나님 안에서 성결 된 삶, 곧 세상과 구별된 삶을 살아야 한다는 것을 의미합니다. "너희는 이 세대를 본받지 말고 오직 마음을 새롭게 함으로 변화를 받아 하나님의 선하시고 기뻐하시고 온전하신 뜻이 무엇인지 분별하도록 하라"(롬 12:2). 뜰의 동쪽 중앙에는 20규빗(9m) 크기의 출입문이 있습니다. 이 문은 청색, 자색, 홍색실과 가늘게 꼰 베실로 만든 휘장입니다.

관유에 대한 말씀입니다. 또 관유를 가져다가 성막과 그 안에 있는 모든 것에 발라 그것과 그 모든 기구를 거룩하게 하라 그것이 거룩하리라 너는 또 번제단과 그 모든 기구에 발라 그 안을 거룩하게 하라 그 제단이 지극히 거룩하리라 너는 또 물두멍과 그 받침에 발라 거룩하게 하고(출 40:9-11). "관유"란 성소 기물들을 거룩하게 구별하는데 사용되는 기름으로 성령을 상징합니다. 모세가 성막과 기구들에 기름을 바른 것은 성령으로 말미암아 하나님께 봉헌된다는 의미입니다. 성막에 배치된 기물들은 기름을 바르는 성결 의식을 거친 후에 비로소 성물로 온전히 구별됩니다. 성경에 기름 바름이 최초로 언급된 것은 야곱이 제단을 쌓을 때였습니다. "야곱이 아침에 일찍이 일어나 베개로 삼았던 돌을 가져다가 기둥으로 세우고 그 위에 기름을 붓고"(창 28:18). 관유는 성막의 모든 성물들이 제 위치에 놓인 다음 뿌려졌습니다.

하나님께서 출애굽 일 년 첫 날에 성막을 세우게 하신 것은 성막을 통해 출애굽의 의미를 깨닫게 하기 위함입니다. 구속사적으로, 성막과 제사제도는 예수님의 성육신과 희생 제사를 통한 인류의 구원을 예표합니다. 예수님은 보이지 아니하는 하나님의 실재(實在)이십니다. "이는 하나님의 영광의 광채시요 그 본체의 형상이시라"(히 1:3).

제사장의 성별

성막 기구를 거룩하게 한 후에 제사장을 성별합니다. 너는 또 아론과 그 아들들을 회막 문으로 데려다가 물로 씻기고(출 40:12). 제사장으로 위임 받기 위해 먼저 물로 몸을 씻어 정결케 합니다. 이 의식은 육체의 정결을 통한 영적 정결을 상징하는 의식입니다. "이는 곧 물로 씻어 말씀으로 깨끗하게 하사 거룩하게 하시고"(엡 5:26). 물로 씻는 일은 더러움을 제거하는 것인데, 우리는 그리스도의 피로써 씻김 받은 사람들입니다. "이는 큰 환난에서 나오는 자들인데 어린 양의 피에 그 옷을 씻어 희게 하였느니라"(계 7:14). 또한 하나님의 말씀이 우리를 정결케 합니다. "청년이 무엇으로 그의 행실을 깨끗하게 하리이까 주의 말씀만 지킬 따름이니이다"(시 119:9).

이제 아론이 성소에서 섬기기 위한 마지막 준비단계를 거칩니다. 아론에게 거룩한 옷을 입히고 그에게 기름을 부어 거룩하게 하여 그가 내게 제사장의 직분을 행하게 하라(출 40:13). 그에게 정교한 옷을 입히고, 성별을 위해 관유를 붓습니다. "거룩한 옷"이란 제사장을 위해 특별히 만든 옷으로 아론이 도덕적, 의식적으로 성결한 자임을 나타냅니다. 관유를 바르지 않고 붓는 것은 금하여졌지만 제사장이 위임 받을 때는 제사장의 머리 위에 부어졌습니다. 이는 하나님의 영이 직무를 행하기 시작하는 제사장에게 한없이 부어지는 것을 의미합니다. 그러나 후대에는 '하나님의 기름 부음 받은 자'와 '하나님의 택한 자'라는 말이 거의 동의어로 쓰이게 됩니다. "주께서 이르시되 나는 내가 택한 자와 언약을 맺으며 내 종 다윗에게 맹세하기를"(시 89:3).

이어서 아론의 아들들을 성별합니다. 너는 또 그 아들들을 데려다가 그들에게 겉옷을 입히고 그 아버지에게 기름을 부음 같이 그들에게도 부어서 그들이 내게 제사장의 직분을 행하게 하라 그들이 기름 부음을 받았은즉 대대로 영원히 제사장이 되리라 하시매(출 40:14-15). "겉옷"은 반포 속옷을 가리키는데, 제사장은 대제사장과 달리 이 겉옷에 띠를 두르고 관을 쓰는 것이 정장입니다. 기름 부음을 받는 것은 거룩히 구별된 자로서 하나님의 소유가 되어 하나님께 봉사한다는 것을 공식화한 것입니다. 이제 제사장들은 성소에서 백성들을 하나님께로 인도하는 중재 역할을 담당하게 되었습니다. 아론의 자손들이 제사장 직분을 수행하게 된 것은 전적으로 하나님의 주권적인 택하심에 있습니다. 마찬가지로 우리가 하나님 자녀로 부름 받고 구원 받은 것은 오로지 하나님의 은혜 때문입니다. "너희는 그 은혜에 의하여 믿음으로 말미암아 구원을 받았으니 이것은 너희에게서 난 것이 아니요 하나님의 선물이라 행위에서 난 것이 아니니 이는 누구든지 자랑하지 못하게 함이라"(엡 2:8-9). 이제 우리는 기름 부음으로 상징되는 성령의 인침을 받고 하나님 앞에 직접 나갈 수 있는 제사장이 된 것입니다.

제사장 직분은 거룩하여 사람이 임의로 수행할 수 없고 오직 하나님의 택하심을 받아 기름 부음 받은 자만이 할 수 있습니다. 그런데 우리는 그리스도를 통해 택함 받고 성령으로 기름 부음 받아 거룩한 제사장들이 되었습니다.

성막 봉헌식

모세는 하나님께서 지시하신 대로 준행하였습니다. 모세가 그같이 행하되 곧 여호와께서 자기에게 명령하신 대로 다 행하였더라(출 40:16). 여기서 "행하였더라"는 성막의 모든 기구들이 하나님의 뜻대로 만들어진 것임을 강조합니다. 출애굽기에는 성막과 관련하여 "여호와께서 모세에게 명령하신 대로 다 행하고"라는 말씀이 17번 나오는데, 특히 40장에 "여호와께서 명하신 대로"라는 말씀이 8번이나 나타납니다. 이것은 모세가 성막을 완성할 때 사소한 일 하나도 자기의 생각대로 하지 않고, 오직 하나님께서 명하신 것을 철저하게 순종하여 그대로 지켰음을 보여줍니다. 이세 하나님께서 모세에게 지시하신 대로 성막이 세워지고 모든 기구들이 배치되며, 제사장이 성별되어 직무를 수행하게 되는 성막 봉헌식이 거행됩니다.

마침내 출애굽 2년(주전 1445년) 1월 1일에 성막을 세웁니다. 둘째 해 첫째 달 곧 그 달 초하루에 성막을 세우니라(출 40:17). 이같이 출애굽을 기념하는 날에 성막을 세운 것은 하나님의 구속의 역사를 기억하며 하나님께 찬양과 영광을 돌리기 위함입니다. 이스라엘이 출애굽 이후 가장 먼저 한 것은 성막을 세우는 일이었습니다. 먼저 성막의 외형을 만듭니다. 모세가 성막을 세우되 그 받침들을 놓고 그 널판들을 세우고 그 띠를 띠우고 그 기둥들을 세우고 또 성막 위에 막을 펴고 그 위에 덮개를 덮으니 여호와께서 모세에게 명령하신 대로 되니라(출 40:18-19). 성막의 기본 골격으로 널판을 고정시킬 받침과, 널판들을 하나로 연결할 띠, 그리고 기둥의 순으로 조립합니다. 성막의 뼈대를 세운 후, 그 천정에 네 겹의 휘장 곧 제1휘장과 제2휘장 그리고 제3휘장(덮개)과 제4휘장(웃덮개)을 덮습니다.

성막 안 지성소를 만듭니다. 그는 또 증거판을 궤 속에 넣고 채를 궤에 꿰고 속죄소를 궤 위에 두고 또 그 궤를 성막에 들여놓고 가리개 휘장을 늘어뜨려 그 증거궤를 가리니 여호와께서 모세에게 명령하신 대로 되니라(출 40:20-21). 성막 제일 안쪽에 위치한 지성소에 십계명을 넣은 증거궤를 들여 놓고, 증거궤에 운반용 채를 끼운 후 증거궤의 덮개 역할을 하는 속죄소를 증거궤 위에 올려놓습니다. 본문의 "가리개 휘장"이란 지성소를 가리는 성소의 휘장으로 성소와 지성소 사이의 네 기둥에 늘어뜨립니다.

다음은 진설병상과 등잔대와 분향단입니다. 성소의 성물 중 진설병상은 성소의 북쪽에 위치합니다. 그는 또 회막 안 곧 성막 북쪽으로 휘장 밖에 상을 놓고 또 여호와 앞 그 상 위에 떡을 진설하니 여호와께서 모세에게 명령하신 대로 되니라(출 40:22-23). 등잔대는 성소의 남편 곧 진설병상 맞은편에 위치합니다. 그는 또 회막 안 곧 성막 남쪽에 등잔대를 놓아 상과 마주하게 하고 또 여호와 앞에 등잔대에 불을 켜니 여호와께서 모세에게 명령하신 대로 되니라(출 40:24-25). 분향단은 성소 휘장 앞 중앙에 위치합니다. 그가 또 금 향단을 회막 안 휘장 앞에 두고 그 위에 향기로운 향을 사르니 여호와께서 모세에게 명령하신 대로 되니라(출 40:26-27). 성소의 출입문을 만듭니다. 그는 또 성막 문에 휘장을 달고(출 40:28). 출입문은 다섯 기둥에 휘장을 거는 방식입니다.

드디어 성막 뜰에 번제단을 배치하고 모세가 희생 제사를 드립니다. 또 회막의 성막 문 앞에 번제단을 두고 번제와 소제를 그 위에 드리니 여호와께서 모세에게 명령하신 대로 되니라(출 40:29). 모세는 제사장이 아니지만 성막이 완성된 후 가장 먼저 제사장의 역할을 수행하였습니다. 곧 하나님 앞에 진설병을 놓고 등잔불을 켰으며 금향단에 향을 살랐습니다. 이어 번제단에서 번제와 소제를 드렸습니다. 이는 성막을 주신 하나님께 감사드리며, 성물의 사용방법을 제사장들에게 가르치기 위함입니다. '번제'(burnt offering)란 봉헌된 제물의 가죽을 제외한 모든 부분을 불태워 드리는 제사로, 하나님께 대한 헌신을 상징합니다. '소제'(grain offering)란 성결의 표시로 한 홉의 밀가루와 기름과 유향을 불태우고 떡을 구워 드리는 충성과 감사의 제사입니다. 이같이 모세가 제사장 성격을 띠고 첫날 저녁 때 제물을 바침으로 번제단에서 수행해야 할 임무가 시작되었습니다.

다음은 물두멍입니다. 그는 또 물두멍을 회막과 제단 사이에 두고 거기 씻을 물을 담으니라 모세와 아론과 그 아들들이 거기서 수족을 씻되 그들이 회막에 들어갈 때와 제단에 가까이 갈 때에 씻었으니 여호와께서 모세에게 명령하신 대로 되니라(출 40:30-32). 물두멍을 성막과 단 사이에 두고 모세와 아론과 그 아들들이 성막에 들어갈 때와 단에 가까이 갈 때 손발을 씻었습니다. 마지막으로 성막 울타리입니다. 그는 또 성막과 제단 주위 뜰에 포장을 치고 뜰 문에 휘장을 다니라 모세가 이같이 역사를 마치니(출 40:33). 성막 뜰에 울타리를 두르고 뜰 문의 휘장을 다는 것으로 성막 건축이 마무리 되었습니다.

이상과 같이 모세가 성막을 완공합니다. 모세와 많은 지혜로운 자들의 순종과 헌신으로 성막이 완성된 것입니다. 이제 이스라엘은 성막을 중심으로 하나님의 통치하심을 받게 되었습니다. 성막은 인간이 만들어 하나님께 바친 것이 아니라 하나님께서 명령하신대로 지은 것입니다. 하나님께 예배드리기 위하여 세워진 성막은 그리스도의 몸의 상징이고, 제사는 그가 흘리신 피의 상징입니다. 또한 성막은 성령의 전인 우리들 몸의 상징이기도 합니다. "너희 몸은 너희가 하나님께로부터 받은 바 너희 가운데 계신 성령의 전인 줄을 알지 못하느냐"(고전 6:19).

이상과 같이 성막은 설계부터 봉헌에 이르기까지 모든 것이 하나님의 말씀에 따라 그 뜻대로 진행되었습니다. 출애굽기는 성막이 하나님의 지시대로 제작되었음을 반복하여 강조하고 있습니다. 이는 예수님을 통한 구원이 인간의 공로가 아니라 하나님의 계획과 방법에 의하여 이루어진다는 것을 밝히 증거합니다.

성막에 나타난 하나님의 영광

성막이 준공된 후 하나님 영광이 임하였습니다. 구름이 회막에 덮이고 여호와의 영광이 성막에 충만하매(출 40:34). 성막 위에 구름이 덮이며 여호와의 영광이 성막에 가득 찬 것은 하나님께서 성막을 기쁘게 받으셨음을 나타냅니다. 이는 하나님께서 성막을 거처로 삼으시고 이스라엘과 함께 하심을 상징하는 것입니다. 본문의 "구름"은 하나님께서 성막에 임재하시고 이스라엘과 함께 하심을 가시적으로 표현한 것입니다. 여기에서 구름이 덮인 곳이 "회막" 곧 '만남의 장막'으로 표현된 것은 하나님께서 자신의 백성들을 만나러 오셨음을 나타낸 것입니다. 위의 "충만하매"란 조금도 비어있는 곳 없이 완전히 꽉 찬 상태를 말하는 것으로, 하나님께서 성막을 기쁘게 열납하시고 임재의 처소로 인치셨다는 의미입니다. 이는 이스라엘의 금송아지 사건으로 거두셨던 은총을 되돌려 주신다는 의미이기도 합니다. 이후로는 성막 위에 항상 구름 기둥이 있어 광야생활 중 이스라엘을 인도하십니다.

모세가 회막에 들어가지 못했습니다. 모세가 회막에 들어갈 수 없었으니 이는 구름이 회막 위에 덮이고 여호와의 영광이 성막에 충만함이었으며(출 40:35). 이는 모세가 들어가려고 했으나 여호와의 영광이 그를 막았다는 의미입니다. 비록 모세라 할지라도 죄인이기 때문에 하나님의 영광이 충만한 성막에 들어갈 수가 없었습니다. 하나님은 시내 산에서 현현하셨듯이 이 성막에서 또다시 자신을 나타내셨습니다. 애굽에서 여기까지 이스라엘을 인도하였던 그 구름이 이제 성막 위에 머물러 있습니다. 이는 하나님께서 그들 가운데 거하신 것을 볼 수 있게 해 주는 표시입니다. 이와 같이 모세도 육신의 약함을 인하여 할 수 없었던 일을 예수 그리스도는 행하셨습니다. 예수님은 우리를 위해 지성소에 들어가시어 우리로 속죄소까지 담대히 나아갈 수 있게 하셨습니다. 예수님은 하나님의 영광과 은혜와 진리로 가득 찬 성막이십니다.

성막에 구름이 덮이고 하나님의 영광이 강림하신 것은 하나님께서 성막을 기쁘게 받으셨다는 증거입니다. 구름과 불은 하나님의 임재를 나타내는 것으로, 하나님께서 그의 백성들 가운데 거하셔서 그들을 약속하신 가나안 땅에 인도하실 것을 알게 합니다.

하나님의 임재

성막 건축을 마친 후 백성들이 가나안을 향하여 나아갑니다. 구름이 성막 위에서 떠오를 때에는 이스라엘 자손이 그 모든 행진하는 길에 앞으로 나아갔고 구름이 떠오르지 않을 때에는 떠오르는 날까지 나아가지 아니하였으며(출 40:36-37). 이스라엘은 구름의 향방에 따라 움직였습니다. 구름이 성막 위에 머무는 동안에는 그들이 새로운 곳으로 이동하지 않았지만, 구름이 위로 떠오르면 그들도 구름의 움직임에 따라 나아갔습니다. 하나님은 구름을 통하여 그들을 훈련시키셨습니다. 이후로 광야생활 동안 이스라엘은 구름의 인도를 받았습니다. "성막을 세운 날에 구름이 성막 곧 증거의 성막을 덮었고 저녁이 되면 성막 위에 불 모양 같은 것이 나타나서 아침까지 이르렀으되 항상 그러하여 낮에는 구름이 그것을 덮었고 밤이면 불 모양이 있었는데"(민 9:15-16).

이제 이스라엘은 하나님의 임재를 직접 경험하게 되었습니다. 낮에는 여호와의 구름이 성막 위에 있고 밤에는 불이 그 구름 가운데에 있음을 이스라엘의 온 족속이 그 모든 행진하는 길에서 그들의 눈으로 보았더라(출 40:38). 하나님께서 사막의 뜨거운 낮에는 구름으로 해를 가려 서늘하게 해주셨고 추운 밤에는 불로써 따뜻하게 해주셨습니다. 이스라엘에게 이 구름 기둥과 불기둥은 하나님의 사랑과 보호의 증표였습니다. "그는 너희보다 먼저 그 길을 가시며 장막 칠 곳을 찾으시고 밤에는 불로, 낮에는 구름으로 너희가 갈 길을 지시하신 자이시니라"(신 1:33). 하나님은 독수리가 새끼를 품듯 이스라엘을 지켜 주셨습니다. "마치 독수리가 자기의 보금자리를 어지럽게 하며 자기의 새끼 위에 너풀거리며 그의 날개를 펴서 새끼를 받으며 그의 날개 위에 그것을 업는 것 같이 여호와께서 홀로 그를 인도하셨고"(신 32:11-12). 본문의 "보았더라"는 구름 기둥과 불기둥으로 현시된 하나님의 임재와 동행을 이스라엘 모든 백성들이 친히 목도하고 체험한 사실을 가리킵니다. 오늘날 우리에게도 이러한 하나님의 은혜가 늘 함께 합니다. "내가 너희에게 분부한 모든 것을 가르쳐 지키게 하라 볼지어다 내가 세상 끝날까지 너희와 항상 함께 있으리라 하시니라"(마 28:20).

성막은 이스라엘의 광야생활 동안 하나님의 임재와 보호의 상징이었습니다. 구름이 성막에서 떠오르지 않으면 계속 그곳에 머물렀으며, 구름이 떠오르면 그 구름을 따라갔습니다. 이스라엘은 모든 여정을 하나님께 맡기고 이끄시는 대로 따라갔습니다. 이러한 하나님의 함께 하심은 그리스도께서 성육신하심으로 궁극적으로 성취되었습니다.

"말씀이 육신이 되어 우리 가운데 거하시매 우리가 그의 영광을 보니 아버지의 독생자의 영광이요 은혜와 진리가 충만하더라"(요 1:14). 여기 '거하시매'란 '장막을 치시매'라는 뜻으로, 성막을 통해 자신의 임재를 나타내신 하나님께서 이제 친히 우리 가운데 임하셔서 우리와 함께 거하시게 되었다는 의미입니다. 성막은 하나님이 거하시는 곳이므로 우리가 바로 성막입니다. "우리는 살아 계신 하나님의 성전이라 이와 같이 하나님께서 이르시되 내가 그들 가운데 거하며 두루 행하여 나는 그들의 하나님이 되고 그들은 나의 백성이 되리라 하셨느니라"(고후 6:16).

이상과 같이 출애굽기는 하나님께서 이스라엘을 보호하시고 인도하시며 모든 일을 주관하신다는 교훈으로 결론을 맺습니다. 성막은 인간 역사 가운데 임재하시는 하나님을 상징하며, 하나님께서 멀리 떨어져 계시는 분이 아니라 우리 삶 속에 거하시는 분이심을 명확히 증거합니다.

제29장
성막에 대한 부록

성막의 역사

성막은 모세가 시내 산에서 하나님께로부터 받은 명령대로 만들어졌습니다. 이스라엘의 시내 산 도착은 3월이며, 성막 봉헌은 이듬해 1월 1일입니다. 이스라엘은 성막 봉헌 후 시내 산에서 50일을 더 머물렀으며, 그 해 2월 20일에 이동을 시작하였습니다. "둘째 해 둘째 달 스무날에 구름이 증거의 성막에서 떠오르매 이스라엘 자손이 시내 광야에서 출발하여"(민 10:11-12). 이 때 레위인들은 성막의 기물들을 어깨에 메고 옮겼으며, 성막 본체는 수레에 실어 이동하였습니다. "모세가 수레와 소를 받아 레위인에게 주었으니 곧 게르손 자손들에게는 그들의 직임대로 수레 둘과 소 네 마리를 주었고 므라리 자손들에게는 그들의 직임대로 수레 넷과 소 여덟 마리를 주고 제사장 아론의 아들 이다말에게 감독하게 하였으나 고핫 자손에게는 주지 아니하였으니 그들의 성소의 직임은 그 어깨로 메는 일을 하는 까닭이었더라"(민 7:6-9).

요단강을 건넌 후 가나안 정복 기간 동안 성막은 여리고 근처 길갈에 있었습니다. "또 이스라엘 자손들이 길갈에 진 쳤고"(수 5:10). 이후 가나안 정복이 일단락되자 성막은 에브라임 지파의 성읍인 실로로 옮겨졌습니다. "이스라엘 자손의 온 회중이 실로에 모여서 거기에 회막을 세웠으며"(수 18:1). 여기서 성막은 '여호와의 전'으로 불리웠으며, 그 장소가 정착되었습니다. "그들이 실로에서 먹고 마신 후에 한나가 일어나니 그 때에 제사장 엘리는 여호와의 전 문설주 곁 의자에 앉아 있었더라"(삼상 1:9).

사사 시대에는 성막이 실로에 있었음에도 불구하고 각 지역에 다른 예배 처소를 만들었습니다. "하나님의 집이 실로에 있을 동안에 미가가 만든 바 새긴 신상이 단 자손에게 있었더라"(삿 18:31). 실로에서의 제사도 형식에 그쳤습니다. "그것으로 냄비에나 솥에나 큰 솥에나 가마에 찔러 넣어 갈고리에 걸려 나오는 것은 제사장이 자기 것으로 가지되 실로에서 그 곳에 온 모든 이스라엘 사람에게 이같이 할 뿐 아니라"(삼상 2:14). 그리하여 실로는 함락되었으며, 언약궤는 블레셋에게 빼앗겼습니다. "하나님의 궤는 빼앗겼고 엘리의 두 아들 홉니와 비느하스는 죽임을 당하였더라"(삼상 4:11), "사람 가운데 세우신 장막 곧 실로의 성막을 떠나시고"(시 78:60),

실로가 함락된 후 성막은 다시 길갈에 세워집니다. 사무엘과 사울이 길갈에서 번제와 화목제를 드렸습니다. "너는 나보다 앞서 길갈로 내려가라 내가 네게로 내려가서 번제와 화목제를 드리리니"(삼상 10:8). 이후에 언약궤가 블레셋에게서 반환되어 벧세메스에 잠시 머물렀으며, 기럇여아림에 20년 동안 있었습니다. "벧세메스 사람들이 여호와의 궤를 들여다 본 까닭에 그들을 치사 (오만) 칠십 명을 죽이신지라"(삼상 6:19), "궤가 기럇여아림에 들어간 날부터 이십 년 동안 오래 있은지라"(삼상 7:2). 사울 시대에는 놉에도 성막이 있었습니다. 놉에 제사장 아히멜렉이 있었으며 그에게 여호와께 드린 거룩한 진설병이 있었습니다. "다윗이 놉에 가서 제사장 아히멜렉에게 이르니 ~ 제사장이 그 거룩한 떡을 주었으니 거기는 진설병 곧 여호와 앞에서 물려 낸 떡밖에 없었음이라"(삼상 21:1, 6).

다윗 시대에는 성막과 번제단이 기브온에 있었습니다. "옛적에 모세가 광야에서 지은 여호와의 성막과 번제단이 그 때에 기브온 산당에 있었으나"(대상 21:29). 다윗은 기럇여아림에 있는 언약궤를 옮기기 위해 시온에 성막을 새로 만들었습니다. "여호와의 궤를 메고 들어가서 다윗이 그것을 위하여 친 장막 가운데 그 준비한 자리에 그것을 두매 다윗이 번제와 화목제를 여호와 앞에 드리니라"(삼하 6:17). 그러므로 당시 제단이 있는 기브온의 기존 성막과 언약궤가 있는 예루살렘의 새로운 성막이 공존했습니다. "그 때까지 여호와의 이름을 위하여 성전을 아직 건축하지 아니하였으므로 백성들이 산당에서 제사하며 솔로몬이 여호와를 사랑하고 그의 아버지 다윗의 법도를 행하였으나 산당에서 제사하며 분향하더라"(왕상 3:2-3).

솔로몬이 예루살렘에 성전을 건립하므로, 이제 성막의 기능은 성전으로 옮겨가게 되었습니다. 주전 1445년에 만들어진 성막은 주전 959년까지, 곧 486년 동안 예배 처소였습니다. 그 후 성막은 예루살렘 성전에 보관되었으나 바벨론 왕 느부갓네살이 성전을 파괴할 때(주전 586년) 없어진 것으로 추정됩니다. "내 장막이 무너지고 나의 모든 줄이 끊어졌으며 ~ 내 장막을 세울 자와 내 휘장을 칠 자가 다시 없도다"(렘

10:20), "내가 이 성전을 실로 같이 되게 하고 이 성을 세계 모든 민족의 저주거리가 되게 하리라 하셨느니라"(렘 26:6).

광야생활 동안과 가나안 땅에서는 하나님께서 이스라엘 백성들을 성막에서 만나셨으며, 왕국시대에는 성전에서 만나셨습니다. "나는 네가 건축한 이 성전을 거룩하게 구별하여 내 이름을 영원히 그 곳에 두며 내 눈길과 내 마음이 항상 거기에 있으리니"(왕상 9:3). 그러나 이제 신약시대에는 하나님께서 주님을 영접한 자들의 심령 속에 임재해 계십니다. "너희는 너희가 하나님의 성전인 것과 하나님의 성령이 너희 안에 계시는 것을 알지 못하느냐"(고전 3:16). 구약시대에는 영적인 의미가 의식적인 규례로 표현되었기 때문에 그 속에 담긴 의미를 아는 것이 중요합니다. 성막에는 예수 그리스도가 계시되어 있습니다. "그러나 예수는 성전된 자기 육체를 가리켜 말씀하신 것이라"(요 2:21). 오직 예수 그리스도만이 아버지께 나아가게 하는 길입니다.

이와 같이 성막은 하나님께서 아브라함에게 이스라엘의 하나님이 되시겠다고 하신 언약의 실현이며, 참 성전이신 예수 그리스도의 모형입니다. 구약의 성막은 신약의 예수님을 예표하며, 신구약의 역사가 우연이 아니라 하나님에 의해 전개되는 구속의 역사인 것을 분명히 알게 합니다. 성경은 시내 산 언약을 하나님과 이스라엘 사이의 결혼 예식으로 해석합니다. "여호와께서 이같이 말씀하시기를 내가 너를 위하여 네 청년 때의 인애와 네 신혼 때의 사랑을 기억하노니 곧 씨 뿌리지 못하는 땅, 광야에서 나를 따랐음이니라"(렘 2:2). 하나님은 성막의 양식을 계시하셨으며, 이스라엘은 그 계시에 따라 정확하게 성막을 만들었습니다. 백성들은 성막에서 제사장을 통하여 하나님께 제사를 드리고 속죄함을 받으며 하나님의 말씀을 받았습니다. 이 모든 것은 그리스도의 예표요 모형입니다. 예수님은 우리와 함께 거하시기 위하여 이 땅에 오신 하나님이시며 성막입니다. 곧 성막의 구조나 기능 뿐 아니라 제사나 제물, 대제사장 모두 그리스도의 사역을 상징합니다. 따라서 성막은 그리스도 안에서 유비(analogy)로 그 역할과 의미를 해석해야 합니다. 여호와의 영광이 회막에서 떠나지 않고 항상 머물렀던 것과 마찬가지로 그리스도께서 십자가의 죽음과 부활을 통해 성령을 보내주심으로 하나님께서 우리와 함께 하시게 되었습니다. 그리하여 성막 위의 구름이 이스라엘을 이끌었던 것과 같이 성령께서 우리를 약속하신 새 하늘과 새 땅으로 인도하실 것입니다.

성막 계시의 진전

성막은 이동이 가능한 성전으로 출애굽 이후부터 솔로몬 성전이 완공되기까지 약 500년간 이스라엘 백성들의 생활의 중심지였습니다. "이스라엘 자손이 애굽 땅에서 나온 지 사백팔십 년이요 솔로몬이 이스라엘 왕이 된 지 사 년 시브월 곧 둘째 달에 솔로몬이 여호와를 위하여 성전 건축하기를 시작하였더라"(왕상 6:1). 성막은 이스라엘이 어디를 가든지 하나님이 동행하시며, 그들과 언약관계를 유지하시고 그들의 삶을 주관하신다는 사실을 알게 하였습니다. 이러한 성막의 기능은 율법이 지닌 그림자의 역할을 예시한 것으로, 언약의 완성이며 계시의 실체이신 예수 그리스도의 사역과 성품을 상징합니다.

하나님은 모세에게 친히 성막의 모형을 보여주셨습니다. “그들이 섬기는 것은 하늘에 있는 것의 모형과 그림자라 모세가 장막을 지으려 할 때에 지시하심을 얻음과 같으니 이르시되 삼가 모든 것을 산에서 네게 보이던 본을 따라 지으라 하셨느니라”(히 8:5). 하나님은 당시 이스라엘이 광야생활 중이었기 때문에 이동하기 쉬운 성막을 계시해 주셨습니다. 겉은 소박하지만 그 내부는 화려한 성막은 예수님의 외모와 내적 영광을 동시에 상징합니다. “그는 주 앞에서 자라나기를 연한 순 같고 마른 땅에서 나온 뿌리 같아서 고운 모양도 없고 풍채도 없은즉 우리가 보기에 흠모할 만한 아름다운 것이 없도다”(사 53:2), “그 안에는 신성의 모든 충만이 육체로 거하시고”(골 2:9). 이 성막은 480 여년이 지나 솔로몬 성전이 세워지기까지 이스라엘의 유일한 중앙 성소였습니다. 후에 다윗이 성전 건축을 위해 만반의 준비를 갖추었습니다. “다윗이 이르되 여호와의 손이 내게 임하여 이 모든 일의 설계를 그려 나에게 알려 주셨느니라”(대상 28:19). “내가 이미 내 하나님의 성전을 위하여 힘을 다하여 준비하였나니 곧 기구를 만들 금과 은과 놋과 철과 나무와 또 마노와 가공할 검은 보석과 채석과 다른 모든 보석과 옥돌이 매우 많으며”(대상 29:2). 솔로몬에 의해 성막의 모형대로 솔로몬 성전 곧 예루살렘 성전이 건축되었습니다(주전 966-959년).

바벨론 포로 이후 스룹바벨에 의해 예루살렘 성전이 재건되어 ‘스룹바벨 성전’이라 불렀습니다(주전 536-516년). “스룹바벨의 손이 이 성전의 기초를 놓았은즉 그의 손이 또한 그것을 마치리라 하셨나니”(슥 4:9). 예수님의 시대에는 헤롯왕이 자기의 위치를 확고히 하고자 이 성전을 확장하여 ‘헤롯 성전’이라 하였습니다(주전 20-주후 26년경). “유대인들이 이르되 이 성전은 사십육 년 동안에 지었거늘 네가 삼 일 동안에 일으키겠느냐 하더라"(요 2:20). 이 성전은 주후 70년 로마의 장군 디도(Titus)에 의해 예루살렘이 멸망되면서 파괴되었습니다.

성막에 있는 기구들은 하늘나라에 있는 것들의 모형입니다. 하나님은 백성들 가운데 거하기를 원하십니다. 이는 구약시대만이 아니라 지금 우리 시대에도, 장차 도래할 새 하늘과 새 땅의 때에도 그러합니다. 광야에서 하나님은 성막에 거하셨습니다. 후에 예수님이 이 땅에 오셨을 때는 예수 그리스도 안에 거하셨습니다. "아버지께서는 모든 충만으로 예수 안에 거하게 하시고"(골 1:19).

임마누엘의 기적이 역사 가운데 실현된 것이 바로 예수 그리스도의 초림입니다. 성전은 예수님 자신을 가리킵니다. "예수께서 대답하여 이르시되 너희가 이 성전을 헐라 내가 사흘 동안에 일으키리라 ~ 그러나 예수는 성전된 자기 육체를 가리켜 말씀하신 것이라"(요 2:19, 21). 지금 그리스도께서 하늘로 올리우신 후에는 성도가 성령이 거하시는 성전입니다. "너희 몸은 너희가 하나님께로부터 받은 바 너희 가운데 계신 성령의 전인 줄을 알지 못하느냐"(고전 6:19), "우리는 살아 계신 하나님의 성전이라 이와 같이 하나님께서 이르시되 내가 그들 가운데 거하며 두루 행하여 나는 그들의 하나님이 되고 그들은 나의 백성이 되리라"(고후 6:16). 또한 삼위 하나님이 성전이십니다. "성 안에서 내가 성전을 보지 못하였으니 이는 주 하나님 곧 전능하신 이와 및 어린 양이 그 성전이심이라"(계 21:22).

성전은 하나님이 임재하시는 처소이며 하나님을 예배하는 곳입니다. 성전은 오늘날 살아계신 하나님의 교회입니다. "이 집은 살아 계신 하나님의 교회요 진리의 기둥과 터니라"(딤전 3:15). 오늘날 하나님의 자녀들이 그리스도의 교회를 이룹니다. "너희도 성령 안에서 하나님이 거하실 처소가 되기 위하여 그리스도 예수 안에서 함께 지어져 가느니라"(엡 2:22), "그리스도는 하나님의 집을 맡은 아들로서 그와 같이 하셨으니 우리가 소망의 확신과 자랑을 끝까지 굳게 잡고 있으면 우리는 그의 집이라"(히 3:6). 예수님은 언약의 성취로 이 땅에 오셔서 성도들의 삶을 지배하시며 그들과 항상 함께 하시며 인도해 주실 것을 약속하셨습니다. "볼지어다 내가 세상 끝날까지 너희와 항상 함께 있으리라 하시니라"(마 28:20).

지금까지 우리는 성막을 통해서 우리를 위하여 독생자를 희생하신 하나님의 사랑을 알게 되었습니다. 거기서 우리는 죄 사함을 받았으며 하나님과 더불어 화평을 누리게 되었습니다. 그러기에 우리 성도들은 우리를 사랑하시므로 그 거룩한 피로 우리 죄를 씻기시고 왕 같은 제사장으로 삼아주신 우리 주 예수 그리스도께 영원토록 존귀와 찬양과 영광을 돌리는 것입니다. "그의 아버지 하나님을 위하여 우리를 나라와 제사장으로 삼으신 그에게 영광과 능력이 세세토록 있기를 원하노라 아멘"(계 1:6).

출애굽기를 마치며

우리는 출애굽기를 통하여, 출애굽은 실제로 있었던 역사적 사건이며 하나님의 구속사역임을 알게 되었습니다. 구약에 그리스도에 대한 상징과 예언이 많지만, 특히 성막은 예수 그리스도에 대한 예표요 그림자입니다. 언약궤와 속죄소를 통하여 우리 죄를 대속하신 십자가를 보았으며, 성막을 통해서 구약의 백성들도 우리와 마찬가지로 은혜로 구원을 얻었다는 사실을 깨닫게 되었습니다. 하나님은 이러한 예표적 방법을 통해 구원의 은혜를 가르쳐 주셨습니다. 하나님은 성막을 통해 백성들과 함께 하셨으며, 예수 그리스도의 성육신을 통해서 그의 백성에게 모습을 드러내셨습니다.

오늘날 우리는 출애굽기를 통해 우리에게 말씀하고 계시는 하나님의 음성을 들어야 합니다. 곧 믿음이란 우리의 지식과 경험이 아니라 하나님 중심으로 사고하는 것입니다. 어려운 상황 가운데 있다고 할지라도 고난 뒤에 숨겨져 있는 하나님의 구원을 끝까지 바라보아야 합니다. 하나님은 결코 약속을 저버리지 않으시며, 그가 하신 모든 말씀은 우리의 절망적인 상황을 뛰어 넘어 확실하게 이루어지기 때문입니다. 이 세상에 우연은 없습니다. 우리의 눈에 우연으로 보이는 것은 모든 일의 배후에서 역사하시는 하나님의 손길을 인식하지 못하기 때문입니다. 모든 역사는 하나님께서 정하신 때에 정확히 이루어집니다.

이스라엘이 약속의 땅을 바라보고 광야에서 나그네 생활을 하였듯이 우리들도 영원한 하나님 나라를 바라보고 이 땅에서 나그네로 살아가고 있습니다. 잠시 동안의 광야생활을 고통스러워하며 온갖 불만을 토해내던 그들의 모습이 바로 우리의 모습입니다. 지금 우리는 하나님께서 값없이 베푸신 구원의 은총을 얼마나 깊이 인식하며 감사하고 있는지 되돌아 보아야 합니다.

출애굽기는 이러한 사실들이 옛날 이스라엘 백성에게만 국한된 것이 아니라 오늘날 우리에게도 해당되는 진리임을 강조합니다. 애굽에서 이스라엘을 구해 내신 하나님은 택한 자들을 구원하시기 위해 지금 이 순간에도 역사하고 계십니다. 이스라엘의 중심에 계셔서 그들을 인도하시고 보호하신 하나님은 오늘도 우리의 삶 속에 적극적으로 간섭하십니다. 광야에서 구름 기둥과 불기둥으로 이스라엘을 인도하셨듯이 오늘날도 말씀으로 우리를 이끄시고 지켜주십니다. 출애굽기는 하나님의 영광이 임하여 인간과 함께 영원히 거하시리라는 약속으로 끝을 맺습니다. 장래에도 하나님의 성막은 백성들과 더불어 있게 되고 하나님은 백성들 사이에 거하실 것입니다. 이러한 출애굽기의 메시지를 잘 파악하여 신구약 성경에 계시된 복음의 진리를 깊이 이해할 뿐만 아니라 복음에 합당한 삶을 살아갈 수 있기를 기도합니다.

참고문헌

Brisco, Thomas V. *Holman Bible Atlas : A Complete Guide to Expansive Geography of Biblical History*. Nashville, Tennessee: Broadman & Holman Publishers, 1998.

Brown, Francis. ed. *The New Brown, Driver, and Briggs Hebrew and English Lexicon of the Old Testament*. Lafayette, Indiana: Associated Publishers and Athors Inc., 1981.

Calvin, John. *Calvin's Old Testament Commentaries: Harmony of Exod., Lev., Deut., Numb Vol. I*. Grand Rapids, Michigan: William B. Eerdmans Publishing Company, nd.

Calvin, John. *Calvin's Old Testament Commentaries: Harmony of Exod., Lev., Deut., Numb Vol. II*. Grand Rapids, Michigan: William B. Eerdmans Publishing Company, nd.

Calvin, John. *Calvin's Old Testament Commentaries: Harmony of Exod., Lev., Deut., Numb Vol. III*. Grand Rapids, Michigan: William B. Eerdmans Publishing Company, nd.

Calvin, John. *Calvin's Old Testament Commentaries: Harmony of Exod., Lev., Deut., Numb Vol. IV*. Grand Rapids, Michigan: William B. Eerdmans Publishing Company, nd.

Cassuto, Umberto. *A Commentary on the Book of Exodus*. Jerusalem : The Magnes Press, 1997.

Chalaby, Abbas. *All of Egypt : From Cairo to Abu Simbel and Sinai*. Firenze : Centro Stampa Editorale Bonechi, 1995.

Childs, Brevard S. *Exodus : A Commentary*. London: SCM Press Ltd., 1982.

Chodorow, Stanley.; Knox, Macgregor.; Schirokauer, Conrad.; Strayer, Joseph R.; Gatzke, Hans W. *The Mainstream of*

Civilization. London: Thomson LearningInc., 1994.

Currid, John H. *Ancient Egypt and the Old Testament*. Grand Rapids, Michigan : Baker Books, 1997.

Doniger, Wendy. ed. *Britannica Encyclopedia of World Religions*. Chicago : Encyclopedia Britannica Inc., 2006.

Dozeman, Thomas B. *Commentary on Exodus : Eerdmans Critical Commentary*. Grand Rapids, Michigan : William B. Eerdmans Publishing Company, 2009.

Dozeman, Thomas B. *God at War : Power in the Exodus Tradition*. New York : Oxford University Press, 1992.

Durham, John I. *Exodus : Word Biblical Commentary Vol. 3*. Waco, Texas: Word Books Publisher, 1987.

Edersheim, Alfred. *Old Testament Bible History*. Complete in One Volume(I-VII). Grand Rapids, Michigan: William B. Eerdmans Publishing Company, 1980.

Enns, Peter. *Exodus: The NIV Application Commentary*. Grand Rapids, Michigan : Zondervan Publishing House, 2000.

Fensham, F. C. *Exodus*. Nijkerk: Uitgeverij G. F. Callenbach N. V., 1970.

Gispen, Willem H. *Exodus*. Grand Rapids, Michigan: Zondervan Publishing House : 1982.

Godeey, A. D. tr. *Herodotus, Book I. II*. Cambridge, MA.: Harvard University Press, 1966.

Godeey, A. D. tr. *Herodotus, Book III. IV*. Cambridge, MA.: Harvard University Press, 1966.

Guthrie, D.; Motyer, J. A.; Stibbs, A. M.; Wiseman, D. J. eds. *The New Bible Commentary: Revised*. Grand Rapids, Michigan: William B. Eerdmans Publishing Company, 1981.

Henry, Matthew. *Matthew Henry's Commentary on the Whole*

Bible Vol.1 : Genesis to Deuteronomy. New York: Fleming H. Revell Company, nd.

Hoffmeier, James K. *Ancient Israel in Sinai: The Evidence for the Authenticity of the Wilderness Tradition*. New York: Oxford University Press, Inc., 2005.

Janzen, J. Gerald. *Exodus, Westminster Bible Companion Series*. Louisville, Kentucky: Westminster John Knox Press, 1997.

Kaiser Jr., Walter C. ; Davids, Peter H. ; Bruce, F. F. ; Brauch, Manfred T. *Hard Sayings of the Bible*. Downer Grove, Illinois : InterVarsity Press, 1996.

Keil, C. F. and Delitzsch, F. *Commentary on the Old Testament in Ten Volumes,1 : The Pentateuch. Vol. I*. Grand Rapids, Michigan: William B. Eerdmans Publishing Company, 1980.

Keil, C. F. and Delitzsch, F. *Commentary on the Old Testament in Ten Volumes,1 : The Pentateuch. Vol. II*. Grand Rapids, Michigan: William B. Eerdmans Publishing Company, 1980.

La Sor, William Sanford.; Hubbard, David Allan.; Bush, Frederic William. *Old Testament Survey : The Message, Form, and Background of the Old Testament*. Grand Rapids, Michigan: William B. Eerdmans Publishing Company, 1982.

Longman III, Tremper. *How to read Exodus*. Downers Grove, Illinois: InterVarsity Press, 2009.

Martindale, Wayne.; Root, Jerry. eds. *The Quotable Lewis*. Wheaton, Illinois : Tyndale House Publishers, 1990.

Mays, James L. ed., *Harper' s Bible Commentary*. New York: HarperSanFrancisco, 1988.

Meyers, Carol L. *The New Cambridge Bible Commentary*. New York: Cambridge University Press, 2005.

Oakes, Lorna.; Gahlin, Lucia. *Ancient Egypt : An Illustrated*

Reference to the Myths, Religions, Pyramids and Temples of the Land of Pharaohs. New York: Hermes House, 2002.

Pritchard, James B. ed. *Ancient Near Eastern Texts : Relating to the Old Testament*. Third Edition with Supplement. Princeton, New Jersey : Princeton University Press, 1992.

Procter, Paul. ed. *Longman Dictionary of Contemporary English*. London: Longman Group Ltd., 1978.

Rahlfs, Alfred. ed., *Septuasinta: Id est Vetus Testamentum graece iuxta LXX interpretes*. Stuttgart: Deutche Bibelgesellschaft, 2004.

Rainey, Anson F.; Notley, R. Steven. *The Sacred Bridge : Carta's Atlas of the Biblical World*. Jerusalem: Carta, 2006.

Sarna, Nahum M. *Exploring Exodus*. New York: Schocken Books, 1986.

Sarna, Nahum M. *The JPS Torah Commentary Exodus*. New York: The Jewish Publication Society, 1991.

Spence, H. D. M.; Exell, Joseph S. eds. *The Pulpit Commentary 2: Exodus Vol.I*. New York: Funk & Wagnalls Company, nd.

Spence, H. D. M.; Exell, Joseph S. eds. *The Pulpit Commentary 3: Exodus Vol.II*. New York: Funk & Wagnalls Company, nd.

Stuart, Douglas K. *Exodus: The New American Commentary Vol. 2*. Nashville, Tennessee: Broadman & Holman Publishers, 2006.

Taylor, Jane. *High above Jordan*. London: Three's Company, 1989.

Tenney, Merril C. ed. *The Zondervan Pictoral Bible Dictionary*. Grand Rapids, Michigan: Zondervan Publishing House, 1967.

The Timechart of Biblical History. Edison, New Jersey: Chartwell Books Inc., 2006.

Vos, Johannes G. *The Westminster Larger Catechism: A Commentary*. Phillipsburg, New Jersey: Presbyterian and

Reformed Publishing Company, 2002.

Vos, Geehardus. *Biblical Theology : Old and New Testaments*. Eugene, Oregon: Wift and Stock Publishers, 2003.

Walton, John H. *Chronological and Background Charts of the Old Testament*. Revised and Expanded Edition. Grand Rapids, Michigan: Zondervan Publishing House, 1994.

Whiston, William. tr. *Josephus: Complete Works*. Grand Rapids, Michigan: Kregel Publications, 1982.

Wilson, Walter L. *A Dictionary of Bible Types : Examines the Images, Shadows and Symbolism of Over 1,000 Biblical Terms, Words, and People*. Peabody, Massachusetts: Hendrickson Publishers, Inc., 2000.

de Vaux, Roland. 『구약시대의 종교풍속』. 이양구 역. 서울: 도서출판 나단, 1993.

박철현. 『출애굽기 산책』. 서울: 도서출판 목양, 2001.

송병현. 『엑스포지멘터리 출애굽기』. 서울: 도서출판 국제제자훈련원, 2011.

이태원. 『이집트』. 서울: 도서출판 기파랑, 2010.

저자소개

신현광

총신대학교에서 기독교교육을 전공하고(B.A., M.A.) 同 대학원에서 실천신학을 전공하여 신학박사학위(Th.M., Ph.D.)를 받았다. 그는 Calvin Theological Seminary의 Henry Meeter Center for Calvin Studies에서 Faculty Research Fellow로 참여했으며, Emory University의 Candler School of Theology에서 Visiting Scholar로 연구했다. 또한 그는 총회교육국에서 집필간사로, 여러 교회에서 교육목사와 협동목사로 사역하였고, 안양대학교 교목실장과 신학대학장을 역임하였으며, 한국복음주의실천신학회 회장을 역임하였다.

현재 안양대학교에서 기독교교육학과 교수로 재직하고 있으며, 안양대학교 신학대학원장과 전국 기독교대학교 대학원장협의회 회장으로 활동하고 있다. 저서로는 『교육목회와 교회성장』, 『하나님의 언약과 생활』, 『창세기, 살아숨쉬다』, 『그리스도인이 보는 세계종교』가 있고, 역서로는 『기독교교육학총론』(Herbert W. Byrne), 『하나님 중심의 복음전도』(R. B. Kuiper)가 있으며, 책임감수로는 『기독교교육학사전』(Michael J. Anthony ed.) 등이 있다. 그 외 다수의 공저와 논문이 있다.

출애굽기,
No Turning Back

펴낸날	2013년 12월 20일 초판
지은이	신현광
펴낸이	김정식
펴낸곳	민영사
주소	서울시 마포구 염리동 36-249 (201호)
전화	02-711-1224~5
팩스	02-711-1226
등록	1990년 5월 7일 제1-1050호
메일	myspub@hanmail.net
홈페이지	www.minyoungsa.com
ISBN	978-89-8134-149-7 03230

정가 20,000원